国家双高"铁道机车专业群"系列 活页工作手册式立体化教材
——铁道车辆技术专业

铁道车辆构造与检修

主　编 ◎ 李向超　　牛晨旭　　马松花

副主编 ◎ 宋　凯　　冯　源

主　审 ◎ 许艳峰

西南交通大学出版社

·成　都·

图书在版编目（ＣＩＰ）数据

铁道车辆构造与检修 / 李向超，牛晨旭，马松花主编. -- 成都：西南交通大学出版社，2023.11
ISBN 978-7-5643-9517-9

Ⅰ. ①铁… Ⅱ. ①李… ②牛… ③马… Ⅲ. ①铁路车辆 – 构造 – 高等职业教育 – 教材②铁路车辆 – 车辆检修 – 高等职业教育 – 教材 Ⅳ. ①U279

中国国家版本馆 CIP 数据核字（2023）第 197054 号

Tiedao Cheliang Gouzao yu Jianxiu

铁道车辆构造与检修

主编　　李向超　　牛晨旭　　马松花

责任编辑	梁志敏
封面设计	何东琳设计工作室

出版发行	西南交通大学出版社
	（四川省成都市金牛区二环路北一段 111 号
	西南交通大学创新大厦 21 楼）
邮政编码	610031
营销部电话	028-87600564　　028-87600533
网址	http://www.xnjdcbs.com
印刷	四川森林印务有限责任公司

成品尺寸	185 mm × 260 mm
印张	25
字数	623 千
版次	2023 年 11 月第 1 版
印次	2023 年 11 月第 1 次
定价	59.00 元
书号	ISBN 978-7-5643-9517-9

课件咨询电话：028-81435775

　　铁路运输是我国重要的运输方式，截至 2021 年年底，我国铁路营运里程已突破 15 万千米。预计到 2025 年，我国铁路营运里程或将达到 17.5 万千米，其中高铁线路或达到 5 万千米，届时我国将从高铁大国成为高铁强国。另外，随着我国城市化进程的发展，城市轨道交通发展迅速，目前已经建成世界上最大的城市轨道交通网络。因此，我国轨道交通运输行业需要大量的车辆检修和维护技术人员，为了认真贯彻落实铁路主要行车工种岗位准入制度的相关要求，确保为高铁运营与城市轨道交通提供坚实可靠的人才保障，快速提升企业在职人员和职业学院学生的实际运用和检修的专业水平，我们编写了《铁道车辆构造与检修》教材。

　　本教材具有以下特点：

　　1. 将新技术、思政元素贯穿其中。内容涵盖车辆检修技能岗位精准操纵的新技术、数字化检修的新工艺，并结合了职业技能等级证书要求。将思政元素贯穿其中，以立德树人作为教育的根本任务，专业课程与思想政治理论同向同行。本系列教材的编写充分融入了全国技术能手、铁路工匠等的真实成长案例，让学生在学习专业知识的同时，又受到工匠精神的熏陶，在潜移默化中提高学生的思想政治觉悟。

　　2. 实用性强。内容围绕轨道交通专业实践场景，结合海外铁路建设和培训经验，以项目化理论教材为主，工作手册式实训教材为辅，配套使用。项目化主教材以行业现场实际任务为驱动，既传输专业知识和技能，又引导基于工作过程的批判性思维。工作手册式实训教材以问题引导、任务实施、效果评价等环节，培养学生自主解决问题的能力。

　　3. 实践性强。既注重专业知识，又注重现场实践生产任务，并融合轨道交通 1+X 证书培训、铁道行业技能比赛，激发学生学习的热情，强化学生的动手能力。

　　本教材针对高等职业院校技能型人才培养的特点，以车辆检修运用岗位各项任务为导向，从铁道车辆基本知识出发，对车辆轮对轴箱装置、客货车主型转向架、车钩缓冲装置等主要部件的结构组成、特点及工作原理等进行了介绍，对维护检修、故障处理的程序、标准等也进行了讲解。书中展现了各装置、设备的结构图片，丰富了教学内容，体现了铁道车辆新技能、新知识。

　　本教材由郑州铁路职业技术学院李向超、牛晨旭、马松花担任主编，郑州铁路局车辆处许艳峰任主审。本教材编写分工如下：李向超编写项目一任务一、任务二、任务五，项目三、项目五，实训三～实训七；牛晨旭编写项目二，项目四任务一～任务三、任务五、任务六，项目六；马松花编写项目四任务四，实训一；冯源编写项目一任务三、任务四，实训二、实训八～实训十；郑州铁路局北车辆段宋凯编写实训十一。

　　教材在编写过程中得到了郑州铁路职业技术学院"双高建设项目"的支持，郑州铁路职业技术学院机车车辆学院为本教材的出版给予了大力的支持和帮助，同时，郑州车辆段职教科为本教材的编写也提供了很多的帮助和指导，在此一并表示感谢。

　　由于编写水平有限，加之时间仓促，书中难免有疏漏和不当之处，恳请读者给予批评指正，以便后期加以改进。

编　　者

2023 年 3 月

数字资源列表

续表

23	空气弹簧	三维动画	136	项目四任务二
24	油压减振器结构	三维动画	139	
25	高度控制阀差压阀	微课视频	139	
26	209P 型转向架	微课视频	149	项目四任务三
27	209HS 型转向架	微课视频	151	
28	209HS 型转向架整体旋转	三维动画	152	
29	弹簧托梁装置	三维动画	154	
30	抗侧滚扭杆	三维动画	160	项目四任务四
31	高度阀作用原理	三维动画	160	
32	高度阀结构	三维动画	160	
33	差压阀结构	三维动画	160	
34	差压阀的作用原理	三维动画	160	
35	CW-2C 型转向架简介	二维动画	164	项目四任务五
36	CW-2C 型转向架力的传导顺序	三维动画	164	
37	CW-2C 型转向架中央悬挂装置	三维动画	165	
38	认识车钩缓冲装置	微课视频	186	项目五任务一
39	13 号车钩缓冲工作原理	三维动画	187	
40	13 号车钩结构	三维动画	191	项目五任务二
41	13 号车钩钩舌	三维动画	192	
42	13 号车钩钩舌推铁	三维动画	193	
43	17 号车钩的结构	微课视频	200	
44	13 号车钩缓冲装置拆解	三维动画	212	
45	车钩缓冲装置装配	三维动画	212	
46	15 号车钩	微课视频	215	项目五任务三
47	15 号车钩动作	微课视频	217	
48	车钩缓冲装置检修	微课视频	238	项目五任务六
49	敞车车体	微课视频	260	项目六任务二
50	罐车	微课视频	269	

目 录

上篇 理论篇

下篇　实训篇

上篇

理论篇

项目一　铁道车辆基础知识　▶▶▶

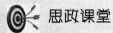思政课堂

　　交通强国，铁路先行。作为国民运输大动脉，中国铁路历经改革变迁，坚持与新时代同步发展。聚焦"人民铁路为人民"初心使命，加快构建路网建设蓝图，持续让群众提升出行获得感、幸福感，积极擦亮中国运输"名片"，谱写人们幸福的赞歌。

　　"征途漫漫，惟有奋斗"。在日复一日，年复一年的岁月里，车窗外抛向远方的风景，沉淀下旅人太多的温情与梦想，中国铁路承载着人民的希望与嘱托，持续在新时代中国特色社会主义道路的新征程中按下"发展键"，助力人民出行幸福感提升。

项目概述

　　在铁路、公路、航空、水路和管道这五种交通运输方式中，铁路运输具有消耗能源少、运输成本低、对环境污染小以及运送旅客或货物多等优点，尤其高速铁路可实现更迅速、更安全、更舒适的交通运输，因而铁路是我国交通运输体系的骨干，担负着我国的较大部分运输任务，在国民经济中发挥着极其重要的作用。铁道车辆是铁路运输中的重要运载工具。车辆性能好坏直接影响乘坐的舒适性。

项目任务

（1）任务一　认识车辆组成和分类。
（2）任务二　认识车辆标记、方位及轴距。
（3）任务三　车辆在曲线上的偏移量。
（4）任务四　车辆主要技术参数。
（5）任务五　车辆检修制度和限度。

任务一　认识车辆组成和分类

微课：初识铁道车辆

任务描述

　　本任务是对铁道车辆特点、组成及分类的整体认知。通过本任务的学习，使学生掌握铁道车辆区别于其他运输方式车辆的特点，认识铁道车辆的五大组成部分及分类，为从事车辆

运用检修工作打下基础。

同学们，你能说出下面车辆的名称吗？铁道车辆具有哪些特点？它的基本结构由哪些部分组成，它们是怎么分类的？

背景知识

一、铁道车辆的特点

铁道车辆是铁道运输的重要设备，是用来运送旅客、装运货物或作其他特殊用途的运载工具。它一般没有动力装置，必须把车辆连挂成列，由机车牵引才能沿线路运行。铁道车辆必须沿着专设的轨道运行，这种特殊的轮轨关系是铁道车辆结构上最大的特征，也由此产生出许多特点。

（1）自行导向：除铁道机车车辆之外的各种运输工具几乎全都有操纵运行方向的机构，唯有铁道车辆通过其特殊的轮轨结构，车轮即能沿轨道运行而无须专人掌握运行的方向。

（2）低运行阻力：除坡道、弯道及空气对车辆的阻力之外，运行阻力主要来自走行机构中的轴与轴承以及车轮与轨面的摩擦阻力。铁道车辆的车轮及钢轨都是含碳量偏高的钢材，轮轨接触处的变形小，而且铁道线路的结构状态也尽量使其运行阻力小，故铁道运行中的摩擦阻力较小。

（3）成列运行：可以编组、连挂组成列车。为了适应成列运行的特点，车与车之间需设连接、缓冲装置；且由于列车的惯性很大，每辆车均需设置制动装置。

（4）严格的外形尺寸限制：铁道车辆只能在规定的线路上行驶，无法像其他车辆那样主动避让靠近它的物体，为此要制定限界，严格限制车辆的外形尺寸以确保运行安全。

二、铁道车辆的组成

为适应和满足旅客和货物运输的不同要求，铁道车辆虽有很多类型，构造也各有不同，但从基本结构来看，一般均由以下5大部分组成，如图1-1所示。

1—走行部（转向架）；2—制动装置；3—车钩缓冲装置；4—车体。

（a）车辆外部设备

座椅及行李架

卫生设施

空调装置

洗脸间

电气装置

（b）车辆内部设备

图 1-1　车辆的组成

1. 车体

车体既是容纳旅客、装载货物及整备品等的部分，又是安装与连接其他四个组成部分的基础。车体主要由底架、侧墙、车顶等部分组成。其中，底架是车体的基础。车体和底架一起承受着作用于车辆上的各种载荷。因此，它应具有足够的强度和刚度。

2. 走行部

走行部一般称它为转向架，它的位置介于车体和轨道之间。它是能相对车体回转的一种走行装置。承受着车体的自重和载重，并由机车牵引行驶在钢轨上，是保证车辆运行品质的关键部件。转向架一般由构架（侧架）、轮对轴箱装置、弹簧减振装置、基础制动装置等部分组成。转向架必须有足够的强度和良好的运行平稳性，以保证安全运行和满足旅客的舒适性要求。目前一般客、货车辆的走行部大部分是由两台二轴转向架组成。

3. 车钩缓冲装置

车钩缓冲装置是将机车与车辆或车辆与车辆之间进行互相连接的装置。它具有传递和缓和列车运行中纵向力的性能，主要由车钩、缓冲器、解钩装置及附属配件等组成，安装在车体底架的两端，要求具有强度大、摘挂方便、缓冲性能良好的特点。

4. 制动装置

制动装置是车辆上起制动作用的零部件所组成的一整套机构。它的主要作用是保证高速运行中的列车能按需要实现减速、在规定的距离内实现停车或防止静止的车辆溜走，以保证行车安全。制动装置一般由空气制动机、手制动机和基础制动装置等部分组成。制动装置是通过压缩空气或人力推动基础制动装置，使闸瓦压紧车轮来实现制动作用的。

5. 车内设备

车内设备是指能良好地为运输对象服务而设于车体内的一些固定附属装置。例如，客车主要包括给水装置、空调装置、电气装置、座席、卧铺、行李架、卫生设施等；货车由于类型不同，内部设备千差万别，一般来说比客车简单。其他还有棚车中的拴马环、床托，保温车中装设的制冷设备和乘务员的生活设备等。

三、铁道车辆的分类

铁道车辆按用途分为客车、货车及特种用途车。

（一）客车

为了满足不同的运输需要，我国客车设计种类较多，客车的分类方法也不尽相同，一般有两种分类方法，一种是按用途分，另一种是按运营的性质或范围分。

客车按用途分可分为运送旅客、为旅客服务和特殊用途等 3 种。

1. 运送旅客的车辆

（1）硬座车：旅客座位为半硬制品或者木制品，相对的两组座椅中心距离在 1 800 mm 以下的座车。

（2）软座车：旅客座位及靠垫设有弹簧装置。两组座椅中心距离在 1 800 mm 以上，车内座席数较硬座车少，车内装饰也较硬座车讲究，所以软座车的舒适性较好。

（3）硬卧车：卧铺为三层，铺垫为半硬质品或木制品，卧室为敞开式或半敞开式的卧车。

（4）软卧车：设有软席卧铺设备的卧车。编挂在长途旅客列车中，一般做成包间式，每个包间定员不超过 4 人；少数软卧车采用开敞式，但每个隔间定员也不超过 4 人。卧铺为二层，卧铺垫有弹簧装置。

（5）合造车：一辆车上同时设有两种或两种以上用途的车内设备的车辆，如软硬座合造车，行李邮政合造车等。

（6）双层客车：设有上、下两层客室的座车或卧车。

2. 为旅客服务的车辆

（1）餐车：为供应旅客膳食和进餐用的车辆，设有厨房、餐室及储藏室（同时还有小卖部）等设备。

（2）行李车：供运输旅客行李及物品的车辆。车内设有行李间及办公室等设备。

3. 特种用途的车辆

（1）邮政车：编挂在旅客列车端部供运送邮件和供邮政人员沿途办公用的车辆，车内设有邮政人员办公室和生活用设施。

（2）空调发电车：专给集中供电的空调车供电的车辆，车内设有柴油发电机组。

（3）公务车：供国家机关工作人员出差办公或到沿线单位检查工作用的专门车辆，设有会议室、办公室、卧室和厨房等。

此外，还有轨道检查车、轨道探伤车、隧道摄影车、限界检查车等特殊用途的车辆。

按运营范围和性质划分，又分为轻轨车辆、地铁车辆、市郊客车、高速客车、准高速客车、普通客车。

（二）货车

货车是供运送货物的车辆，原则上编组在货物列车中使用。货车类型很多，按用途可分为通用货车、专用货车和特种货车，如图 1-2 ~ 图 1-5 所示。

图 1-2　C70 型通用敞车

图 1-3　P70 型通用棚车

图 1-4　GQ70 型轻油罐车

图 1-5　NX70 型共用平车

1. 通用货车

通用货车可装载多种货物，有下列 3 种：

（1）敞车：这种车的通用性最强，无车顶，有车墙，通常端墙和侧墙高度在 0.8 m 以上，它既可运输煤、焦炭等散粒货物，也可以装运木材、钢材等，还可装运质量不大的机械设备；若在其上覆盖防水篷布，还可以运送怕湿的货物。

（2）棚车：车体设有车顶、车墙和门窗，用以装运各种需防止湿损、日晒或散失的货物，如布匹、粮食等；除运货外，大部分棚车还可以临时代替客车运送旅客。

（3）平车：底架承载面为平面，通常两侧设有柱插，用来装运钢材、机器、设备、集装箱、汽车和拖拉机等；有的平车还设有可活动向下翻倒的矮侧墙和端墙，用来装运矿石、砂土等块粒状货物。

2. 专用货车

（1）罐车：设有圆筒形罐体，专用于装载液体、液化气体或粉状货物车辆。

（2）保温车：车体内设有隔热材料，车内设有降温和加温设备，用以装运易腐货物，如鱼、肉、水果等。

（3）集装箱车：车体上设有固定集装箱设备，用以装运集装箱车辆。

此外还有矿石车、长大货物车、家畜车、水泥车等。

（3）特种货车

特种货车是具有特殊用途的车辆，有救援车、发电车等。

任务二　认识车辆标记、方位及轴距

微课：车辆的方位

任务描述

本任务是对铁道车辆标记、方位及轴距的整体认识。通过本任务的学习，使学生掌握车型车号标记、产权制造标记、性能标记、检修标记和特殊标记的含义和涂打位置，理解车辆全轴距、固定轴距、车辆定距的含义，并能够识别车辆的标记，会判断车辆的方位，确定零部件的位置。

任务引入

为了便于对客、货车辆的运用和管理，在车辆指定部位涂打的用于标明车辆的配属、用途、编号、主要参数、方向、位置等的文（数）字和代号称为车辆标记。车辆标记主要有车型车号标记、产权制造标记、性能标记、检修标记和特殊标记。为了制造、检修和运用的需要，对于车辆及其零部件的方向、位置及称呼法都有规定。

一、车辆标记

（一）车型车号标记

车型车号标记简称车号。客、货车的车型车号标记均由基本型号、辅助型号及车辆制造顺序号码三部分组成。三部分完整的车号是指某辆具体的车辆。货车应在车体两侧侧墙上或活动墙板上涂打大车号，在底架侧梁或侧墙下缘涂打小车号；如侧梁为鱼腹梁，仅在侧梁涂打大车号。客车的车号标记涂打在车体两侧外墙板靠车门处，并在客车内部两内端门上方各安装一块带定员的"车内车号牌"。为了便于旅客识别，在客车车体两侧外墙板近车门处涂打车种汉字称号和汉语拼音称号，并涂打车号标记，如图 1-6 所示。货车应在车体两侧墙的左侧涂打大车号，在底架侧梁（或侧墙下缘）的右侧涂打小车号。

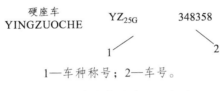

1—车种称号；2—车号。

图 1-6　客车车种称号和车号

1. 基本型号

将车辆的车种称号简化，用一个或两个大写汉语拼音字母来表示，将这些拼音字母称为车辆的基本型号。客车用两个字母表示；货车一般用一个字母表示，也有个别货车车种为便于区分而用两个字母表示。例如，YZ 表示硬座车，C 表示敞车，P 表示棚车等。各种车辆的基本型号见表 1-1。

表 1-1　车辆车种称号及基本型号表

客　车				货　车		
序号	分类	车种	基本型号	序号	车种	基本型号
1	直接运送旅客类	软座车	RZ	1	棚车	P
2		硬座车	YZ	2	敞车	C
3		软卧车	RW	3	平车	N
4		硬卧车	YW	4	罐车	G
5	为旅客服务类	行李车	XL	5	冷藏车	B
6		餐车	CA	6	集装箱车	X
7	特种用途类	邮政车	UZ	7	矿石车	K
8		空调发电车	KD	8	长大货物车	D
9		公务车	GW	9	毒品车	W
10		医疗车	YL	10	家畜车	J

客 车				货 车		
序号	分类	车种	基本型号	序号	车种	基本型号
11	特种用途类	卫生车	WS	11	水泥车	U
12		试验车	SY	12	粮食车	L
13		维修车	WX	13	特种车	T
14		特种车	TZ	14	守车	S
15		救援车	JY			

2. 辅助型号

为表示同一车种的客、货车的不同结构系列，以及内部有特殊设施或车体材质改变时，用一位或两位小字号阿拉伯数字及小字号汉语拼音字母表示，附在基本型号的右下角，这些阿拉伯数字和汉语拼音字母称为车辆的辅助型号。例如，YZ_{25G}（见图 1-6）、YZ_{25K}、C_{62B}、P_{63} 中的"25G""25K""62B""63"均为辅助型号。

辅助型号作为基本型号的补充，原则上两种型号合在一起不得超过五个字符，又例如：

C_{62B}：C（车种），62（重量系列），B（材质区别）。

N_{17A}：N（车种），17（顺序系列），A（结构区别）。

YW_{25G}：YW（车种），25（车长系列），G（结构区别）。

3. 车辆制造顺序号码

车辆制造顺序号码表示按预先规定的规则而编排的某一车种的顺序号码，用以区分同一类型的不同车辆，用阿拉伯数字表示，记在基本型号和辅助型号的右侧，如图 1-6 中的"348358"。

客车车号标记示例：$RZ_{25Z}110618$。其中：RZ 表示基本型号（软座车）；25Z 表示辅助型号（25 型准高速客车）；110618 表示客车制造顺序号码。

货车车号标记示例：$C_{64T}4871235$。其中：C 表示基本型号（敞车）；64T 表示辅助型号（载重 61 t 装有提速转向架的货车）；4871235 表示货车制造顺序号码。

（二）产权制造标记

1. 国徽

凡是参加国际联运的客车，须在车体两侧外墙板中心悬挂特制的国徽，表示中华人民共和国的车辆。

2. 路徽

凡是产权归我国国铁集团的车辆，均应在侧墙或端墙适当部位涂打路徽，对于货车还应在侧梁适当部位安装国铁集团的产权牌（用金属制作的、椭圆形的路徽标志牌）。我国的路徽为"Ⓡ"，含有"人民铁道"之意。其他国家或公司所属的铁道车辆也有各自的标志。参加国际联运的货车虽无国徽，但一旦离开产权所有国，可凭路徽标志送回产权国而不会混淆使用。

3. 制造标记

新造客车、货车应安装金属的制造厂铭牌，其内容包括制造厂名和制造年份，式样由制造单位确定。货车安装在侧梁（或中梁）的 2 位或 3 位，客车安装在车体 2 位或 3 位脚蹬上。

4. 配属标记

凡是配属给指定局、段和有关单位管理的客车，在车体两端外墙板左侧应涂打配属单位简称的“配属标记”，如配属给北京铁路局北京车辆段的客车应涂打“京局京段”字样的配属标记。

（三）性能标记

货车的性能标记包括自重、载重、容积、换长，涂打在车体两侧外墙板上。

客车的性能标记包括自重、载重、全长、换长和最高运行速度标记，涂打在客车车体外端墙板左侧。

（1）自重：车辆自身具备的质量。

（2）载重：车辆标记中所注明货物或旅客和行李包裹质量。

（3）容积：车辆内部可容纳货物的体积称为车辆的容积。

（4）车辆长度：车辆不受纵向外力影响时，两端车钩在闭锁位置时钩舌内侧面之间的距离称为车辆长度（全长），以米为单位，保留一位小数。

（5）换长：车辆长度除以标准长度 11（m）所得的值称为车辆换长。（保留 1 位小数。）

（6）定员标记：每辆车上允许乘坐、站立或睡眠的旅客人数称为定员。

（7）最高运行速度标记：在客车车体的 1、4 位端侧梁上涂打该车的最高运行速度标记，表示该车在满足安全和舒适性条件下，该车辆允许的最高运行速度。一般它比最高试验速度要低，以保证车辆的行车安全。

（四）车辆检修标记

1. 定期检修标记

1）厂、段修标记

厂、段修标记如图 1-7（a）所示，横线上边为段修标记，下部为厂修标记。右侧是本次检修的年、月，左侧是下次检修的年、月。由厂、段修标记可反映出厂修和段修的周期。客车的厂、段修标记涂打在车体两端外墙板的右侧下方；货车的厂、段修标记涂打在车体两侧墙左下角。

客	09.10	07.4	广沙
车	09.4	01.10	长客
货	03.9	07.3	广株
车	09.9	01.9	齐厂

（a）客车、货车厂段修标记

辅	03.01.11	03.01.11	郑洛
修			

（b）货车辅修标记

11—30	3—30 广沙

（c）客车辅修标记

图 1-7　定期检修标记

2）辅修标记

货车辅修标记如图1-7（b）所示，涂打在厂、段修标记右侧或下方，"辅修"涂打在标记左侧。上中格涂打本次检修日期的月、日，右上格涂打本次检修单位简称，左上格涂打下次检修到期的月、日。客车辅修标记如图1-7（c）所示，涂打在转向架第2、3位侧梁上和盘型制动客车的副风缸外侧中部、非盘型制动客车的制动缸外侧。右上格为本次检修日期和局段简称，左上格为下次检修日期。辅修标记空格用完后，做定检时应将原标记用油漆涂掉，再涂打新标记。

2. 车辆检修有关标记

（1）延：车辆允许延期检修标记，涂打在厂修标记的左侧。

（1）车辆方位：分别表示车辆的1位端和2位端，用阿拉伯数字"1"和"2"表示。货车涂打在两侧梁右端下角，客车涂打在脚蹬的外侧面和车内两端墙上部，如图1-8所示。

（3）车钩中心线：沿车钩钩舌外侧及钩头两侧，在钩身横截面高度二分之一处用白色油漆涂打一宽度为5 mm的水平直线，即为车钩中心线。车钩中心线距轨面的距离应符合规定，如图1-9所示。

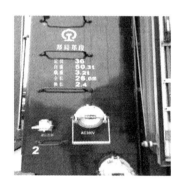

图1-8　方位标记

图1-9　车钩中心线标记

（4）钩型：在钩头侧面涂有车钩型号（阿拉伯数字）标记，以示识别，如图1-10所示。

（5）🔻：表示客车架车作业时，顶车指定部位，如图1-11所示。

图1-10　钩型标记

图1-11　顶车标记

二、车辆方向的确定

1. 车辆的方向

车辆位于平直线路时，沿直线前后的连接方向叫作车辆纵向。与车辆纵向相垂直的水平方向叫作车辆横向。

2. 车辆的位置

车辆的方位规定以制动缸活塞杆推出的方向的车端为 1 位端，相反的方向为 2 位端，在车辆的 1 位端设有人力制动机。如图 1-12 所示，并在车上规定的部位涂刷方位标志。

3. 零部件位置的确定

车辆的车轴、车轮、轴箱、车钩、转向架、车底架上的各梁和其他部件的位置确定，如果是纵向排列的，则由 1 位端起顺次数到 2 位端止。如果位置是左右对称的，则由人站立在 1 位端，面向 2 位端，从 1 位端起，从左至右顺次数到 2 位端止，如图 1-12 所示。

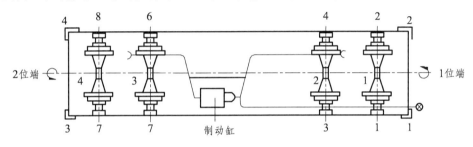

图 1-12 车辆方位

4. 列车中车辆前、后、左、右的确定

编挂在列车中的车辆，其前、后、左、右的确定方法是按照列车运行方向来规定的。其前进的一端称为前部，相反的那一端称为后部，面向前部站立而定出其左右。其连挂的车辆，由机车后的第一辆车、第二辆车等分别称为机车后部 1 位、2 位车辆等。

三、车辆的轴距与定距

1. 全轴距

一辆车上，最前位车轴和最后位车轴中心线间的水平距离称为全轴距，如图 1-13 中的 B 所示。全轴距过小时，会增加车辆的点头振动，不适合高速度运行；易引起脱线或脱钩事故；易使货物损坏或倒塌。

2. 固定轴距

同一转向架（除组合转向架外）中最前位车轴和最后位车轴中心线间的水平距离称为固定轴距，如图 1-13 中的 D 所示。

因此，一般铁路客车转向架的固定轴距，二轴转向架为 2 400 ~ 2 700 mm，三轴转向架为

3 400 mm；货车二轴转向架为 1 650～1 800 mm，三轴转向架为 2 400～2 600 mm。

3. 车辆定距

有转向架的车辆，底架两心盘中心销（或牵引销）中心线之间的水平距离称为车辆定距，如图 1-13 中的 C 所示。

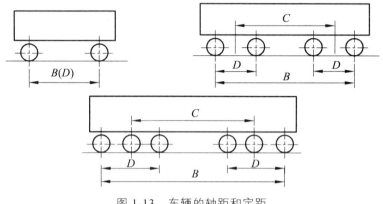

图 1-13　车辆的轴距和定距

任务三　车辆的主要技术参数

任务描述

本任务是对铁道车辆主要技术参数的整体认识。通过本任务的学习，使学生掌握自重、载重、轴重，以及车辆尺寸、车钩中心高度等技术参数代表的含义。

任务引入

车辆的技术参数是指车辆技术规格的某些指标，是从总体上表征车辆性能及结构的一些数字，车辆的主要技术参数一般包括性能参数和主要尺寸。

背景知识

一、性能参数

1. 自重

空车时，车辆自身具备的质量称为车辆的自重，即车体和转向架本身结构以及附于其上的所有固定设备和附件质量之和。在保证车辆具有足够的强度、刚度情况下，车辆的自重越小越经济。

2. 载重

车辆标记中所注明的货物或旅客和行李包裹的质量（包括整备品和乘务人员的质量）称

为车辆的载重，即车辆所允许的最大装载量，它表明车辆的装载能力。

3. 总重

车辆的自重与载重之和称为车辆的总重。

4. 自重系数

货车的自重系数为货车自重与额定载重之比值。客车的自重系数为客车自重与定员数之比值。

5. 容积

车辆内部可容纳货物的体积称为车辆的容积。一般以车辆内部的长×宽×高（单位：m）表示，罐车容积以 m^3（空气包容积除外）表示。

6. 比容积

货车容积与额定载重的比值称为比容积，亦即货车每吨载重量所占有的货车容积。计算公式为

$$比容积 = \frac{容积}{载重}（m^3/t）$$

当车体容积过大，在装载比重大的货物时，车体容积不能得到充分利用；反之，若车体容积过小，在装载比重小的货物时，载重量又得不到充分利用。因此，要适应装载不同的货物，合理设计车体容积是十分重要的。

例如：P61 型棚车载重 60 t，容积为 120 m^3，则其比容积 $= \frac{120}{60} = 2（m^3/t）$。

7. 比面积

货车地板面积与额定载重的比值称为货车比面积。计算公式为

$$比面积 = \frac{地板面积}{载重}（m^3/t）$$

比面积表示货车平均每吨载重量所占的地板面积，这个指标主要用于平车的设计中。

8. 最高试验速度

最高试验速度是指车辆设计时，按安全及结构强度等条件所允许的车辆最高行驶速度。

9. 最高运行速度

除满足上述安全及结构条件外，还必须满足连续以该速度运行时车辆有足够良好的运行性能。以往常用"构造速度"作为参数，因其概念不够明确，现多以"最高试验速度"和"最高运行速度"来替代。

10. 轴重

车轴所允许担负的最大重量与轮对自重之总和称为轴重。计算公式为

轴重 = 车轴允许担负的最大重量 + 轮对自重（t）[①]

四轴车辆轴重计算公式为

$$轴重 = \frac{自重 + 载重}{4}（t）$$

二、车辆主要尺寸

1. 车辆长度

车辆两端的两个车钩均处于闭锁位置时，两钩舌内侧面之间的距离（m）称为车辆长度。车辆长度随着生产技术水平的提高日益加长，但受到车辆在曲线上的偏移量和生产运用条件的限制，所以一般车辆长度都在 26 m 以下。

2. 车辆宽度与最大宽度

车辆宽度指车辆两侧的最外凸出部位之间的水平距离。车辆最大宽度指车辆侧面的最外凸出部位与车体纵向中心线间的水平距离的两倍。

3. 车辆高度与最大高度

空车时，车体或罐体上部外表面至轨面的垂直距离为车辆高度。车辆最大高度指空车时车辆上部最高部位至轨面的垂直距离。

4. 车体、底架长度

车体长度为车体两外端墙板（非压筋处）外表面间的水平距离。底架长度为底架两端梁外表面间的水平距离。

罐体长度指罐体两端板（不包括加温套）最外表面间的水平距离。

5. 车体内部主要尺寸

（1）车体内长：车体两端墙板内表面间的水平距离。

（2）车体内宽：车体两侧墙板内表面间的水平距离。

（3）车体内侧面高：由地板上平面至侧墙上侧梁的上平面间的垂直距离。

（4）车体内中心高：由地板上平面至车顶中央部内表面间的垂直距离。

（5）根据车辆运用的需要，对车体载货部分的尺寸分别有一定的要求。例如：敞车的内长，要考虑便于装运成品木材、集装箱等货物；棚车的内宽，要适合于安装备用床板设备；车体内高对布置车辆设备和旅客舒适性都有影响。

6. 地板面高度

空车时，底架地板（或木地板）上表面至轨面的垂直距离（不包括木地板覆盖物，如地

---

① 轴重指每根车轴承担的重量，其单位应为"千牛（kN）"，但我国铁路习惯以吨（t）作为轴重的单位。

板布、地毯等的厚度）称为地板面高度。对于通用客、货车辆的地板面高度有一定范围的要求，货车应与站台高度相适应，以便于装卸货物；各种客车地板面高度除了与站台高度相适应外，应尽可能一致，这样可以方便旅客在各车厢之间顺利通行。

7. 车钩中心线高度

空车时，车钩中心线至轨面的垂直距离。这是保证各车辆之间和车辆与机车之间能够正常连挂运用的最重要尺寸。我国客货车辆车钩高度标准均为 880 mm。

任务四　车辆在曲线上的偏移量

任务描述

本任务主要学习机车车辆限界、建筑限界及车辆在曲线上行驶时的偏移量。通过本任务的学习，使学生理解设置限界的意义，掌握车辆偏移量的计算。

任务引入

铁路限界是铁路安全行车的基本保证之一，为了使机车车辆能在一定范围的路网内通行无阻，不会因机车、车辆外形尺寸设计不当、货物装载位置不当或建筑物、地面设备的位置不当而引起行车事故，必须用限界分别对机车、车辆和建筑物等地面设备加以制约。另外，车辆在曲线上运行时，车辆偏移量过大时，车体有可能侵入建筑接近限界，并使车钩互相摩擦，或引起车钩自动分离以及不能摘钩等现象。在实际工作中，铁路限界主要应用在监装超限货物时，需要计算通过曲线时的偏移量，核查能否保证安全运行。

背景知识

一、设置限界的意义

铁路限界由机车车辆限界（简称"车限"）和建筑限界（简称"建限"）两者共同组成，两者间相互制约与依存。铁路限界是铁路安全行车的基本保证之一，为了使机车车辆能在一定范围的路网内通行无阻，不会因机车、车辆外形尺寸设计不当、货物装载位置不当或建筑物、地面设备的位置不当而引起不安全的行车事故，必须用限界分别对机车、车辆和建筑物等地面设备加以制约。因此，限界是铁路各业务部门都必须遵循的基础技术规程。限界制定得是否合理、先进，也关系到铁路运输总的经济效果。

建筑限界和机车车辆限界均指在平直线路上两者中心线重合时的一组尺寸约束所构成的极限轮廓，如图 1-14 所示。

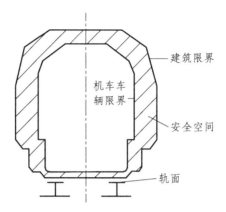

建筑限界

机车车辆限界

安全空间

轨面

图 1-14   机车车辆限界与建筑限界

实际的机车车辆与靠近线路中心线的建筑物之间必须留有一定的、为保证行车安全所需的空间，这个空间称为安全空间。这部分空间应该包括：

①车辆制造公差引起的上下、左右方向的偏移或倾斜。

②车辆在名义载荷作用下弹簧受压缩引起的下沉，以及弹簧由于性能上的误差可能引起的超量偏移或倾斜。

③由于各部分磨耗或永久变形而造成的车辆下沉，特别是左右侧不均匀磨耗或变形而引起的车辆倾斜与偏转。

④由于轮轨之间以及车辆自身各部分存在的横向间隙而造成车辆与线路间可能形成的偏移。

⑤车辆在走行过程中因运动中力的作用而造成车辆相对线路的偏移。它包括曲线区段运行时实际速度与线路超高所要求的运行速度并不一致而引起的车体倾斜；以及车辆在振动中也会产生上下、左右各个方向的位移。

⑥线路在列车反复作用下可能产生的变形。

⑦运输某些特殊货物时可能会超限。

⑧为应对可能出现的特殊情况，还应该有足够的裕留空间。

以上最后两点指的是由铁路承运的某些不宜分解的大型、重型机器设备，以及某些特大型的机器设备，如大型发电设备及化工设备等。

根据机车车辆限界包括以上提到的 8 种空间的多少，可以分为以下 3 种不同的限界。

（1）无偏移限界：当机车车辆限界仅考虑上述①中的内容时的限界称为无偏移限界，又可称为制造限界。此时，车限与建限之间所留的空间应该很大。

（2）静偏移限界：当机车车辆限界考虑了上述①~③的内容时，称为静偏移限界或静态限界。此时，车限与建限之间的空间可以压缩一些，只包括④~⑧的内容。

（3）动偏移限界：当机车车辆限界考虑了①~⑤的内容时，则车限与建限之间的空间可以留得很少，这种限界称为动偏移限界或动态限界。

3 种限界虽然都得考虑以上 8 点内容，但以无偏移限界空间利用率最低，这是因为各种不同的机车、车辆可能发生的最大偏移量都各不相同。要把除了制造公差以外的全部内容都包含在机车车辆限界与建筑限界之间的空间内，所以这个空间只能留得尽可能大些，以免发生意外。

二、车辆在曲线上的偏移量

车辆通过曲线时，车体的中心线与线路的中心线不能重合而发生偏离的现象叫作车辆偏移。

车辆在曲线上运行时（如图 1-15 所示），车体的中央部分偏向线路中心线的内方；两端偏向线路中心线的外方，偏倚的多少称为偏移量。车辆在曲线上的偏移量与曲线半径的大小和车辆的长度有关，曲线半径越小或车体越长，则偏移量越大。车辆偏移量过大时，车体有可能侵入建筑接近限界，并使车钩互相摩擦，或引起车钩自动分离以及不能摘钩等现象。在实际工作中，主要应用在监装超限货物时，需要计算通过曲线时的偏移量，核查能否保证安全运行。

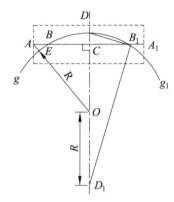

图 1-15　二轴车在曲线上的偏移量

1. 二轴车辆在曲线上偏移量的计算

图 1-15 所示为表示二轴车在曲线上的车辆偏倚情况计算简图。为简化计算，假定轮对与车体之间没有任何游间，而车轴与车体成绝对的垂直位置，并且假定这两个轮对的中心与线路的中心线相重合。

设 $CD = \alpha_1$ 为车辆中央部分向内偏移量，$AE = \beta_1$ 为车辆端部向外偏移量（忽略夹角影响将 AE 视作 β_1），$AA_1 = L$ 为车体长度，$BB_1 = S$ 为二轴车的固定轴距，R 为线路曲线半径，$\overset{\frown}{gg_1}$ 为曲线线路中心线。

由 $\triangle D_1CB_1 \backsim \triangle B_1CD$

得

$$\frac{D_1C}{CB_1} = \frac{CB_1}{CD}$$

因

$$D_1C = DD_1 - DC = 2R - \alpha_1$$

$$CB_1 = \frac{BB_1}{2} = \frac{S}{2}$$

故

$$\frac{2R - \alpha_1}{\frac{S}{2}} = \frac{\frac{S}{2}}{\alpha_1}$$

$$\frac{S^2}{4} = 2R\alpha_1 - \alpha_1^2$$

因 α_1^2 的数值很小，可略去不计，故得

$$\frac{S^2}{4} = 2R\alpha_1$$

$$\alpha_1 = \frac{S^2}{8R} \qquad\qquad (1\text{-}1)$$

在 $\triangle AOC$ 中 $\qquad\qquad AO^2 = AC^2 + CO^2$

即 $\qquad\qquad (R + \beta_1)^2 = \left(\frac{L}{2}\right)^2 + (R - \alpha_1)^2$

展开后得 $\qquad\qquad R^2 + 2R\beta_1 + \beta_1^2 = \frac{L^2}{4} + R^2 - 2R\alpha_1 + \alpha_1^2$

因 α_1^2 及 β_1^2 的数值很小，可略去不计，故得

$$2R\beta_1 = \frac{L^2}{4} - 2R\alpha_1$$

$$\beta_1 = \frac{L^2 - 8R\alpha_1}{8R}$$

将式（1-1）代入，得 $\qquad\qquad \beta_1 = \frac{L^2 - S^2}{8R} \qquad\qquad (1\text{-}2)$

在车体长度、固定轴距和线路曲线半径已知的条件下，由式（1-1）和式（1-2）可分别求得二轴车辆在曲线上，其中央部分的向内偏移量和两端的向外偏移量。

为了充分利用限界，在设计车辆时希望 $\alpha_1 = \beta_1$，即

$$\frac{S^2}{8R} = \frac{L^2 - S^2}{8R}$$

$$\frac{L}{S} = \sqrt{2} \approx 1.4$$

上式说明车体长度与其定距之比等于 1.4 时，利用限界较为合理。

2. 有转向架的车辆在曲线上偏移量的计算

有转向架的车辆在曲线上的偏移情况和计算简图如图 1-16 所示。有转向架的车辆在曲线上运行时，由于转向架心盘的中心向线路曲线内方偏倚，带动车体都向曲线中心移动。因此，车辆中部的偏移量增加，两端的偏移量减少。

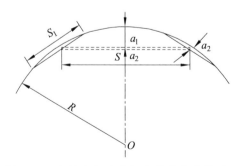

图 1-16　有转向架的车辆在曲线上的偏移量

由图 1-16 可见转向架下心盘中心向线路曲线中心内方偏移量 α_2 可根据式（1-1）求得

$$\alpha_2 = \frac{S_1^2}{8R}$$

式中　S_1——转向架固定轴距。

因为曲线半径很大，故 α_2 可视为整个车辆向曲线中心的移动量。于是，具有转向架的车辆中央部分的内偏移量为

$$\alpha = \alpha_1 + \alpha_2 = \frac{S^2}{8R} + \frac{S_1^2}{8R} = \frac{S^2 + S_1^2}{8R} \qquad （1-3）$$

式中　S——有转向架车辆两心盘中心线间的水平距离（即车辆定距）。

有转向架的车辆端部的外偏移量为

$$\beta = \beta_1 - \alpha_2 = \frac{L^2 - S^2}{8R} - \frac{S_1^2}{8R} = \frac{L^2 - S^2 - S_1^2}{8R} \qquad （1-4）$$

式中　L——车体长度。

3. 标准车辆及车辆最大宽度的确定

车辆运行在曲线时，当车辆的定距和车体长度越大时，车体的内、外偏移量也越大。因此，在车辆设计中规定了"标准车辆"。我国标准车辆为车长 26 m，宽 3.4 m，车辆定距 18 m 的二轴车。该标准车辆在通过半径为 145 m 的曲线时，其内、外偏移量均保证车辆不得与建筑物相碰。要求新设计的车辆在曲线上的偏移量不得超过标准车辆在曲线上的偏移量。

当某一设计车辆在曲线上运行时，其最大内、外偏移量如果小于标准车辆在同一曲线半径上的相应偏移量时，则所设计车辆各部分的宽度只要不超过车辆限界所规定的各部尺寸即可；反之，如果大于标准车辆在同一曲线上的相应偏移量，则所设计车辆的宽度就必须减少某一数值后才能安全通过限界，其减少的数值为此车辆与标准车辆偏移量之差中的较大一个值的两倍。

总之，设计一般车辆时，其最大宽度可以取到与车辆限界相同的宽度，即 3 400 mm。但由于车体外侧墙有各种突出的零件（如扶手、脚蹬、雨檐等），而且车辆下部限界（距轨面 1 250 mm 高度以下的位置）宽度只有 3 200 mm，所以车体宽度一般均小于 3 200 mm。

【例】我国制造的 25 型客车，车体长 $L = 25.5$ m，车体长与定距之比 $\frac{L}{S} = 1.4$，转向架固定轴距 $S_1 = 2.4$ m，运行在半径 $R = 145$ m 的曲线时，试求车辆的最大允许宽度。

解　25 型客车的车辆定距为

$$S = \frac{L}{1.4} = \frac{25.5}{1.4} \approx 18 \text{ m}$$

标准车辆的允许偏移量：

其中央部分内偏移量可由式（1-4）求得，即

$$\alpha_1 = \frac{S^2}{8R} = \frac{18^2}{8 \times 145} = \frac{324}{1160} \approx 0.28 \text{ m} = 280 \text{ mm}$$

其端部外偏移量可由式（1-5）求得，即

$$\beta_1 = \frac{L^2 - S^2}{8R} = \frac{25.5^2 - 18^2}{8 \times 145} = 0.303 \text{ m} = 303 \text{ mm}$$

25 型客车车体的偏移量：

其中央部分内偏移量可由式（1-6）求得，即

$$\alpha = \frac{S^2 + S_1^2}{8R} = \frac{18^2 + 2.4^2}{8 \times 145} = 0.284 \text{ m} = 284 \text{ mm}$$

其端部外偏移量可由式（1-7）求得，即

$$\beta = \frac{L^2 - S^2 - S_1^2}{8R} = \frac{25.5^2 - 18^2 - 2.4^2}{8 \times 145} = 0.276 \text{ m} = 276 \text{ mm}$$

通过比较可知 25 型客车车体中央部分内偏移量超过标准车辆的内偏移量为 $284 - 280 = 4 \text{ mm}$。所以 25 型客车最大允许宽度应按标准车辆的宽度每边都缩减 4 mm，故得出车体宽度为

$$B = 3\,400 - 2 \times 4 = 3\,392 \text{ mm}$$

由车辆限界可知，25 型客车最大允许宽度适用于距轨面 $1\,250 \sim 3\,600 \text{ mm}$ 的范围。

任务五　车辆检修制度和限度

任务描述

本任务主要介绍铁道车辆的检修制度和检修限度。通过本任务的学习，使学生掌握车辆定期检修的修程、定期检修的任务、日常保养的任务，车辆的运用限度和定期检修限度，为从事车辆检修工作打下基础。

任务引入

车辆在运行中不可避免地会产生磨耗、裂纹、折损、变形、松弛及腐蚀等损伤。损伤的发生和发展会降低车辆的运用性能，直至车辆不能继续使用。车辆检修工作的中心任务，是及时发现和消除车辆零部件在运用中产生的不良状态，以恢复其正常的运用性能，保证铁路客、货运输工作不间断地、安全地进行。

背景知识

一、铁道车辆检修制度

我国铁道车辆检修制度是以计划预防修为主、状态修为辅的检修制度，即在技术预防修

的前提下，逐步扩大实施状态修、换件修和主要零部件的专业化集中修。计划预防性检修制度分为定期检修和日常维护两大类。

（一）两种主要的检修制度

车辆检修制度就是规定在什么情况下对车辆进行检修及修理后车辆应达到何种技术状态的一种技术制度。

目前，世界各国对铁道车辆所采用的检修制度，可分为两种类型：一种是把车辆维修划分为若干修程，进行有计划的预防性维修；另一种是根据车辆在运用中的技术状态，进行必要的维护和修理。

1. 计划修

首先摸清车辆主要零部件的损伤规律，然后根据损伤情况确定零部件的使用期限，再在此基础上确定合理的检修循环结构和检修周期，使车辆零部件在运用中产生的损伤尚未达到极限损伤时，就能有计划地加以修复。现在我国采用的是定期检修和日常维修相结合的车辆检修制度，属于计划、预防性的检修制度。

实行计划预防检修制度，需要具备以下条件：

（1）通过大量的统计、测定和试验研究，确定出主要零部件的修理周期。

（2）根据主要零部件的修理周期，同时考虑一般零部件的修理，合理地划分修理类别等级和修程。

（3）制定出一整套相应的修理技术标准——检修限度和修理技术要求。

（4）具备按职能分工、合理布局的修理基地。

2. 状态修

状态修是指按车辆的技术状态而进行必要的修理工作，即对运用中的车辆，发现什么故障就修理什么故障，而没有明确的计划，每一次修理作业范围和检修工作量是随机的，对车辆不做根本性的彻底修理，甚至使用到一定程度就报废。这种检修制度的优点是修理基地的规模较小，可分设在铁路沿线较大的装卸站上；缺点是检修工作的不均衡性严重，修理基地多，而修理工作无一定的计划。

状态修是一种按需性预防维修方式。状态修的修理工作的实施，根据对运用车的日常检查，以及监测与检测仪器提供的故障部位，而随时进行必要的修理工作。因此，施行状态修能避免计划修中的维修频繁、在修时间太长的缺点，从而显著地提高车辆的利用率。

为了保证运用车始终处于良好的技术状态下，确保列车的安全运行，除加强日常检查之外，实施状态修应广泛采用监测与检测手段，藉以监视运用车的技术状态，及时排除故障，或进行必要的维修工作。

状态修具有较高的维修有效性、较小的维修工作量，因此近年来引起格外的重视。对于我国长期采用单一的计划修的检修制度来说，创造条件逐步扩大状态修是十分必要的。

当然，两种检修制度各有优缺点和适用条件，应根据车辆零部件的重要程度、故障和损伤的类型与后果，以及检查判断的难易程度等具体分析后，选择适宜的检修制度。

（二）定期检修

1. 定期检修的修程

铁道货车定期检修周期分为以时间和运行里程结合时间两种。在车辆尚未发生故障之前就对车辆进行修理，消除车辆零部件的缺陷和隐患，预防故障的发生。

1）货车定期检修的修程

我国货车现采用的定期检修的修程分为厂修、段修、辅修三级修程。

必须按现车检修周期标记扣修定检车，厂修、段修车以月为准，辅修车以月、日为准，辅修可错后 10 天。厂修、段修、辅修在一个月内同时到期时应做高级修程。扣修的临修车距辅修到期在 10 天以内时，可提前做辅修。如确因事故等特殊情况需提前扣修时，须经中国铁路总公司批准。

2）普通客车定期检修的修程

我国普通客车的定期检修修程分为厂修、段修和辅修三级修程。最高运行速度超过 120 km/h 的客车按走行公里进行检修，修程分为 A1、A2、A3、A4 四级修程。

A1 级：安全检修，周期为运行 20 万 km（±2 万 km），或运行不足 20 万 km，但距上次 A1 级以上修程时间超过 1 年者。

A2 级：40 万 km 段修，周期为运行 40 万 km（±10 万 km），或运行不足 40 万 km，但距上次 A2 级以上各修程时间超过 2 年者。

A3 级：80 万 km 段修，周期为运行 80 万 km（±10 万 km），或运行不足 80 万 km，但已做过一次 A2 修，距上次 A2 级修程超过 2 年者。

A4 级：大修，运行超过 240 万 km（±40 万 km），但距新造或上次 A4 级修程正常运用车 7.5 年，不常用车 10 年者。

以客车走行公里确定各级修程检修周期循环如图 1-17 所示（单位：万 km）。

图 1-17　各级修程检修周期

2. 定期检修的主要任务

1）厂修

厂修一般在车辆修理工厂施行。按规定应对车辆的各部装置进行全面的分解检查、彻底修理，并进行必要的技术改造工作。对底架、车体钢结构各梁、柱、板的腐蚀及变形按厂修限度进行修理，将各主要配件恢复原有性能，保持其应有的强度，以保证车辆在长期运用中技术状态良好。经过厂修，车辆各部装置得到全面恢复，使之与新造车基本上接近。修竣后涂打厂修标记。

2）段修

段修在车辆段施行。段修的主要任务是分解检查车辆的转向架、车钩缓冲装置及制动装置等部件，检查并修理车辆（包括车体及其附属装置）的故障，保证各装置作用良好，防止行车事故发生，以提高车辆的使用效率。修竣后涂打段修标记。

3）辅修

辅修主要是对制动装置和轴箱油润部分施行检修，并对其他部分做辅助性修理。做到螺栓紧固、配件齐全、作用良好。货车辅修是在修车库或专用修车线（站修线）施行，客车辅修应利用库停时间不摘车修理，但无风管路及不入库的列车可摘车施修。修竣后涂打辅修标记。

4）A1、A2、A3、A4 修

A1 级修：是按照客车运用安全要求，通过对安全关键零部件实施换件修，其他部位实施状态修，对故障部位进行处理，恢复其基本性能和要求，保障客车运行安全。A1 级修程在列车整备线上实施，在状态修中换下的零部件检修时执行换件修标准。

A2 级修：是通过对零部件实施分单元、分部位的换件修和状态修，使车辆上部、下部基本恢复其技术状态，在保证客车安全的同时，提高客车使用效率。A2 级修程采用均衡维修方式，利用库停时间分次在整备线、临修线上或段修库内进行检修，对换下的配件按 A3 级检修要求进行集中检修，以压缩修时，保证检修质量；在状态修中更换的配件检修时执行换件修标准。

A3 级修：是通过对客车重点部位实施大范围的换件检修，确保客车运行安全；对车辆上部实施高标准的状态维修，以全面恢复客车上部设施的功能。A3 级修程在车辆段（厂）内进行架车检修，对换下的零部件进行异地检测和专业化集中修，以压缩修时，提高台位利用率；在状态修中更换的配件检修时执行换件修标准。

A4 修：按规定应对车辆的各部装置进行全面的分解检查、彻底修理，并进行必要的技术改造。经过 A4 修，车辆各部装置的性能得到全面恢复，使之与新造车基本接近。

（三）日常维修

日常维修又称运用维修（日常保养），其基本任务是保证在运用中的车辆具有良好的技术状态，及时发现和处理车辆中发生的一切故障，保证行车安全。

1. 客车的日常维修

客车的日常维修包括库列检、客列检和车辆乘务组，它们是对运用客车进行检修、维护和保养的重要部门，担负着确保旅客列车绝对安全和为旅客提供良好旅行条件的重要职责，处于铁路运输安全生产的第一线，是确保旅客列车绝对安全的关键环节，是防止旅客列车事故的主要防线，是展现人民铁路风貌的重要窗口。

2. 货车的日常维修

货车的日常维修在铁路沿线的列车检修所（简称列检所）进行，列检所一般设在货车编组站、区段站、尽头站、国境站和厂矿交接站等处。对到达、始发和中转的货物列车进行技术检查，发现故障时能在列车队中修复的，及时修复。为加强车辆周转，应在列车队积极开展快速修复工作。

在列车队修理故障影响解体作业或正点发车时，可摘车送入专用修车线或修车库内施修。施修时必须做到全面检查，施修部分应保证到段修或辅修期，其他部分须符合编组站列检所的检修质量标准。修竣后应按规定涂打摘车修标记。

二、车辆定检到期处理流程

非配属的货车定检到期或过期时，一律由发现的列检作业场进行扣留。扣留时，检车员在扣留车上插以规定的色票，并通知列检值班员办理扣车手续。

1. 按计划扣车

扣车应根据国铁集团下达的各类检修任务，按车型、车种有计划地进行扣车，以保证全路车辆都能按时按状态地得到检修。

2. 按检修周期扣车

各种修程必须按周期检修。列检作业场必须按现车检修周期标记扣修定检车，厂修、段修车以月为准，辅修车以月、日为准，辅修可错后 10 日。厂修、段修、辅修同时到期时应做高级修程。扣修的临修空车距辅修到期在 10 日以内时，可提前做辅修。

3. 按优先原则扣车

即在扣车时，如果遇到过期车和到期车，或者同期车中有破损程度大一些的车和破损程度轻一些的车，而按计划又不能同时扣修时，应优先扣修过期车或破损程度严重的车辆。

4. 按就高不就低的原则扣车

扣修定检车时，如遇同一车辆高、低修程不一致时，原则上施修高一级修程。

5. 尽量空车扣车

扣修定检车时，除重车有危及行车安全的故障不扣修不行之外，一般在车辆处于空车状态或重车已抵达终到站及邻近终到站时扣车。否则，对定检到期的重车车辆认真检查，在确保行车安全的情况下，尽量放行至下一个列检作业场处置。

凡是因车辆定检到期、过期或由于车辆发生故障和事故破损车等，需要摘车修理时，则可由列检作业场检车员填写色票扣留，根据车辆故障性质和破损程度，指定送往有关检修地点施修。在办理色票时，要确认色票，认真填写车号、主要不良处所、摘车时间及办理摘车所在单位、检车员姓名等，将其插在车辆两侧规定的色票插内，如表 1-2 所示。

表 1-2　色票的功能与种类

色票 功能	铁路货车因辅修（站修）到期及符合临修等扣车要求时,扣车后插该色票	铁路货车因段修到（过）期、入段厂修及其他原因扣车时,扣车后插该色票	铁路货车因厂修到（过）期及其他原因等扣车,必须送往指定工厂维修时,扣车后插该色票
色票 种类	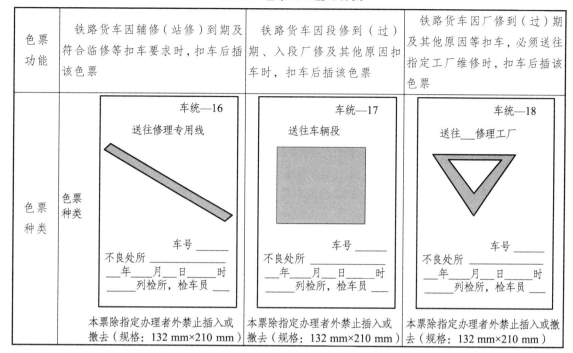 本票除指定办理者外禁止插入或撤去（规格：132 mm×210 mm）	本票除指定办理者外禁止插入或撤去（规格：132 mm×210 mm）	本票除指定办理者外禁止插入或撤去（规格：132 mm×210 mm）

三、车辆检修限度

车辆检修限度是指车辆在检修时,对车辆零部件允许存在的损伤程度的规定,它是一种极为重要的车辆规章制度。车辆检修限度是进行车辆检修工作的依据。绝大部分的检修限度都是尺寸限度,如磨耗、腐蚀、裂纹、变形等损伤均可用深度及长度的尺寸变化来表示其损伤程度。在日常维修中用检修限度来判断零件能否继续使用,在定期检修中用检修限度来判定零件是否修理及检修后质量是否合格。车辆检修限度规定得是否合理与车辆技术质量和车辆检修的经济效益关系非常密切。

制定车辆的检修限度是一件十分复杂的工作。车辆检修限度是通过对零部件进行理论分析,并根据多年积累起来的实际运用经验来制定的,同时,检修限度本身也要在实践中不断地进行修改和补充。

（一）车辆检修限度的种类

车辆检修限度根据使用场合不同分为运用限度和定检限度。各种限度都是对零部件的有关尺寸做的规定,尺寸单位为 mm。

1. 运用限度

运用限度是指零部件的损伤程度已达到了极限损伤或车辆及部件的位置达到了极限状态。超过了这个尺寸,车辆不能继续使用,必须进行修理和更换,才能保证车辆的正常使用和行车安全,运用限度也叫作列检限度或最大限度。

2. 定检限度

定检限度是指车辆进行各种定期检修时容许存在的零件损伤程度，可分为厂修限度、段修限度和辅修限度 3 种。厂、段修限度是车辆进行厂、段修时，零部件上允许存在的损伤程度的规定，也是检验损伤修复后是否合格的依据。辅修限度是针对直接影响行车安全运行的零部件而规定的限度，是在车辆辅修时是否进行修理的依据。一般按辅修限度加修或更换的零部件，应保证能安全地运用到下一次段修期。

各种修程对车辆修复程度的要求不同，因而有各种限度。如货车 HD 型车轮轮缘厚度，厂修限度为 30 mm，段修限度为 26 mm，辅修限度为 24 mm，运用限度为 23 mm。

有些零件只规定有定检限度，没有运用限度，这种零件在列检中不需要检查其限度；有些零件只有高级修程的限度而无低级修程的限度，则该零件在低级修程中不作检修要求。如同一制动梁两端水平高度差，段修限度为 15 mm，在辅修及列检时不作要求。也有的零件只有运用限度或低级修程限度，而无中间限度和高级修程限度，则说明该零件在定期检修或高级修程中不允许有这种缺陷。在车辆进行临修时，更换的轮对按轮对段修限度要求，其他重点检修部分按辅修限度要求，一般零件则按运用限度要求。

(二) 确定运用限度的基本原则

1. 从零件的工作条件来考虑

损伤程度是否破坏了零件的强度条件，是否造成了该项损伤的急剧发展（如磨耗、腐蚀、裂纹等损伤）都能使零件有效断面减小，使相同工作载荷下所产生的应力显著增大，可能超过容许应力而导致破坏。断面减小后的应力可以通过计算决定，最大应力超过容许应力时，就应认为断面已达到危险程度，零件已不能继续使用，这时的损伤程度就是最大检修限度。例如，磨耗后轴颈的最小直径和最大长度、轮辋的最小厚度、底架各梁腐蚀的最大深度等都是以强度计算为基础而加以确定的。

在考虑零件本身强度条件的同时，还必须考虑到零件的疲劳强度。例如，受交变载荷的车轴和弹簧零件的最大应力超过了材料的疲劳极限时，就有可能出现疲劳裂纹。另外，对疲劳强度来说，影响最大的是局部应力集中。防止应力集中达到超过疲劳极限的程度，就是规定车轮擦伤、轴颈碰伤、轴肩最小圆弧半径等最大检修限度的依据。

有些零件的磨损达到一定程度后，磨损速度会急剧发展而破坏零件的正常工作条件，危及行车安全，这种急剧磨损阶段开始的磨损量就是该零件磨损的最大限度。

2. 从配件的工作条件来考虑

在分析一种损伤所造成的不良影响时，除了考虑该种损伤对零件本身的影响以外，还应考虑对于与该零件一同工作的配件的影响，一般有以下几种情况：

（1）引起附加冲击：例如踏面擦伤后的轮对在滚动时，对钢轨所产生的剧烈冲击，将会损伤钢轨和轮对以及引起车辆其他配件的损伤，为此要规定轮对踏面擦伤限度。

（2）改变零件的正常相对位置：例如轮对内侧距离的限度标准，是以轮对在钢轨上相对位置来考虑的。轮对内侧距离最小应保证在钢轨上的安全搭载量，并能顺利通过道岔；而最大的轮对内侧距离则应保证轮缘与钢轨之间有必要的游间，以减少轮轨间的磨耗。

（3）影响配合之间的性能：例如轴颈与滚动轴承内圈的配合，对轴颈和轴承内圈的一些限度的规定，是以能保证轴颈与滚动轴承内圈间配合牢固性为原则。

（4）影响其他配件的工作：例如同一轮对两车轮直径之差，是引起轮缘偏磨的原因，故规定这一限度时，必须考虑轮缘与钢轨的工作条件。

3. 从车辆整体和列车运行性能来考虑

1）考虑车辆运行的安全性和平稳性

保证安全运输和行车安全是对车辆的基本要求，如车辆的垂下品与轨面的距离，车体的倾斜，侧柱外胀等运用限度就是为了保证车辆在运行中不致与建筑物或其他设备发生冲突。棚车车体倾斜过大还会导致货物倒塌。对于制动梁悬吊装置的磨耗限度，是为了防止由于磨耗使制动梁悬吊装置在制动力的冲击下发生折损，而造成制动梁脱落，可能引起整个车辆颠覆的重大事故。

又如摇枕同一端摇枕吊的长度差过大，影响转向架摇动台缓和横向振动的性能；踏面擦伤、剥离会引起过大振动；旁承间隙的大小能影响转向架转向的灵活性及车体左右摆动的幅度。这种零件的运用限度在规定时必须考虑与车辆运行平稳性的关系。

2）考虑经济、技术上的合理性

检修限度规定零件何时进行修换，也要从经济效果上考虑。如限度规定过严时，会造成修理频繁，增加不必要的修理次数和修理费用；限度规定过宽时，虽然能减少修理次数，节约修理费用，但可能因损伤程度演变激化而造成更大的损失。因此，合理的限度是既能保证车辆安全运行，又能减少不必要的修换次数和降低修理费用。为此，必须进行全面的经济、技术分析。

（三）确定中间限度的基本原则

中间限度是决定零件在各次修程中修与不修及其装配条件是否合格的标准，直接影响到车辆修理后的技术质量和所需的修理费用。制定中间限度主要考虑以下几点。

1. 保证零件安全运行到下一次定期检修

各种零件的使用寿命不同，修理工作的复杂程度也不同，在各种修程时检修要求也不同。各种修程的中间限度基本应保证零件在该修程的检修周期内不致发生极限损伤。但对于使用期限过短的零件要保证它使用到下一次低级修程时不发生极限损伤。在制定零件的中间限度时，首先要了解该零件的损伤速度及本修程到下次定期检修的期限。

2. 各修程间的相互配合

中间限度对不同的修程提出不同的要求，也是明确划分各种修程修理范围的一个标准。制定中间限度应考虑各修程间相互配合。易损零件使用期限很短，高级修程时不能保证很长的期限，在低级修程和日常保养时就要及时修理；修理工作量大，修理工艺复杂的零件就要求高级修程彻底修复，给低级修程和日常维修提供方便的工作条件。如货车同一车辆两车钩中心线至轨面高度差，辅修规定为 40 mm，段修规定为 20 mm，厂修规定为 10 mm，就是为了把复杂的调整车钩高度工作集中在厂、段修时进行。

3. 在保证质量的同时，节约原材料

例如，铸铁闸瓦厚度原为 40 mm，段修限度为 30 mm，辅修限度为 20 mm，运用限度为 10 mm。虽然闸瓦的使用期限不长，但在日常维修时容易更换。如果在段修、辅修要求更换新品，大量旧闸瓦不能充分利用，就会造成经济损失。出于节约原材料的考虑，则把段修、辅修的闸瓦限度放宽一些。

项目检测

1. 铁道车辆一般由哪几大部分组成？各部分的主要作用是什么？
2. 客车是如何分类的？各类有哪些车种？写出它们的基本型号。
3. 车辆的车号由哪几部分组成？举例说明各部分的意义是什么。
4. 车辆的性能标记主要有哪些？说明各性能标记表示的意义。
5. 车辆的方向、零部件位置是怎样确定的？
6. 什么是车辆的全轴距、固定轴距和车辆定距？
7. 什么是车辆在曲线上的偏移量？影响偏移量的因素有哪些？写出有转向架车辆偏移量的计算公式。
8. 车辆检修制度有哪两种类型？各有何特点？
9. 车辆定期检修各修程的主要任务是什么？
10. 什么叫检修限度？有哪几种类型？

项目二　轮对及轴箱装置　▶▶▶

🎯 思政课堂

"严在一平一扣，细在一丝一毫，让青春在磨砺和奋斗中更加精彩。"这是中国铁路兰州局集团有限公司兰州西车辆段轮轴车间轮轴检修班组的一名轮轴装修工的工作态度，也是 2020 年"最美铁路人"刘晓燕的工作感言。

初入职场的场景，刘晓燕记忆犹新。检修操作间里"精检细修、确保安全""让标准成为习惯"等安全励志警句格外醒目。为确保精准检测，刘晓燕从源头学起，学习车辆构造、原理、检修方法，掌握故障发生规律；学规章规程、学工艺流程，苦练检测本领。为了彻底学懂弄通，她把滚子、保持架、密封座等十几个轴承零件的 70 多个检修限度全部熟记，一本 32 开本的黑色笔记本上面密密麻麻地写满了操作要点、重要环节步骤则以红色下划线标注得规范醒目，对轴承检修工作中存在的难点问题、不明白的测量细节、不清楚的选配环节逐一记录下来，虚心向师傅请教。

经过一段时间的努力，刘晓燕的业务技能突飞猛进，在总公司机辆部 2018 年铁路车辆专业货车检修岗位职业技能竞赛中，她不畏强手、沉着应对、冷静参赛，最终取得轴承一般检修第一名的好成绩，被授予全路技术能手称号。

刘晓燕用勤学苦练证明"90 后"不是"娇滴滴的一代"。她以实际行动诠释了人民铁路为人民的根本宗旨，践行了"交通强国、铁路先行"的历史使命，集中展示了铁路人的先行风采、服务本色、担当品格和奋斗精神。

🎯 项目概述

铁路上的车轮是"论对儿"使用的，把 2 个车轮与 1 根车轴紧密地压装在一起，就组成一个轮对（见图 2-1），有点像运动房里的一副杠铃，但杠铃用于举重，而轮对的任务是"负重"。轮对的作用是保证铁道车辆在钢轨上运行和转向，承受来自车辆的全部动、静载荷，把它传递给钢轨，并将因线路不平顺产生的载荷传递给车辆各零部件。轮对是转向架的重要组成部分。

图 2-1　轮对

轮对是怎样安装到转向架的呢？将车轴两端的轴颈伸进轴箱装置内，然后与转向架的构架（客车）或侧架（货车）联系起来。轴箱装置是一个能够严防雨水、灰尘等异物侵入的密封装置。它里面有什么秘密呢？

　　轴箱装置内装的主要部件是滚动轴承，还加入了适量的软干油。所以，这个装置的全称叫作轴箱油润装置。它把轮对与转向架的构架（客车）或侧架（货车）联结在一起，把车辆的重量传给轮对，同时保护轴颈，使轴承与轴颈得以润滑，减少摩擦。那么，如果把轮对称为铁道车辆"粗壮而灵活的腿脚"，那么轴箱油润装置就像是车辆"腿脚"的"活动关节"。

◎≪ 项目任务

（1）任务一　轮对基础知识。
（2）任务二　轮对故障及检修测量。
（3）任务三　滚动轴承基础知识。
（4）任务四　客车滚动轴承轴箱装置及检修。
（5）任务五　货车滚动轴承轴箱装置及检修。

任务一　轮对基础知识

动画：轮对组成

任务描述

　　本任务是对轮对的作用，车轴、车轮结构和类型的整体认知。通过本任务的学习，使学生掌握铁道车辆车轴、车轮的组成部分和结构特点，为从事车辆轮对故障检查打下理论基础。

任务引入

　　轮对是车辆的重要部件，它承受车辆的全部质量（自重和载重）并引导车辆沿钢轨做高速行驶。轮对的质量直接影响列车的安全运行。因此，对轮对有如下要求：

　　（1）具有足够的强度和刚度；要求在外力作用下不发生永久变形，且弹性变形限制在正常工作允许范围内，不发生脆性折断及疲劳裂纹等类型的破坏。

　　（2）在保证安全的条件下，尽可能地减轻轮对质量，并有一定的弹性，以减小轮轨之间的作用力。

　　（3）车轴与车轮结合牢固。

　　（4）具有阻力小和耐磨性好的优点，这样可大大地节省牵引动力。

　　新造或进厂、段修后的轮对应有一定的技术要求，对用于标准轨距（1 435 mm）的轮对，两轮缘内侧面距离为（1 353±2）mm[货车厂、段修后为（1 353±3）mm]，并在同一轮对的三等分点上所测得的内侧面距离，最大差值不应超过 1 mm（厂、段修不应超过 3 mm）。

轮对组装质量的好坏，直接影响列车在运行中的安全性、旅客乘坐的舒适性、货物的完好率。

背景知识

一、车轴

（一）车轴各部分名称及作用

微课：车轴

铁路车辆使用的车轴绝大多数为圆截面实心车轴。由于各部位受力状态不同，其直径也不一样。车轴是用优质碳素钢（40 号钢或 50 号钢）锻造制成。车轴表面需锻造光平，不得有起层、裂纹、溶渣或其他危害性缺陷。根据车轴使用轴承型式的不同，车轴可分为滑动轴承车轴和滚动轴承车轴。客车在 20 世纪 70—80 年代已全部使用滚动轴承车轴，货车在 80 年代开始滚动轴承化，新造货车已全部使用滚动轴承车轴，滑动轴承车轴在现阶段已全部淘汰，故这里只介绍滚动轴承车轴，其结构如图 2-2 所示。

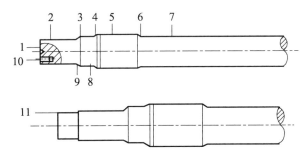

1—中心孔；2—轴颈；3—轴颈后肩；4—轮座前肩；5—轮座；6—轮座后肩；7—轴身；
8—防尘板座；9—轴颈根部（卸荷槽）；10—轴端螺栓孔；11—皮带轮安装座。

（a）非盘形轮对车轴示意图

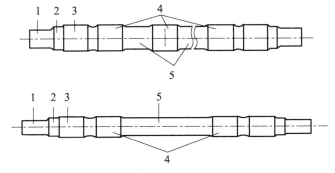

1—轴颈；2—防尘板座；3—轮座；4—制动盘座；5—轴身。

（b）盘形轮对车轴示意图

图 2-2　车轴示意图

车轴各部位作用如下：

（1）轴颈：是安装滚动轴承和承载的部位。

（2）防尘板座：为车轴与防尘板配合部位，其直径比轴颈直径大，比轮座直径小。

（3）轮座：是车轴和车轮配合的部位，是车轴受力最大的部位。

（4）轴身：是两轮座的连接部分，为增加其强度和减少应力集中，车轴轴身呈圆柱形。

（5）轴端螺栓孔：是滚动轴承车轴安装轴端压板的地方，轴端压板的作用为防止滚动轴承内圈从轴颈上窜出。

（6）两点划线部分为发电机传动车轴加长部分。

（7）制动盘安装座：供压装制动盘用。一般一根车轴上设有 2 个制动盘安装座，过渡圆弧 55 mm。

标准滚动轴承车轴每端端部平分为 3 个扇形，两端共 6 个扇形，供刻打车轴标记之用。

（二）车轴的种类、材质

1. 车轴的种类

车轴轴型已标准化和系列化，这是为了简化设计，便于制造、检修、运用，同时为了减轻自重，提高经济效益，以适应不同车种、不同车辆自重和载重的要求，以及适应客、货运输用途不同的需要。根据《铁道车辆轮对及轴承型式与基本尺寸》（TB/T 1010—2016），标准型滚动轴承车轴主要有以下类型：货车用车轴有 RB2、RD2、RD2Y、RE2、RE2A、RE2B 型等；25 型客车常用车轴有 RD3、RD4、RD3A、RD3A1、RD4A、AM96 型等。

2. 车轴的材质及要求

车轴采用优质碳素钢加热锻压成型，经热处理及机加工而成。所用车轴钢为 40 号钢或 50 号钢。车轴钢的化学成分、机械性能等要求应符合标准规定。

微课：车轮

二、车轮

目前我国货车车辆上使用的车轮为整体辗钢轮和新型铸钢轮，简称为整体轮。铸钢整体轮主要是国外进口的。为满足高速车辆的要求，近年又研制了高速轻型车轮，使车轮轻量化，以减少高速运行时轮轨之间的动力作用力。车轮按其辐板形状可分为直辐板形轮和 S 形辐板轮。

（一）车轮各部分名称及作用

整体辗钢轮车轮各部分名称如图 2-3 所示。

踏面是车轮与钢轨接触的外圆周面，具有一定的斜度，其与轨面在一定摩擦力下完成滚动运行。轮缘是车轮内侧面的径向圆周突起部分，是为保持车轮沿钢轨运动、起导向作用、防止脱轨的重要部分。轮辋是车轮具有完整踏面的径向厚度部分，可以保证踏面具有足够强度的同时也便于加修。轮毂是轮与轴相互配合的部分，是保证车轮和车轴相互结合且保证有足够压装力的部分。轮毂孔是安装车轴的孔，它与车轴上的轮座部分实现过盈配合。辐板是轮辋与轮毂的板状连接部分。为了便于轮对在切削加工时与机床固定和吊运轮对而设辐板孔（新造车轮已取消）。

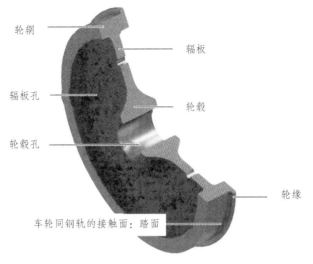

轮辋

辐板

辐板孔

轮毂

轮毂孔

轮缘

车轮同钢轨的接触面：踏面

图 2-3　车轮

（二）轮缘与踏面的形状及作用

1. 车轮踏面外形

微课：轮对型号和标记

为使轮对在钢轨上平稳运行，能顺利通过曲线和道岔，且使踏面磨耗比较均匀，对轮缘和踏面外形尺寸必须有严格的规定。我国铁道车辆所使用的车轮轮缘和踏面有锥形（TB 型）、磨耗型（LM 型）和高速磨耗型（HLM 型）三种，外形如图 2-4 所示。

锥形踏面已沿用多年，在长期使用过程中，发现其外形与钢轨头部断面形状不匹配，造成运用初期轮缘、踏面及钢轨磨耗快、车轮使用寿命短等问题。针对这些问题，有关部门对踏面形状和钢轨头部断面形状进行了大量的研究和试验，设计制造了磨耗型踏面，并于 1984 年开始逐步在全路车辆上使用。《铁路货车轮对组装检修及管理规则》规定：车轮踏面及轮缘必须按磨耗型（LM 型）踏面的外形加工及测量，车轮踏面及轮缘须采用数控的车轮内侧面为加工基准面，车轮内侧面和踏面外侧面之间的距离称为轮辋宽度，标准车轮的轮辋宽度为 135_0^{+5} mm。

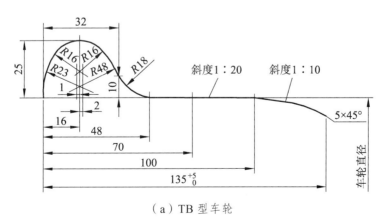

（a）TB 型车轮

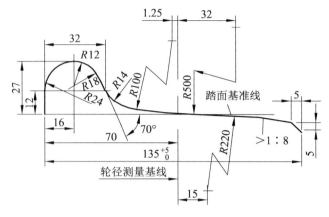

（b）LM 型车轮

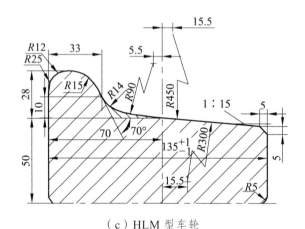

（c）HLM 型车轮

图 2-4　车轮轮缘踏面外形

　　由车轮内侧面向外 70 mm 处踏面上一点称为基点，基点沿车轮一周组成的圆称为滚动圆，车轮的直径、轮辋的厚度、踏面的圆周磨耗深度都在此处测量。

　　以 LM 型为例，由车轮内侧面向外 16 mm 处轮缘上一点称为轮缘顶点，过踏面上基点做一水平线，为轮缘高度测定线。由轮缘顶点至轮缘高度测定线之垂直距离为轮缘高度，标准轮缘高度为 27 mm。由轮缘高度测定线铅垂线上 12 mm 作一水平线与轮缘相交，两交点间的距离称为轮缘厚度，标准轮缘厚度为 32 mm。

2. 车轮踏面基本外形的作用

1）便于通过曲线

车辆在曲线上运行时，由于离心力的作用，轮对偏向外轨，于是在外轨上滚动的车轮与钢轨接触的部分直径较大，而沿内轨滚动的车轮与钢轨接触部分直径较小。这样，造成在同一转角内，外轮行走的路程长而内轮行走的路程短，正好和曲线区间线路的外轨长内轨短的情况相适应，使轮对较顺利地通过曲线，减少车轮在钢轨上的滑行，如图 2-5 所示。

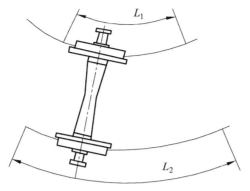

图 2-5　轮对通过曲线

2）可自动调中

由于踏面中部设有斜度，为使踏面与钢轨顶面接触良好，钢轨铺设时也使它与线路中心有相同的斜度，因此钢轨对车轮作用力的方向是指向线路中心的。车辆在直线线路上运行，当轮对受到横向力的作用使车辆中心线与轨道中心不一致时，则轮对在滚动过程中能自动纠正偏离方向，如图 2-6 所示。

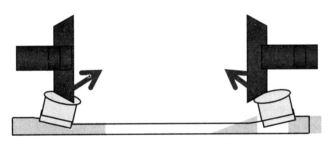

图 2-6　踏面自动调中示意图

3）能顺利通过道岔

线路上的道岔对车辆运行的平稳性和安全性影响极大，因此踏面的几何形状也应适应通过道岔的需要。由于尖轨前端顶面低于基本轨顶面，当轮对由道岔的尖轨过渡到基本轨时（见图 2-7），为了防止撞到基本轨，要求踏面具有一定的斜度，并且把踏面的最外侧做成 5×45°的倒角，以增大踏面和轨顶的间隔，保证车轮顺利地通过道岔。

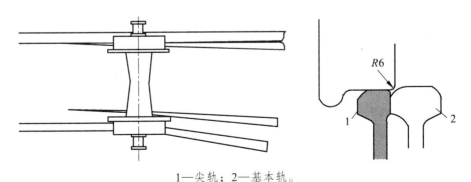

1—尖轨；2—基本轨。

图 2-7　轮对通过道岔尖轨

4）使踏面磨耗沿宽度方向比较均匀

由于车轮踏面具有一定的斜度，当车轮在轨道上运行时，回转圆的直径也在不停地变化，致使车轮和钢轨的接触点也不停地变换着位置，结果使踏面磨耗比较均匀。

三、车轮的种类、尺寸及材质要求

车轮的结构、形状、尺寸和材质是多种多样的，按其用途可以分为客车用、货车用、机车用车轮；按其结构分为整体轮和轮箍轮。整体轮按其材质又可分为辗钢整体轮、铸钢整体轮等，轮箍轮又可分为铸钢辐板轮心、辗钢辐板轮心及铸钢辐条轮心的车轮。为了降低噪声，减小簧下质量，国外还采用弹性车轮、消声车轮、S形辐板车轮等新型车轮。

目前，我国铁道车辆上主要采用辗钢整体轮（简称辗钢轮），也有部分铸钢整体轮（简称铸钢轮）。辗钢轮最大的优点是强度高，韧性好，适应载重大和速度高的要求。其次是自重较轻，轮缘磨耗后可以堆焊，踏面磨耗后可以旋削，维修费用较低。但辗钢轮制造技术较复杂，设备投资较大，踏面耐磨性较差等。辗钢轮相应地规定了几种形式，其各部分尺寸如图 2-8、图 2-9 所示，尺寸如表 2-1、表 2-2 所示。

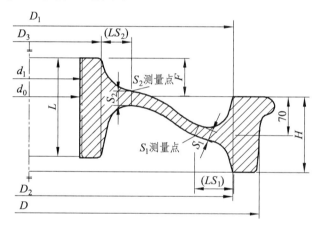

图 2-8　TB/T2817—1997 标准的辗钢整体车轮

表 2-1　辗钢轮尺寸

规格型号		滚动圆外径 D/mm	轮辋内侧内径 D_1/mm	轮辋外侧内径 D_2/mm	轮毂孔径 d_1/mm	轮毂外径 D_3/mm	毂长 L/mm	辋宽 H/mm	毂钢距 F/mm	辐板厚度 S_1/mm	辐板厚度 S_2/mm	测量参考尺寸 LS_1/mm	测量参考尺寸 LS_2/mm	理论质量 /kg	材质
φ840	HESA	840^{+6}_{0}	740^{0}_{-4}	740^{0}_{-4}	206	286^{+4}_{0}	178±3	135^{+5}_{+2}	68^{+2}_{0}	20^{+3}_{0}	26^{+3}_{0}	90	53	314	CL60
	HDSA	840^{+6}_{0}	740^{0}_{-4}	740^{0}_{-4}	194	264^{+4}_{0}	178±3	135^{+5}_{+2}	68^{+2}_{0}	19^{+3}_{0}	25^{+3}_{0}	85	55	306	CL60
	HDS	840^{+10}_{0}	710^{0}_{-10}	710^{0}_{-10}	194	274^{+5}_{0}	178±3	135^{+3}_{0}	68^{+2}_{0}	19^{+5}_{0}	25^{+5}_{0}	73	50	348	CL60
	HBS	840^{+10}_{0}	710^{0}_{-10}	710^{0}_{-10}	155	235^{+5}_{0}	178±3	135^{+3}_{0}	68^{+2}_{0}	19^{+5}_{0}	25^{+5}_{0}	73	50	342	CL60
φ915	KDS	915^{+6}_{0}	785^{0}_{-6}	785^{0}_{-4}	194	274^{+5}_{0}	178±2	135^{+3}_{0}	68^{+2}_{0}	19^{+3}_{0}	25^{+3}_{0}	70	69	391	CL60

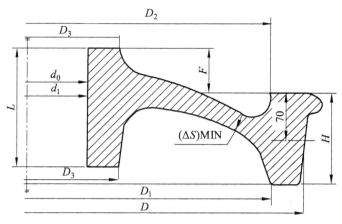

图 2-9　TB/T1013—1999 标准的铸钢整体车轮形式

表 2-2　铸钢轮型号和尺寸　　　　　　　　　　　　　　单位：mm

型号	滚动圆外径 D/mm	轮辋内侧内径 D_1/mm	轮辋外侧内径 D_2/mm	轮毂孔径(粗) D_0/mm	轮毂孔径(精) d_1/mm	轮毂外径 D_3/mm	轮毂长度 L/mm	车轮轮辋宽度 H/mm	毂辋距 F/mm	轴板厚度(最薄处) ΔS/mm	理论质量 /kg	材质
HEZD	840^{+6}_{0}	740^{0}_{-4}	740^{0}_{-4}	198^{0}_{-4}	206	282 ± 4	178 ± 3	135^{+5}_{+2}	68^{+2}_{0}	22^{+6}_{0}	325	ZL-B
HDZD	840^{+6}_{0}	740^{0}_{-4}	740^{0}_{-4}	186^{0}_{-4}	194	263 ± 4	178 ± 3	135^{+5}_{+2}	68^{+2}_{0}	21^{+6}_{0}	315	ZL-B
HDZB	840^{+6}_{0}	740^{0}_{-8}	740^{0}_{-8}	186^{0}_{-4}	194	260^{+6}_{-2}	178 ± 3	135^{+5}_{+2}	68^{+2}_{0}	23^{+6}_{0}	330	ZL-B
HDZC	840^{+6}_{0}	740^{0}_{-8}	740^{0}_{-6}	186^{0}_{-4}	194	260^{+6}_{-2}	178 ± 3	135^{+5}_{+2}	68^{+2}_{0}	20^{+6}_{0}	310	ZL-B
HEZB	840^{+6}_{0}	740^{0}_{-6}	740^{0}_{-6}	198^{0}_{-4}	206	278^{+10}_{0}	178 ± 3	135^{+5}_{+2}	68^{+2}_{0}	21^{+6}_{0}	322	ZL-B
HDZA	840^{+6}_{0}	710^{0}_{-8}	710^{0}_{-8}	186^{0}_{-4}	194	260^{+6}_{-2}	178 ± 3	135^{+5}_{+2}	68^{+2}_{0}	25^{+6}_{0}	371	ZL-B
HDZ	840^{+10}_{0}	710^{0}_{-10}	710^{0}_{-10}	186^{0}_{-4} 198^{0}_{-4}	194 206	289^{+5}_{-2}	178 ± 3	135^{+5}_{0}	68^{+2}_{0}	25^{+6}_{0}	385	ZL-B

　　为了适应高速、重载运输发展的需求，近些年来又开发、研制了 S 形辐板整体辗钢轮。它主要的结构特点是辐板为不同圆弧连接成的 S 形状、LM 型踏面，取消了辐板孔，适当减薄轮毂孔壁厚度，如图 2-10 所示。S 形辐板轮大多采用 CL60 车轮钢，要求严格控制其纯净度，以提高车轮内在质量。

　　铸钢车轮是由钢水在生产线上直接铸造成形，工序、劳动力消耗少，生产能耗低（见图 2-11）；由于采用石墨型浇铸工艺，避免了辗钢轮由于下料偏差引起的尺寸和重量偏差，使新型铸钢尺寸更精确；新型铸钢轮辐板为流线型结构，耐疲劳、抗热裂性的性能均优于辗钢轮。新型铸钢轮的化学成分与辗钢轮相近，二者的标准中所有技术要求相同，探伤和检验的标准也相同。新型铸钢轮轮辋的要求更高一些。

图 2-10　S 形辐板车轮

图 2-11　铸钢车轮生产线

任务二　轮对故障及检修测量

微课：轮对故障

任务描述

本任务是对轮对故障形式和对轮对检查器的使用方法的整体认知。通过本任务的学习，使学生掌握铁道车辆轮对故障形式、故障原因和危害，能使用工具完成故障尺寸的测量，为车辆检修提供可靠测量数据。

任务引入

随着科技水平的不断提升，我国的铁路运输速度和效率不断提高，车辆的运载量也不断增加，这加剧了车辆对轮轴的损伤程度，使得车辆安全事故的发生率相对增长。轮轴损伤不仅会降低铁路部门的经济效益，而且会危害人们的人身生命财产安全，严重的轮轴损伤甚至会导致燃轴、热切轴、脱轨之类的灾难性事故。因此，应对车轮、车轴的损伤形式和产生原因进行分析，并采取相应措施有效预防各种损伤发生，保证行车安全。

背景知识

一、车轴故障

车轴故障主要有车轴裂纹，车轴磨伤、碰伤和车轴弯曲三种形式。这些故障能引起车辆脱轨、颠覆或燃轴等事故。因此，必须认真检查处理，才能保证行车安全。

（一）车轴裂纹

车轴裂纹分为横裂纹和纵裂纹。横裂纹是裂纹与车轴中心线夹角大于45°时的一种裂纹；夹角小于45°时的称为纵裂纹。车轴的横裂纹将减小车轴的有效面积，从而影响车轴强度，容易扩展引发断轴事故，危害极大。车轴各部位都可能产生横裂纹，以出现概率来说，多发部位如图2-12所示，轮座周围产生裂纹的概率占全部车轴裂纹概率的97%，且多数发生在轮对内外侧边缘。

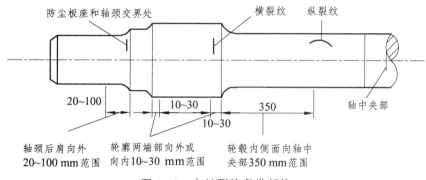

图 2-12　车轴裂纹多发部位

（二）车轴断裂的原因

1. 热切

滚动轴承车轴由于滚动轴承的内圈崩裂、滚子破碎或保持架脱落等原因，引起轴箱激热，产生高温，致使轴颈变形，磨耗剧增，当轴颈截面减少到不能支撑车体载荷时，车轴发生折断现象。

2. 疲劳断裂（冷切）

车辆在长时间的使用过程中都可能产生疲劳裂纹，统计资料表明，一般在使用12年左右车轴易产生疲劳裂纹。有些车轴过早地产生疲劳裂纹，常常是由于车轴材质不好，或在制造和使用过程中车辆表面造成伤痕，致使疲劳极限下降所致。车轴裂纹发展的过程中，先是金属组织结构发生变化，然后发展成裂纹，所以裂纹末端的金属虽未折断但已受到影响。一般车轴出现裂纹至折断往往需要一段时间，如果及时检查处理则可以防止车轴折断。车轴出现裂纹时，应将裂纹旋去后，再旋去一定深度的影响层，如果剩余直径符合限度则可以继续使用。

（三）车轴磨伤

车轴磨伤包括轴颈及防尘板座上的纵、横向划痕，凹痕，擦伤，锈蚀，磨伤等。

轴身磨伤常常是由于制动拉杆、杠杆等组装不良而与车轴接触造成的。车轴磨伤处易引起应力集中，造成车轴裂纹。当磨伤深度在2 mm以下时，可以将棱角消除，打磨光滑后继续使用；在2 mm及以上时，须将缺陷旋除，旋除后的轴身（包括轴中央部）尺寸允许比原形公称尺寸减少4 mm。

（四）车轴弯曲

车轴弯曲主要是毛坯车轴锻造时发生的弯曲，其次是由于车辆重车脱轨，使车轴受到剧烈冲击，或组装轮对时车轴与轮对不垂直而造成的。车轴弯曲时，车辆运行振动增大，能造成轴箱发热、轮缘偏磨，甚至发生车辆脱轨事故。沿车轮圆周测量轮对内侧距离时，如果任两处相差超过 3 mm，则车轴弯曲过限，必须更换轮对。车轴加修时，可将弯曲处旋除，旋除后的轴身尺寸允许比原形公称尺寸减少 4 mm。

二、车轮故障

车轮的故障主要有轮缘及踏面磨耗，其次是踏面擦伤、剥离及局部凹下、车轮裂纹等，这些故障直接威胁着行车安全，因此必须认真检查，及时发现，妥善处理。

（一）轮缘故障

1. 轮缘厚度磨耗

轮缘厚度磨耗是由于轮缘与钢轨正常摩擦或是由于转向架车轴之间不平行，使转向架出现菱形，承重中心将偏向车轴之间距离较小一侧，使其轮缘与钢轨贴近，加剧轮缘与钢轨的磨耗。轮缘厚度磨耗超限会使轮轨间横向窜动量增加，在通过曲线时，减小了车轮在内轨上的搭载量，容易脱轨；在通过直线时，增加了车辆的横动量，使运行平稳性变差。轮缘厚度过薄，还降低轮缘的强度，易造成轮缘根部裂纹。轮缘厚度检修限度见表 2-3。

表 2-3　轮缘厚度检修限度　　　　　　　　　　　　　　单位：mm

类型	原型	厂修	段修	站修限度		运用
				修理	检查	
货车标准轮对	32	≥28	≥26	≥24	≥23	23
三轴及多轴转向架的中间轮对	23	≥19	≥17	—	—	—
空车标准轮对	32^{+1}_{-2}	≥30	≥30	—	—	—

2. 轮缘垂直磨耗

轮缘垂直磨耗是在轮缘外侧垂直方向磨耗，使踏面不保持原弧线形状。其产生的原因基本上与轮缘厚度加剧磨耗的原因相同，但横向力的影响更大些。轮缘垂直磨耗的危害是车轮通过道岔时，轮缘外侧磨耗面容易和基本轨密贴，轮缘顶部更易压伤或爬上尖轨造成脱轨。而且由于磨耗面外形与钢轨内侧面的形状一致，使两者的接触面大大增加，不仅加大了运行阻力，还会使轮缘和钢轨加速磨损。轮缘外侧磨耗面与轮缘顶部未磨耗部分的交点叫作"角点"，如图 2-13 所示，角点到轮缘根部的竖直距离叫作垂直磨耗高度。运用中车轮垂直磨耗高度大于 15 mm 时，必须更换轮对。定期检修时，发现有垂直磨耗就要旋修车轮。

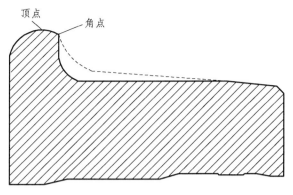

图 2-13　轮缘垂直磨耗

3. 轮缘顶部锋芒和轮缘辗堆

轮缘外侧磨耗使角点与轮缘顶点重合，在轮缘顶点处形成的尖端叫作锋芒。当通过道岔时，轮缘锋芒可能豁开道岔的尖轨而造成脱轨，如图 2-14 所示。车轮材质过软时，在轮缘磨耗的过程中，轮缘受到钢轨的挤压作用，在轮缘外侧靠近轮缘顶部形成的突起叫作辗堆。轮缘产生辗堆后，其危害同垂直磨耗的情况相似，在通过道岔时容易脱轨，发现辗堆即须更换轮对或旋修处理。

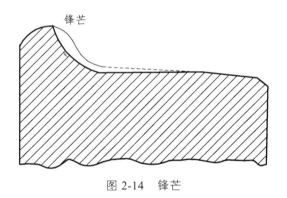

图 2-14　锋芒

4. 轮缘内侧缺损

轮缘内侧缺损主要原因是意外冲击或事故脱轨。其缺损沿圆周方向长度不得超过 30 mm，宽度不得超过 10 mm，如图 2-15 所示。轮缘内侧缺损超限更换轮对。

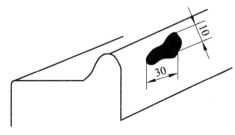

图 2-15　轮缘内侧缺损

（二）踏面故障

1. 踏面圆周磨耗

车轮踏面圆周磨耗是指车轮踏面在运行过程中车轮直径尺寸减小，并改变了踏面标准轮廓。踏面圆周磨耗是一种不可避免的自然磨耗。踏面磨耗的速度随车轮的材质、运用及线路情况而不同。在一般情况下，新旋修车轮在使用的开始阶段（磨合阶段）走行 5 000 km 左右，会形成 0.5 ~ 1 mm 的磨耗，以后每走行 5 000 km 磨耗为 0.1 mm 左右。

车轮在钢轨上运动的主要形式是滚动，但在通过曲线等情况下，轮轨间存在着相对滑动，因此，轮轨间发生的是一种滚滑混合的复杂摩擦。在制动时闸瓦与踏面间也发生滑动摩擦，引起磨耗。根据这些情况分析，引起踏面磨耗的原因有：当车轮滚动时，踏面与钢轨接触处的材料受挤压和剪切，经多次反复作用，使表层金属疲劳磨耗；制动时，闸瓦与车轮间产生大量摩擦热，当缓解时闸瓦离开踏面后，摩擦热迅速向整个车轮传导而使踏面速冷，如此时冷时热，易使表面材料变化而造成破坏。实际观察与分析结果表明：车轮踏面的磨耗是踏面表层不断形成厚度为 0.05 ~ 0.2 mm 的白硬层和白硬层不断脱落的过程。

踏面圆周磨耗过大，将破坏踏面的标准外形，使踏面与钢轨经常接触部分的锥度变大，使轮对蛇行运动的波长减小，频率增高，影响车辆运行的平稳性。当车辆通过道岔时，车轮由基本轨向尖轨过渡时，车轮产生上下跳动，易砸伤尖轨，并易对基本轨产生瞬间横向力，如图 2-16 所示；还会使轮缘相对高度增加，易与线路上鱼尾板螺母相碰或切断螺栓造成轨距扩大，引起脱轨，如图 2-17 所示。

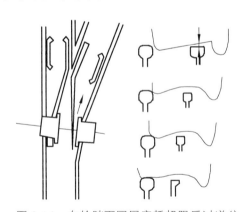

图 2-16 车轮踏面圆周磨耗超限后过道岔

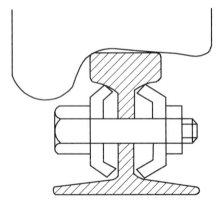

图 2-17 车轮踏面圆周磨耗检修限度

2. 踏面擦伤

车轮踏面呈现类似椭圆形痕迹，该部位局部凹陷，一般情况下，一条轮对的两个车轮对称部位均能看到擦伤形貌，如图 2-18 所示。在制动过程中，由于司机操作不当、制动系统不佳、轮轨黏着力降低等，会造成车轮抱死，导致车轮与钢轨之间产生强烈摩擦，摩擦热使车轮踏面局部产生相变，形成硬而脆的马氏体组织，严重时会导致踏面擦伤处剥离掉块。擦伤深度较深时，会降低列车运行平稳

图 2-18 踏面擦伤

性，产生振动并对轴承等部件产生危害。

3. 踏面剥离

踏面剥离是车轮踏面金属剥落的一种损伤，在运用中车轮踏面整个圆周或局部出现不规则网状裂纹、龟纹状裂纹或层状金属剥落，如图 2-19 所示。从长期研究和机理分析来看，踏面剥离主要分为制动剥离、解除疲劳剥离、擦伤剥离三种。踏面剥离产生原因主要为车轮材质不良、有夹渣，在运行中经反复碾压，材质疲劳而出现鳞片状剥落，称为疲劳型剥离；另外由于制动抱闸产生高温，在冬天又急剧冷却，经常反复热胀冷缩而在表面出现细小裂纹，经碾压，使金属剥落称为热剥离。踏面剥离会使车辆在运行中产生过大的振动，为了限制踏面剥离对车辆振动的影响，对踏面剥离长度规定了限度。

图 2-19　踏面剥离

4. 踏面缺损

踏面缺损是由于车轮材质不良，外侧辗堆，意外打击及机械化调车作业碰撞等造成。其运用限度为自轮缘外侧至缺损处的距离，客车不得小于 1 505 mm，货车不得小于 1 508 mm，缺损部分长度不得超过 150 mm。

（三）车轮裂纹

车轮裂纹多发生在使用时间过长，轮辋较薄的车轮。裂纹的部位多在辐板孔周围及辐板与轮辋交界处、轮辋外侧、踏面及轮缘根部，如图 2-20 所示。车轮裂纹会导致车轮破碎，造

图 2-20　车轮轮辋、辐板裂纹

成重大事故。对车轮裂纹应认真细致检查，借助锤敲声音及外观象征进行判断。声音清脆为良好，闷哑可能为裂纹；表面有透油黑线、透锈道痕、铁粉附着等都为裂纹外观象征。一旦发现车轮存在裂纹，须停止使用，更换车轮。车轮制造时碾压的重皮可铲去，铲槽深度及长度不超过限度时可继续使用。车轮同一半径断面上铲槽不得多于 3 条，铲槽两端应平缓过渡，全轮铲槽总长度不得大于 300 mm。轮辋内侧面上不准有铲槽，辐板沿圆周方向铲槽深度不得超过 3 mm，轮辋及辐板上均不准有径向铲槽。

（四）轮辋过薄

车轮踏面磨耗超过限度或因其他故障多次旋修车轮，车轮轮辋厚度随之变薄。轮辋过薄时，会降低其强度，引起裂纹；同时由于车轮直径变小，会使转向架等高度降低，影响各部分配合关系。轮辋过薄超过限度时，应更换车轮。

（五）车轮轮辋外侧辗宽

这种故障是由于车轮材质过软引起的。轮辋外侧辗宽的危害是过道岔时，辗宽部分挤压基本轨而造成车辆脱轨，与踏面磨耗的情况相似。运用时车轮辗宽超过 5 mm 时应旋修或换轮。

（六）轮毂松弛及轮对内侧距离不合标准

轮毂松弛主要原因是压装时过盈量过小以及振动力过大等，其外观象征有透锈等现象。轮毂松弛易造成轮对内侧距离改变而发生脱轨的危险。当发现轮毂松弛或轮对内侧距离不合标准时，须停止使用。轮对内侧距离的段修限度为轮辋宽 127 ~ 135 mm 者最大 1 359 mm，最小 1 354 mm；轮辋宽 135 mm 及以上者最大 1 356 mm，最小 1 350 mm。

三、轮对检查器与技术测量

在轮对检查工作中，常用的轮对检查器有第四种检查器、车轮直径检查尺、轮对内侧距离检查尺、轮缘垂直磨耗检查器、轮辋厚度检查器、轴肩弧度半径检查样板等 6 种。

微课：轮对检查器

（一）第四种检查器

铁道车辆车轮第四种检查器是国内测量车轮尺寸的一种新型测量工具，具有 12 项检测功能。其主要特点是改变了我国铁路原以车轮轮缘顶点为基点测量轮缘厚度的方法，能够以车轮踏面滚动圆（即距车轮内侧 70 mm 处的基线）为基点测量轮缘厚度，车辆轮对的轮缘厚度测点始终距车轮滚动圆保持恒定距离值(踏面滚动圆向上 12 mm)，不会因踏面磨耗变化而变化。

1. 功能

该种检查器具有测量车轮踏面圆周磨耗、踏面擦伤、剥离深度和长度、轮缘厚度、轮缘垂直磨耗、轮缘高度、轮辋宽度、轮辋厚度、车轮外侧辗宽、车钩闭锁位钩舌与钩腕内侧距离等功能。

2. 结构

如图 2-21 所示，主尺（1）为直角形，其垂直尺身（又称轮辋厚度测尺，8）正面刻有两端 0 ~ 70 mm 的刻线，用于测量踏面剥离长度和轮辋厚度，水平尺身的背面刻有车轮滚动圆中心定位线（12）、踏面磨耗测尺（3）和轮缘厚度测尺（9），通过踏面磨耗测尺尺框（2）和轮缘厚度测尺尺框（10）组合在一起，从而形成了整体的联动结构形式。在轮辋厚度测尺（8）的背面还装有定位角铁，这样能够保证车轮检查器测量操作的稳定性和数据的准确可靠性。

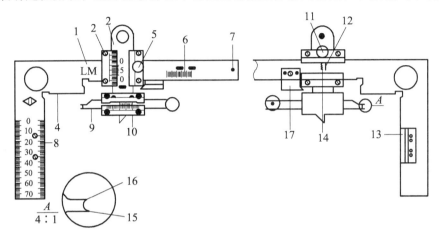

1—主尺；2—踏面磨耗测尺尺框；3—踏面磨耗测尺；4—轮缘高度测量定位面；5—尺框紧固螺钉；
6—轮辋宽度测尺；7—止钉；8—轮辋厚度测尺；9—轮缘厚度测尺；10—轮缘厚度测尺尺框；
11—踏面磨耗尺紧固螺钉；12—滚动圆中心定位线；13—定位角铁；
14—踏面磨耗尺框车轮滚动圆刻线；15—轮缘厚度测头；
16—垂直磨耗测头；17—定位挡块。

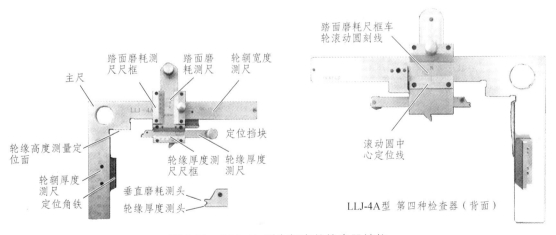

图 2-21　LLJ-4A 型车辆车轮检查器结构

3. 使用方法

使用前检查第四种检查器零件是否齐全，有无破损，有无误差，游标移动是否顺畅。调整游标到正确测量踏面圆周磨耗位置：70 mm 处，准备开始测量。

1）测量踏面圆周磨耗

首先将踏面磨耗尺框车轮滚动圆刻线（14）与主尺背面上的车轮滚动中心定位刻度（12）对齐，或者用定位挡块（17）定位[方法是先把尺框（2）推向最左侧，再把踏面磨耗测尺（3）推向最上方后，将尺框（2）向右拉，拉不动为止]，如图 2-22 所示。拧紧尺框紧固螺钉（5），将踏面圆周磨耗测尺（3）推向最上方，再将轮缘厚度测尺（9）推向最右侧。然后将车轮检查器立放在车轮踏面上，主尺的轮辋厚度测尺（8）贴靠在轮辋内侧面上，其尾端指向车轴中心线，使车轮检查器的踏面磨耗测量定位面（4）与车轮轮缘顶部接触，如图 2-23 所示。推动踏面圆周磨耗测尺（3），使其测头接触车轮踏面。踏面圆周磨耗数值即为踏面圆周磨耗测尺（3）上面刻线与踏面圆周磨耗测尺尺框（2）刻线相重合的数值。

图 2-22　调整游标至 70 mm 处　　　　　图 2-23　车轮检查器立放在车轮踏面

2）测量轮缘厚度和轮缘垂直磨耗

测量踏面圆周磨耗的同时，推动轮缘厚度测尺（9），使其测头（15）接触轮缘，轮缘厚度数值即为轮缘厚度测尺（9）上面刻线与轮缘厚度测尺尺框（10）刻线相重合的数值。测量轮缘厚度的同时，如果垂直磨耗测头（16）接触轮缘，说明车轮轮缘垂直磨耗到限。如图 2-24 所示。

图 2-24　轮缘厚度和轮缘垂直磨耗测量

3）测量轮缘高度

轮缘高度数值即为用标准轮缘高度数值（27 mm）加上踏面圆周磨耗正、负数值。例如：测量踏面圆周磨耗为−3.4 mm，则轮缘高度为标准轮缘高度 27+（−3.4）= 23.6 mm。

4）测量轮辋厚度

将检查器置于车轮上，同轮缘顶部和轮辋内侧面靠紧，从轮辋厚度测尺与轮辋内径密贴处读出数值（见图 2-25），读取的数值减去踏面圆周磨耗值，才为轮辋厚度值。

5）测量轮辋宽度

将踏面圆周磨耗尺框（2）推向右侧，使踏面圆周磨耗测尺（3）的测头贴靠（或指向）车轮外侧面，轮辋宽度即为踏面圆周磨耗尺框（2）左侧面对应轮辋宽度测尺（6）的数值（见图 2-26）。如果踏面有辗宽，轮辋实际宽度应减去踏面辗宽数值。

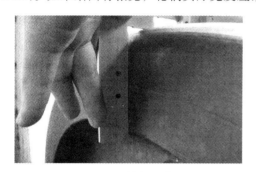

图 2-25 轮辋厚度测量

图 2-26 轮辋宽度测量

6）测量车轮外侧辗宽

将踏面圆周磨耗尺框（2）推向右侧，使踏面圆周磨耗测尺（3）的测头贴靠（或指向）车轮外侧边缘，用钢板尺接触轮辋外侧面，车轮外侧辗宽数值即为踏面圆周磨耗测尺（3）测头对应的刻度线（见图 2-27）。

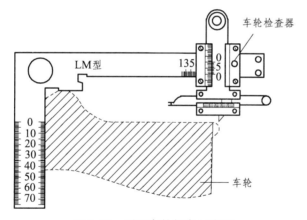

图 2-27 测量车轮辗宽示意图

7）测量踏面擦伤（剥离）深度

移动踏面圆周磨耗尺框（2）和踏面圆周磨耗测尺（3），使踏面圆周磨耗测尺（3）的测头对准踏面擦伤部位最深处，并紧固尺框紧固螺钉（5），读取踏面圆周磨耗测尺（3）上面刻线与踏面圆周磨耗测尺框（2）刻线相重合的数值，做好记录，然后沿车轮圆周方向移动主尺（1），测量同一圆周未擦伤部位的踏面圆周磨耗深度，踏面擦伤深度即为两个量值的差值。踏面剥离深度的测量方法与测量踏面擦伤深度的方法相同。

8）踏面擦伤或剥离长度的测量

用轮辋厚度测尺的外刻线，沿车轮圆周方向测量擦伤部位的长度，即为踏面擦伤长度（见图 2-28）。

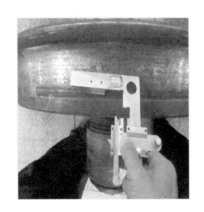

图 2-28　踏面擦伤或剥离长度测量

(二) 车轮直径检查尺

车轮直径检查尺用于检查各型车轮直径，其结构如图 2-29 所示。

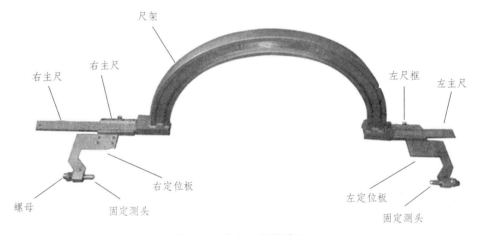

图 2-29　车轮直径检查尺

测量车轮直径时，根据轮径大小先固定检查尺一端，再将检查尺从轮背内侧放到车轮上，使检查尺 A 边紧靠车轮内侧面(用于确定刻码尺就处于踏面基线位置)，移动刻码尺测量直径。然后将检查尺中段距离加两端刻码尺数字，即为车轮直径。同一车轮须检查 3 处，其最大与最小之差，即为车轮直径差，如图 2-30 所示。

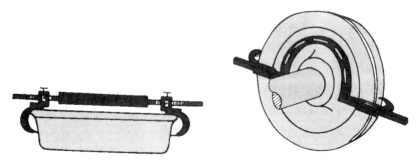

图 2-30　车轮直径测量

(三）轮对内侧距离检查尺

轮对内侧距离检查尺用于检查同一轴两车轮内侧距离，其结构如图 2-31 所示。将定位钩放在车轮轮缘上，将轮对内距尺的固定测头和活动测头靠在被测车轮内侧，摆动轮对内距尺活动测头，寻找读数拐点，即读数最小值，当读数为最小值时，该读数即为被测轮对内侧距离。测量时，需沿车轮圆周方向每 120° 测一次，共测量 3 次，测量方法如图 2-32 所示。

图 2-31　内距尺结构

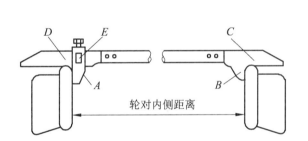

图 2-32　轮对内侧距离测量

任务三　滚动轴承基础知识

任务描述

本任务是对滚动轴承组成结构、车辆用滚动轴承的构造及工作原理的整体认知。通过本任务的学习，使学生掌握铁道车辆用滚动轴承各部分结构特点和工作原理。

任务引入

轴箱油润装置是铁道车辆的重要组成部分，它不仅将车辆的垂直、水平载荷传递给轮对，而且不断地保持轴承的正常润滑，减少摩擦，降低运行阻力，限制轮对过大的横向移动，防止雨水、灰尘等异物侵入，使车辆不间断地运行。如果轴箱油润装置发生故障，轻微的会延误行车，严重的会使轴颈因激烈磨损而折断，造成严重铁路交通事故。轴箱油润装置中最重要的部件就是轴承，那么，铁路客车和货车使用的轴承是否相同呢？

一、滚动轴承概述

（一）滚动轴承结构作用

动画：滚动轴承　　动画：滚动轴承　　动画：滚动轴承
固定　　　　　　　的组成　　　　　　的旋转

运动物体与支承物之间的接触点是在不断地变化的摩擦叫滚动摩擦。滚动轴承的摩擦就是属于这种摩擦。滚动轴承一般由外圈、内圈、滚动体（滚子）、保持架组成，如图 2-33 所示。

内圈的作用是与轴相配合并与轴一起旋转；外圈作用是与轴承座相配合，起支撑作用；滚动体是借助于保持架均匀的将滚动体分布在

内圈和外圈之间，其形状大小和数量直接影响着滚动轴承的使用性能和寿命；保持架能使滚动体均匀分布，引导滚动体旋转起润滑作用。滚动轴承是借助于在内、外圈之间的滚动体滚动实现传力和滚动的。

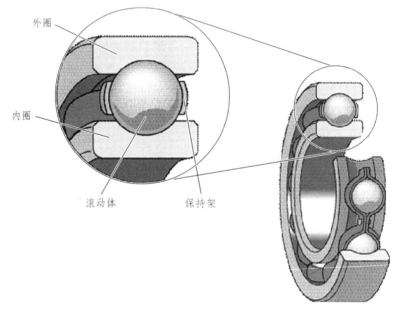

图 2-33　滚动轴承结构

（二）滚动轴承作用原理特点

滚动轴承内圈紧密配合于轴颈上，外圈与轴箱之间允许有少许的转动，当车轮转动时内圈随轴颈转动，同时带动保持架与滚动体转动，滚动体一方面沿内外圈滚道做公转，另一方面绕自身轴心作自转，它们之间的接触点是在不断变化的，零件之间没有滑动摩擦，因此其摩擦阻力小。

由于滚动轴承依靠主要元件间的滚动接触支承转动零件，故以滚动摩擦取代了滑动轴承中的滑动摩擦，因而具有摩擦阻力小、功率消耗少、起动容易等优点。铁道车辆采用滚动轴承与滑动轴承相比有以下优点：

（1）由于滚动摩擦的起动及运行阻力都较小，可增加机车牵引吨数。

（2）产生热量少，适于高速度、长距离行驶，且很少发生热轴故障。

（3）节省大量润滑油、油卷和白合金以及从事此项工作的劳动力。

（4）检修周期延长，降低维修费用。

（5）轴颈不磨耗，车轴使用寿命延长。

滚子的自由转动由轴承的径向游隙和轴向游隙来保证。径向游隙是指内外圈滚道与滚子之间的内部间隙。它是在轴承自由状态下，当外圈不动，内圈和滚子转动时，每转动 120°测量一次径向间隙，共测量 3 次的数据的算术平均值。车辆滚动轴承的径向游隙值一般比机械轴承大，这是因为车辆滚动轴承负荷大，轴承工作时内外圈之间的温差较大，同时也考虑到内圈与轴颈的过盈配合会使轴承径向游隙相应减少的这一情况。圆柱滚子轴承的径向游隙为 0.12 ~ 0.17 mm。轴承各滚子的负荷分布，与轴承径向游隙的大小、轴承和轴箱的制造精度、轴箱和轴承之间的配合游隙的大小、轴箱的结构和承载方式等因素有关。轴承径向游隙过大时，将使绝大部分负荷加在位于负荷作用线上的滚子上，而旁边几个滚子受力很小甚至不受力，这样会缩短轴承的寿命。

轴向游隙是指轴承内外圈沿其轴线的相互位移量。它的作用是避免滚子端部与内外圈挡边的经常摩擦，保证轴承在转向架倾斜或轮对蛇行运转时正常地工作，并防止车辆通过弯道时滚子被卡住。单个圆柱轴承的轴向游隙定为 0.4 ~ 0.7 mm，成对圆柱轴承的轴向游隙定为 0.8 ~ 1.4 mm。球面轴承的轴向游隙由径向游隙决定。正确选择轴承游隙，应能保证滚子的负荷分布合理、自由转动灵活、振动和噪声小、在规定的温度下能正常工作。

（三）滚动轴承类型

滚动轴承按照轴承承载的方向，可分为向心轴承、推力轴承和向心推力轴承，向心轴承主要承受径向载荷，如深沟球轴承；向心推力轴承同时承受轴向和径向载荷，如圆锥滚子轴承；推力轴承仅承受轴向载荷，如推力球轴承。按照滚动轴承中滚动体列数可分为单列、双列和多列轴承。按照滚动体形状分为球轴承和滚子轴承，滚子有圆柱滚子、圆锥滚子、球面滚子和滚针，如图 2-34 所示。不同滚子的应用，会组成不同类型的滚动轴承，如图 2-35 所示。

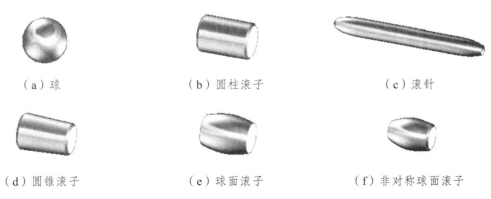

（a）球 　　　　　　（b）圆柱滚子 　　　　　　（c）滚针

（d）圆锥滚子 　　　　（e）球面滚子 　　　　　（f）非对称球面滚子

图 2-34　不同类型的滚动体

（a）调心球轴承　　　　（b）深沟球轴承　　　　（c）圆锥滚子轴承

（d）调心滚子轴承　　　　（e）圆柱滚子轴承　　　　（f）角接触球轴承

图 2-35　不同类型滚动轴承

（四）滚动轴承的代号

滚动轴承的种类及型号众多，为了便于选择和使用，采用代号来表示轴承的各种规格及特殊要求等。

我国铁道车辆现在使用的国产滚动轴承有两种代号表示标准，一种是老标准 GB/T 273—1988（采用该表示标准的轴承有 42724QT-152724QT、42726QT-152726QT 型、197726 型、SKF197726 型等）；另一种是新标准 GB/T 272—2017（采用该表示标准的轴承有 NJ3226X1、NJP3226X1 型、352226X2-2RZ 型等），现在新造轴承均采用后者作为标准。

1. GB/T 273—1988 标准表示法（老标准）

轴承代号由汉语拼音字母和数字两部分组成，分为前、中、后三段（见表 2-4）。前段用数字和字母分别表示游隙系列和精度等级；中段用 7 位数字表示轴承基本型号；后段以字母和数字表示轴承的结构改变和特殊技术要求。若为普通轴承，只标型号（中段），前后段省略不写。数字表示宽度系列。宽度系列是指同一内径而宽度不同的轴承，分为特窄、窄、正常、宽、特宽等系列。

滚动轴承的精度是指轴承的基本尺寸精度和旋转精度。轴承基本尺寸精度是指轴承内径（d）、外径（D）和宽度（B）的允许偏差。轴承的旋转精度是指内圈端面侧摆，内圈和外圈的径向摆动，内圈和外圈的滚道侧摆，内圈两端面平行差等。轴承精度又分为 C 级（超精密级）、D 级（精密级）、E 级（高级）和 G 级（普通级）。铁道车辆用轴承一般均为普通级，一般在代号中不标出，但轴承制造工厂考虑到铁道车辆轴承运用条件恶劣的因素，有些精度作了特殊规定，有部分精度指标采用了 E 级标准。轴承若有结构改变和特殊技术要求，在型号右边加注补充代号，其含义见表 2-5。

表 2-4　滚动轴承代号表示

项目	轴承代号						
符号在代号中的位置	前段		中段				后段
	游隙系列	精度系列	轴承型号				补充代号
表示方法	数字表示	字母表示	用 7 位数字表示				字母和数字表示
			7 位	5、6 位	4 位	3 位	1、2 位	
符号意义	基本系列代号为 0，辅助系列代号为 1~9	按字母 C、D、E、(F)、G 顺序排列	宽度系列	结构特点	轴承类型	直径系列	内径	

表 2-5　滚动轴承补充代号

项目	补充代号表示的意义	代号
材料改变	套圈、滚动体和保持架或仅是套圈和保持架用不锈钢制造	X
	套圈和保持架或仅是套圈用渗碳钢制造	S
	实体保持架用黑色金属制造（W—石墨钢；W1—碳钢；W2—球墨铸铁；W3—粉末冶金）	W
	实体保持架用青铜制造	Q
	实体保持架用铝合金制造	L
	实体保持架用黄铜制造	H
特殊技术要求	零件回火温度有特殊要求：T—200 ℃；T1—225 ℃；T2—250 ℃；T3—300 ℃；T4—350 ℃；T5—400 ℃；T6—450 ℃	T
	轴承的游隙与标准不同	U
结构改变	零件的形状或尺寸改变	K

我国客车常用轴箱轴承，每轴箱内一对轴承，代号为 152726QT-42726QT，其表示方法和含义为：

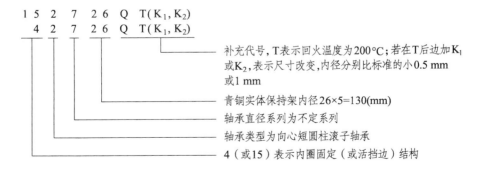

$$1\ 5\ 2\ 7\ 26\ Q\ T(K_1, K_2)$$
$$4\ 2\ 7\ 26\ Q\ T(K_1, K_2)$$

补充代号，T 表示回火温度为 200 ℃；若在 T 后边加 K_1 或 K_2，表示尺寸改变，内径分别比标准的小 0.5 mm 或 1 mm

青铜实体保持架内径 26×5=130(mm)

轴承直径系列为不定系列

轴承类型为向心短圆柱滚子轴承

4（或 15）表示内圈固定（或活挡边）结构

注：以上两种轴承均为普通（G）级，所以前段均省去不写。

又如我国货车无轴箱滚动轴承的代号，D 型轴承用的 197726 和 SKF197726，其含义为：

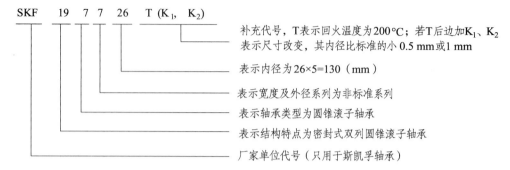

2. GB/T 272—2017 标准表示法

按照国标 GB/T 272—2017 规定，轴承代号由基本代号、前置代号和后置代号构成。

基本代号表示轴承的基本类型、结构和尺寸，是轴承代号的基础，其排列顺序按照表 2-6 的规定。

表 2-6 轴承代号的构成

前置代号	基本代号				后置代号
	轴承系列			内径代号	
	类型代号	尺寸系列代号			
		宽度（或高度）系列代号	直径系列代号		

轴承类型代号用阿拉伯数字或大写拉丁字母表示，按照表 2-7 规定。

表 2-7 类型代号

代号	轴承类型	代号	轴承类型
0	双列角接触球轴承	N	圆柱滚子轴承
1	调心球轴承		双列或多列用字母 NN 表示
2	调心滚子轴承和推力调心滚子轴承	U	外球面球轴承
3	圆锥滚子轴承	QJ	四点接触球轴承
4	双列深沟球轴承	C	长弧面滚子轴承（圆环轴承）
5	推力球轴承 [a]		
6	深沟球轴承		
7	角接触球轴承		
8	推力圆柱滚子轴承		
注：在代号后或前加字母或数字表示该类轴承中的不同结构。			
[a] 符合 GB/T 273.1 的圆锥滚子轴承代号按附录 A 的规定。			

二、铁道车辆滚动轴承的结构特点和种类

铁道车辆用滚动轴承均配置在簧下，除承受车辆载荷外，还直接承受着轮轨间发生的振动、冲击，其可靠性直接关系行车安全。因此，要求轴承抗振、耐冲击、寿命高、维护检修方便，且有较小的尺寸和重量。铁道车辆轴承均设计为非标准系列的形式，并多采用滚动体为向心滚子的轴承，我国铁道车辆主要采用圆柱滚子轴承和圆锥滚子轴承。

（一）客车用圆柱滚子轴承

我国铁路客车上应用的滚动轴承均为单列向心短圆柱滚子轴承（简称圆柱轴承），主要有以下几种型号：42724QT-152724QT 型，42726QT-152726QT 型，NJ3226X1-NJP3226X1 型。42726QT-152726QT 型曾是我国铁路客车主型轴承，大量装用于各型客车车辆转向架上，但随着铁路运输的不断发展，列车运行速度的不断提高，该型轴承已不能满足运用要求。因此，原铁道部规定：自 2001 年 1 月 1 日起停止生产 42726QT-152726QT 型轴承而生产 NJ3226X1-NJP3226X1 型轴承，其外形尺寸与原 42726QT-152726QT 型相同。本章节将着重介绍 NJ3226X1-NJP3226X1 型新型轴承。

此外，近年来为了适应铁路运输大提速及准高速线路 160 km/h 及以上运行速度要求，我国还引进了瑞士 SKF 公司生产的 BC1B322880-BC1B322881 型轴承和日本 NSK 公司生产的 NSK42726T-NSK152726T 型轴承，它们的外形尺寸与我国铁标 42726QT-152726QT 型轴承相同。

圆柱滚子轴承的结构如图 2-33 所示，该轴承由内圈、外圈、滚动体（滚子）、保持架组成，外圈两侧带有挡边，内圈只有一侧有固定单挡边（或活动平挡圈），保持架、滚动体和外圈组合成一个组件，与内圈可以互相分离。

1. 内圈

内圈与轴颈为过盈配合。NJ3226X1 型的内圈有固定单挡边；NJP3226X1 型的内圈没有固定挡边，而设有活动平挡圈。内圈及平挡圈采用 GCr18Mo 轴承钢，电渣重熔法制造，并采用贝氏体等温淬火方法进行热处理，表面硬度为 58 ~ 62 HRC。

2. 外圈

外圈与轴箱筒体为间隙配合，外圈内滚道面为滚道，且两边都有固定挡边。NJ3226X1 型与 NJP3226X1 型外圈完全一致，可互换使用，如图 2-36 所示。外圈采用 GCr18Mo 轴承钢，以电渣重熔法制造，并采用贝氏体等温淬火方法进行热处理，表面硬度为 58 ~ 62 HRC。

3. 滚子

滚子为圆柱形，为了使滚子受力后应力均匀分布，滚子两端允许按双点线（$\phi 18.5$ mm）制作平端面，平端面的表面粗糙度为 $Ra0.2\ \mu m$，并可制作 $\phi 14$ mm、深 1 mm 凹穴，如图 2-37 所示。滚子采用 GCr15 轴承钢，以电渣重熔法制造，并采用马氏体淬火、回火方法进行热处理，表面硬度为 59 ~ 63 HRC。滚子承受载荷并产生滚动作用，滚子处于轴径水平中心线上侧时受力，处于下侧时不受力。

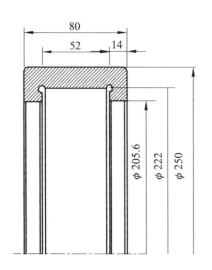

图 2-36　外圈

4. 保持架

保持架采用 ZCuAl10Fe3Mn2 或 ZCuAlFe3 整体拉孔制成，其作用是保持滚子沿滚道均匀分布，不发生偏斜，从而合理分布载荷，结构如图 2-37 所示。

图 2-37　滚子和保持架

（二）货车密封式双列圆锥滚子轴承

我国铁路货车装用的滚动轴承，主要采用无轴箱密封式双列圆锥滚子轴承，有以下几种型号：用于 D 型车轴的 352226X2-2RZ（197726）型、SKF197726 型、TBU130 型及 AP130型；用于 E 型车轴的有 352230X2-2RZ（197730）型、353130A 型、SKF353130-2RS、AP150

型等。D 型轴与 E 型轴所使用的轴承除内径及外形尺寸有所不同外，其他基本相同。

无轴箱密封式双列圆锥滚子轴承具有结构紧凑、重量轻、装卸方便、无维修化设计等优点，在铁路货车上得到广泛采用。

1. 197730 型圆锥滚动轴承

该轴承是由外圈、内圈、滚子、保持架、中隔圈、密封座、密封罩、油封等组成，其结构如图 2-38 所示。

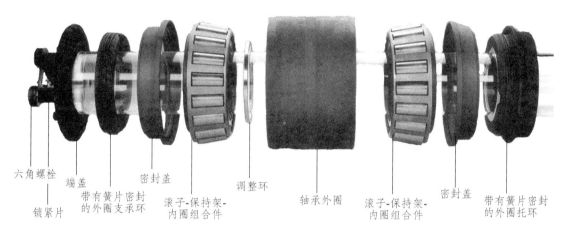

图 2-38 197730 型圆锥滚动轴承

1）外圈与内圈

轴承的外圈内圆为两个倾斜的滚道，两端设有牙口和油沟，用以嵌入密封罩凸台，保持密封罩不至于发生脱落和防止润滑油脂外泄。内圈外圆面有圆锥滚道和大、小两个挡边，内圆面与车轴轴颈为过盈配合，以冷压方式装配，为防止拉伤轴颈，两端都设有倒角。每套轴承两个内圈，两小端相对安装。为了防止内外圈锈蚀和提高润滑效果，其表面全部进行了磷化处理。

2）滚子

滚子为 GCr15 轴承钢制造的圆锥体结构，经过完全淬火热处理，硬度为 60 ~ 64 HRC。为使滚子与滚道的接触应力分布均匀，避免滚子端部产生应力集中，滚子两端均带有弧坡。

3）保持架

保持架由 10 号低碳钢冲压而成，它将滚子和内圈组合在一起，其表面也进行了磷化处理。

4）中隔圈

中隔圈由 45 号钢制造，其表面经磷化处理，放置在两内圈之间，除起隔离作用以外，还可通过选择不同宽度的中隔圈，来调整轴承的轴向游隙。

5）密封装置

圆锥轴承的密封装置由密封罩、油封、密封座组成，轴承前后端各装一套。其作用是防止油脂外泄及外部沙尘和雨雪的侵入。密封罩由钢板压制成形后经磷化处理，它的大端外径以过盈压入外圈牙口，另一端压装有油封，油封由钢骨架、橡胶油封和自紧弹簧组成。橡胶油封由主唇口和副唇口组成，主唇口用于防油脂外泄，副唇口用于防止雨水、沙尘侵入，结构如图 2-39 所示。密封罩大端外径设有凸台，当压入外圈牙口后，凸台卡在牙口油沟内，以防止密封罩在使用过程中脱出。

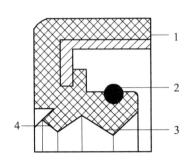

1—骨架；2—弹簧；3—主唇口；4—副唇口。

图 2-39　油封

任务四　客车滚动轴承轴箱装置及检修

任务描述

　　本任务是对客车用滚动轴承轴箱装置的种类、结构特点的整体认知。通过本任务的学习，使学生掌握铁道车辆客车用滚动轴承轴箱装置的结构组成、故障特点，为从事客车车辆检修工作打下基础。

任务引入

　　我国铁道车辆滚动轴承轴箱装置的结构随转向架的形式而有所不同。圆柱滚动轴承轴箱装置主要用于客车转向架，货车转向架只有少量进口罐车装有圆柱滚动轴承轴箱装置，其结构与客车圆柱滚动轴承轴箱装置相比只有轴箱体两侧结构有所不同。

背景知识

动画：轴箱内部各零件的运行状态

一、客车用滚动轴承轴箱装置

　　客车用滚动轴承轴箱装置根据密封形式不同，分为橡胶迷宫式和金属迷宫式两种，这两种密封形式的轴箱装置都具有较好的密封性能，不过橡胶迷宫式现已淘汰，下面仅介绍金属迷宫式轴箱装置。

　　这种装置由轴箱体、防尘挡圈、轴箱前盖、压板组成。其中轴箱前盖、压板与橡胶迷宫式轴箱装置的轴箱前盖、压板通用，如图 2-40 所示。

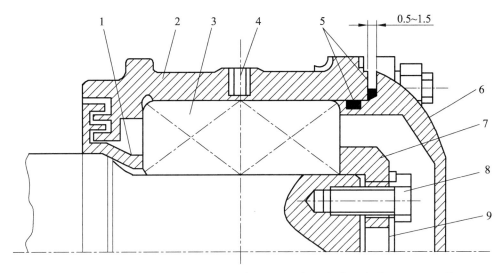

1—防尘挡圈；2—轴箱体；3—圆柱滚子轴承；4—轴温报警器安装孔；5—密封圈；
6—轴箱前盖；7—压板；8—压板螺栓；9—防松片。

图 2-40　金属迷宫式轴箱装置

1. 轴箱体

轴箱体与橡胶迷宫式轴箱装置的轴箱体基本相同。所不同的是轴箱体后端不设轴箱耳（没有轴箱后盖），而设有迷宫槽，与防尘挡圈迷宫槽配合起密封作用，并在后端筒内设有台阶，以支承内侧轴承外圈。

CW-2 型准高速客车转向架采用了转臂式轴箱定位装置，其轴箱装置采用金属迷宫式密封，轴承为短圆柱滚子轴承。轴箱只有一侧铸有弹簧托盘，弹簧托盘外侧铸有垂向液压减振器安装孔和轴箱控制杆定位销孔；轴箱的另一侧铸有弹性定位套孔，通过弹性定位套与构架上的定位座相连。轴箱结构的设计可使垂直载荷在轴箱弹簧和弹性定位套之间的分配比例为2：1，这样可改善轴箱弹簧受力状态。转臂式轴箱的外形结构如图 2-41 所示。

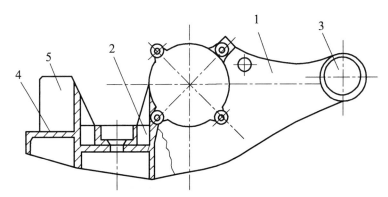

1—轴箱体；2—弹簧托盘；3—弹性定位套孔；4—液压减振器安装孔；
5—轴箱控制杆座。

图 2-41　转臂式轴箱

2. 防尘挡圈

防尘挡圈与防尘板座过盈配合，其外圆设有迷宫槽，与轴箱体上迷宫槽配合。内圆端面支承内侧轴承内圈端面，如图 2-42 所示。

3. 安装发电机皮带轮车轴轴箱前盖装置

这种装置由前盖和顶套组成。

（1）前盖：与一般前盖基本相同，中间为一透孔，设有迷宫槽，与顶套迷宫槽配合起密封作用。

（2）顶套：外圆设有迷宫槽，与前盖迷宫槽配合。内圆端面支承外侧轴承内圈。外端面上设有密封圈槽，以安装密封圈，与皮带轮配合起密封作用，如图 2-43 所示。

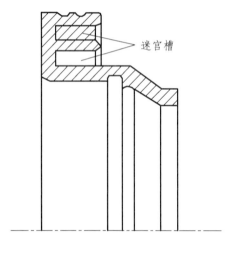

图 2-42　防尘挡圈

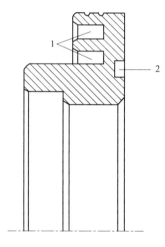

1—迷宫槽；2—密封圈槽。

图 2-43　顶套

二、滚动轴承润滑脂

（一）润滑脂润滑的特点

铁路车辆滚动轴承承受着较大负荷和冲击振动，且车辆运行于南北方之间，经常受温度变化的影响。所以，根据铁路车辆滚动轴承的结构和使用条件，一般均采用润滑脂润滑。

润滑脂是由润滑油稠化剂及添加剂组成的膏状混合物。它的特点是：油膜强度高、能承受较高的负荷；缓冲性能好，能承受较大的冲击和振动；黏附性能好，在低、中速时不易流失；密封和防护性能好，可有效地防止灰尘、水分及其他有害物质侵入轴承；黏温性能好，油脂黏度受温度变化的影响较小，可在较大温度范围内使用。

（二）铁路车辆滚动轴承对润滑脂性能要求

1. 具有较好的机械安定性

轴承在工作过程中，润滑脂受到强烈的机械剪切作用，有可能使润滑脂的结构发生破坏，使润滑脂变稀，失去附着在轴承内起润滑作用的能力，轴承内的润滑脂将容易产生流失。因此，要求润滑脂要具有良好的机械安定性。

2. 具有良好的胶体安定性

润滑脂在存放或运用过程中，不应发生油皂分离而大量地析出润滑油，否则会使润滑脂变硬，影响润滑或不起润滑作用。胶体安定性的好坏，在运用中以析出润滑油量的多少和油脂是否变硬来衡量，在实验室里以压力分油法来测定。

3. 具有良好的氧化安定性

氧化安定性也叫抗氧防腐性。润滑脂在运用过程中，在强烈的搅拌和压力下，可能与轴承金属表面和磨耗产生的金属微粒，以及空气中的氧气互相作用而产生带酸性的氧化物，这种酸性氧化物中和润滑脂中的游离碱会使润滑脂变质、失效和腐蚀轴承。因此要求润滑脂要具有良好的氧化安定性。氧化安定性是通过测定旧油脂中游离酸和游离碱来判定。

4. 有一定的抗乳化性

抗乳化性也就是要求润滑脂具有良好的抗水性，不会因混入水分而乳化变稀。

5. 具有良好的温度特性

轴承在最高工作温度时，润滑脂不溶化，不变稀漏泄；而当轴承在 $-40 \sim -50\ ℃$ 工作时，润滑脂不会变得很稠，也就是黏度不会变得很高，以免增加运行阻力。润滑脂耐高温的能力用滴点来测定。滴点是润滑脂由半固体转变成液体的温度，一般应比轴承允许的最高工作温度高 $20\ ℃$ 以上。低温性能可通过黏度计来测定其低温相似黏度。

（三）滚动轴承故障形式

滚动轴承轴箱油润装置尽管故障较少，但由于材质、安装、搬运、振动、受力等原因，也会出现各种故障，这些故障都会对行车安全造成危害，因此，必须掌握、了解这些故障的特征及产生原因，以便在检修中加以消除。

滚动轴承的常见故障类型、特点、产生原因以及发生部位，有以下几种（见表 2-8）。

表 2-8 铁道车辆轴承外观缺陷分类

序号	缺陷名称	定义	形态特征	部位	原因分析	程度分类
1	麻点	零件表面呈分散或群集状的细小坑点	呈黑色针孔状凹坑；有一定深度；个别存在或密集分布	多出现在轴承内、外圈滚道面和滚子滚动面上，也出现在球基面或内圈滚子引导面上	(1) 金属表面疲劳：在滚动接触应力的循环作用下，在金属亚表层形成微观裂纹，并逐渐发展成凹坑状的微小剥离；(2) 金属亚表层存在夹杂物或大颗粒碳化物聚集中，过早产生微观裂纹并逐渐发展成剥离；(3) 装配不当或润滑不良	麻点直径 ≤ 0.2 mm 时，缺陷类别为 A 或 B；麻点直径>0.2 mm 并有手感时，缺陷类别为 C
2	掉皮	零件表面由于疲劳而发生的极薄的金属起皮现象	在呈不规则形状的一定面积上产生的极薄的表面起皮或脱落；一般有手感；掉皮后的金属表面去原有光泽	轴承内、外圈滚道面和滚子滚动面。尤以滚子滚动面上最为常见	(1) 金属表面早期疲劳。由于滚动或滑动摩擦的作用而产生的极浅层的疲劳剥落；(2) 材质热处理不良；(3) 润滑不良	掉皮深度 ≤ 0.25 mm 时，缺陷类别为 A；掉皮深度>0.25 mm 时，缺陷类别为 B
3	剥离	零件表面在高接触应力的循环作用下产生的金属片状剥落现象	具有一定的深度和面积；表面呈凹凸不平鳞状；具有尖锐的沟角。通常呈现疲劳扩展特征的海滩状条纹	轴承内、外圈滚道面和滚子滚动面	(1) 过载应力作用；(2) 材质不良或热处理不良；(3) 润滑不良；(4) 装配不当	滚动面出现剥离时，缺陷类别为 C
4	擦伤	零件表面因摩擦而产生金属的迁移现象	沿滑动方向，具有一定长度和深度的表面机械性损伤	轴承零件工作面	(1) 轴承游隙过小；(2) 润滑不良及润滑脂中含有杂质；(3) 轴向预负荷过大	擦伤深度 ≤ 0.025 mm 时，缺陷类别为 B；擦伤深度>0.025 mm 时，缺陷类别为 C
5	烧附	零件表面的热熔性金属粘着现象	金属表面黏附有熔融性金属	轴承零件工作面	(1) 轴承游隙过大或过小；(2) 润滑不良或润滑脂中含有杂质；(3) 擦伤严重引起急剧温升而形成	缺陷类别为 C

续表

序号	缺陷名称	定义	形态特征	部位	原因分析	程度分类
6	热变色	由于温度升高致使零件表面产生氧化的现象	变色部位局部或全部呈现浅黄色、黄色、棕蓝色及蓝色。严重变色将导致表面硬度降低。在确认零件变色时，应考虑润滑脂黏附表面的影响	轴承内、外圈滚道面和滚子滚动面	（1）润滑不良或油脂老化变质；（2）游隙过小；（3）轴承滚动表面加工粗糙；（4）过载	呈浅黄色时，缺陷类别为 A；呈黄色或浅红色时，缺陷类别为 B；呈棕红色或紫色时，缺陷类别为 C
7	腐蚀	零件表面与周围环境介质发生化学或电化学反应产生的表面损伤现象	腐蚀按不同程度分为色斑、蚀刻和蚀坑。（1）色斑：呈点状或条状，颜色呈灰色或红褐色，尚无深度；（2）蚀刻：呈片状、条状，颜色呈灰色，稍有手感；（3）蚀坑：呈点状、条状或片状，颜色呈红褐色或黑色，颜色明显，手感明显	轴承零件各表面	（1）轴承内部或润滑脂中混有水、酸、碱类物质；（2）密封不良；（3）轴承在空气湿度较大的环境中工作发热，在停止运转时迅速冷却而形成冷凝水而致腐蚀；（4）清洗、组装、存放和使用不当	出现色斑时，缺陷类别为 A 或 B；出现蚀刻时，缺陷类别为 B；出现蚀坑时，缺陷类别为 C
8	微振磨蚀	静止状态下的轴承受到小角度回摆和振动在滚道面和滚子间产生磨蚀，或滚动状态下的轴承在载荷循环作用下发生车轴弯曲，致使配合面同反复配合面产生磨蚀的现象	内、外圈滚道面上呈现等间距的褐色或黑色假压痕；配合接触表面产生磨损，表面附有黑色或红褐色的氧化铁粉末	轴承内、外圈滚道面；内圈端面及内径面	（1）装用轴承较长时间处于非转动状态并受到振动影响；（2）几何形状不良或配合过盈量不足；（3）轴向紧固力不足	轻的微振磨蚀，缺陷类别为 B；严重的微振磨蚀，缺陷类别为 C

续表

序号	缺陷名称	定义	形态特征	部位	原因分析	程度分类
9	凹痕	轴承内混有金属或其它硬性颗粒而使零件表面产生塑性点状或条状塑性回陷现象	形状、大小不规则；有一定深度；边缘光滑，略有手感	常出现在轴承内、外圈滚道面上，也出现在滚子滚动面上	(1) 轴承清洁度不够，含有其他杂物；(2) 轴承密封不良	点状凹痕无手感时，缺陷类别为A；点状凹痕有手感但能修复时，缺陷类别为B；点状凹痕有手感但无法消除时，缺陷类别为C
10	压痕	因受较大冲击载荷作用，滚子使轴承内、外圈滚动面产生塑性不可修复压痕	压痕呈条状，有深度，其中心线与轴线中心线平行且滚子与滚道轮廓相吻合	轴承内、外圈滚道面	(1) 轴承受冲击载荷的作用；(2) 内、外圈滚道面硬度不足	缺陷类别为C
11	拉伤	轴承向轴颈上压装或从轴颈上退卸时，内径内、轴颈表面产生的机械性损伤	伤痕一般与轴线平行，严重时有金属移位或表面有附着金属	轴承内圈内径表面和轴颈表面	(1) 压装表面有硬性颗粒或轴颈表面有硬性颗粒；(2) 轴承内圈或密封圈内径倒角过渡不圆滑；(3) 轴承组装时不正位；(4) 过盈量过大	轴颈拉伤超过检修允许限度时，加工修理；轴承内圈内径拉伤严重时，该零件报废
12	磕碰伤	轴承零件之间或与其他碰撞硬物而产生轴承零件表面的机械性损伤	多呈棱角形或半月形的刻印状；边缘凸起，手感明显。有时在尖角处产生微裂纹	轴承零件各表面	粗鲁作业及相互碰撞而致	内圈、外圈及滚子碰伤长度≤0.5 mm时，缺陷类别为A；内圈、外圈碰伤面积≤3 mm×3 mm时，缺陷类别为B；滚子碰伤面积≤1 mm×1 mm时，缺陷类别为C

续表

序号	缺陷名称	定义	形态特征	部位	原因分析	程度分类
13	划伤	硬性颗粒或物体尖刃部与轴承相对接触并有相对移动而产生的表面线状机械性损伤	呈线状，方向不定，有手感的光亮沟纹	轴承零件各表面	(1) 粗鲁作业；(2) 油脂中含杂质	划伤无手感时，缺陷类别为A；划伤有手感但能修复时，缺陷类别为B
14	裂损	轴承零件金属的连续性遭到破坏而产生的损伤	裂纹按其损伤程度可分为裂纹和破损。(1) 裂纹：呈线状；方向不定；有一定长度和深度，有时肉眼不可见，磁化后有聚粉现象。(2) 破损：零件有局部掉块。	可发生在轴承零件的任何部位	(1) 材质不良（有夹杂物、折叠、白点等冶金缺陷）；(2) 热处理中渗碳或淬火不当；(3) 磨削操作不当；(4) 轴承受非正常冲击力；(5) 材质疲劳；(6) 由其他缺陷诱发产生	缺陷类别为C
15	电蚀	当电流通过轴承时，在接触点或油膜击穿处放电，产生高热，造成金属表面局部熔融形成弧坑或沟蚀	一般呈斑点、凹坑、密集的小坑状，有金属熔融现象。电蚀产生的孤坑在放大镜下观察呈火山喷口状。当电流通过运转中的轴承连续击穿油膜时，形成条状平行沟蚀（俗称洗衣板状）。电蚀点周围区域金属降低的硬度，严重时形成剥离。	轴承内、外圈滚道面和滚子滚动面	电流通过轴承	缺陷类别为C
16	其他缺陷	(1) 表面斑纹：(2) 环形条纹：	(1) 表面斑纹：有些轴承零件外观上存在形态不定的斑纹，目视纹理清晰，有浮雕感。(2) 环形条纹：在轴承内、外圈滚道面和滚子滚动面上同时呈现规则的周向环形条纹。同一列轴承内，外圈滚道面和滚子滚动面上同一列有轻有重不同的环形条纹。		由于材质成分偏析锻造扩孔后分布不均造成，例如轴承内圈端面色斑，滚道面正常均匀磨耗等。由于机械加工、热处理和表面处理及其他原因造成	

说明：A类——缺陷对轴承性能和使用安全性没有影响，修复与否均可使用；
B类——缺陷对轴承性能和使用安全性能有一定影响，但经修复后可再使用；
C类——缺陷对轴承性能和使用安全性能有严重影响，不可再修复使用。

三、客车滚动轴承轴箱装置检修

（一）轴箱装置的分解和清洗

动画：轮对轴箱分解

1. 外部冲洗

滚动轴承和轴箱装置在分解前，应清除轴箱外部油垢或经转向架冲洗机冲洗，但不允许在碱水池中煮洗，以免碱水进入轴箱而腐蚀轴承。

2. 轴箱和轴承的拆卸

分解及拆卸时应注意避免擦伤、碰伤轴颈及轴承滚动表面。轴箱轴承分解过程和组装过程正相反，可参照图 2-44 进行。

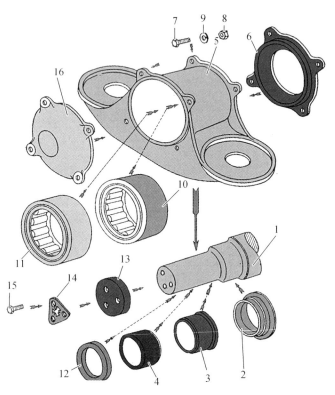

1—车轴；2—防尘挡圈；3—42726T 轴承内圈；4—152726T 轴承内圈；5—轴箱体；6—轴箱后盖；
7—螺栓；8—螺母；9—弹簧垫圈；10—42726T 轴承外圈；11—152726T 轴承外圈；
12—152726T 轴承挡圈；13—压板；14—防松片；15—螺钉；16—轴箱前盖。

图 2-44　RD3 型滚动轴承轴箱内各零部件

拆卸 RC4、RD4 型轴箱时，先用油压机拔出前轴承楔套，然后再用多钩拆卸工具拆卸前轴承。RC3、RD3、RD10 型轴箱的拆卸比 RC4、RD4 型轴箱更为方便，开盖卸下轴端紧固装置后，轴箱体连同两轴承外圈和滚子便能轻易地从轴颈上一起取下。在使用感应加热器拆卸两轴承内圈及防尘挡圈时，应严格控制加热时间和温度，防止轴承过热变色，并须彻底退磁。

拆卸时严禁锤打或冷拉。

在轴箱轴承拆卸过程中，应仔细观察轴端螺母的紧固状况，轴承与轴箱配合状况，楔套、内圈和轴颈相互之间的配合情况，轴箱后部密封情况，油脂状态等。如有不良现象应分析原因并消除。卸下的轴箱零件应整齐地放置在架上，废油脂收于专用油桶中。

3. 轴承和轴箱的清洗

滚动轴承和轴箱分解后，轴承零件须清洗，清洗后各表面及沟角处不得有目视可见的油污、水分、灰尘、纤维物和其他污物。外圈外径面锈蚀时须清除锈垢，允许局部留有除锈后的痕迹。轴承零件清洗后整套轴承的清洁度须符合有关规定要求。轴箱及其附件须清洗，清洗后各工作表面手感不得有颗粒物存在，非工作表面不得有易脱落的物质，清洁度须达到规定标准。

（二）轴承的检修

滚动轴承厂修时，必须全部分解检查、探伤、抛光和修理。但客车圆柱轴承采用的铆接保持架及滚子，如状态良好，可不分解。段修时，整体保持架的圆柱轴承须全部分解检查，带铆接保持架的圆柱轴承外圈滚道不能直接检查，但要转动滚子观察其转动灵活性，听其声音是否正常，并检查滚子与内圈滚道上有无压痕与麻点，以此来判断外圈滚道是否有麻点及剥离，若有可疑现象，或有半数以上的铆钉松动，则应拆卸保持架铆钉检查。所有滚动轴承不得有裂纹、破损、擦伤、麻点、剥离、锈蚀、电蚀、保持架严重磨耗、保持架铆钉松动或折断和过热变色而使硬度降低等缺陷。

圆柱滚动轴承检修工艺过程如下所述。

1. 轴承分解

分解整体保持架时，将轴承平放，把滚子逐一向中心移动，全部移出外圈滚道后，滚子便随同保持架一起落下。分解的轴承零件要编号成套摆放，不得与其他轴承的零件混合。

2. 轴承检查

轴承分解后用细布擦净，检查各个零件，若发现有裂纹等不允许的缺陷时，则应更换。轴承内、外圈及滚子须施行复合磁化磁悬液探伤检查，内圈如不退卸时，须在轴颈上施行复合磁化磁悬液探伤检查。新轴承装用前（进口轴承除外），须清洗后进行外观检查，并对内圈、外圈、滚子等零件进行全面检测，符合尺寸限度要求。轴承零件须全数进行外观检查，并根据缺陷类别和程度进行判断处理。

3. 轴承修理

轴承内、外圈工作表面和滚动体表面有深度不超过 0.1 mm 的少量浅压痕、锈点时，可用油石或 00 号砂布蘸油打磨，经处理的轴承零件工作表面及配合面须光滑，有清除压痕、锈点的残留痕迹时，允许继续使用。轴承的非工作表面允许存在锈痕及深度不超过 0.3 mm 的划痕、擦伤，超过时须消除，在不影响轴承零件的轮廓尺寸时，允许使用。轴承内圈表面有裂纹、剥离、擦伤、麻点、严重锈蚀及过热变色后硬度不足 58～62 HRC 时，须更换新内圈。保持架不允许存在毛刺、裂纹、严重锈蚀和变形等缺陷。

轴承零件实行原套检修，但因内圈损坏或等级修而需要更换内圈时，须更换同厂家、同型号、同材质新品。

检修轴承中凡有下列情况之一时，须整套报废。

（1）轴承超过寿命管理要求时。

（2）车辆颠覆或脱轨后的全车轴承。

（3）轴承发生热轴或被火灾损伤时。

（4）轴承转动不灵活时。

（5）轴承零件发生电蚀时。

（6）外圈裂损或滚道表面有剥离、擦伤、麻点、严重锈蚀时。

（7）滚子表面有剥离、擦伤、麻点、严重锈蚀及过热变色后硬度不足 58～62 HRC 时。

（8）保持架严重变形影响滚动时。

（9）轴承零件经外观检查和尺寸检测，出现其他无法修复的故障时。

4. 轴承的组装

经检查修理确认符合要求的轴承零件，应原套组装使用。组装后的轴承检查其转动灵活性，用检测仪器测量轴承外径、内径、径向游隙和轴向游隙等数值并填入检查记录卡片，以便向轴颈上组装时选配。轴承自由状态下的径向游隙，应测量 3 处，每转 120°测量一处，其平均值应为 0.12～0.20 mm。单个轴承的轴向游隙应为 0.4～0.9 mm。

经检验确认合格的轴承，应在刻写制造标记的外圈端面和内圈斜面上，书写检修标记，标记内容为"检修年月，检修单位代号"。年、月分别用 2 位数字表示。标记书写时，不得损伤滚道。采用酸笔书写时须用中和液擦拭；字体高 5 mm，字体端正、笔画清楚、排列整齐。

（三）轴箱及其附件的检修

轴箱及其附属配件检修时须进行除垢、除锈处理，进行外观检查，并按规定项目进行检测，其要求如下。

1. 轴箱体检修

轴箱体有破损、裂纹时更换，弹簧座磨耗过限时允许焊修，焊修后焊缝须打磨处理。

轴箱体内径表面有纵向擦伤或划痕的深度段（A2，A3）修不超过 1.0 mm，厂（A4）修不超过 0.5 mm 时，允许将边缘棱角磨除后使用；局部磨耗深度不超过 0.3 mm 时允许使用，超过时加修或更换，加修后内径表面粗糙度须达到 $Ra3.2$ μm；如有锈蚀时须清除锈垢，但允许留有除锈后的痕迹。轴箱体内孔表面段（A2，A3）修时允许有 5 个直径不大于 3 mm，深度不超过 2 mm 的砂眼或气孔等缺陷存在。

金属迷宫轴箱体密封沟槽上不得有凹陷、变形，有锈蚀、尖角及毛刺时须磨除，密封沟槽局部有轻微变形时，将突出部位磨除处理，经检测合格后使用，尺寸超限时更换新品。轴箱体上的轴温测孔须清洁，符合图纸规定，螺纹无破损、滑扣。轴箱弹簧托盘圆孔磨耗不得超过 4 mm，超过时焊修或更换。

CW-2 型轴箱定位销的圆锥表面有擦伤、划痕或锈蚀时须处理。螺纹磨平无法恢复或定位销弯曲变形时须更换。CW-2 型轴箱弹性节点不得松动，橡胶不得老化、裂损或与金属件脱胶，A3、A4 修时须更新，并对定位销探伤。SW-160 型轴箱底部轴温报警器连线固定座状态须良好。

测量轴箱孔直径时，须在距轴箱体内孔端面 20 ~ 40 mm 处测量，同一端面应测量相互垂直的两个直径，其平均值须符合规定限度。

2. 其他零件的检修

轴箱前盖不得有凹陷、变形，有锈蚀、尖角或毛刺时须消除。裂纹、腐蚀超过限度时更换。所有橡胶件更新。防尘挡圈沟槽上不得有裂纹、凹陷、变形，有锈蚀、尖角及毛刺须消除。轴端螺栓材质须为 35 号钢，无锈蚀、破损、滑扣。摩擦片表面须清洁，不得有油膜及横向划痕。O 形密封圈及防松片不得重复使用。

（四）轮对轴箱装置的组装选配

组装工作间温度必须达到 16 °C 及以上，轴承、轴箱、轮对与检测量具在组装前必须同温 8 h 及以上，如不能同室存放时，两室温差不得超过 5 °C。轴承、轮对、轴箱及其附件清洁度须符合有关规定的要求。

1. 测量轴颈及防尘板座的直径

检查轴颈、防尘板座和轴端部，其表面应无毛刺、锐边、碰伤、划伤等缺陷。用外径千分尺测量轴颈和防尘板座的直径。

2. 选配轴承及防尘挡圈

为使同一轴颈上的两轴承有同样的工作条件、受力均匀，应尽量使两轴承内圈与轴颈的过盈量和径向游隙相同或接近。同一轴箱内不得组装不同厂家生产的轴承。

（五）轴箱装置的组装

滚动轴承轴箱装置的组装质量直接影响着轴承的运用性能，因而组装时必须认真检查并确保各项工序符合技术要求。

1. 组装准备工作

车轴轴颈和防尘板座表面应用汽油或煤油洗擦干净后涂抹一层变压器油，轴承应在加入 6% ~ 8% 变压器油的汽油中清洗干净，其余零件需在煤油或柴油中洗净。轴箱体和前、后盖外表面应清扫干净。轴箱体两端面及其内孔和前、后盖配合部（或金属迷宫槽沟），均应用汽油或煤油浸透的干净棉布揩擦干净。

2. 安装防尘挡圈、轴承内圈

将选配好的防尘挡圈、轴承放入恒温箱内加热（不超过 150 °C）并保温 10 ~ 15 min，取出防尘挡圈迅速套在车轴防尘板座上，并用组装套筒撞击防尘挡圈使其与轴肩端面密贴；然后取出内圈套在轴颈上，装上平挡圈、压板、轴端螺栓，紧固螺栓使两个内圈之间及内圈与防尘挡圈端面接触严密；待内圈冷却后，卸下螺栓、压板和平挡圈。

防尘挡圈及轴承内圈安装后，防尘挡圈须紧靠轴肩，不得翘曲变形，其端面与内圈及内圈与内圈的接触面须密贴，如有间隙，不得超过 0.05 mm。轴承内圈及防尘挡圈组装前，须擦试轴颈及防尘板座，并在轴颈及防尘板座表面涂刷变压器油。轴承内圈与轴颈组装后，须冷却到室温后方可组装外圈组件及轴箱组件。

3. 轴箱体与后盖、轴承外圈组装

将轴箱体倒放在干净的木板上，使后端面向上，在轴箱后盖与轴箱体接触面上涂一层变压器油，把两个 O 形橡胶密封圈嵌入后盖凸缘外径上的沟槽内，然后将轴箱后盖盖在轴箱孔上，均匀拧紧螺栓，使两者端面密贴，局部间隙不得大于 0.5 mm。

轴承外圈组件与轴箱组装时，轴承要在外圈滚道涂一层部定铁道车辆轴承脂，外圈外径和轴箱内径表面涂变压器油。将轴承外圈组件放入轴箱孔内时，不得用铁锤敲打（允许用铜棒轻敲外圈端面），两轴承外圈的非打字面须相靠，不得装反。轴承内必须填注经理化检验合格的部定铁道车辆轴承脂，油脂应均匀分布。注油量须符合要求。

测量前轴承外圈端面至轴箱前端面的距离，选配轴箱前盖凸缘高度，以保证轴箱前盖压紧轴承外圈端面。

4. 轴箱装置总组装

将轴颈上内圈、防尘挡圈和轴端螺纹孔擦试干净后均匀涂抹上一层润滑脂，在轴箱后部密封的环形曲路处也涂以适量油脂。

将填好油脂的轴箱体连同轴承外圈和滚子抬起，在两列滚子间插入一个较内圈外径小 0.05 mm 的衬套，待轴箱对准轴颈中心后，将其推到轴颈的两个内圈上，衬套则被前轴承内圈顶出。向轴颈上套装轴箱组件时应平稳、正位，防止碰伤轴承滚子、滚道和密封部位。在橡胶油封的唇口和防尘挡圈上均匀地涂抹部定铁道车辆轴承脂。测速齿轮出现缺损、裂纹时更新；接地装置碳刷摩擦片双耳止动垫圈每次分解后更新。

放入活动挡圈，套上压板，在压板与三个紧固螺栓之间装上防松片，用扭矩扳手紧固螺栓。轴端压盖螺栓用弹簧垫圈紧固后封以 $\phi 1.6 \sim 2.0$ mm 的铁丝并施封，防松片须使用新品。轴端螺栓紧固后，防松片的所有止耳须撬起，每组两个止耳中至少有一个贴靠轴端螺栓的六方平面上。轴箱前盖须选配组装，前盖凸缘端面应压紧轴承外圈端面，轴箱前盖必须装用新品 O 形橡胶密封圈，并在轴箱前盖凸缘处表面涂变压器油。

5. 轴箱窜动量检验和磨合试验

轮对、轴承、轴箱装置组装后须检查技术状态，轴箱转动须灵活，轴向窜动量为 0.8 ~ 2.0 mm，并进行不少于 15 min 的磨合试验，不得有异响、卡死、温升异常等现象，并做好记录。

6. 标记

组装竣工后应加施封锁，并在车轴"左"字端面右上角安装轴承标志板牌。

任务五 货车滚动轴承轴箱装置及检修

微课：货车车辆用滚动
轴承轴箱装置

任务描述

本任务是对货车无轴箱双列圆锥滚子轴承的检修的种类、结构
特点的整体认知。通过本任务的学习，使学生掌握铁道车辆货车用滚动轴承轴箱装置的结构组成、故障特点，为从事货车车辆检修工作打下基础。

任务引入

我国铁道车辆滚动轴承轴箱装置的结构随转向架的形式而有所不同。货车使用的滚动轴承轴箱装置与客车用滚动轴承轴箱装置的结构相差较大，货车使用无轴箱双列圆锥滚子轴承，那么无轴箱的结构是怎么保证轴承的运行环境呢？

背景知识

一、货车用无轴箱圆锥滚子轴承轴箱装置

货车滚动轴承都不使用轴箱（用在转 K3 型转向架上除外），除双列圆锥滚子轴承外，还有后挡、前盖、防松片、标志板、承载鞍、施封锁、轴端螺栓等附属配件。

（1）后挡：后挡如图 2-45 所示。其突起檐遮住密封罩后端起保护作用；其密封座槽为内侧密封座支承，在老式后挡上有一个通气栓孔，内装通气栓。新式后挡现已取消通气栓。后挡的防尘座槽过盈配合于防尘板座上，如图 2-46 所示。

（2）前盖：前盖如图 2-47 所示，其上有 3 个 M22 的螺栓孔，用螺栓固定在车轴端面，作为轴承前端主要支承，压紧外侧密封座。其上突起檐起保护密封罩作用。因前盖随车轴转动，又称旋转前盖。

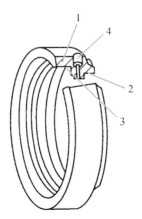

1—凸起檐；2—防尘板座槽；3—密封座槽；4—通气栓孔。

图 2-45 后挡

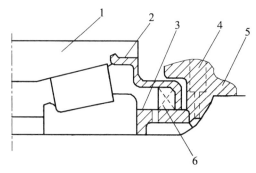

1—外圈；2—密封罩；3—密封座；4—通气栓孔；5—后挡；6—密封圈。

图 2-46　后挡组装

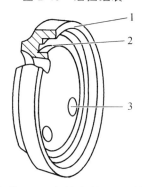

1—凸起檐；2—密封座槽；3—螺栓孔。

图 2-47　前盖

（3）防松片：防松片由厚 1.5 mm 的钢板压制而成，如图 2-48 所示，安装在前盖与螺栓之间，螺栓拧紧之后，将止耳翘起，挡住螺栓头部，防止其松动。每个防松片只可以使用一次，避免止耳裂损失去止转作用。

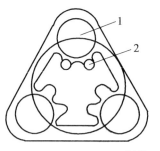

1—螺栓孔；2—止耳。

图 2-48　防松片

（4）标志板：标志板是刻打滚动轴承在检修及运用中的重要检修记录的部件，它一般使用 0.5 ~ 1 mm 的软性不锈钢板按图纸规定制作，安装时必须按铁〔2007〕98 号文件《铁路货车轮轴组装、检修及管理规程》的规定刻打标记，标记必须清晰、准确。

无轴箱双列圆锥滚子轴承的标志板共分为 A、B、C、D 四栏，如图 2-49 所示。使用中标志板又分为车轴左端轴承标志板和车轴右端轴承标志板。

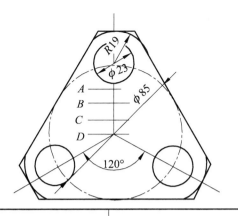

左端	右端
A 栏：轴承首次装用年月，轴承制造（大修）单位代号，轴承分类代号，轴承等级标记 B 栏：轮对第一次组装年月日，左，轴号 C 栏：轴承本次装用年月日 D 栏：轴承本次装用单位代号，一般检修标记及检修单位代号	A 栏：轴承首次装用年月，轴承制造（大修）单位代号，轴承分类代号，轴承等级标记 B 栏：轮对最后一次组装年月日，轮对组装单位代号 C 栏：轴承本次装用年月日 D 栏：轴承本次组装单位代号，一般检修标记及检修单位代号

注：（1）分格线可以不设，也可以设虚线；

（2）A、B、C、D 不打在标志板上。

图 2-49　标志板图

（5）承载鞍：承载鞍由铸钢制成，如图 2-50 所示。

它是无轴箱轴承与转向架的连接部件，目前与货车滚动轴承配套使用的承载鞍主要有三种形式，分别是普通型（用于转 8AG、转 8G 型转向架）、窄型（用于转 K2 型转向架）和摆动型（用于转 K4 型转向架）。普通型和窄型在承载鞍顶部制有 $R2000$ mm 的凸圆弧面，以使车体传来的载荷集中在圆弧中部，然后平均分布到轴承及轴颈上。摆动型则在承载鞍顶部制有 $R250$ mm 的凹圆弧面，与侧架导框上部的摇动台配合以实现侧架的左右摆动。普通型承载鞍与侧架导框的配合是外卡式，而窄型承载鞍、摆动型承载鞍与侧架导框的配合是内卡式。

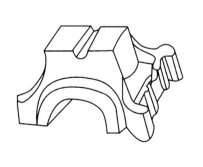

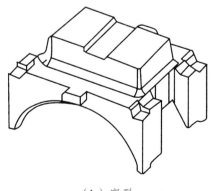

（a）普通型　　　　　　　　　　　（b）窄型

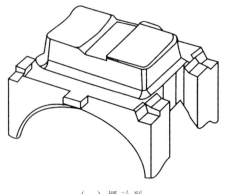

（c）摆动型

图 2-50　承载鞍

（6）施封锁：施封锁又叫铅封，如图 2-51 所示。顾名思义就是整个滚动轴承装置完全安装完毕后最后贴的封条，同时它还可以起到防止螺栓松动的作用。在它的六菱柱锁头上还刻打有施封锁的生产厂家及使用单位的代号，如刻有"TJ""601"，表示施封锁由天津东车辆段生产、株洲车辆段衡阳检修车间装车使用。

图 2-51　施封锁

（7）轴端螺栓：通过压紧前盖起到防止轴承外移的作用，每套轴承有三个轴端螺栓。轴端螺栓必须为 35 号钢制成的 M22 标准螺栓，螺栓的六角面顶端必须锻造（或刻打）生产厂代号标记、制造年份标记及"35"字样。此外，螺栓头部的侧面还开有两条通孔，以供实施封锁使用。轴端螺栓在整个轴承中起到了较为重要的作用，检查中如发现轴端螺栓全部松动或丢失一条及以上时，须退检轴承。

二、货车无轴箱双列圆锥滚子轴承的检修

（一）货车无轴箱双列圆锥滚动轴承检修基本原则

我国货车圆锥滚动轴承的检修分为一般检修和大修两级修程。一般检修的修程是当轴承

运用到一定时间后，在车辆作定期检修时，将轴承退卸清洗后对轴承外圈、内圈及滚子组件进行检查、检测并对轴承外圈施行探伤检查；按规定标准组装、注油和压装，一般在车辆段、车轮厂或车辆工厂进行。大修修程是指轴承运用到规定时间或经外观检查和尺寸精度检测发现其故障缺陷超出一般检修允许范围但又未达到报废条件时，对轴承做恢复性的修理，一般在国铁集团指定的轴承修理工厂进行。每套轴承只允许做一次大修（进口轴承及 197720、197730 型轴承不得做大修）。

（二）轴承的退卸规定

无轴箱双列圆锥滚子轴承有下列情况之一者必须退卸，退卸时应保证压力机活塞中心与车轴中心在同一直线上，并采取措施防止磕伤轴颈和轴承。

（1）轮轴入铁路货车造修工厂、车辆段车轮车间厂修时的轴承。

（2）轮轴段修时的轴承有下列情况之一者：

① 无标志板或标志板标记不清、打错而导致无法判断轴承首次或末次压装时间。

② 各型新造、大修轴承在 6 个月内达到规定的使用时间或运行里程（使用时间以首次压装时间开始计算）。

（3）各型轴承虽未达到规定使用时间或运行里程，但经外观检查或经轴承诊断装置检测有下列情况之一者：

① 车轮踏面擦伤、局部凹陷深度达到 1 mm 的轮轴上的钢保持架轴承，深度达到 2 mm 的轮轴上的工程塑料（塑钢）保持架轴承。

② 车轮踏面剥离、缺损超过运用限度的轮轴上的轴承。

③ 轴承（包括外圈、密封座、密封罩、橡胶油封、前盖、后挡、轴端螺栓等）外观有裂纹、碰伤、松动、变形和其他异状。

④ 轴承密封失效，有甩油、混砂、混水或油脂变质现象。

⑤ 转动轴承有异响、卡滞或其他不正常现象。

⑥ 轴承的轴向游隙大于 0.75 mm。

⑦ 电焊作业导致电流通过轴承或空车脱轨轮轴的同一转向架上的所有轴承，车辆颠覆或重车脱轨后的全车轴承。

⑧ 轮轴上遭受水浸或火灾的轴承以及发生热轴故障的轴承。

⑨ 使用时间达到 20 年的国产 RD2 型 40 钢车轴上的轴承。

⑩ 197720 型和 197730 型轴承末次压装使用时间达到 3.5 年以及其他需要退卸的情况。

（三）轴承的一般检修

退卸后的各型新造轴承，大修、检修轴承未达到规定，须进行一般检修；但剩余寿命小于 6 个月者，只能做一次一般检修。各型新造或大修轴承首次压装时间规定的使用时间相差 6 个月至 1 年者，如不退卸，限装用于 12 个月内到达厂、段修期的段修车、辅修车或临修车上。

1. 综合要求

轴承一般检修须在独立的生产场所内进行。建立轴承一般检修流水线，工艺布局做到"三条线"：轴承清洗、分解线，轴承检测、修理线，轴承组装线。工序控制须做到一般检修品、待大修品、报废品及不同型号的检修品相隔离。必须严格执行原套原位检修，除密封座和中隔圈外，禁止轴承外圈、内圈及滚子进行互换和拼修。轴承搬运、清洗及检修过程中零部件不得磕碰伤，保持架不得脱落。

2. 环境要求

轴承检测、组装、存放间的场地须封闭，相对湿度不大于 60%。轴承检测、组装间的温度应为 16 ~ 30 ℃。24 h 内轴承检测间的落尘量不大于 80 mg/m^2，轴承存放、组装间不大于 120 mg/m^2。轴承检测间的温度、相对湿度每天检查 1 次，环境清洁度定性检查每周不少于 2 次；定量检查每月进行 1 次，且在定性检查合格后第二天进行。

3. 技术要求

轴承一般检修的基本工序为：初洗，轴承分解及编号，外圈除锈，零件清洗，外圈探伤，外圈清洗，零件外观检查、手工修磨，尺寸检测，刻打检修标记，清洗、烘干或脱水，油封组装，密封罩选配组装，扭矩检查，注油脂，均匀油脂，（密封座组装），轴承包装。

1）轴承清洗

轴承一般检修至少要经过 2 次清洗，轴承清洗后（包括组装前）的清洁度须达到规定要求。轴承清洗时所采用的清洗介质应对轴承零件无腐蚀作用。

内圈组件的清洗温度不大于 80 ℃，清洗时须防止保持架磕碰伤和离心力对保持架的冲击。轴承零件清洗后须进行防锈处理。

2）轴承分解编号

轴承分解后须编号，要求准确、清晰；同一套轴承两内圈组件与外圈原滚道须一一对应，不得错位。

3）轴承外圈探伤

外圈须按要求进行复合磁化磁粉探伤检查，出现裂纹时该套轴承报废。探伤合格的外圈须退磁，剩磁不超过 0.3 mT（3 Gs）。外圈探伤后须清洗，去除表面附着的磁粉，并进行防锈处理。轴承其他零件须全部进行剩磁检测，剩磁不得超过 0.3 mT（3 Gs）；剩磁超标者须进行退磁处理。

4）轴承零件的外观检查及修磨

轴承零件须全数进行外观检查，并根据规定的缺陷类别和程度进行处理。轴承零件有轻微的磕碰伤、划伤、锈蚀等缺陷时，可用油石或 00 号砂布蘸油修磨；经处理的轴承零件工作表面及配合面须平滑，在不影响轴承零件的轮廓尺寸时可使用。

5）轴承零件的尺寸精度检测

检测前，轴承检测仪、标准件（样环）、轴承零件在轴承检测间内须同温 4 h 以上，轴承检测仪使用前须进行校验。轴承零件的尺寸精度须按一般检修规定项目进行检测，并将检测结果准确填入记录单中。轴承零件的尺寸超过一般检修规定限度的，须进行大修或报废。

6）刻写

轴承一般检修标记须按规定刻打（刻写）。

7）更换密封装置

密封装置（不含密封座）须更换新品。密封装置各零件须进行外观检查和尺寸检测，不得有磕碰伤和变形，尺寸须符合规定限度。SKF197726 型轴承装用迷宫式密封装置时，须按迷宫式密封装置规定的项目进行选配、检测。

8）轴承组装

轴承组装前零件及附件清洁度定性检查每周不少于 2 次；定量检查每月进行 1 次，每次不少于 3 套；定量检查须在定性检查合格后第二天进行。零件不得漏装、错装。轴承组装前须进行正反两个方向的旋转状态检查，进行零件的清洗和防锈处理，组装前各零、组件须在组装间内同温 4 h 以上。轴承在自由状态下的轴向游隙须使用翻转式或其他自动轴向游隙测量装置测量，轴承的装配高须使用专用量具测量。

密封装置向轴承上压装前须全数检测轴承外圈牙口和密封罩牙口配合面直径，并进行选配，过盈量须符合一般检修规定限度。压装时须使用专用工装，压装须到位。轴承内须使用注油脂机注入滚动轴承Ⅳ型润滑脂，注脂量须符合一般检修规定限度；注油脂后须进行旋转，使油脂均匀分布。

采用迷宫式密封装置的轴承，密封座和密封罩压装内、外油封后，须在相应检查器上进行旋转检查，相对旋转时应无卡阻、摩擦。密封座向轴承上安装时，须在外油封内径唇部均匀涂抹 10～20 g 铁道车辆滚动轴承Ⅳ型润滑脂，内油封端面低于外油封端面时，不得超过 1 mm，相对旋转时应无卡阻、摩擦。轴承组装后须填写检修记录单，且须记录齐全、清晰、准确，并保存 3 年。

一般检修轴承的质量保证：自装车之日起，在 1 个段修期内，由于一般检修质量问题而造成的行车事故，由一般检修单位承担事故主要责任。

（四）轴承的报废

轴承有下列情况之一时，须由退卸单位就地报废：

（1）各型大修轴承达到表 2-9 规定的使用时间或运行里程者。

（2）车辆颠覆或重车脱轨后的全车轴承。

（3）由于电流通过引起局部放电而造成斑点、凹槽或槽纹等表面电蚀损伤的轴承。

（4）锈蚀严重，不能正常转动的轴承。

（5）发生燃轴或火灾被损伤的轴承。

（6）外圈破损的轴承。

（7）已做过大修的轴承又出现一般检修无法修复的缺陷。

（8）规定不做大修的轴承出现一般检修无法修复的缺陷。

（9）内、外圈均出现制造、大修单位或年代不清的轴承。

（10）工程塑料保持架从内圈组件上退下或脱落的 197726TN 型大修轴承。

（11）其他无修复价值的轴承。

表 2-9　各型轴承使用时间或运行里程

序号	轴承型号	新造轴承使用时间或里程	大修轴承使用时间或里程	备注
1	353130B（C353130）	8 年或 80 万 km	8 年或 80 万 km	
2	353130A	8 年或 80 万 km	7 年或 70 万 km	
3	CTBU150（SKF ITALY V OR-7030A）	8 年或 80 万 km	8 年或 80 万 km	
4	SKF353130-2RS（SKFTBU150）	8 年或 80 万 km	8 年或 80 万 km	
5	TBU150（SKF ITALY V OR-7032）	8 年或 80 万 km	8 年或 80 万 km	
6	353130X2-3RZ	8 年或 80 万 km	7 年或 70 万 km	
7	TAROL 150/250 TVP 808997	8 年或 80 万 km	8 年或 80 万 km	
8	AP150	8 年或 80 万 km	40 万 km	
9	352226X2-2RZ（TN）	4 年或 40 万 km	7 年或 70 万 km	2004 年 9 月 1 日以前制造的钢保持架轴承
		5 年或 50 万 km		2003 年 7 月 1 日以前制造的轴承换装工程塑料保持架
		8 年或 80 万 km		2003 年 7 月 1 日及以后制造的轴承装用、换装工程塑料保持架
10	SKF197726	5 年或 50 万 km	5 年或 50 万 km	1998 年 1 月 1 日至 1999 年 3 月 30 日制造
		8 年或 80 万 km	7 年或 70 万 km	1999 年 3 月 30 日以后制造
11	197726TN	—	5 年或 50 万 km	
12	197726	4 年或 40 万 km	4 年或 40 万 km	
13	AP130	8 年或 80 万 km	—	检修轴承使用时间或里程；8 年或 80 万 km
14	197730	3.5 年	—	使用时间满 10 年报废
15	NJ3226X1，NJP3226X1	3 年或 80 万 km	—	使用时间满 10 年（机冷车 16 年）或 200 万 km 报废
16	42726QT，152726QT	3 年或 80 万 km	—	使用时间满 10 年（机冷车 16 年）或 200 万 km 报废

项目检测

1. 试述整体车轮的各部分名称及作用。

2. LM 型踏面与锥形踏面比较有何优点？

3. 试述轮对名称的确定方法及轮对类型。

4. 轮对的标记有哪些？含义是什么？

5. 车轴哪些部位出现裂纹的机会较多？引起车轴裂纹的原因是什么？

6. 车轴弯曲有什么危害？如何判断车轴弯曲？

7. 车轮踏面圆周磨耗过大有什么危害？

8. 滚动轴承有哪些优点？

9. 试述滚动轴承的工作原理。

10. 车辆滚动轴承有哪些特点？

11. 货车车辆用滚动轴承的种类和型号有哪些？

12. 铁路车辆用的滚动轴承对润滑脂的性能有哪些要求？

13. 无轴箱圆锥滚动轴承装置由哪些零件组成？

14. 滚动轴承有哪些损伤？哪些是可以修复的？

15. 圆锥滚动轴承装置在什么情况下应实施一般检修？

项目三　货车转向架　▶▶▶

思政课堂

"电流 130 安培，电压 21 伏特，可用于立焊和仰焊"，这是一次出口车辆接受外方考核中，中方电焊工代表焊完后准确无误的回答。焊接的试板一次焊接双面成型，两面焊口平滑光亮、美观细腻。超声波探伤显示，焊缝内部零缺陷。外国监造人员当场竖起了大拇指。这就是中车齐齐哈尔有限公司电焊工，国家技能大师工作室骨干成员张敬华。

1995 年，张敬华从学校毕业进入齐齐哈尔车辆工厂。多年来总出现在关键岗位，关键车型面前，在 360 吨大平车、煤炭漏斗车、C70 不锈钢敞车的试制中，他都凭着高超的技术水平、丰富的操作经验达到了焊接标准且成形美观。

张敬华在烟熏火燎的电焊岗位上坚守近 30 年，她淬砺技能，用匠心守护工作、塑造人生，从一名普通电焊工成长为全国劳动模范。

项目概述

转向架是能相对车体回转的一种走行装置，是车辆的重要组成部分，直接决定了列车运行性能的好坏。本项目主要介绍货车主型转向架。主要内容有弹簧减振装置，转向架的作用，分类和转 K2、转 K6、转 K4、K5 型转向架的构造、作用及结构特点。学习完本项目应掌握主型货车转向架的结构，能进行转向架的检修作业。

项目任务

（1）任务一　转向架的分类及要求。
（2）任务二　弹簧装置。
（3）任务三　减振装置。
（4）任务四　转 K2 型、转 K6 型货车转向架。
（5）任务五　转 K4 型、转 K5 型货车转向架。

任务一　转向架的分类及要求

任务描述

本任务是对转向架基础知识的整体认识。通过本任务的学习，使学生掌握转向架的分类、作用、基本组成，为从事车辆检修工作打下基础。

转向架是车辆的一个独立部件。在转向架与车体之间尽可能减少联结件，并要求结构简单，装拆方便，以便于转向架可单独制造和检修。由于车辆的用途、运行条件、制造和检修能力及历史传统等因素的不同，使得转向架的类型非常多，结构各异。但它们又都具有转向架的共同特点，其基本作用和基本组成部分是相同的。

背景知识

一、转向架的作用

铁路运输事业发展的初期，世界各国均采用二轴车辆，车轴直接安装在车体下面，如图3-1所示。这种二轴车一般比较短小，为便于车辆通过曲线，前后两轴中心线之间距离一般不大于 10 m。二轴车的总重受到车辆容许轴重的限制，车辆载重量一般不大于 20 t（B 轴）。随着铁路运输事业的发展，二轴车在载重、长度和容积等多方面都不能满足要求，于是曾出现与二轴车结构相仿的多轴车辆，如图 3-2（a）所示。虽然它能增加载重量，但为能顺利通过小半径曲线，前后两轴的距离仍受限制，不能太大，从而限制车辆长度和容积的增加。另外，车辆通过小半径曲线时，中间轮对相对车体要有较大横向游动量，如图 3-2（b）所示，使得车辆结构复杂，因此这种形式的多轴车没有被推广采用。

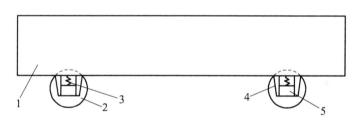

1—车体；2—轮对；3—弹簧装置；4—导框；5—轴箱。

图 3-1　二轴车辆

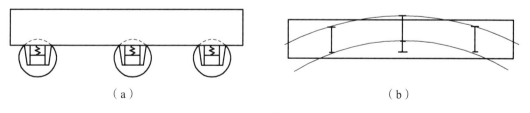

（a）　　　　　　　　　　　　　　　（b）

图 3-2　三轴车辆

常见的多轴车辆采用带转向架结构形式。把两个或几个轮对用专门的构架（侧架）组成的一个小车，称为转向架。车体就是支承在前后两个转向架上。为便于通过曲线，车体与转向架之间可以相对转动。这样，相当于将一个车体坐落在两个小二轴车上（如转向架是二轴式），使车辆的载重量、长度和容积都可以增加，运行品质得以改善，以满足近代铁路运输发展的需要。目前绝大多数车辆都采用转向架的结构形式。

转向架的基本作用及要求：

（1）车辆上采用转向架是为增加车辆的载重、长度与容积，提高列车运行速度，以满足铁路运输发展的需要。

（2）保证在正常运行条件下，车体都能可靠地坐落在转向架上，通过轴承装置使车轮沿钢轨的滚动转化为车体沿线路运行的平动。

（3）支承车体，承受并传递从车体至轮对之间或从轮轨至车体之间的各种载荷及作用力，并使轴重均匀分配。

（4）保证车辆安全运行，能灵活地沿直线线路运行及顺利地通过曲线。

（5）转向架的结构要便于弹簧减振装置的安装，使之具有良好的减振特性，以缓和车辆和线路之间的相互作用，减小振动和冲击，减小动应力，提高车辆运行平稳性和安全性。

（6）充分利用轮轨之间的黏着，传递牵引力和制动力，放大制动缸所产生的制动力，使车辆具有良好的制动效果，以保证在规定的距离之内停车。

（7）转向架是车辆的一个独立部件。在转向架与车体之间尽可能减少联结件，并要求结构简单，装拆方便，以便于转向架单独制造和检修。

二、转向架的组成

由于车辆的用途、运行条件、制造和检修能力及历史传统等因素的不同，使得转向架的类型非常多，结构各异。但它们又都具有转向架的共同特点，其基本作用和基本组成部分是相同的，一般转向架的组成可以分为以下几个部分。

1. 轮对轴箱装置

轮对沿着钢轨滚动，除传递车辆重量外，还传递轮轨之间的各种作用力，其中包括牵引力和制动力。轴箱与轴承装置是联系构架（侧架）和轮对的活动关节，使轮对的滚动转化为车体沿钢轨的平动。

2. 弹性悬挂装置

为减少线路不平顺和轮对运动对车体的各种动态影响（如垂向振动，横向振动等），转向架在轮对与构架（侧架）之间或构架（侧架）与车体（摇枕）之间，设有弹性悬挂装置。前者称为轴箱悬挂装置（又称第一系悬挂），后者称为摇枕（中央）悬挂装置（又称第二系悬挂）。目前，我国大多数货车转向架只设有摇枕悬挂装置，客车转向架既设有摇枕悬挂装置，又设有轴箱悬挂装置。弹性悬挂装置包括弹簧装置、减振装置和定位装置等。

3. 构架或侧架

构架（侧架）是转向架的基础，它把转向架各零、部件组成一个整体。所以它不仅仅承受、传递各作用力及载荷，而且它的结构、形状和尺寸大小都应满足各零、部件的结构、形状及组装的要求（如应满足制动装置、弹簧减振装置、轴箱定位装置等安装的要求）。

4. 基础制动装置

为使运行中的车辆能在规定的距离范围内停车，必须安装制动装置，其作用是传递和放大制动缸的制动力，使闸瓦与轮对之间产生的转向架的内摩擦力转换为轮轨之间的外摩擦力（即制动力），从而使车辆承受前进方向的阻力，产生制动效果。

5. 转向架支承车体的装置

转向架支承车体的方式（又称为转向架的承载方式）不同，使得转向架与车体相联结部分的结构及形式也各有所异，但都应满足二个基本要求：安全可靠地支承车体，承载并传递各作用力（如垂向力、振动力等）；为使车辆顺利通过曲线，车体与转向架之间应能绕不变的旋转中心相对转动。

转向架的承载方式可以分为心盘集中承载、非心盘承载和心盘部分承载三种。

三、转向架的分类

由于车辆的用途不同、运行条件的差异、制造维修方法的制约和经济效益等具体因素的影响，对转向架的性能、结构、参数和采用的材料及工艺等要求就有差别，因而出现了多种型式的转向架。我国国内目前使用的客车转向架有 20 余种，货车转向架有 30 多种，各种转向架的主要区别在于：转向架的轴数和类型、弹簧悬挂系统的结构和参数、垂向载荷的传递方式、轮对支承方式、轴箱定位方式、制动装置的类型与安装，以及构架、侧架结构等方面。

（一）按转向架的轴数、类型及轴箱定位方式分类

1. 轴数与类型

在各种转向架上，采用轮对的数目与类型是有区别的。按容许轴重，车辆所用的车轴基本上可分为 B、C、D、E 四种。车轴直径越粗，容许轴重越大，但最大容许轴重要受线路和桥梁的强度标准的限制。一般货车采用 B、D、E 三种轴型，客车采用 C、D 两种轴型。随着我国铁路运输的发展，其趋势是除少数特殊用途车辆之外，新型货车主要采用 D、E 两种轴，新型客车主要采用 D 轴。

按轴数分类，转向架有二轴、三轴和多轴的。转向架的轴数一般是根据车辆总重和每根车轴的容许轴重确定的，例如采用二 E 轴转向架的货车每轴容许轴重为 25 t，因此，其最大重量（自重与载重之和）不能超过 4×25=100 t。如果超过 100 t，就需要用三轴或三轴以上的多轴转向架。我国大多数客、货车采用二轴转向架，一些大吨位货车及公务车等采用三轴转向架，在长大重载货车上采用多轴转向架或转向架群。

2. 轴箱定位方式

约束轮对与构架之间相对运动的机构，称为轴箱定位装置，由于轴箱相对于轮对在左右、前后方向的间隙很小，故约束轮对相对运动的轮对定位通常也称为轴箱定位。

对于轴箱定位装置的基本要求是：它应该在纵向和横向具有适宜的弹性定位刚度值，其值是该装置主要参数，它的结构形式应能保证良好地实现弹性定位作用，性能稳定，结构简单可靠，无磨耗或少磨耗，制造检修方便，重量轻，成本低。

适宜的轴箱弹性定位，不仅可以避免车辆在运行速度范围内发生蛇行运动失稳，还能保

证车辆在曲线上运行时具有良好的导向性能，从而减小轮对与钢轨之间的冲击和侧压力，减轻车轮轮缘与钢轨的磨耗，确保车辆运行的安全性和平稳性。轴箱定位装置有多种结构形式，常见的有下面几种：

（1）固定定位：轴箱与转向架侧架铸成一体，或是轴箱与侧架用螺栓及其他紧固件连接成为一个整体，使得轴箱与侧架之间不能产生任何相对运动，如图3-3（a）所示。

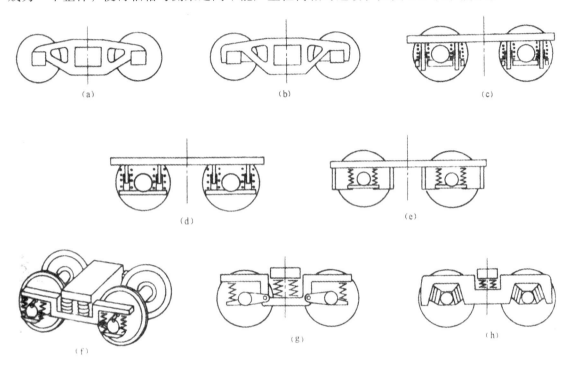

图 3-3　轴箱定位方式

（2）导框式定位：轴箱上有导框槽，构架（侧架）上有导框。构架（侧架）的导框插入轴箱的导框槽内，这种结构可以容许轴箱与构架（侧架）之间在铅垂方向有较大的相对位移，但在前后、左右方向仅能在容许的间隙范围之内，有相对小的位移。如图3-3（b）所示。

（3）干摩擦导柱式定位：安装在构架上的导柱及坐落在轴箱弹簧托盘上的支持环均装配有磨耗套，导柱插入支持环，发生上下运动时，两磨耗套之间是干摩擦，它的定位作用是由于轴箱橡胶垫产生不同方向的剪切变形，实现弹性定位作用。如图3-3（c）所示。

（4）油导筒式定位：把安装在构架上的轴箱导柱和坐落在轴箱弹簧托盘上的导筒分别做成活塞和油缸形式，导柱插入导筒。导柱在导筒内上下移动时，油液可以进出导柱的内腔，产生减振作用。它的定位作用是，当构架与轴箱之间产生水平方向的相对运动时，利用导柱与导筒传递纵向力和横向力，再通过轴箱橡胶垫传递给轴箱体，使橡胶垫产生不同方向的剪切变形，实现弹性定位作用。如图3-3（d）所示。

（5）板式定位：用特种弹簧钢材制成的薄型定位拉板，一端与轴箱连接，另一端通过橡胶节点与构架连接。利用拉板在纵、横方向的不同刚度来约束构架与轴箱的相对运动，以实现弹性定位。拉板上下弯曲变形刚度小，对轴箱与构架上下方向的相对位移约束很小。如图3-3（e）所示。

（6）拉杆式定位：拉杆两端分别与构架和轴箱铰接，拉杆可以容许轴箱与构架在上下方向有较大的相对位移。拉杆中的橡胶垫、套分别限制轴箱与构架之间的横向与纵向的相对位移，实现弹性定位。如图 3-3（f）所示。

（7）转臂式定位：又称弹性铰定位，定位转臂一端与圆筒形的轴箱体固接，另一端以橡胶弹性节点与焊在构架上的安装座相连接。橡胶弹性节点容许轴箱相对构架有较大的上下方向位移，但它里边的橡胶件使轴箱纵向与横向位移的定位刚度有所不同，以适应纵、横两个方向的不同弹性定位刚度的要求。如图 3-3（g）所示。

（8）橡胶弹簧定位：构架与轴箱之间设有橡胶弹簧，这种橡胶弹簧上下方向的刚度比较小，轴箱相对构架在上下方向有比较大的位移，而它的纵、横方向具有适宜的刚度以实现良好的弹性定位。如图 3-3（h）所示。

（二）按弹簧悬挂装置分类

1. 一系弹簧悬挂

在采用一系悬挂的车辆上，从车体至轮对之间，只设有一系弹簧减振装置，如图 3-4（a）所示。所谓"一系"，一般是指车体的振动只经过一次（空间三维方向均包括）弹簧减振装置实施减振。该装置在转向架中设置的位置：有的是设在车体（摇枕）与构架（侧架）之间；有的是设在构架与轮对轴箱之间。采用一系悬挂，转向架结构比较简单，便于检修、制造，成本较低。所以一般多在货车转向架上采用。

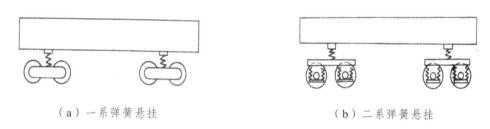

（a）一系弹簧悬挂　　　　　　　　　　　　　（b）二系弹簧悬挂

图 3-4　弹簧悬挂装置

2. 二系弹簧悬挂

在采用二系悬挂的车辆上，从车体至轮对之间，设有二系弹簧减振装置，如图 3-4（b）所示。在转向架中同时有摇枕弹簧减振装置和轴箱弹簧减振装置，使车体的振动经历二次弹簧减振装置衰减。

显而易见，二系悬挂的转向架结构比较复杂，采用的零、部件数目明显增多，但由于它是从上向下返回再从下向上先后两次充分利用从车体底架至轮对之间的有限空间，具有较大的弹簧装置总静挠度，并对摇枕悬挂和轴箱悬挂分别选择各自的减振阻尼及刚度，确定适宜的挠度比（实质是两系刚度之比），明显地改善了车辆的运行品质，所以二系悬挂多在客车转向架上采用。

多系悬挂的转向架结构过分复杂，而且只要设计合理，二系悬挂已能满足车辆运行平稳性的要求，因此，多系悬挂很少采用。

3. 根据摇枕悬挂装置中弹簧的横向跨距的不同分类

另外，对以心盘支承车体（心盘集中承载）的转向架，根据摇枕悬挂装置中弹簧的横向跨距的不同，悬挂的形式又区分为：

（1）内侧悬挂。转向架中央（摇枕）弹簧的横向跨距小于构架两侧梁的纵向中心线之间距离，如图 3-5（a）所示。这种转向架称为构架侧梁内侧悬挂的转向架，简称内侧悬挂转向架。

（2）外侧悬挂。这种转向架中央弹簧的横向跨距大于构架两侧梁的纵向中心线之间距离，如图 3-5（b）所示。这种转向架称之为构架侧梁外侧悬挂的转向架，简称外侧悬挂转向架。

（3）中心悬挂。中央弹簧的横向跨距与构架两侧梁的纵向中心线之间距离相等，如图 3-5（c）所示。这种转向架称之为构架侧梁中心悬挂的转向架，简称中心悬挂转向架。

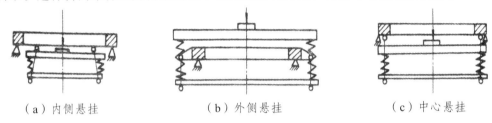

（a）内侧悬挂　　　　　　　　（b）外侧悬挂　　　　　　　　（c）中心悬挂

图 3-5　弹簧装置的横向跨距

在一般转向架上，构架两侧梁纵向中心线之间的距离和轮对轴颈中心距是一致的，每种车轴轴颈中心距都是固定的。所以，以轴颈中心距作为标准衡量中央弹簧横向跨距的大小是比较简便的，中央弹簧横向跨距大小对于车体在弹簧上的倾覆稳定性影响显著，增加其跨距可以增加车体的倾覆复原力矩，提高车体在弹簧上的稳定性。

（三）按垂向载荷的传递方式分类

转向架结构形式的不同，使车辆垂向载荷传递的方式也多种多样，一般可按各部位载荷传递方式分类。

1. 车体与转向架之间的载荷传递

车辆车体与转向架之间衔接部分的结构形式，要相互吻合而组成一个整体。显然，它与载荷的传递方式密切相关。按不同的载荷分配及载荷作用点，可分为以下 3 种：

1）心盘集中承载

车体上的全部重量通过前后两个上心盘分别传递给前后转向架的两个下心盘，如图 3-6（a）所示。我国大多数客、货车转向架都是这种承载方式。

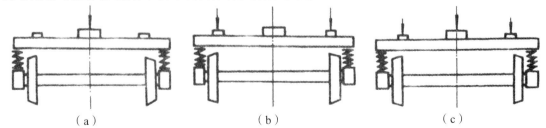

（a）　　　　　　　　　　　（b）　　　　　　　　　　　（c）

图 3-6　车体载荷传递方式

2）非心盘承载

该种型式的转向架没有心盘装置，虽然有的转向架上还有类似心盘的装置存在，但它仅作为牵引及转动中心之用，而车体上的全部重量通过中央弹簧悬挂装置直接传递给转向架构架。其中有的转向架在中央弹簧悬挂装置与构架之间安装有旁承装置，这种转向架又称为旁承承载，如图3-6（b）所示。

3）心盘部分承载

这种承载方式的结构是上述两种承载方式结构的组合，即车体上的重量按一定比例分配，分别传递给心盘与旁承，使之共同承载，如图 3-6（c）所示。这种承载方式的旁承结构比较复杂，我国也有车辆采用这种承载形式。

在旁承承受全部或局部载荷的情况下，当转向架绕心盘或转动中心转动时，上下旁承之间有摩擦力。这种摩擦力形成的摩擦力矩可以阻止转向架相对车体的转动。适宜的摩擦力矩可以有效抑制车辆蛇行运动，若摩擦力矩的取值过大，则不利于车辆的曲线通过，甚至造成车辆脱轨现象的发生。

2. 转向架中央（摇枕）悬挂装置的载荷传递

转向架中央悬挂装置的载荷传递，按其结构特点，大体上可分为有摇动台装置及无摇动台装置两种形式。

1）具有摇动台装置的转向架：如图3-7所示，车体通过心盘支承在摇枕上，摇枕两端支承在摇枕弹簧的上支承面，摇枕弹簧下支承面坐落在弹簧托板（或托梁）上，弹簧托板通过吊轴、吊杆与吊销悬挂在构架上。这样，摇枕、摇枕弹簧、弹簧托板、吊轴与吊杆连同车体，在侧向力作用下，可做类似钟摆的摆动，使之相对构架产生左右摇动。转向架中可以横向摆动的这个部分称为摇动台装置，它具有横向弹性特性。这种结构的载荷传递特点是心盘承载后通过摇动台将载荷传递给构架。

2）无摇动台装置的转向架

此类转向架按结构特点又可分非心盘承载和心盘集中承载两种。

非心盘承载的无摇动台转向架如图3-8所示，车体直接通过中央弹簧将载荷传递给构架，没有摇动台装置，车体的左右摇动是依靠中央弹簧的横向弹性变形来实现。这种结构的特点是无心盘承载，中央弹簧不仅须有良好的垂向弹性特性，还具有良好的横向弹性特性。为此，一般采用的弹簧是空气弹簧或是高圆螺旋弹簧，由于它结构比较简单，在一些新型高速客车转向架上得到了应用。

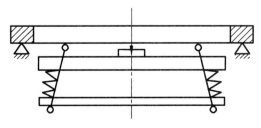

图 3-7　心盘承载的摇动台装置

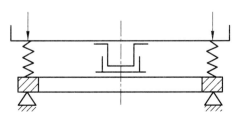

图 3-8　非心盘承载，无摇动台的装置

心盘集中承载的无摇动台转向架如图 3-9 所示，车体通过心盘坐落在摇枕上，摇枕两端坐落在左右摇枕弹簧上，左右摇枕弹簧又直接坐落在构架的两个侧梁（或左右两个侧架）上。这种转向架设有摇枕弹簧装置，但无摇动台结构，我国大部分货车转向架都是这种承载方式。

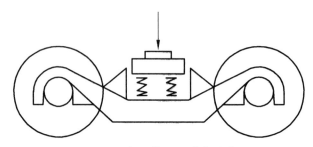

图 3-9　心盘承载无摇动台的装置

另外，还有一种结构形式是车体通过心盘支承在构架上，构架直接坐落在轴箱弹簧上，车体与构架之间没有弹簧减振装置，如图 3-10 所示。

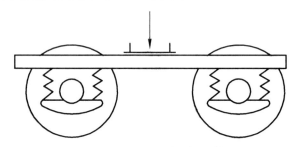

图 3-10　心盘承载轴箱弹簧悬挂装置

3. 构架（侧架）与轴箱轮对之间的载荷传递

构架（侧架）与轴箱轮对之间的载荷传递的方式，主要有以下几种形式：

（1）转向架侧架直接置于轮对轴箱上，而无轴箱弹簧装置（图 3-9）。

（2）转向架的每侧有一个纵长的均衡梁，均衡梁两端支于前后两个轴箱上。均衡梁上有均衡梁弹簧基座，转向架构架支悬于均衡梁弹簧之上[见图 3-11（a）]。

（3）转向架构架由轴箱顶部的弹簧支托[见图 3-11（b）]。

（4）每个轴箱左右两侧铸有弹簧托盘，转向架构架由弹簧托盘上的轴箱弹簧支托着[见图 3-11（c）]。

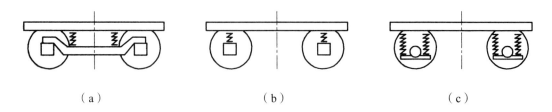

（a）　　　　　　　　　　（b）　　　　　　　　　　（c）

图 3-11　构架与轴箱轮对的载荷传递方式

任务二　弹簧装置

任务描述

本任务是对铁道车辆上所用的弹簧装置的整体认识，主要内容包括弹簧的作用分类及主要特性，钢弹簧、橡胶弹簧的结构。通过本任务的学习，使学生掌握弹簧装置的主要作用，分类及主要特性，能够描述弹簧的专业术语，会分析两级刚度弹簧弹性特性曲线，应对货车弹簧及减振装置的构造及作用原理有一个全面的认识，为检修工作打下基础。

任务引入

车辆在轨道上运行时，将伴随产生复杂的振动现象。列车运行速度越高，这些振动和冲击的危害就越严重。为减少有害的车辆冲动，提高车辆运行的平稳性，车辆必须在走行部分安装缓和冲击和衰减振动的装置，即弹簧减振装置。弹簧是转向架上的一个重要零件，它不仅能缓和振动而且还能承受和传递载荷。如若弹簧发生了故障。轻者失去缓和车辆振动的作用，重者会造成车体倾斜影响安全行车，甚至引起车辆颠覆事故。因此，对弹簧装置不能忽视，必须认真检查，发现故障及时处理。

背景知识

一、弹簧的作用、分类及主要特性

动画：弹性节点

车辆上采用的弹簧减振装置，按其主要作用的不同，大体可分为三类：一是主要起缓和冲击的弹簧装置，如中央及轴箱的螺旋圆弹簧；二是主要起衰减（消耗能量）振动的减振装置，如垂向、横向减振器；三是主要起定位（弹性约束）作用的定位装置，如轴箱轮对纵、横方向的弹性定位装置，摇动台的横向缓冲器及纵向牵引拉杆。

上述各类装置在车辆振动系统中又称为弹性悬挂装置。这些装置对车辆运行是否平稳、能否顺利通过曲线并保证车辆安全运行都起着重要的作用，故应合理地设计其结构，选择适宜的各项参数。

（一）弹簧装置的主要作用

铁道车辆弹簧装置的作用主要体现在两个方面：

（1）使车辆的质量及载荷比较均衡地传递给各轮轴，并使车辆在静载状况下（包括空、重车），两端的车钩距轨面高度应满足《铁路技术管理规程》规定的要求，以保证车辆的正常连挂。

（2）缓和因线路的不平顺、轨缝、道岔、钢轨磨耗和不均匀下沉，以及因车轮擦伤、车轮不圆、轴颈偏心等原因引起的车辆的振动和冲击。由于有弹簧装置，使车辆的弹簧以上部分和弹簧以下部分分成既有联系又有区别的两个部分。即簧上、簧下的作用力既相互传递，而运动状态（位移、速度、加速度）又不完全相同。车辆设置弹簧装置可以缓和轮轨之间相互作用，可以提高车辆运行的舒适性和平稳性，保证旅客舒适、安全，保证货物完好无损，延长车辆零部件及钢轨的使用寿命。

（二）弹簧的分类

车辆上采用的弹簧种类很多，按其材质可分为钢质弹簧、橡胶弹簧、空气弹簧三类。

1. 钢质弹簧

钢质弹簧主要包括叠板弹簧、圆柱螺旋弹簧、环形弹簧等，其结构形状如图 3-12~图 3-14 所示。另外，组合使用的弹簧可以为多个、多种弹簧组合在一起，有的串联使用，有的并联使用；有的同类弹簧组合，有的异形弹簧组合。图 3-15 所示为叠板弹簧与螺旋弹簧组合的形式。

（a）弓形弹簧　　　　　　　　　　　　　（b）椭圆弹簧

图 3-12　叠板弹簧结构形状

图 3-13　圆柱螺旋弹簧　　　　　　　　　图 3-14　环形弹簧

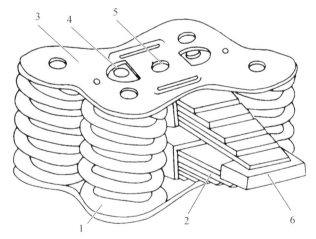

1—螺旋弹簧；2—叠板弹簧；3—弹簧夹板；4—螺栓；5—垫环；6—端垫。

图 3-15　多个弹簧的组合

2. 橡胶弹簧

车辆上的橡胶元件主要用于定位装置。此外车体与摇枕、摇枕与构架、轴箱与构架、弹簧支承面等金属件接触部位之间，常采用橡胶衬垫、衬套、止挡等橡胶元件。如图 3-16 所示为常见的橡胶元件的形式。

图 3-16　橡胶弹簧

（三）弹簧的主要特性参数

弹簧的主要特性是挠度、刚度和柔度。下面介绍几个与弹簧主要特性有关的概念。

（1）弹簧负荷：弹簧承受的外力，称为弹簧负荷或载荷，亦称荷重，单位为 N。弹簧负荷通常有以下两种：

工作负荷（P）：又叫常用负荷。它是弹簧在工作过程中承受的负荷，也是制造弹簧时进行弹力性能试验的负荷。

极限负荷（P_S 或 P_{max}）：又叫试验负荷或最大负荷。它是对应于弹簧材料屈服极限的负荷，也是试验弹簧时所用的最大负荷。在制造弹簧过程中，此负荷是作为消除弹簧永久变形所用的负荷。

（2）弹簧挠度（f）：它是弹簧的重要参数之一，可分为静、动挠度两种。所谓静挠度，是指在静载荷的作用下，弹簧所产生的弹性变形量。所谓动挠度，是指车辆在运行中，在动载荷的作用下，弹簧所产生的附加弹性变形量。

$$f = H_0 - H_p \tag{3-1}$$

式中　f——弹簧挠度（mm）；

H_0——弹簧自由高度（mm）；

H_p——弹簧负荷高度（mm）。

（3）弹簧刚度（K）：弹簧受压缩时，单位长度（cm）所需要的荷重（N）叫作弹簧刚度（N/cm），用符号 K 表示。刚度表示弹簧的强弱，通常说某弹簧的硬或软，就是指弹簧的刚度大或小，其表达方式为

$$K = P / f \tag{3-2}$$

式中　P——弹簧产生挠度 f 时所用的载荷（N）。

（4）弹簧柔度（i）：刚度的倒数就是弹簧柔度。也就是说，弹簧在某一单位荷重（N）作用下的变形量（cm/N）。柔度表示弹簧的柔软性，柔度越大，刚度越小。其表达式为

$$i = 1/K = f/P \qquad (3\text{-}3)$$

（5）弹簧挠度裕量：在最大计算载荷下弹簧的挠度与其静挠度之差。

（6）挠度裕量系数：弹簧挠度裕量与弹簧静挠度之比值。

弹簧的特性可用弹簧挠力图表示，设纵坐标表示弹簧承受的载荷 P，横坐标表示其挠度 f，如图 3-17 所示（不考虑内部阻力的情况）。

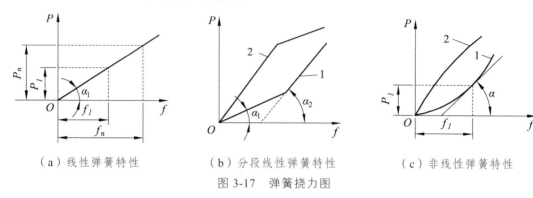

（a）线性弹簧特性　　　　（b）分段线性弹簧特性　　　　（c）非线性弹簧特性

图 3-17　弹簧挠力图

图 3-17（a）表示力与挠度呈线性关系，即弹簧刚度为常量。螺旋圆弹簧的特性就是如此。

图 3-17（b）表示力与挠度呈分段线性关系，属于非线性弹簧，又称准线性。图 3-17（b）中曲线 1 所示的刚度特性为"先软后硬"，如一些重载货车上采用的两级弹簧的特性就是这种情况。

图 3-17（c）表示力与挠度呈曲线关系，即刚度随着载荷的变化而变化，为非线性特性。图 3-17（c）中曲线 1 所示的刚度随载荷增加而逐渐增大，如车辆上采用的一些橡胶弹簧，横向缓冲器的特性就是属于这种种性。

显而易见，在车辆悬挂系统中，为了减小振动，控制振动位移在一定范围内，不能使用图 3-17 中曲线 2 特性（"先硬后软"或随载荷增加，刚度逐渐变小）的弹簧。

弹簧刚度特性的表达式为

线性弹簧 $$K = \frac{P}{H_0 - H} = \frac{P}{f} = \tan \alpha_0 = 常量 \qquad (3\text{-}4)$$

非线性弹簧 $$K = \frac{\mathrm{d}P}{\mathrm{d}f} = \tan \alpha \qquad (3\text{-}5)$$

式中　α、α_0——挠力线（或挠力线某点的切线）与横坐标轴的夹角；

　　　K——弹簧刚度；

　　　H_0——弹簧自由高度；

　　　H——静载荷作用下的弹簧高度；

　　　P——弹簧承受的静载荷；

　　　f——静载荷作用下弹簧的挠度。

（四）弹簧组合的刚度及柔度

为了改善弹簧的特性，适应安装位置及空间大小的需要，在铁路车辆上时常采用组合弹簧。这些弹簧有并联、串联和串并联三种组合方式。组合弹簧的总（当量）刚度计算方法如下：

（1）并联时，如图 3-18（a）所示，弹簧一般为对称分布。由于各弹簧在载荷 P 作用下产生相同的挠度 f，所以 n 个弹簧中的每个弹簧上分布的载荷分别为：

$$P_1 = K_1 f, P_2 = K_2 f, \cdots, P_n = K_n f$$

所以有

$$P = P_1 + P_2 + \cdots + P_n = (K_1 + K_2 + \cdots + K_n)f = K_\Sigma f \qquad （3\text{-}6）$$

式中

$$K_\Sigma = K_1 + K_2 + \cdots + K_n \qquad （3\text{-}7）$$

并联布置的弹簧系统的当量刚度等于各个弹簧刚度的代数和。

（2）串联时，如图 3-18（b）所示，在组合弹簧上作用着载荷 P，分别使各弹簧产生挠度为 $f_1, f_2, \cdots, f_n$。所以组合弹簧的总挠度 f_Σ 为

$$f_\Sigma = f_1 + f_2 + \cdots + f_n \qquad （3\text{-}8）$$

所以有

$$f_\Sigma = i_1 P + i_2 P + \cdots + i_n P = (i_1 + i_2 + \cdots + i_n)P = i_\Sigma P \qquad （3\text{-}9）$$

$$i_\Sigma = i_1 + i_2 + \cdots + i_n \qquad （3\text{-}10）$$

式中　i_Σ——组合弹簧的当量柔度。

组合弹簧的当量刚度 K_Σ 为

$$K_\Sigma = 1/i_\Sigma = 1/(i_1 + i_2 + \cdots + i_n) = 1/(1/K_1 + 1/K_2 + \cdots + 1/K_n) \qquad （3\text{-}11）$$

当 $K_1 = K_2 = \cdots = K_n = K$ 时：

$$K_\Sigma = K/n \qquad （3\text{-}12）$$

串联布置的弹簧系统的总柔度等于各弹簧柔度的代数和。

（3）串并联时，如图 3-18（c）所示，可先将各级并联弹簧当量刚度用式（3-7）计算出来，然后简化成串联布置的当量弹簧系统，再用式（3-11）计算其当量刚度，就是整个系统的当量刚度。

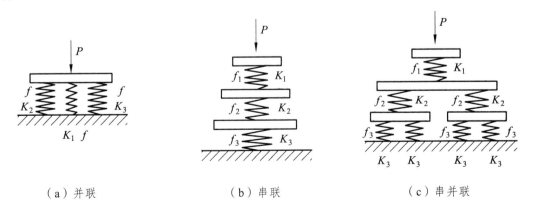

（a）并联　　　　　　　　（b）串联　　　　　　　　（c）串并联

图 3-18　弹簧系统布置

在讨论弹簧系统的总柔度或总刚度时，弹簧自重忽略不计。在车辆静载荷作用下的挠度

称为静挠度，弹簧装置刚度小，静挠度大，使得车体自振频率低，这对车辆运行平稳性有利。所以，在条件允许的情况下，应尽可能采用较大的弹簧静挠度。

二、钢弹簧

（一）弹簧的结构

钢质弹簧主要包括叠板弹簧、螺旋弹簧、环形弹簧。

1. 叠板弹簧

叠板弹簧由一组长短不等的钢板重叠而成，其受力近似等强度梁。簧板的中央用钢箍加热套上，待冷却后将钢板紧密地组成一体。按其结构形状可分为弓形、椭圆形等（车辆上常用的是椭圆弹簧）。叠板弹簧在旧型货车上曾使用过，新型货车上不再使用。其结构形状如图 3-12 所示。

2. 螺旋弹簧

弹簧呈螺旋状，有圆柱形和圆锥形。

在铁路车辆上通常采用簧条截面为圆形的圆柱压缩螺旋弹簧，故又称圆簧，如图 3-19 所示。常用的弹簧材质有 55Si2Mn 和 60Si2Mn 两种。这种硅锰弹簧钢热处理时有较高的淬透性，加热时氧化皮较少，能获得较好的表面质量与较高的疲劳强度，而且与其他合金弹簧钢相比价格低廉。

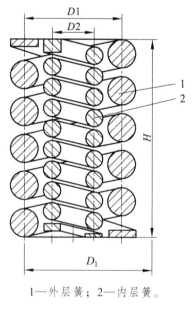

1—外层簧；2—内层簧。

图 3-19　双卷螺旋弹簧

此外，车辆上也有某些弹簧采用碳钢或铬锰钢。

制造弹簧时分为冷卷与热卷，车辆转向架上采用的簧条直径一般都较粗，故多为热卷。另外，制造时还要将簧条每端约有 3/4 圈的长度制成斜面，使弹簧卷成后，两端成平面，以保证弹簧平稳站立，并尽量减少偏载。两端的 3/4 圈作为支持平面，是弹簧辅助部分，起传递载荷作用。

3. 环形弹簧

由多个具有锥面配合的弹性环组成的弹簧叫作环形弹簧，简称环弹簧，其结构形状如图 3-14 所示。内环的外面和外环的内面都做成 V 形锥面，组装时，要求有一定的初压缩力，以保证环弹簧锥面间的密贴配合。当环弹簧受力压缩时，由于内、外环为锥面配合，受力后外环扩张，内环缩小，产生轴向弹性变形，起到缓冲作用。与此同时，内、外环锥面间有相对滑动，因摩擦而做功，从而使部分冲击能量变为摩擦功而消失。当外力去除后，各内、外环由于弹力而复原，此时同样也要消耗部分冲击能量。

（二）弹簧的名词术语

弹簧的名词术语是指弹簧各部分名称以及与它相关的一些单位名词的概括总称，为了使用记忆方便起见，弹簧名词术语常用符号表示。

因弹簧结构不同，各类型弹簧的名词术语不尽相同，下面介绍螺旋弹簧的名词术语：

（1）有效圈数（n）：弹簧实际工作部分的簧圈数。

（2）支持圈：螺旋弹簧的辅助部分，它不起弹力作用，仅起支撑作用，以保证弹簧平稳直立。其圈数为每端 3/4 圈，两端共计 1.5 圈。

（3）总圈数（N）：有效圈数与支持圈数的总和，即

$$N = n + 1.5 \tag{3-13}$$

（4）弹簧料径（d）：螺旋弹簧的钢料直径。

（5）弹簧直径（D）：螺旋弹簧直径分三种，即弹簧外径 D_1、弹簧内径 D_2、弹簧中径 D（螺旋弹簧内径和外径的平均值）。三者之间的关系为

$$D_1 = D + d = D_2 + 2d \tag{3-14}$$

$$D_2 = D_1 - 2d = D - d \tag{3-15}$$

$$D = D_1 - d = D_2 + d \tag{3-16}$$

（6）弹簧间隙（g）：螺旋弹簧相邻两簧圈之间的空隙。

（7）螺距（t）：螺旋弹簧相邻两簧圈上，对应位置之间的距离称为螺距，也叫节距。其公式为

$$t = (H_0 - d) / n \tag{3-17}$$

$$t = d + g \tag{3-18}$$

式中符号如前所述。一般弹簧的螺距为 $t = (1/3 - 1/2)D$。

（8）旋绕比（m）：螺旋弹簧的中径与料径之比值。其公式为

$$m = D / d \tag{3-19}$$

（9）螺旋角（α）：螺旋弹簧钢料卷制时倾斜的角度。其公式为

$$\alpha = \arctan(t / \pi D) = \arctan[(H_0 - d) / n\pi D] = \arctan[(d + g) / \pi D] \tag{3-20}$$

（10）螺旋弹簧高度（H）：两端面之间的距离。可分为自由高度（H_0）和荷重高度（H_p）。

（11）全压缩高度（H_{min}）：螺旋弹簧受压力作用时，各簧圈完全密贴的高度，又称实体高度。它是弹簧荷重高度的一种特殊形式，也是弹簧的最小高度。其公式为

$$H_{min} = (n + 1.5)d \tag{3-21}$$

$$f_{max} = H_0 - H_{min} \tag{3-22}$$

（12）弹簧的旋向：螺旋弹簧的旋转方向。可分为右旋和左旋两种。如图 3-20 所示。所谓右旋是指用眼睛正对弹簧端面簧条旋制方向为顺时针旋转的，否则为左旋。

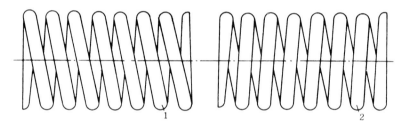

1—右旋弹簧；2—左旋弹簧。

图 3-20　弹簧的旋向

弹簧旋向与弹簧性能无关。如使用多卷弹簧，则相邻弹簧的旋向必须相反。因为弹簧在承受荷重时，弹簧向相同方向旋转，从而使弹簧产生移动。如果相邻两簧旋向相反，则由于相互作用，彼此抵消，上述移动现象即不存在或很微小。

（三）两级弹簧的轴向（垂向）特性

随着载重量增加，带来的问题是空、重车簧上质量相差悬殊。若仍采用一级刚度的螺旋弹簧组，有可能使空车的弹簧静挠度过小，自振频率过高，使其振动性能不良。采用两级刚度的螺旋弹簧组，可使空车时因弹簧刚度小而有较大的弹簧静挠度，改善其运行品质，同时使轮重减载率减小，有利于防止脱轨的发生。

在重车时选用刚度较大的第二级弹簧刚度，可避免弹簧挠度过大而影响车钩高度。所以，采用两级刚度螺旋弹簧组时，可兼顾空、重车两种状态，选择适宜的弹性特性曲线（参见图 3-21）。目前，两级刚度的螺旋弹簧组在国内外都得到了不同程度的应用。

一般只有在空、重车质量差别很大时，才适于采用两级刚度螺旋弹簧组，按其结构形式一般可分为三种，如图 3-22 所示。三种形式虽然不同，但相同的是空车和重车弹簧组的刚度均为两级，并且重车时刚度大于空车时刚度。

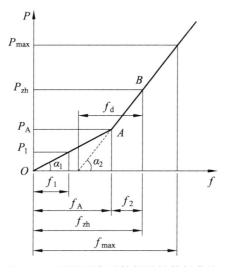

图 3-21 两级刚度弹簧组弹性特性曲线

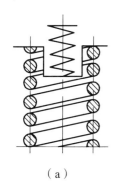 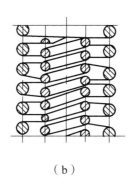 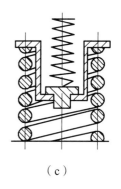

（a）　　　　　　　　（b）　　　　　　　　（c）

图 3-22 两级刚度弹簧形式

图 3-22（a）所示形式，空车时为内、外簧串联承载，重车时为外簧承载，但由于结构上的缺点已很少采用。

图 3-22（b）所示形式，空车时为外簧承载，重车时为内外簧并联承载，故又称为不等高两级刚度弹簧组，结构简单，使用得最多。

图 3-22（c）所示形式，空车时为内、外簧串联，重车时为内、外簧并联，由于结构比较复杂，一般在特种车上采用。

两级刚度弹簧组的弹性特性曲线如图 3-21 所示，它由 OA、AB 两部分直线组成一条折线，A 点是刚度转折点，对应的载荷为 P_A，挠度为 f_A。在不同载荷作用下，弹簧组有两种刚度特性：当载荷 $P \leqslant P_A$ 时，其刚度值 $K_A = P_A / f_A = \tan \alpha_1$；当载荷 $P > P_A$ 时，其刚度值 $K_B = P_{zh} / f_d = \tan \alpha_2$。$K_B > K_A$，呈渐增型特性曲线。

（四）螺旋弹簧横向特性

以螺旋弹簧的横向弹性来代替转向架中摇枕吊的作用，制成了无摇动台式高速转向架。转向架中央弹簧同时承受垂向力和横向力的作用，并产生相应挠度。设计时需要进行螺旋圆弹簧的横向刚度、横向弹性、稳定性及应力的计算。计算时可将弹簧看着是一个弹性圆柱体（或称等效直梁），运用弹性力学的知识，可求得有关公式，在此不作介绍。

另外需要了解的是，同时承受轴向力和径向力的双卷螺旋弹簧，外螺旋弹簧比内螺旋弹簧承受的横向力大。所以，为使内、外螺旋弹簧接近等强度，初步计算垂向力载荷作用下的剪应力时，可适当增大内螺旋弹簧剪应力或减小外卷剪应力。

（五）环弹簧弹簧的特性计算（见图 3-23）

由力 P 所引起的外环拉应力 σ_o 和内环的压应力 σ_i 为

$$\sigma_o = \frac{P}{\pi F_o \tan(\beta + \rho)} \tag{3-23}$$

$$\sigma_i = \frac{P}{\pi F_i \tan(\beta + \rho)} \tag{3-24}$$

式中　　F_o、F_i——分别为外环簧和内环簧的断面面积；

　　　　β——环簧工作面的倾斜度；

　　　　ρ——摩擦角，$\rho = \arctan f$。

由 n_o 个外环和 n_i 个内环所组成的整个弹簧的压缩变形值，按以下公式确定：

$$f = \frac{P}{\pi E \tan\beta \tan(\beta + \rho)}\left(\frac{D_o}{F_o}n_o + \frac{D_i}{F_i}n_i\right) \tag{3-25}$$

式中　　E——环簧材料的弹性模量；

　　　　D_o、D_i——外环和内环的直径。

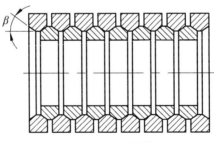

图 3-23　环弹簧

（六）钢弹簧的检修

弹簧是转向架上的一个重要零件，它不仅能缓和振动而且还能承受和传递载荷。如若弹簧发生了故障。轻者失去缓和车辆振动的作用，重者会造成车体倾斜影响安全行车，甚至引起车辆颠覆事故。因此，对弹簧装置不能忽视，必须认真检查，发现故障及时处理。

1. 裂纹和折损

圆弹簧的裂纹和折损易发生在弹簧两端的 1.5 ~ 2 圈内，裂纹一般自簧条内侧开始。这是因为弹簧受扭转和剪切的最大合成应力产生在簧条截面内侧边缘。此外，当弹簧受冲击载荷作用时，支持圈及其附近又首当其冲，这些情况都使此处最易发生折损。

圆弹簧裂纹和折损的原因，主要是在运用中经受大的冲击，超载或偏载过大，超出了弹簧的负荷能力；其次是在弹簧制造或修理时，未能达到工艺要求；另外，在检修和更换弹簧时，过多地用力锤击造成伤痕也是一个重要原因。

在检修弹簧时，应注意观察圆弹簧的螺距是否一致，相邻两圈簧条是否接触和听锤敲击的声响来判断圆弹簧是否有裂纹或折损。发现裂纹和折损的弹簧应予更换。

2. 弹簧衰弱

弹簧经过长期运用，特别是经过多次修理之后，弹簧易产生自由高降低的现象称为弹簧衰弱。

弹簧衰弱的主要原因是在长期使用中，弹簧承受超载和偏载，负荷过大；或因弹簧腐蚀，磨耗后使截面积减小，成为最薄弱的一环；由于多次修理进行加热，造成弹簧表面氧化和严重脱碳，从而降低了弹簧材质的强度极限。

货车段修规程要求圆弹簧自由高小于规定的下限时更换。

客车圆弹簧自由高度低于基本尺寸 3 mm 时调修。

对自由高度低的圆弹簧唯一的修理方法就是重新进行热处理，以使其恢复自由高度。

客车轴箱、摇枕圆弹簧的调修工艺如下：

（1）劈距：圆钢直径大于 25 mm 的圆弹簧可一次加热到 900 ~ 980 ℃，加热时间越快越好，以减少氧化。劈好螺距后，按下列方法立即进行淬火，但淬火温度不得低于 850 ℃。

（2）淬火：

油中淬火：圆弹簧放入不超过 90 ℃ 的油槽中。应在油中游动，不得露出油面，至完全冷却后取出。

水中淬火：圆弹簧放入 30 ~ 45 ℃ 的水槽中。应在水中游动，至完全冷却后取出。

水油两段淬火：圆弹簧放入水中冷却，待表面不现红色（350 ~ 400 ℃）迅速移至油槽中，至完全冷却为止，由水中取出移至油中在空气中停留的时间不得超过 3 s。

（3）回火：将圆弹簧放入炉膛内，各圆弹簧之间须留有间隙，炉温控制在 440 ~ 530 ℃，回火时间按圆钢直径计算，每毫米不少于 1.5 min，到弹簧整个回火时间的一半时，将弹簧旋转 180° 使回火均匀。将回火后的弹簧置于空气中缓冷。

淬火与回火的间隔时间越短越好，要求在当天完成。

圆弹簧检修工艺过程如图 3-24 所示。

图 3-24　圆弹簧检修工艺过程

3. 腐蚀及磨耗

圆弹簧的腐蚀主要表现在簧条直径减小。产生腐蚀的原因主要是氧化腐蚀；其次是弹簧在多次修理时因加热，弹簧表面产生氧化皮脱落。

圆弹簧的磨耗主要发生在弹簧上、下两端支承面处。这主要由于弹簧在载荷作用下发生转动摩擦所造成。

货车段修规程规定圆弹簧圆钢直径腐蚀、磨耗超过原形 8%时应予更换。客车段修规程规定圆弹簧圆钢直径腐蚀、磨耗超过原形 10%时应予更换。圆弹簧支承圈不足 5/8 圈时应予更换。

三、橡胶元件

（一）铁道车辆上采用橡胶弹簧的优缺点

1. 优点

（1）可以自由确定形状，使各个方向的刚度根据设计要求确定。利用橡胶的三维特性可同时承受多向载荷，以便于简化结构。

（2）可避免金属件之间的磨耗，安装、拆卸简便，并无须润滑，故有利于维修，降低成本。

（3）可减轻自重。

（4）具有较高内阻，对高频振动的减振以及隔音性有良好的效果。

（5）弹性模量比金属小得多，可以得到较大的弹性变形，容易实现预想的良好的非线性特性。

2. 缺点

橡胶弹簧的缺点主要是耐高温、耐低温和耐油性能比金属弹簧差，使用时间长易老化，而且性能离散度大，同批产品的性能差别可达 10%。但随着橡胶工业的发展，正在研究改进橡胶性能，以弥补这些不足。

铁道车辆上的橡胶元件，主要应用于弹簧装置与定位装置。此外车体与摇枕、摇枕与构架、轴箱与构架、弹簧支承面等金属部件直接接触部位之间，经常采用橡胶衬垫、衬套、止挡等橡胶元件。

（二）橡胶元件设计时的注意事项

（1）橡胶具有特殊的蠕变特性，即压缩橡胶元件时，当载荷加到一定数值后，虽不再增载，但其变形仍在继续，而当卸去载荷后，也不能立即恢复原状。这种特性通常称为时效蠕变或弹性滞后现象。因此，橡胶的动刚度比静刚度大，其增大的倍率与动载荷的频率和振幅有关，一般要增大 10% ~ 40%。

（2）橡胶元件的性能（弹性、强度）受温度影响较大。当温度变化后这些性能也随之改变。大多数橡胶元件随着温度的升高，刚度和强度有明显降低。当温度降低时，其刚度和强度都有提高，一般是先变硬，后变脆。因此，当温度为–30 ~ +70 ℃ 时，设计的橡胶元件可依据不同使用温度，选用不同材质的橡胶，使之具有比较稳定的弹性特性，以满足运用要求。

（3）橡胶具有体积基本不变的特性，即几乎是不可压缩的。它的弹性变形是由于形状改变所致，因此，必须保证橡胶元件形状改变的可能性。

（4）橡胶的散热性不好，故不能把橡胶元件制成很大的整块，需要时应做成多层片状，中间夹以金属板，以增强散热性。

（5）橡胶元件的疲劳损坏，主要由于应力集中处产生的裂纹，橡胶和金属黏合处发生的剥离以及在压缩时侧面产生折皱现象等逐渐发展造成，所以，设计时应特别注意防止出现这些现象。

（6）为了防止形成应力集中，与橡胶接触的配件表面不应该有锐角、凸起部位的沟孔，橡胶变形受载荷形式影响较大，承受剪切载荷时橡胶变形最大而承受压缩载荷时其变形最小。因此，承受剪切变形的橡胶弹簧承载能力小而柔度大，承受压缩变形的橡胶弹簧承载能力大而柔度小，受拉伸的橡胶弹簧则很少使用。

橡胶元件是属于黏弹性材料，其力学特性比较复杂。它的特性与其成分，制造工艺，金属元件支承面结合方式以及工作温度等因素有密切关系。通常它的性能是不稳定的，所以要精确计算它的弹性特性相当困难，为在设计计算时有所参考，需要进行必要的初步估算。

（三）橡胶元件的有关计算

1. 橡胶元件的应力计算

在简单的拉伸和压缩变形时，其应力 σ 与应变 ε 的关系式为

$$\sigma = \frac{E}{3}[(1+\varepsilon) - (1+\varepsilon)^{-2}] \qquad （3-26）$$

式中，E 为橡胶的静弹性模数；$\varepsilon = \delta_v / h$（$\delta_v$ 为橡胶弹簧的变形量，h 为橡胶弹簧的厚度），该公式在拉伸应变小于 20% 和压缩应变小于 50% 这个重要的工程应用范围内有足够的精确度。

承受拉伸或压缩疲劳载荷的情况，一般应变应控制在 $\varepsilon < 15\%$，此时可近似地取

$$\sigma \approx E\varepsilon \qquad （3-27）$$

在剪切变形时，橡胶弹簧的剪切应力 τ 和剪切应变 γ 的关系式为

$$\tau = jG\gamma \qquad （3-28）$$

式中，G 为橡胶的静弹剪模数；j 为弯曲变形影响系数；$\gamma = \delta_1 / h = \tan\theta$，$\delta_1$ 为剪切变形量，h 是弹簧高度。试验表明，当 $\gamma < 1$ 时，τ 与 γ 呈线性关系。

2. 橡胶元件的静刚度计算

1）承受压缩的橡胶弹簧

图 3-25（a）所示为带有硫化金属板的橡胶弹簧，当变形较小时，$f / H < 0.2$，利用平截面假设有：

$$P = \beta EF \frac{f}{H} \qquad （3-29）$$

式中　　F——橡胶元件的横截面积；

β——由于橡胶元件两端固接引起的刚度增加系数。

对于半径为 γ 的圆柱形橡胶弹簧，可按式（3-30）计算：

$$\beta = 0.667 + 0.5\alpha_r^{2} \tag{3-30}$$

式中，$\alpha_r = \dfrac{r}{H}$。

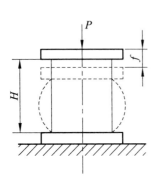

（a）承压橡胶弹簧

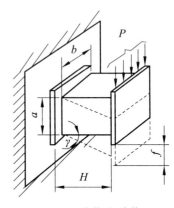

（b）承剪橡胶弹簧

图 3-25 橡胶弹簧承载简图

$$\begin{cases} K = \dfrac{EF}{H}, & \alpha_r < 0.6 \\[2mm] K = \beta\dfrac{EF}{H}, & 0.67 < \alpha_r < 0.6 \\[2mm] K = 0.5\alpha_r^{2}\dfrac{EF}{H}, & \alpha_r > 0.7 \end{cases} \tag{3-31}$$

对于尺寸为 $a \times b \times H$ 的棱柱形橡胶弹簧，刚度增加系数 β 应取为

$$\beta = 1 + \dfrac{1}{3}\alpha_2^{2} - \dfrac{(2+\alpha_2^{2})^{2}}{3(4+\alpha_1^{2}+\alpha_2^{2})} \tag{3-32}$$

式中，$\alpha_1 = \dfrac{a}{H}$，$\alpha_2 = \dfrac{b}{H}$。

棱柱形橡胶弹簧刚度计算公式为

$$\begin{cases} K = \dfrac{EF}{H}, & \alpha_1 < 1\,\text{且}\,\alpha_2 < 1 \\[2mm] K = \dfrac{EF}{H}\left[1 + \dfrac{1}{3}\alpha_2^{2} - \dfrac{(2+\alpha_2^{2})^{2}}{3(4+\alpha_1^{2}+\alpha_2^{2})}\right], & \alpha_1 > 1\,\text{且}\,\alpha_2 > 1 \\[2mm] K = \dfrac{EF}{H}\left(\dfrac{2}{3} + \dfrac{1}{6}\alpha_1^{2}\right), & \alpha_1 = \alpha_2 \\[2mm] K = \dfrac{EF}{H}\left(1 + \dfrac{\alpha_1^{2}}{3}\right), & \alpha_2 > \alpha_1 \end{cases} \tag{3-33}$$

2）承受剪切的橡胶弹簧

图 3-25（b）所示为受剪切的橡胶弹簧，当 $\tan\gamma < 0.35 \sim 0.5$ 时，力与变形成正比：

$$f = \frac{PH}{GF} \tag{3-34}$$

式中，$F = ab$。

$$K = \frac{GF}{H} \tag{3-35}$$

3）承受压缩和剪切的橡胶弹簧

图 3-26 所示的两个对称布置并共同承载的橡胶弹簧，其垂向变形 f 等于压缩变形与剪切变形的几何和。

$$f = \frac{PH}{2F(G\sin^2\alpha + E\cos^2\alpha)} \tag{3-36}$$

式中　α——橡胶弹簧的倾斜角。

$$K = \frac{2F(G\sin^2\alpha + E\cos^2\alpha)}{H} \tag{3-37}$$

当 $0 < \alpha < \dfrac{\pi}{2}$ 时，采用不同的 α 值，就可得到所需的刚度 K 和变形 f。

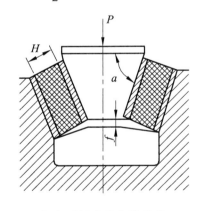
（a）承压剪的橡胶弹簧

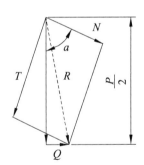
（b）橡胶元件的作用力简图

图 3-26　承受压缩和剪切的橡胶弹簧

4）衬套式橡胶弹簧

（1）轴向剪切或轴向扭转的橡胶衬套（见图 3-27）。

轴向剪切刚度：

$$K_s = \frac{2\pi \cdot lG}{\ln\left(\dfrac{r_2}{r_1}\right)} \tag{3-38}$$

轴向扭转刚度：

$$K_\tau = 4\pi \cdot lG \left(\frac{1}{\gamma_1^{\,2}} - \frac{1}{\gamma_2^{\,2}} \right)^{-1} \tag{3-39}$$

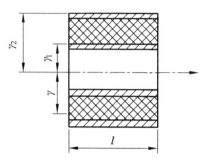

图 3-27　轴向剪切橡胶衬套

（2）同时承受压缩和弯曲的橡胶衬套（图 3-28）。

径向刚度：

$$K_R = \frac{\pi \cdot l(E+G)}{\ln\left(\dfrac{\gamma_2}{\gamma_1}\right)} \tag{3-40}$$

弯曲刚度：

$$K_w = \frac{\pi \cdot l^3(E-G)}{12\ln\left(\dfrac{\gamma_2}{\gamma_1}\right)} \tag{3-41}$$

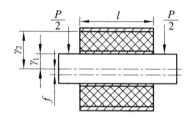

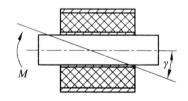

（a）径向变形衬套　　　　　　　　　　（b）弯曲变形衬套

图 3-28　承受压缩和弯曲的橡胶衬套

（3）橡胶元件的动刚度计算（见图 3-29）。

橡胶元件的动刚度目前主要依靠实验测定。在设计时可由以下式（3-42）估算：

$$K_d = m_d \cdot K_{st} \tag{3-42}$$

式中　　K_{st}——静载荷作用下的橡胶元件静刚度；

　　　　m_d——系数，表示动模数与静模数之比，可由图 3-29 查得。

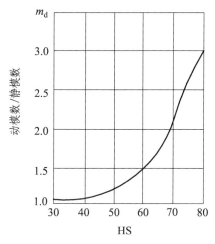

图 3-29　m_d 与橡胶硬度 HS 的关系

任务三　减振装置

微课：减振装置

任务描述

本任务是对货车车辆上应用的减振装置的整体认识。通过本任务的学习，使学生掌握斜楔式摩擦减振器的结构组成、各部分作用，会分析摩擦减振器工作原理，为以后的检修工作、发现及处理故障打下基础。

任务引入

车辆上采用的减振器与弹簧一起构成弹簧减振装置。弹簧主要起缓冲作用，缓和来自轨道的冲击和振动的激挠力，而减振器的作用是减小振动。它的作用力总是与运动的方向相反，起着阻止振动的作用。通常减振器有变机械能为热能的功能，减振阻力的方式和数值的不同，直接影响到振动性能。

背景知识

一、车辆减振元件的作用及分类

铁路车辆采用的减振器按阻力特性可分为常阻力和变阻力两种减振器；按安装部位可分为轴箱减振器和中央（摇枕）减振器；按减振方向可分为垂向和横向减振器；按结构特点又可分为摩擦减振器和油压减振器。

摩擦减振器结构简单，成本低，制造维修比较方便，故广泛应用在货车转向架上。但它的缺点是摩擦力随摩擦面的状态的改变而变化，并且由于摩擦力与振动速度基本无关，有可能出现以下情况：当振幅小时，摩擦阻力可能过大而形成对车体的硬性冲击；当振幅大时，摩擦阻力又显得不足而不能使振动迅速衰减。

油压减振器主要是利用液体黏滞阻力所做的负功来吸收振动能量，它的优点在于它的阻力是振动速度的函数，其特点是振幅的衰减量与幅值的大小有关，振幅大时衰减量也大，反之亦然。这种"自动调节"减振的性能正符合铁路车辆的需求。因而，为了改善客车的振动性能，广泛采用性能良好的油压减振器。但它具有结构复杂、维护比较困难、成本较高及受外界温度影响等缺点。

二、变摩擦力减振器

摩擦式减振器是借助金属摩擦副的相对运动产生的摩擦力，将车辆振动动能变为热能而散逸于大气中，从而减小车辆振动。

（一）斜楔式变摩擦减振器

该类型减振器具有代表性的应用为我国转 K2 型货车转向架上。下面以此为例来说明其基本结构组成和作用原理。

1. 斜楔式减振器的结构

如图 3-30（a）所示，每台转向架摇枕两端各有左右 2 个摩擦斜楔，每个斜楔又坐落在一个双卷螺旋弹簧上，摇枕两端各坐落在 5 个双卷螺旋弹簧上。所以，摇枕每端的减振装置是由摇枕、2 个斜楔、2 块侧架立柱磨耗板和 7 组双卷螺旋弹簧共同组成。

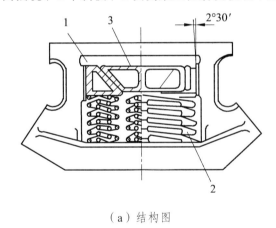

（a）结构图　　　　　　　　　　（b）作用原理图

1—斜楔；2—螺旋弹簧；3—摇枕。

图 3-30　斜楔式摩擦减振器

斜楔呈三角形，有主、副两个摩擦面。立面为主摩擦面，它与铅垂线的夹角为 2°30′；斜面为副摩擦面，它与水平线的夹角为 45°。斜楔底面有突起圆脐子，对减振弹簧起到定位作用。

侧架立柱磨耗板为 45 号钢，硬度为 38 ~ 50 HRC，焊接或铆接在侧架立柱上。两侧架立柱水平距离为 505 mm 以下时，磨耗板厚度应为 10 mm；两侧架立柱水平距离为 505 mm 以上时，磨耗板厚度为 12 mm。

减振器组装后，斜楔嵌入摇枕的斜楔槽中，减振弹簧受压缩，其弹力使斜楔的主摩擦面与侧架立柱磨耗板密贴，副摩擦面与摇枕的斜楔槽 45° 斜面密贴。

2. 斜楔式摩擦减振器的作用原理

如图 3-30（b）所示。车体重量通过摇枕作用于弹簧上，使弹簧受压缩。其弹力迫使斜楔的主、副摩擦面分别与侧架立柱磨耗板和摇枕的斜楔槽 45° 斜面密贴，因而在主、副摩擦面上产生正压力。在车辆振动过程中，摇枕和斜楔由原来的实线位置移到了虚线位置。迫使斜楔主摩擦面与侧架立柱磨耗板之间，副摩擦面与摇枕 45° 斜面之间产生相对位移，从而在主、副摩擦面上产生摩擦力，其方向与斜楔位移方向相反，阻碍斜楔的位移。从而使部分振动动能变为摩擦热能而消散，实现了减小车辆振动和冲击的目的。

同时，枕簧被压缩，储存了大量弹性势能，缓和了振动。各摩擦面上的摩擦力与摇枕上的载荷 P 有关，P 大，摩擦力也大，即减振阻力也大；反之，P 小，摩擦力也小。所以，空车和重车时，减振阻力不同，故被称为变摩擦力减振器。

当侧架受横向作用力摆动时，侧架立柱磨耗板和斜楔主摩擦面间发生横向相对位移，在侧架立柱磨耗板上产生与位移方向相反的摩擦力，阻碍侧架的横向摆动。侧架欲摆动需克服这一摩擦力做功，从而使摆动减小或起到了侧架横向定位的作用。

通过以上分析，不难发现，斜楔非常重要。因此它有严格的尺寸和性能要求，尤其是磨耗限度和耐磨性能。根据实践运用发现，目前所用铸钢斜楔的耐磨性能较差。针对这一情况，厂家采取了一些有效措施，如加耐磨衬板、设计新型结构、改变材质等。其中已推广使用的高耐磨贝铁（ADI）斜楔，如图 3-31 所示。该斜楔最大的特点是：耐磨性能好，其磨耗寿命可达 50×10^4 km 以上。采用这种斜楔，将显著降低货车的检修和运用成本，始终保持良好的车况和行车安全，适应货运重载列车提速的要求。

另外，在组装转向架时，斜楔块的主摩擦面应与侧架立柱磨耗板紧贴，不能有间隙存在。如存在间隙，不但影响减振器的减振效果（甚至不减振），而且，由于减振器失去了对侧架的定位作用，当侧架受横向力外移时，会加剧轴箱处零件的磨耗。因此两斜楔下的枕簧比其他几组枕簧增加了约 2 mm 的预压缩量，如图 3-31 所示。同时，减振器的各摩擦面除新造时可加少量润滑油脂以利摩擦面的磨合外，运用中禁止加注润滑油脂，以防减小摩擦阻力（因减振器摩擦阻力是按干摩擦设计的）。

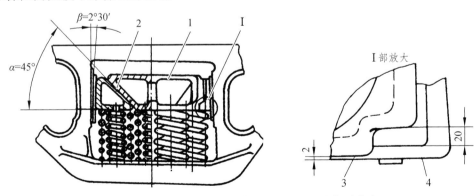

1—摇枕；2—斜楔；3—摇枕弹簧支承面；4—斜楔弹簧支承面。

图 3-31 斜楔的组装

3. 摩擦式减振器的阻力特性

斜楔式摩擦减振器受力分析如图 3-32 所示。在车辆振动过程中，当摇枕向下运动时，摇枕受到力 P 后，首先使斜楔下面两组弹簧受力，继而使其他各组弹簧均受力，弹簧被压缩。由于斜楔块副摩擦面为 45°斜面，从而在斜楔上产生两个分力，垂直分力为 P_1（P_1'），水平分力为 P_2（P_2'），它们的合力为 P_3（P_3'）。其水平分力 P_2（P_2'）压向斜楔，同时也压向侧架磨耗板。振动和冲击的能量，一部分由于水平力 P_2（P_2'）的作用，产生了斜楔主摩擦面与侧架立柱磨耗板之间的摩擦，在摩擦过程中转化为热能散逸在大气中；另一部分由于 P_1（P_2'）的作用，弹簧被压缩，转化为圆弹簧的弹性位能储存起来。当摇枕向上运动时，弹簧伸长，在此过程中，又产生斜楔主摩擦面与侧架立柱磨耗板之间的摩擦，将圆弹簧的部分弹性位能转化为热能散逸在大气中，从而使振动衰减。此外，楔块副摩擦面与摇枕之间在相对移动时，其间的摩擦也衰减部分振动。

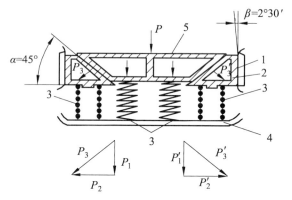

图 3-32　斜楔式摩擦减振器受力分析图

由于水平分力 P_2（P_2'）的作用，当侧架有横向摆动时，便使斜楔主摩擦面与侧架立柱磨耗板之间产生横向静摩擦力，在正常状态下这个静摩擦力足以限制侧架的外移即起到侧架的定位作用。

为了使转向架在空车状态具有一定的摩擦阻力，斜楔块的底平面比摇枕底平面低 2 mm，以求斜楔下的弹簧具有一定的初压缩量，保证空车状态下摩擦减振器的减振性能和侧架定位作用。

保持减振器摩擦阻力的稳定性，对保证减振器具有良好的减振性能和侧架定位作用有着重要意义，由表 3-1 所列的计算数值可知，当 $\beta = 0$ 时，减振器工作是不稳定的，当 $\beta < 0$ 时，减振器上下动作的摩擦阻力比值急剧地增大。只有当 $\beta > 0$ 时，才能保证楔块减振器具有较稳定的摩擦阻力。因此，规定 β 为 2°30′+30′。

表 3-1　斜楔减振器 β 与 λ 变化情况

β	+3°	+1.5°	0°		−1.5°	−3°
			→	←		
λ	0.377	0.477	0.532	9.4	13.25	18.5

注：β——主摩擦面与垂直平面夹角；

　　λ——摇枕向上和向下运动时摩擦阻力比值的绝对值。

由减振器的作用原理可知：在组装转向架时，斜楔块的主摩擦面应与侧架立柱磨耗板紧贴，不能有间隙存在，否则减振器就不起作用。如存在间隙不但影响转向架的动力性能，而且减振器失去对侧架的定位作用。

转 8A 型转向架还要克服减振装置摩擦力。当外部作用使 P_1 逐渐增大、使弹簧压缩量逐渐增加时，作用力中有一部分力克服减振装置摩擦力，另一部分力使弹簧变形。因此要使减振装置具有和单纯采用圆弹簧时同样的挠度，所加的力较大，如图 3-33 中的 OP_1 线。当作用力逐渐减小，圆弹簧的挠度亦逐渐减小，这时圆弹簧要恢复原来自由位置，除了要克服作用力外，还要克服减振装置的摩擦力。因此减振装置的挠度减小到同单纯采用圆弹簧一样的挠度值时，作用在减振装置上的外力 P_2 较小，如图 3-33 中的 OP_2 线。

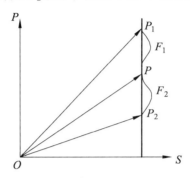

图 3-33 弹簧减振装置特性

可见，弹簧减振装置在弹簧压缩和伸长过程中，或由 P_1 变为 P_2 的过程中，弹簧装置的挠度无变化。F_1、F_2 为增、减载时的摩擦力值。由于作用力减小时，摩擦力也减小，即 $P_1 = P_2 = 0$ 时，$F_1 = F_2 = 0$，故 OP_1、OP_2 两直线均通过坐标原点。

转向架摩擦减振装置的摩擦阻力大小，用相对摩擦系数 φ_0 的大小来度量。相对摩擦系数 φ_0 值表示为减振装置的摩擦力 F 与作用力 P 的比值。即

$$\varphi_0 = F/P \qquad\qquad (3-43)$$

由于减振器弹簧压缩和伸长时，摩擦阻力 F 值不同，作用力 P 值也不同，故相对摩擦系数 φ_0 取平均值。即

$$\varphi_0 = (F_1+F_2)/(P_1+P_2) \qquad\qquad (3-44)$$

根据试验和理论计算，在一般线路条件下，对具有 30 ~ 40 mm 静挠度、运行速度在 40 ~ 100 km/h 范围内的货车转向架，其相对摩擦系数 φ_0 为 0.07 ~ 0.10 较好。

如果减振器的相对摩擦系数小于上面的数值，即摩擦力不足时，强迫振动的振幅就不能得到衰减，甚至会发生共振；如果相对摩擦系数大于上面的数值，即摩擦力过大时，由于线路不平所造成的冲击，就直接传给车体，而使弹簧不起缓和作用。

4. 利诺尔减振器

利诺尔减振器是一种新型的摩擦减振器，它由导框、弹簧帽、弹簧、吊环、吊环销、顶子和磨耗板等零部件组成，如图 3-34 所示。导框用焊接方式或螺栓连接的方式固定于构架上。转向架心盘上所受的垂直载荷经构架（1）传至导框（2），再通过导框上的吊环销（6）、吊环（5）、弹簧帽（3）、轴箱弹簧（4）传到轴箱、轴承和轮对上；另一方面，由于吊环的安装具

有一个倾斜角（21°~27°），吊环给弹簧帽一个纵向水平分力 F_h，使弹簧帽纵向压紧顶子，从而导致顶子紧贴在轴箱的磨耗板上；同时还使左侧导框与轴箱左侧的磨耗板贴紧。车辆振动时，顶子与磨耗板之间以及轴箱左侧的导框与磨耗板之间便产生衰减振动的摩擦阻力。由于水平分力 F_h（即顶子与磨耗板之间的正压力）与外圆弹簧所受的垂直载荷 F_v 成正比，故摩擦力与转向架所受载荷成正比，它属于变摩擦力减振器；另外轴箱弹簧装置具有两级刚度，因此利诺尔减振器方便地实现了空重车两种不同的相对摩擦系数 φ_0 值。

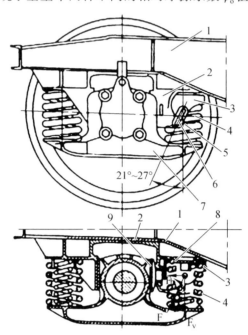

1—构架；2—导框；3—弹簧帽；4—弹簧组成；5—吊环；
6—吊环销；7—轴箱；8—顶子；9—磨耗板。

图 3-34　利诺尔减振器及其安装

利诺尔减振器对垂直和横向振动都有衰减作用，它的性能稳定，摩擦力受外界气候条件及磨耗状态的影响较小，磨耗平面易于修复。由于轴箱与构架间纵向无间隙，增加了轮对的纵向定位刚度，提高了运行稳定性。

三、常摩擦力减振器

美国铸钢公司（ASF）在其生产的一种三大件式铸钢转向架上采用了 Ride Control 减振器，如图 3-35 所示。

Ride Control 减振器由一个中间挖空的外形特殊的斜楔和一个控制弹簧组成。装配时，将控制弹簧预压缩后与斜楔一起装入摇枕端部的凹进部分，控制弹簧的下平面支承在摇枕端部铸出的平台上，弹簧的上平面则顶在楔块内部的挖空处。在弹簧预压缩力作用下，楔块顶紧至摇枕斜面和侧立柱磨耗板摩擦面处。控制弹簧不是转向架上的承载弹簧，减振器一旦装配完毕以后，它的变形量始终不变。因此，弹簧给楔块的作用力、楔块与摇枕斜面间、楔块与侧立柱磨耗板之间的作用力维持不变，所以在转向架振动过程中楔块主摩擦面与侧立柱磨耗板摩擦面之间的摩擦力不随转向架簧上载荷变化而是维持为一常数，故称为常摩擦减振器。该型减振器楔块较宽，磨耗面积较大，加强了侧架与摇枕的联系，对转向架的菱形变形具有一定的"控制"作用，提高了转向架的蛇行运动稳定性。楔块主摩擦面与水平面呈90°角，副摩擦面与主摩擦面之间的夹角为37°30′。减振器的相对摩擦系数空车为0.119，重车为0.026。

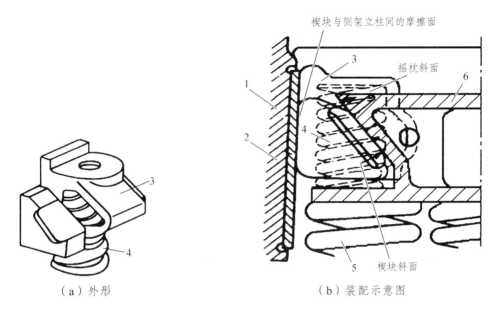

（a）外形　　　　　　　　　　　（b）装配示意图

1—侧架立柱；2—磨耗板；3—楔块；4—减振器弹簧；5—摇枕弹簧；6—摇枕。

图 3-35　Ride Control 减振器

任务四　转 K2 型、转 K6 型货车转向架

任务描述

本任务主要介绍主型货车转向架。本任务介绍在两侧架之间加装弹性交叉杆支撑装置的 25 t 轴重的转 K6 型转向架，该转向架也是主型货车转向架。通过本任务的学习，使学生掌握转 K6 型转向架的结构组成、特点及主要技术参数，为转向架检修打下基础。

任务引入

随着货车重载、提速技术的进步，货车转向架技术也得到不断发展，经历了由早期的转 8A 型系列转向架发展为 21 t 轴重提速货车转向架：转 K1 型转向架、转 K2 型转向架、转 K3 型转向架、转 K4 型转向架以及 25 t 轴重重载货车转向架：转 K5 型、转 K6 型、转 K7 型。其中转 K6 型转向架是为适应大秦线重载运输需要而设计开发的，应用于 C76、C80、C80B 和 70 t 级货车，已成为重载运输的主型转向架。

微课：探索主型货车转向架

一、转 K2 型转向架

1998 年，为满足铁路大提速的需求，从美国标准转向架公司引进侧架下交叉支撑技术并在转 8A 型转向架上应用试验后，借鉴其成功经验再经消化吸收再创新，研制开发适应我国铁路运用条件的新型下交叉支撑转向架，定名为转 K2 型转向架。

转 K2 型转向架的原理是在三大件转向架基础上在两侧架之间加装弹性交叉杆支撑装置（见图 3-36），该转向架继承了原有三大件式货车转向架结构简单、维修方便、对扭曲线路适应能力强的特点，又因为增加了弹性交叉支撑装置，使转向架两侧架的剪切变形受到弹性约束，菱形变形受到抑制，而且交叉支撑杆本身以及弹性橡胶垫又能产生弹性反力，使转向架具有一定的恢复正位能力。

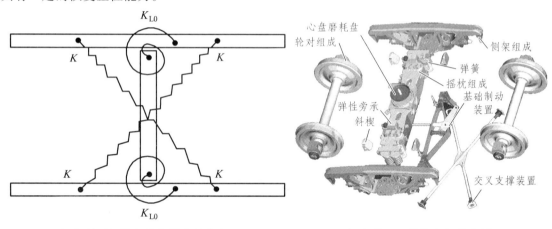

（a）转 K2 型交叉支撑式转向架 　　　　（b）转 K2 型转向架爆炸图

图 3-36　交叉支撑式转向架抗菱形变形原理图

转 K2 型转向架采用 D 轴轮对，21 t 轴重，是我国载重 60 t 级铁路货车的主型转向架。随着铁路货车载重升级换代步伐加快，目前基本停止了转 K2 型转向架的新造，自 2008 年底，已经全面停止在新造铁路货车上装用转 K2 型转向架。

二、转 K6 型转向架结构

转 K6 型转向架的结构原理与结构设计与转 K2 型转向架类似。转 K6 型转向架与转 K2 型转向架的不同之处有：车轴采用

动画：转 K6 型转向架结构

E 轴，轴距增大至 1 830 mm，摇枕一端增加 2 组承载弹簧，采用直径 375 mm 下心盘，摇枕和侧架加大断面以满足 25 t 轴重强度的要求；另外，在承载鞍和侧架之间加装了橡胶弹性剪切垫，实现了轮对的弹性定位、导框的无磨耗。

（一）转 K6 型转向架主要技术特点

转 K6 型转向架实物图与三维分解示意图如图 3-37、图 3-38 所示。

图 3-37 转 K6 型转向架

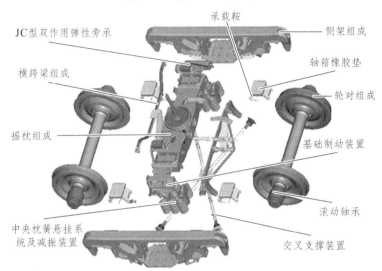

图 3-38 转 K6 型转向架分解图

转 K6 型转向架系铸钢三大件式货车转向架,它有如下特点:

(1)一系悬挂采用轴箱弹性剪切垫。

(2)二系悬挂采用带变摩擦减振装置的中央枕簧悬挂系统,摇枕弹簧为二级刚度。

(3)两侧架之间加装侧架弹性下交叉支撑装置。

(4)采用直径为 375 mm 的下心盘,下心盘内设有尼龙心盘磨耗盘。

(5)采用 JC 型双作用常接触弹性旁承。

(6)装用 25 t 轴重双列圆锥滚子轴承,采用轻型新结构 HEZB 型铸钢车轮或 HESA 型辗钢车轮;基础制动装置为中拉杆式单侧闸瓦制动装置,采用 L-A 或 L-B 型组合式制动梁,新型高磨合成闸瓦。

(二)转 K6 型转向架主要技术参数

轨距(mm)	1 435
轴重(t)	25
轴型	RE2A 或 RE2B

自重（t）	4.8
最高商业运营速度（km/h）	120
通过最小半径（限速）(m)	145
固定轴距（mm）	1 830
轴颈中心距（mm）	1 981
旁承中心距（mm）	1 520
空车心盘到轨面高（心盘载荷 65.7 kN）(mm)	680
下心盘直径（mm）	375
下心盘面到下旁承顶面距离（mm）	自由状态为 92，工作状态为 83
侧架上平面到轨面距离（mm）	787
侧架下平面到轨面距离（mm）	162
车轮直径（mm）	840

（三）转 K6 型转向架主要结构特点

1. 轮对与轴承

微课：转 K6 型转向架结构特点

采用 RE2B 型轮对和 353130A、353130B、353130C 紧凑型滚动轴承，车轮为新结构轻型铸钢车轮（HEZB）或辗钢车轮（HESA），车轴为 RE2B 车轴，材质为 LZW50 钢。

2. 轴箱橡胶垫组成（见图 3-39）

转 K6 型转向架轴箱一系加装了内八字橡胶弹性剪切垫，实现轮对的弹性定位，减小转向架的簧下质量，隔离轮轨间的高频振动。轴箱橡胶垫组装时，导电铜线在转向架内侧。

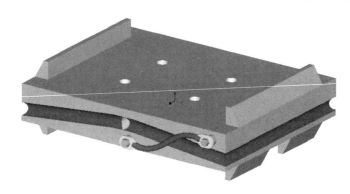

图 3-39　轴箱橡胶垫组成

3. 中央悬挂系统

K6 型转向架中央悬挂系统由 12 个承载外圆弹簧（1）、2 个承载外圆弹簧（2）和 14 个内圆弹簧、4 组双圈减振弹簧组成，外圆弹簧（1）比内圆弹簧高 23 mm，外圆弹簧（2）与内圆弹簧同高。空车时仅外圆弹簧（1）承载，重车时外圆弹簧（1）压缩到一定程度后由外圆弹簧（1）、外圆弹簧（2）、内圆弹簧共同承载，实现空、重两级刚度。减振弹簧高于承载弹簧。为了便于识别，外圆弹簧（2）涂黄色厚浆醇酸漆。如图 3-40 所示为弹簧排列图和弹簧外形图。

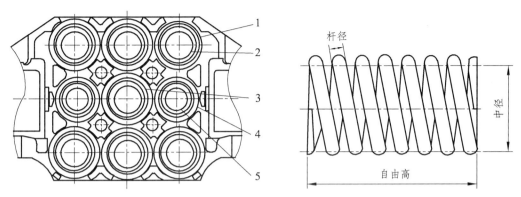

1—外圆弹簧（1）；2—内圆弹簧；3—外圆弹簧（2）；4—减振外圆弹簧；5—减振内圆弹簧。

图 3-40　弹簧排列图和外形图

各圆弹簧的具体几何尺寸见表 3-2。

表 3-2　弹簧几何参数表　　　　　　　　　　　　　　　　　单位：mm

弹簧类型	簧条直径	弹簧中径	有效圈数	自由高	数量
承载外簧（1）	24	115	5.75	252	12
承载内簧	16	66	9	229	14
减振外簧	20	106	6.5	262	4
减振内簧	12	65	10.2	262	4
承载外簧（2）	24	115	5.75	229	2

4. 侧架组成

侧架组成的结构如图 3-41 所示。支撑座通过沿侧架大体中心线上下两条焊缝焊接在侧架上，组装位置必须用专用组焊工装保证，配合面允许打磨修配；立柱磨耗板通过 4 个折头螺栓与侧架立柱紧固。

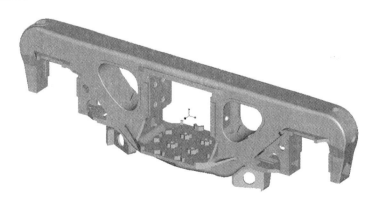

图 3-41　侧架组成

5. 减振装置

转向架减振结构为斜楔式变摩擦减振装置，它由侧架立柱磨耗板、组合式斜楔、斜面磨耗板、双圈减振弹簧组成。减振弹簧比承载外圆弹簧（1）高 10 mm。

6. 摇枕组成（见图 3-42）

转 K6 型转向架摇枕由固定杠杆支点座、摇枕、下心盘、斜面磨耗板组成，摇枕材质为 B 级钢，下心盘螺栓为符合 GB 31.1-88 的 M24 螺栓（强度等级 10.9 级），螺母为 BY-B、BY-A、FS 型防松螺母（强度等级 10 级）。

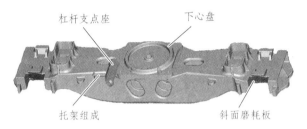

杠杆支点座　下心盘　托架组成　斜面磨耗板

图 3-42　摇枕装置

7. 基础制动装置（见图 3-43）

转 K6 型转向架基础制动装置由左、右组合制动梁、中拉杆、固定杠杆、固定杠杆支点、游动杠杆、高摩合成闸瓦、各种规格的耐磨销套组成。

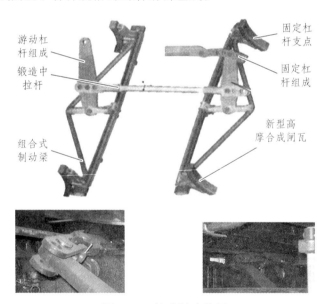

游动杠杆组成　锻造中拉杆　组合式制动梁　固定杠杆支点　固定杠杆组成　新型高摩合成闸瓦

图 3-43　基础制动装置

8. 侧架弹性下交叉支撑装置（见图 3-44）

转 K6 型转向架下交叉支撑装置由 1 个下交叉杆、1 个上交叉杆、2 个 U 形弹性垫、1 个 X 形弹性垫、2 个交叉杆扣板、8 个橡胶垫、4 个双耳垫圈、4 个锁紧板、4 个紧固螺栓组成。

在上、下交叉杆中部采用 2 个交叉杆扣板、2 个 U 形弹性垫、1 个 X 形弹性垫进行组装，利用 2 组 M12 螺栓、螺母、垫圈将扣板紧固，同时把螺母用电焊点固，上、下扣板间有 4 处塞焊点和两条平焊缝，把上、下交叉杆点紧固成一个整体。

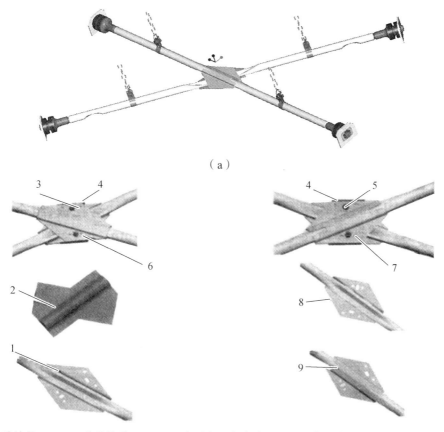

（a）

1—U 形弹性垫；2—X 形弹性垫；3、5—上下交叉杆扣板；4—两条平焊缝；6、7—四个塞焊缝；8—交叉杆钢管与扣板正面连接四条纵焊缝；9—交叉杆钢管与扣板背面连接两条 U 形焊缝。

（b）

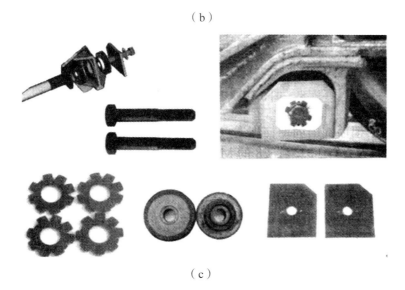

（c）

图 3-44　侧架弹性下交叉支撑装置

交叉杆组装顺序：先安装上、下交叉杆，在支撑座两侧安装橡胶垫，安装锁紧板、标志板、双耳垫圈，紧固端部螺栓，其紧固力矩为 675～700 N·m，然后将 U 形弹性垫落入扣板内，X 形弹性垫落入两交叉杆中部压型内，然后将交叉杆中部上下扣板用螺栓、螺母、垫圈紧固，把螺母用电焊点固，焊接塞焊点和平焊缝，把双耳垫圈的两个对称止耳撬起，使其紧贴在螺栓六方头的侧面上，最后安装安全索。

现在在原中部焊接连接交叉杆的基础上，创新研制了 U 形、X 形非金属元件，取消了交叉杆杆体与扣板间的纵向焊缝和 U 形焊缝，采用拉铆钉连接，实现了交叉杆中部无焊接结构，在不改变转向架性能参数的情况下，大大提高了交叉支撑装置运用的可靠性和安全性。理论分析和疲劳试验结果表明，改进后的交叉杆寿命可达到 500 万 km 以上，能够满足 25 年的使用要求。

9. 双作用常接触弹性旁承（见图 3-45）

转 K6 型转向架采用了 JC 型双作用弹性旁承，增加转向架与车体之间的回转阻力矩，提高了转向架高速运行稳定性。

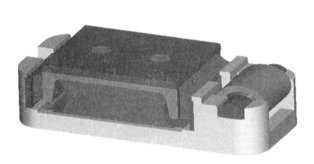

图 3-45　双作用常接触弹性旁承

JC 型双作用弹性旁承由弹性旁承体、旁承磨耗板、旁承座、滚子、滚子轴、调整垫板、垫片等部件组成，旁承磨耗板顶面距滚子顶面距离为 14^{+2}_{-1} mm。

10. 横跨梁组成（见图 3-46）

为了满足空重车自动调整装置的需要，在 2 位转向架固定杠杆端安装横跨梁组成。横跨梁组成由左横跨梁托、横跨梁、左横挂梁托、调整板、磨耗垫板、跨梁底座组成。

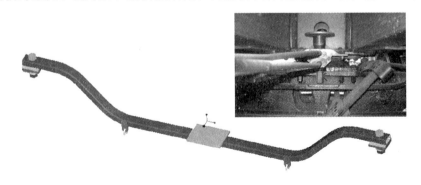

图 3-46　横跨梁

三、转 K6 型转向架关键技术及原理

微课：转 K6 型转向架
关键技术及原理

（一）轴箱橡胶垫

转 K6 型转向架轴箱一系加装了内八字橡胶弹性剪切垫，实现轮对的弹性定位，减小转向架簧下质量，隔离轮轨间高频振动，降低对轨道的冲击，改善轮轨之间的磨耗。

采用轴箱橡胶垫对改善轮对的垂向振动效果明显。轮重垂向减载率、轮对垂向振动加速度平均最大值、轮轨垂向力平均最大值都小于刚性承载鞍方案。

采用轴箱橡胶垫也可大大改善车轮踏面磨耗状况，车轮踏面磨耗量小于采用刚性承载鞍车轮磨耗量；采用轴箱橡胶垫时，轮轨横向力和轮轨间纵向力也比采用刚性承载鞍要小，可降低对轨道的冲击，这对减少钢轨的损坏是很有利的。采用轴箱橡胶垫缓和轮轨冲击，同时有利于提高转向架侧架等零部件的疲劳寿命。

（二）侧架弹性下交叉支撑装置

1. 侧架弹性下交叉支撑装置作用

采用侧架弹性下交叉支撑装置，用以提高转向架的抗菱刚度，从而提高转向架的蛇行失稳临界速度、提高货车直线运行的稳定性。同时，交叉支撑装置可有效保持转向架的正位状态，从而减小了车辆在直线和曲线运行时轮对与钢轨的冲角，改善转向架的曲线通过性能，显著减少轮轨磨耗。

2. 侧架弹性下交叉支撑技术原理

与传统 H 形构架转向架不同，三大件式货车转向架是由一个摇枕两个侧架组成转向架的"构架"，用来传递载荷并约束两个轮对的运动。作为三大件转向架的摇枕可以相对左右侧架作浮沉、滚摆运动，但摇枕与侧架间不宜有相对摇头运动，因为这种运动会削弱转向架对轮对蛇行的约束。可是像转 8A 型转向架那样的传统三大件式转向架，侧架相对摇枕的水平（摇头）转动是通过摇枕两端的弹簧和斜楔减振装置来约束的，这种约束方式并不十分牢靠，它所提供的阻止摇枕与侧架之间发生菱形变形的约束与弹簧减振装置承受的载荷大小、斜楔的磨耗状态和几何形状有关。处在空车状态或斜楔严重磨损和变形时，这种约束比较松散。转向架运行时，由于前后轮对会产生同相摇头及反相横摆蛇行运动，将使左右侧架相对摇枕发生水平平面内的同相角位移，即转向架"构架"发生菱形变形，如图 3-47 所示。摇枕与侧架间约束菱形变形的能力通常用抗菱刚度 K_L 来表示。

传统三大件转向架抗菱刚度由摇枕两端的弹簧和斜楔减振装置来提供的，由摇枕弹簧提供的抗菱刚度和由减振器提供的抗菱刚度很小，试验测试表明，其抗菱刚度值仅有 1 ~ 2 MN·m/rad。

理论研究指出，三大件式转向架的抗菱刚度对转向架的蛇行运动稳定性有控制性作用，抗菱刚度小，两轮对容易产生同相摇头和反相横移运动，转向架直线运行的稳定性就差，容易发生蛇行失稳，并降低车辆平稳性。因此，提高三大件式转向架的抗菱刚度是非常重要的。

交叉支撑装置的原理就是在三大件式转向架的基础上，采用一种相互交叉的杆件结构把转向架的左右侧架弹性地连接起来，如图 3-48 所示。

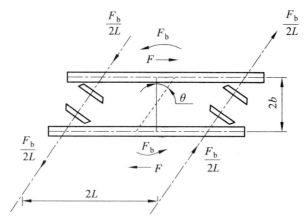

图 3-47 传统三大件式转向架的菱形变形

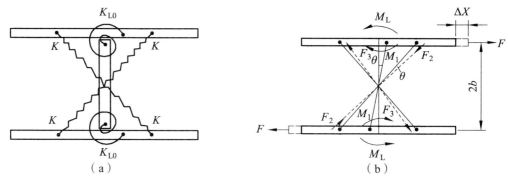

图 3-48 交叉支撑转向架原理图

由此可见，转 K2 型转向架加装交叉支撑装置后的抗菱刚度由两部分组成，一是摇枕侧架间的抗菱刚度 K_{L0}，二是与两交叉杆端头刚度 K 及 α 角有关而形成的交叉支撑装置的抗菱刚度。因此，加装交叉支撑装置后，转向架抗菱刚度显著增大。根据实测结果，交叉支撑转向架的空、重车抗菱刚度可比原三大件式转向架提高 3～6 倍，从而提高了车辆蛇行失稳临界速度，防止在最高运行速度范围内发生蛇行运动，不仅使车辆具有更好的运行平稳性和脱轨安全性，而且使车辆在直线与曲线运行时的轮轨冲角减小，可有效减少车轮与钢轨的磨耗。交叉支撑装置克服了传统三大件转向架的正位对斜楔状态的依赖，同时，还可有效改善斜楔的受力状态，延长减振装置摩擦副的使用寿命，提高转向架减振性能的稳定性。

（三）双作用常接触弹性旁承

1. 双作用常接触弹性旁承作用

货车运行速度的提高，要求采用常接触弹性旁承增大转向架与车体之间的回转阻尼，以有效抑制转向架与车体的摇头蛇行运动，同时约束车体侧滚振动，提高货车在较高速度运行时的平稳性和稳定性。

由于常接触弹性旁承上下旁承之间无间隙而又有接触弹性，增加了车体在转向架上的侧滚稳定性。同时，为了防止货车曲线运行时车体发生过大倾角，采用刚性滚子来限制弹性旁承的压缩量。一旦上旁承板压靠滚子，不仅车体侧倾角受到限制，而且由于滚子的滚动而不致增大回转阻力矩，影响曲线通过性能。

2. 双作用常接触弹性旁承原理

双作用常接触弹性旁承由橡胶钢簧复合弹性体和刚性滚子并列组成，装用这种旁承后，车体落车时，给予常接触旁承弹性体一定的预压缩量，在上下旁承之间产生一定的预压力，当转向架相对于车体回转或有回转趋势时，在上旁承金属面与下旁承由合成材料制成的磨耗板之间产生摩擦阻力，左右旁承之间形成了回转阻力矩。

对车体与转向架间采用间隙旁承的车辆来说，回转阻力矩主要由上、下心盘间的摩擦阻力所产生。由于空车状态心盘载荷较小，故空车时的回转阻力矩较小，而重车回转阻力矩就较大。当车辆采用常接触旁承后，回转阻力矩 M 将由旁承摩擦力矩 M_1 和心盘摩擦力矩 M_2 所组成，即 $M = M_1 + M_2$。

旁承摩擦力所产生的阻力矩主要增加了空车状态的回转阻力矩。由于车体施加在旁承上的正压力并不随空、重车状态而变化，故式中的 M_1 基本上是一个常量。这样，当采用常接触式弹性旁承时，可使车辆在空车和重车状态都能获得较为理想的回转阻力矩。

3. 中央悬挂系统两级刚度弹簧

转向架的一级刚度摇枕弹簧装置是一种内、外簧为等高度的弹簧装置，由于货车空车和重车的簧上载荷相差很大（一般货车可相差 5 ~ 6 倍），在空车载荷时的弹簧刚度就显得过大，导致空车时弹簧静挠度偏小。

众所周知，提高弹簧静挠度不仅可以提高货车转向架的运行平稳性，而且还可以提高转向架对扭曲线路的适应性和脱轨安全性。现有货车空车运行性能和脱轨安全性不良，也与空车弹簧静挠度过小有关，因此有必要采取措施提高货车空车的弹簧静挠度。

采用内、外枕簧不同高度的两级刚度弹簧是提高空车弹簧静挠度的有效措施，即在空车时弹簧具有较小的刚度，使空车弹簧静挠度提高，而在重车时弹簧具有较大的刚度，以承受重车的载荷，这样可使货车转向架的空、重车弹簧静挠度都在合理范围内。转 K6 型转向架所采用的两级刚度弹簧为内、外螺旋弹簧不等高结构，空车时仅外螺旋弹簧承重，重车时由内、外圈弹簧共同承重。两级刚度挠力曲线如图 3-49 所示。

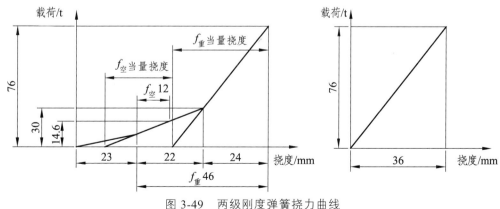

图 3-49　两级刚度弹簧挠力曲线

4. 心盘磨耗盘

货车上、下心盘的磨耗是货车运用中的惯性问题，其检修工作量较大，且检修质量的好坏直接关系到行车的安全。为了减少货车上、下心盘的磨损，在转 K6 型转向架中采用了经过长期运用考验证明耐磨性能优良的心盘磨耗盘，材质为铸模式特种含油尼龙。该心盘磨耗盘介于上、下心盘之间，上、下心盘的平面和圆周边部分都被含油尼龙心盘磨耗盘隔离，这就完全避免了上、下钢质心盘间的直接磨损，也改善了上、下心盘面的承载均衡性。经运用试验，这种含油尼龙心盘磨耗盘运用 5 ~ 6 年后磨耗甚少，非常耐磨。因此采用含油尼龙心盘磨耗盘可以有效提高上、下心盘的使用寿命。

5. 耐磨销套

货车转向架在运用过程中，基础制动装置的销套磨损十分严重，货车提速后，销套磨损将更为加剧。为了改善销套磨损，提高提速货车转向架销套的使用寿命，在转 K6 型转向架中全部采用耐磨销套，即采用奥贝体衬套和 45 号钢淬火圆销，提高圆销表面硬度，同时减小销套间的间隙，提高销套装配精度，以改善销套的受力状态等。

采用以上技术，既提高了转 K6 型转向架的动力学性能，又提高了易磨易损件的耐磨性，延长了转向架的检修期限和使用寿命，因此，转 K6 型转向架是一种运行平稳、安全可靠、方便检修的新型重载、提速货车转向架。

四、转 K6 型转向架落成要求

（1）同一转向架两个侧架固定轴距之差不得大于 2 mm（选用同一铲豆的侧架）。

（2）同一轮对车轮直径之差不大于 1 mm，同一转向架两个轮对车轮直径之差不大于 6 mm。车轮应进行静平衡测试，最大残余不平衡值不大于 125 g·m。同一辆车必须装用同一种型号的车轮。

（3）空车状态下，旁承间隙（上旁承与滚子顶面间隙）为（5±1）mm。可用调整垫板进行调整。旁承座安装方向：同一转向架应相反，同一辆车要同侧同向。

（4）承载鞍与侧架导框之间的两侧间隙之和，纵向为 5 ~ 7 mm，横向为 9 ~ 13 mm；承载鞍与侧架导框之间单侧最小间隙，纵向为 2 mm，横向为 3.5 mm。

（5）同一转向架同型圆柱螺旋弹簧自由高之差不大于 3 mm，同一侧架上同型内簧或同型外簧自由高之差不大于 2 mm。减振弹簧内、外卷自由高差不大于 2 mm，同一组两级刚度弹簧内、外卷自由高差不小于 20 mm，不大于 25 mm。且在落车后空车状态下，应检查转向架摇枕两端弹簧定位脐必须落入减振内圈弹簧和枕内圆弹簧之中，不允许卡阻。

（6）为方便摇枕弹簧组装，组装前应清除侧架上弦杆两端下凹槽的飞边毛刺。

（7）落成后斜楔与侧架立柱磨耗板之间应接触良好，不允许有垂直贯通间隙，斜楔与磨耗板间的局部间隙不得大于 1.5 mm。

（8）交叉杆支撑座的安装位置必须由专用工装保证。

（9）为调整制动缸活塞行程，允许将基础制动装置中的固定杠杆支点处圆销置于从摇枕中心向外数的第二、四孔。中拉杆圆销孔按图样位置组装。

（10）各种圆销与衬套间在组装前须涂适量的润滑脂。

（11）轴承外圈与承载鞍鞍面间、承载鞍顶面与轴箱橡胶垫间、轴箱橡胶垫与侧架导框顶面间、上下心盘间、旁承磨耗板与上旁承间不允许涂抹油脂。组合式制动梁滑块与滑槽磨耗板间不允许涂抹油脂。

（12）摇枕挡与侧架立柱沿摇枕纵向的单侧最小间隙不小于 8 mm。

（13）挡键与轴承外圈的最小间隙不小于 3 mm。

任务五　转 K4 型、转 K5 型货车转向架

任务描述

本任务主要介绍转 K4 型、转 K5 型货车转向架。通过本任务的学习，使学生掌握转向架的结构组成、特点及主要技术参数，为转向架检修打下基础。

任务引入

转 K4 型转向架是在引进的美国 Swing Montion 型转向架的基础上，结合我国铁路运输的具体情况而改进研制的中国铁路货车运用的摆动式转向架。为了满足铁路货车提速、重载的需求，在转 K4 型转向架基础上，研制开发了转 K5 型转向架。

背景知识

一、转 K4 型转向架

转 4K 型转向架类似于传统铸造三大件式转向架，主要由轮对和轴承装置、摇枕、侧架、弹性悬挂系统及减振装置、基础制动装置、常接触式弹性旁承等组成。其分解图如图 3-50 所示。该型转向架采用例如独特的弹簧托板、摇动座等结构，使之具有更好的横向动力学性能及其他优点。

（一）转 K4 型转向架主要特点

（1）结构上属于铸钢三大件式转向架，具有结构简单，车轮均载性好，检修维护方便等优点。

（2）该转向架采用了类似于客车转向架的摇动台摆式机构，使转向架横向具有两级刚度特性，大大增加了车辆的横向柔性，提高了车辆的横向动力学性能，降低了轮轨间的磨耗，提高了车辆的运行品质。

（3）由于该转向架摇枕挡的位置下移，使侧滚中心降低，加强了对侧滚振动的控制，也有效地减小了爬轨和脱轨的可能性，尤其是对重心高的货车，大大提高了其脱轨的安全性。

（4）经美国和加拿大铁路运用的实践证明，该转向架运用寿命长，维修工作量小，可运营 160 万 km 免检修。

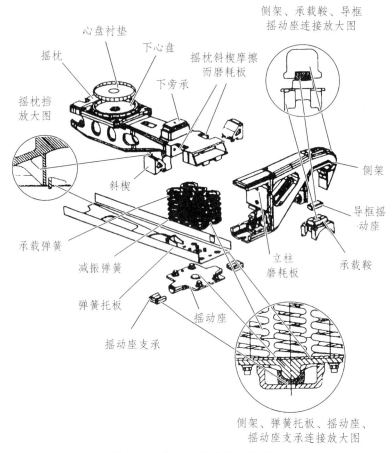

图 3-50 转 K4 型转向架分解图

（二）转 K4 型转向架的主要技术指标

轴型	RD2
自重（t）	4.2
最高运行速度（km/h）	120
基础制动装置制动倍率	6.48
固定轴距（mm）	1 750
轴颈中心距（mm）	1 956
旁承中心距（mm）	1 520
下心盘直径（mm）	305/355
下心盘面（含心盘衬垫）至轨面自由高（mm）	7 110+10
下心盘面至弹性旁承顶面自由距离（mm）	71

其结构如图 3-51 所示。

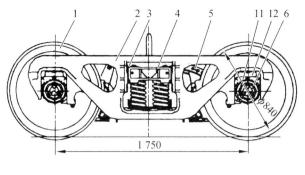

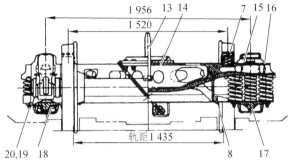

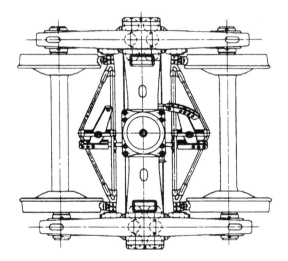

1—RD$_2$型轮对；2—侧架组成；3—减振装置组成；4—摇枕组成；5—基础制动装置；
6—货车 D 轴滚动轴承装置；7—下旁承组成；8—弹簧托板组成；11—挡键；
12—承载鞍；13—中心销450；14—心盘衬垫；15—承载外圆弹簧；
16—承载内圆弹簧；17—摇动座；18—摇动座支承；
19—圆头折断弹簧；20—CAMRALL 螺母。

图 3-51　转 K4 型转向架主要结构示意图

（三）摇枕及心盘

为了便于与中国现有货车上心盘匹配，设计了直径为 ϕ355 mm 和 ϕ308 mm 两种下心盘，但两种下心盘与摇枕上的螺栓孔位置相同。

采用了和转 K2 型、转 8G 型转向架相同尺寸的改进型尼龙心盘衬垫。为减轻自重，摇枕通过有限元计算和结构优化，材质为 AAR M201B 级钢。

摇枕下部铸出 2 块三角形挡，其与弹簧托板上的挡块配合，限定了摇枕的最大横向位移（摆动加横移共为±32 mm），防止摇枕窜出，起到安全挡的作用。

八字面磨耗板材质为 0Cr18Ni9，与摇枕组焊后，用 1 mm 塞尺塞入磨耗板与铸面之间，深度不得超过 12 mm。

（四）侧架组成及承载鞍

侧架组成有侧架立柱磨耗板、侧架、导框摇动座等。

侧架立柱磨耗板材质为 45 钢，用折头螺栓、防松螺母将其紧固于侧架上，同时与侧架上下连接部位施以焊接。

侧架中央方框下弦杆处，不再是与转 8A 侧架的一样作为弹簧承台，而是一腔形结构，用以安装摇动座支承及摇动座。其导框处也与转 8A 侧架的圆台结构不同，而是一腔形结构，用以安装导框摇动座，导框摇动座两侧可用不同厚度的垫片塞紧，再将固定块焊固，使导框摇动座定位于侧架导框顶部腔内。如图 3-52 所示。

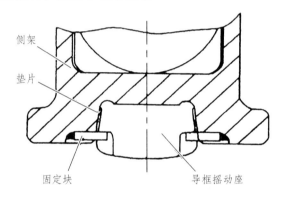

侧架

垫片

固定块　导框摇动座

图 3-52　侧架导框的腔形结构

导框摇动座底面为圆弧形，承载鞍顶面也是圆弧形，两圆弧形成滚动副，使侧架像吊杆一样，具有摆动的功能，提高车辆的横向性能。

（五）摇动座、摇动座支承及弹簧托板

摇动座与弹簧托板用折头螺栓、防松螺母紧固，弹簧悬挂系统坐落在弹簧托板上。摇动座支承坐落在侧架中央方框下弦杆的腔形结构中，摇动座与摇动座支承的接触面为圆弧形结构，两圆弧形成滚动副，使侧架具有摆动的功能。

（六）弹性悬挂系统及减振装置

每侧弹性悬挂系统及减振装置由 2 个斜楔组成、2 组减振内圆弹簧、2 组减振外圆弹簧、4 组承载内圆弹簧、4 组承载外圆弹簧组成。

减振弹簧为两级刚度，减振内圆弹簧簧条直径为 17 mm，自由高为 232 mm；减振外圆弹簧簧条直径为 21 mm，自由高为 275 mm。承载弹簧也为两级刚度，承载内圆弹簧簧条直径为 20 mm，自由高为 232 mm；承载外圆弹簧簧条直径为 24 mm，自由高为 269 mm。这样使空车、重车分别对应不同的空、重两级刚度，空车和重车都有优良的动力性能。

斜楔由材质为针状铸铁的斜楔体及材质为高分子复合材料的摩擦板组成。部分为美国进口斜楔，其复合材料摩擦板与斜楔体黏接；国产斜楔采用摩擦板嵌入斜楔体的组合结构，卸换方便。

（七）常接触式弹性旁承

常接触式弹性旁承组成如图 3-53 所示。

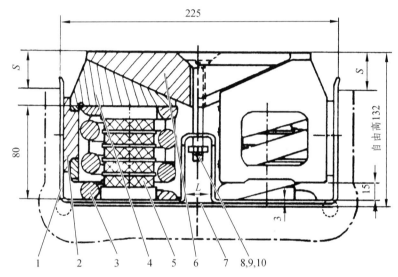

1—磨耗板（1）；2—磨耗板（2）；3—下旁承弹簧；4—下旁承弹簧座；5—橡胶块；
6—下旁承体；7—调整板；8—螺栓；9—M8 螺母；10—开口销。

图 3-53　弹性旁承平面图

由图可见，弹性旁承主要由下旁承体、下旁承弹簧、下旁承弹簧座、橡胶块、磨耗板（1）、磨耗板（2）、调整板等组成。该型旁承结构可消除旁承纵向间隙，保持稳定的旁承回转摩擦阻力矩，有效抑制转向架蛇行运动，提高临界速度。

二、转 K5 型转向架

转 K5 型转向架目前装用于 C76、C70、C80、P70 型等货车，其主要结构特点与主要技术指标如下。

（一）主要结构特点

（1）由侧架、摇枕、弹簧托板、摇动座、摇动座支承等组成的摆动式转向架，其结构如图 3-54 所示。

（2）装用两级刚度的承载弹簧以及变摩擦减振器的减振装置，减振外簧比摇枕外簧高13 mm；组合式斜楔的主摩擦板采用高分子合成材料，副摩擦面材质为针状马氏体铸铁或贝氏体球墨铸铁。

（3）采用常接触式弹性旁承。

（4）基础制动装置为下拉杆式单侧闸瓦制动装置，装用 L-C 型制动梁和高摩合成闸瓦。

（5）装用 150×250×160 型双列圆锥滚子轴承及 50 钢车轴，车轮为 HEZB 或 HEZC840 型碳素钢铸钢车轮，车轮踏面为符合 TB 1967-87 的 LM 型磨耗型踏面。

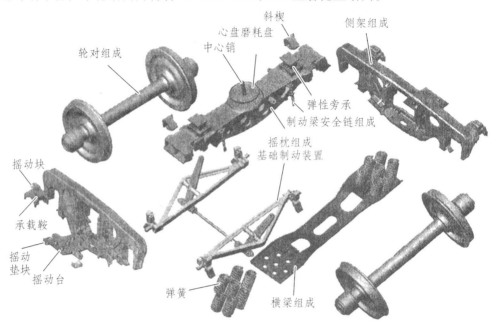

图 3-54 转 K5 型转向架分解图

（二）主要技术指标

轴重（t）	25
自重（t）	4.68
轴型	RE2A
心盘载荷（t）	45.6
固定轴距（mm）	1 800
制动倍率	4
两旁承中心距（mm）	1 520
下心盘直径（mm）	375
空车下心盘上平面距轨面自由高（mm）	685
心盘允许最大静载荷（kN）	443.9
轴颈中心距（mm）	1 981
空车弹簧静挠度（mm）	13
轨距（mm）	1 435

悬挂式中央弹簧垂直总刚度（N/mm）

    空车   3 682

    重车   10 727

基础制动杠杆倾角   400

最高运行速度（km/h）   120

项目检测

1. 试述转向架的功用。
2. 转 K5 型转向架的结构特点是什么？
3. 转 K6 型转向架的结构特点是什么？
4. 转 K6 型转向架由哪几部分组成？说明各部分名称和作用。
5. 说明转 K6 型转向架的交叉支撑装置由哪几部分组成？它有何作用？
6. 说明 JC 型双作用弹性旁承的作用。

项目四　客车转向架　▶▶▶

2021 年 12 月的清晨，交验台位的转向架下就响起了叮叮当当的敲击声，手电筒的光束依稀映照出这位工作人员的脸，他就是合肥车辆段合肥检修车间技术组组长张冬，他坚守岗位已经 20 年了，而这天他被中国国家铁路集团有限公司评为"全路技术能手"。

铁路客车转向架的检修是一项极其单调、枯燥，而又责任重大的一项工作。张冬作为一名 70 后，在这个岗位上已经度过了 20 个春夏秋冬。转向架的构造复杂、型号繁多，随着技术的发展，各种新技术在转向架上的应用让检修工作充满了困难和挑战。他在这些困难和挑战面前却没有止步，将全部精力投入转向架检修技术的钻研中。

在一次交验的过程中，他发现一辆 25G 型客车副风缸和总风缸的容积过小，与设计要求不符合，存在车辆制动隐患，于是立即联系厂家处理，事后调查发现厂修单位在安装中未能按国铁集团最新要求执行，该起事件被集团公司通报表扬。为了改变人控工艺的不稳定因素，确保客车检修质量万无一失，他主动请缨成立创新小组，全身心地投入到技术创新上。短短几年，"铁路客车转向架装配标准化研究""自动化转向架导柱定位测量系统""转向架自动化定位组装装置"等 20 多项创新成果如雨后春笋般涌现，每年可节约生产成本约 1 000 万元。

"志不立，天下无可成之事"。而张冬正是通过自己扎根一线 20 年的奋斗、默默奉献的精神，诠释了责任与担当，铸就了平凡的荣耀，书写出一颗炽热的匠心。

◎ 项目概述

铁路客车是完成客运任务的重要技术装备，不仅要求能承载更多的旅客，以完成繁重的旅客运输任务，而且还与旅客的安全、舒适、快捷出行息息相关。而转向架是客车关键部件之一，直接关系到旅客的安全性、舒适性。

我国第五次铁路大提速，拉开了旅客列车全面提速的序幕。旅客列车速度的提高对客车转向架的性能要求越来越高。

为了保证旅客列车的安全性、舒适性、平稳性不断提高，客车转向架的构架、弹簧减振装置、轮对轴箱定位装置、基础制动装置以及转向架与车体之间的连接装置和过去相比，都发生了很大变化。

任务一　客车转向架简介

任务描述

本任务是对客车转向架的作用、要求及发展趋势的整体认知。通过本任务的学习，使学生掌握客车转向架的作用和特点。

任务引入

铁路客车是用来运送旅客和为旅客服务的，少数客车具有特殊用途。铁路客车运行中既要求安全正点又要做到方便舒适，所以对客车转向架的要求比货车转向架更严格。转向架担负着走行任务，同时承受各种载荷，在具有足够的强度的同时，还要有良好的运行平稳性和舒适性，能够将旅客安全、快速、平稳、舒适地送达目的地。

背景知识

一、对客车转向架的要求

1. 普速客车对转向架的要求

（1）客车转向架应具有符合速度要求的运行安全性、平稳性、舒适性和良好的曲线通过性能，并且要符合国家及有关铁路部门制定的各项标准。

①采用柔软的弹簧，以改善和提高客车在垂直方向的动力性能。一般客车转向架的弹簧静挠度应当大于170 mm，因此客车转向架通常采用两系弹簧，在轴箱与构架之间设轴箱弹簧，又称一系悬挂弹簧；在构架和摇枕（或车体）间设摇枕弹簧，也称中央弹簧或二系悬挂弹簧。

②专门设置横向弹性复原装置和减振装置，以改善和提高客车的横向动力性能。同时，为了抑制转向架在线路上的蛇行运动，客车转向架通常采用了各种形式的轴箱弹性定位装置。

（2）转向架各零部件应有足够的强度和适宜的刚度，以保证安全性和一定的使用寿命。

（3）尽量实现转向架轻量化，尤其是减少簧下质量，进一步实现车体轻量化，减少运行阻力。

（4）尽量降低轮轨之间的作用力，减少轮轨磨耗及各部位的磨耗，从而提高运行稳定性，减少维修工作量。

（5）应具有降低噪声，吸收高频振动的能力，从而提高舒适性和减少环境污染。

（6）应具有良好的制动性能，从而保证运行中平稳地减速及在规定的距离内安全停车。

（7）积极开发、采用新技术、新材料、新工艺，以提高产品质量。

（8）尽可能实现零部件通用化、标准化和产品系列化，以降低成本，提高检修效率。

（9）结构应简单，运用安全可靠，检修方便，制造容易，成本低廉。

2. 快速客车对转向架的要求

（1）降低轴重，尤其是减少簧下质量（采用空心车轴及轻型车轮等），以减少轮轨之间垂向作用力。

（2）尽力采取各种措施，降低蛇行运动频率，延长蛇行运动波长以保证高速客车有较高的失稳临界速度。同时，还要兼顾车辆的曲线通过能力，减少轮轨之间的横向作用力。当然，二者之间相互矛盾，需要进行合理的协调。

（3）为了使高速运行的车辆具有良好的运行平稳性，应具有前瞻性，以超临界的观点进行设计和选择有关参数。

（4）在高速转向架中广泛采用空气弹簧和橡胶件，以降低噪声和隔离、吸收高频振动。同时，尽量形成相关零部件之间的无磨耗接触，以减少磨耗，延长使用寿命和便于维修。研究轮轨噪声的成因，并采取相应措施防止、减少噪声的污染。

（5）为了使高速运行中的列车能在规定的距离内安全停车，转向架基础制动装置在传统的双侧闸瓦踏面制动的基础上，采用盘形制动、磁轨制动、电阻制动、再生制动等方式，改善制动性能、提高制动功率。根据需要确定采取单一式还是复合式，在制动装置中采用防滑装置。

二、客车转向架基本作用

客车转向架大体上可分为轮对轴箱弹簧装置、中央弹簧悬挂装置、构架、基础制动装置、支承车体装置及其他装置等部分组成。由于客车的车型不同和车辆性能等方面的差别，各型转向架在结构上都有一定的不同。客车转向架基本作用如下：

（1）能够减少车辆运行阻力。

（2）能够减少车体在线路高低不平处的垂直位移。

（3）可以安装多系弹簧及减振器，保证车辆有良好的运行品质，以适应行车速度提高。

（4）容易从车体下推出，便于各零部件检修。

（5）能够传递和放大制动缸产生的制动力，使车辆具有良好的制动效果。

（6）支承车体并将车体上的各种作用力和载荷传递给钢轨。

三、客车转向架的现状及发展趋势

目前现场使用的各型转向架中，最早的当属 202 型转向架。它是由原青岛四方车辆厂（现中车集团四方车辆制造股份有限公司）于 1958 年设计、1959 年批量生产，中间从 202 原型、202A、202B、202C 到 1972 年 202 定型的无导框 C 轴转向架，其构造速度 120 km/h，具体结构包括 H 形铸钢构架、导柱式轴箱定位装置、摇动台式中央弹簧悬挂装置、两系弹簧全为金属螺旋圆弹簧、二系采用油压减振器、基础制动装置采用吊挂式。这种转向架长期以来作为主型转向架运用于我国铁路客车上，于 1988 年 9 月停产。

20 世纪 70 年代，分别由原四方车辆厂和原浦镇车辆厂设计制造了 206 和 209 型转向架。

206 型转向架是 1971 年设计制造的 D 轴转向架，它采用 U 形构架，干摩擦导柱式轴箱定位装置，摇枕与弹簧承台间带横向拉杆的小摇动台式中央弹簧悬挂装置，双片吊环式单节长摇枕吊杆外侧悬挂及吊挂式基础制动装置。其间于 1986 年在 206 型基础上研制了 206W 型转向架，1989 年研制了 206G 型转向架，20 世纪 90 年代初又研制出 206KP、206WP 型准高速转向架用于广深线运行的 25Z 型客车。1997 年，在 206KP、206WP 型基础上研制、开发了 SW-160 型转向架，用于 25K 型快速车。在 2004 年，研究、开发了持续运行速度 160 km/h 的 SW-220K 型转向架，用于 25T 型提速客车上。

209 型转向架是原浦镇车辆厂于 1972 年在 205 型转向架基础上研制出的 D 轴转向架，1975 年批量生产。它采用 H 形构架，导柱式轴箱定位装置，摇动台式中央弹簧悬挂装置，长摇枕吊杆外侧悬挂及吊挂式基础制动装置。1980 年在其基础上制造了轴箱定位装置、具有弹性定位套及具有纵向牵引杆装置的 209T 型转向架。20 世纪 80 年代中期，为了提速在 209T 型基础上研制了最高运行速度 140 km/h 的 209P 型转向架。1988 年为第二代双层客车研制了 209PK 型转向架。20 世纪 90 年代初又为准高速客车开发了 209HS 型转向架（但 209HS 型由于安全储备量不够，多次发生危及行车安全的故障被铁路主管部门于 20 世纪 90 年代后期下令停产）。

从 20 世纪 90 年代中期开始，我国各客车厂陆续为动车组制造了 CW-D/T、CW-200D、DDB-1、DTB-2、SW-300、CW-300 和 PW-250M/T 等转向架，用于最高运行时速 180～300 km 的国产动车组。

任务二　空气弹簧及油压减振器

任务描述

本任务是对客车空气弹簧、油压减振器的整体认知。通过本任务的学习，使学生掌握铁道车辆客车空气弹簧装置和油压减振器的特点、结构组成以及作用原理，为从事车辆减振系统的检查打下理论基础。

任务引入

车辆在轨道上运行时，将伴随产生复杂的振动现象。列车运行速度越高，这些振动和冲击的危害就越严重。为减少有害的车辆冲动，提高车辆运行的平稳性，车辆必须在走行部位安装缓和冲击和衰减振动的装置，即弹簧减振装置。铁路客车因速度高，且为了保证舒适性，对弹簧减振装置要求更高。

背景知识

一、空气弹簧

（一）空气弹簧装置的应用及特点

动画：空气弹簧

铁道车辆悬挂装置采用空气弹簧主要优点是：空气弹簧的刚度可选择低值，以降低车辆的自振频率；空气弹簧具有非线性特性，可以根据车辆振动性能的需要设计成具有比较理想的弹性特性曲线。在平衡位置振动幅度较小时（正常运行时的振幅）刚度较低，若位移过大，刚度显著增加，以限制车体的振幅；空气弹簧的刚度随载荷而改变，从而保持空、重车时车体的自振频率几乎相等，使空、重车不同状态的运行平稳性接近。空气弹簧和高度控制阀并用时，可使车体在不同静载荷下，保持车辆地板面距轨面的高度不变；同一空气弹簧可以同时承受三维方向的载荷。利用空气弹簧的横向弹性特性，可以代替传统的转向架摇动台装置，从而简化结构，减轻自重；在空气弹簧本体和附加空气室之间装设有适宜的节流孔，可以代替垂向安装的液压减振器。空气弹簧具有良好的吸收高频振动和隔音性能。

采用空气弹簧的缺点是：由于它的附件（如高度控制阀、差压阀）较多，使成本较高，并增加了维护与检修的工作量。

基于空气弹簧的显著特点，其在地铁车辆与高速客车上得到广泛应用。

（二）空气弹簧装置系统的组成

空气弹簧装置的整个系统如图4-1所示，主要是由空气弹簧本体、附加空气室、高度控制阀、差压阀及滤尘器等组成。空气弹簧所需要的压力空气，由列车制动主管（1）经T形支管

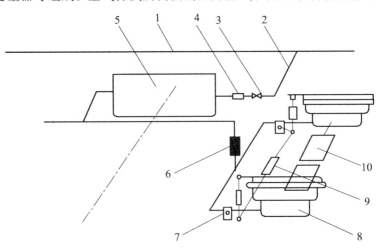

1—列车主风管；2—支管；3—截断塞门；4—止回阀；5—储风缸；6—连接软管；
7—高度控制阀；8—空气弹簧；9—差压阀；10—附加空气室。

图4-1 空气弹簧装置系统

（2）、截断塞门（3）、滤尘止回阀（4）进入空气弹簧储风缸（5），再经纵贯车底的空气弹簧主管向两端转向架上的空气弹簧供气。转向架上的空气弹簧管路与其主管用连接软管（6）接通，压力空气再经高度控制阀（7）进入附加空气室（10）和空气弹簧本体（8）。

（三）空气弹簧的分类及组成

1. 囊式空气弹簧

空气弹簧大体上可分为囊式和膜式两类。囊式空气弹簧可分为单曲、双曲和多曲等形式。双曲囊式空气弹簧的结构如图4-2所示，这类空气弹簧使用寿命长，制造工艺比较简单。但刚度大，振动频率高，所以铁道车辆上已不采用。

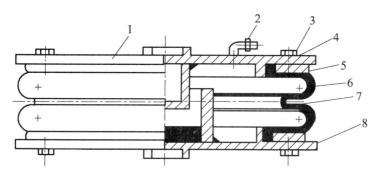

1—上盖板；2—气嘴；3—紧定螺钉；4—钢丝圈；5—法兰盘；
6—橡胶囊；7—中腰环钢丝圈；8—下盖板。

图 4-2 双曲囊式空气弹簧

2. 膜式空气弹簧

膜式空气弹簧，可分为约束膜式、自由膜式等形式。

1）约束膜式空气弹簧

约束膜式空气弹簧的结构如图4-3所示，它由内筒、外筒和将两者联结在一起的橡胶囊等组成。这种形式的空气弹簧刚度小，振动频率低，其弹性特性曲线容易通过约束裙（内、外筒）的形状来控制，但橡胶囊工作状况复杂，耐久性较差。

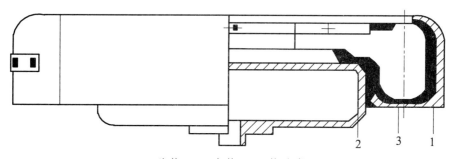

1—外筒；2—内筒；3—橡胶囊。

图 4-3 约束膜式空气弹簧

2）自由膜式空气弹簧

　　自由膜式空气弹簧的结构如图4-4所示，由于它没有约束橡胶囊变形的内、外筒，可以减轻橡胶囊的磨耗，提高了使用寿命。它本身的安装高度比较低，可以明显降低车辆地板面距轨面的高度。因其重量轻，且其弹性特性可以通过改变上盖板边缘的包角加以适当调整，使弹簧具有良好的负载特性。所以，在无摇动台装置的空气弹簧转向架上应用较多。

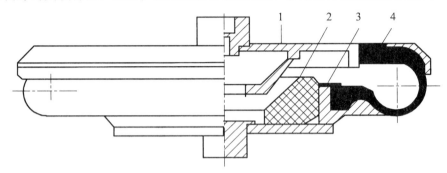

1—上盖板；2—橡胶垫；3—下盖板；4—橡胶囊。

图4-4　自由膜式空气弹簧

（四）空气弹簧节流孔

　　在空气弹簧本体和附加空气室之间装设有适宜的节流孔（见图4-5），当空气弹簧垂向变位时，上述两者之间将产生压力差。若空气弹簧处于静态变位（缓慢变位）过程，其压力差较小，若是在振动过程（快速变位）则其压力较大。空气流过节流孔由于阻力而耗散部分的振动能量，使之具有减振作用。一般采用空气弹簧悬挂装置的车辆都采用这种减振方式。

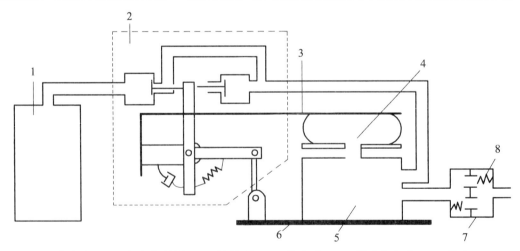

1—空气源；2—高度控制阀；3—地板面；4—节流孔；5—辅助空气室；6—构架；
7—差压阀；8—单向阀。

图4-5　空气弹簧装置示意图

　　空气弹簧采用的节流孔也可分为固定节流孔和可变节流孔。节流孔形式的不同，使车体振动特性不同，从实验结果比较两者可知：

当采用固定节流孔时,在低频振动范围,无论振幅或大或小,对于振动的衰减效果,都存在相对阻尼不足(即节流孔开孔过大)或相对阻尼过大(即节流孔开孔不足)的区域;在高频振动范围,因节流孔相对开孔不足(可类比过硬的弹簧一样),当振动速度(振幅)大时,存在着对于高频振动隔振不好的区域。当采用可变节流孔时,由于可依据振动速度的变化而改变节流孔的大小,使之处于最佳节流效应的状态;在低频振动范围,对于不同幅值的振动都可以获得适宜的减振;在高频振动范围,由于节流孔孔径加大(增加了一个节流孔),而不会发生弹簧过硬的现象,使隔振有良好效果。

在车辆上采用可变节流孔的空气弹簧,不仅可使车辆垂直方向的低、高频振动均有适宜的阻尼,并且对车体侧滚的低频振动也有良好的衰减特性。所以,在我国准高速客车转向架上采用了可变节流孔的空气弹簧。

二、油压减振器

(一)油压减振器的分类

动画:油箱减振器结构

微课:高度控制阀差压阀

用于机车车辆上的油压减振器一般为双筒、不充气、活塞式、阻尼力不可随机控制。

按作用原理分为液流循环和非液流循环两类。循环式减振器结构较复杂,阻力对称性好。非循环式减振器结构简单,检修方便。按用途分为:与轴箱弹簧并联的轴箱减振器、与中央(摇枕)弹簧(如空气弹簧)并联的中央(摇枕)减振器、摇枕与车体之间的横向减振器、构架与车体之间的抗蛇行减振器、车体之间的耦合减振器等。

(二)油压减振器的基本原理

油压减振器的基本原理如图 4-6 所示。

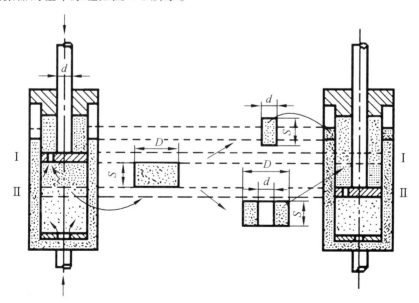

图 4-6　油压减振器工作原理

它是一个密封、充满油液的油缸，油缸内有一活塞，把油缸分为上下两部分。活塞上有一小孔称为节流孔。如果把油缸固定在弹簧托板上，活塞固定在摇枕上，当摇枕做上下振动时，活塞杆向上运动时，油缸上部分体积缩小，而油缸下部分的体积增大，油缸下部油液的压力降低。油缸上下两部分的压力不同，于是压力高的上部分的油液通过节流孔流到油缸下部分去填充活塞移动后产生的空间。油液通过微小的节流孔时要产生阻力，阻力大小和油液流动的速度以及节流孔的形状和大小有关。油液流动的速度越大，阻力也越大。当活塞向下运动时，则油缸上部体积逐渐增大，而油缸下部体积减小，油液通过活塞上的节流孔由下部流向上部，产生阻力。因此，车辆振动时，油压减振器起减振作用。

以上所说的情况是在假设活塞杆不占据油缸体积的情况下的作用，而实际的活塞杆具有一定的体积，当减振器工作时，油缸上部和下部体积的变化是不相等的。

设油缸直径为 D，活塞杆直径为 d。若活塞杆动作向下运动，最初位置为 I，后来移动一段距离 S 后到达 II 的位置，则油缸下部体积缩小 $\pi SD^2/4$，而油缸上部分体积增大 $\pi S(D^2-d^2)/4$，上下两部分体积之差为 $\pi Sd^2/4$。因此油缸下部分排出油液至储油缸中，上部不足油液由储油缸补充。反之，当活塞杆动作向上运动时，活塞上部排出的油液不足填充油缸下部体积增大的部分，便会产生真空，影响减振器的正常工作。为了避免上述现象产生，在减振器油缸外，增加一储油缸，在油缸底部有一进油孔，当减振器工作时，不足的油液由储油缸补充，多余的油液存在储油缸中。

（三）垂向油压减振器

在客车转向架中采用的 SFK1 型垂向减振器，其实际结构要复杂得多。因为要采用复杂结构来防止减振器的泄漏和保证减振器各部分工作可靠、耐用。图 4-7 所示为 SFK1 型油压减振器的组成图。

SDK1 型油压减振器的结构主要由下列部分组成：活塞部分、进油阀部分、缸端密封部分和上下连接部分。此外还有防尘罩、油缸和储油缸。减振器内部装有油液。

活塞部分是产生阻力的主要部分，在芯阀侧面下部开有两个直径为 2 mm 和两个直径为 5 mm 的节流孔。组装后，节流孔的一部分露出阀套，露出部分的节流孔称为初始节流孔，减振器的阻力主要决定于初始节流孔的大小。进油阀部分装在油缸的下端，主要作用是补充和排出油液的一个通道。油缸端部有专门的密封结构，一方面使活塞上下运动时起导向作用，使活塞中心和油缸中心线路始终保持一致；另一方面，防止油液流出和灰尘流入减振器内，影响减振器正常工作。

由于我国南北气温相差很大，东北地区冬季严寒而南方地区夏季炎热，温度变化范围为 $-40 \sim +40\ ^{\circ}\text{C}$。减振器要在不同温度下正常工作，而且还要保证减振器在长期使用中性能不变，就必须合理选择减振器油液。减振器油液应满足以下要求：在 $-40 \sim +40\ ^{\circ}\text{C}$ 范围内黏度变化不大，$-40\ ^{\circ}\text{C}$ 不凝固；不应混入空气或产生气泡，无腐蚀性；润滑性能好，沥青、胶质、灰渣、杂质少；物理化学性能稳定，不易变质；价格便宜。

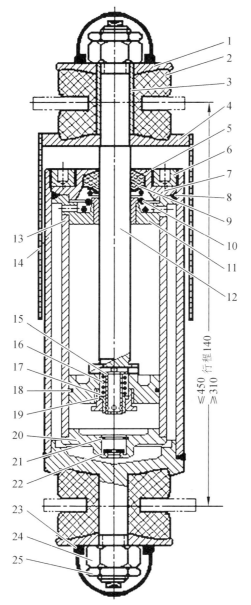

1—压板；2—橡胶垫；3—套；4—防尘罩；5—密封圈；6—螺盖；7—密封盖；8—密封圈；
9—密封托垫；10—密封弹簧；11—缸端盖；12—活塞杆；13—缸体；14—储油筒；
15—芯阀；16—弹簧；17—阀座；18—涨圈；19—阀套；20—进油阀座；21—锁环；
22—阀瓣；23—防锈帽；24、25—螺母。

图 4-7　SFK1 型液压减振器

（四）横向油压减振器

　　图 4-8 所示为横向油压减振器，它的内部结构与垂向油压减振器基本相同，结构上的特点是增加了一个空气包。空气包的作用是使进油阀完全浸在油中，不露出油液面，防止空气进入缸筒内部。横向油压减振器一般是水平安装于摇枕与构架之间。

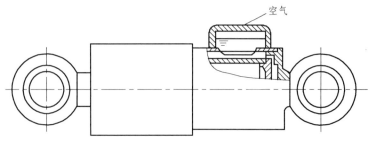

图 4-8　横向油压减振器

（五）抗蛇行油压减振器

抗蛇行运动油压减振器又可称为纵向油压减振器。它安装在车体与转向架之间，目前高速客车转向架都采用该装置。它具有一般油压减振器的特点，只是节流结构与节流特性不同于其他形式油压减振器。

抗蛇行运动油压减振器典型的阻力特性曲线如图 4-9 所示。横坐标轴 v 表示减振器两端点的相对运动速度，纵坐标轴 F 表示减振器的阻力。阻力特性曲线可以用两个参数，即减振器饱和阻力 F_{max} 和减振器卸荷速度 v_0 来表示。所以，减振器阻尼参数的选取可归结为 F_{max} 和 v_0 的选取。

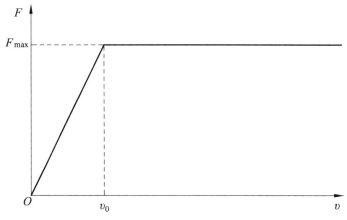

图 4-9　阻力特性曲线

从蛇行运动稳定性理论计算可知，减振器饱和阻力 F_{max} 对车辆失稳临界速度有明显影响。以某车理论计算为例，当 F_{max} 从零增至 10 ~ 12 kN 时，失稳的临界速度由 290 km/h 增至 490 km/h，这说明高速客车转向架加装抗蛇行运动减振器的必要性。但若继续增大 F_{max} 值则失稳临界速度反呈下降趋势。这是由于过大的阻力导致车辆各部传递作用力增加，而影响蛇行运动稳定性。所以，对于车辆蛇行运动稳定性存在最佳的 F_{max} 值，使车辆失稳临界速度最高。

另外，从阻力特性曲线可知，若 $v<v_0$，则减振器阻力呈下降趋势（曲线斜线部分），减振器的这种特性又有利于车辆的曲线通过性能。当车辆通过曲线时，车体与转向架之间的回转角速度较小，即减振器两端的相对速度 v 也较小，所以在车体与转向架之间所产生的较小的阻力矩使车辆容易通过曲线。分析图 4-9 可知。当 F_{max} 为定值时，从蛇行稳定性方面来看，v_0 取值小为好。但考虑曲线通过性能时，v_0 不宜取得过小。总之，F_{max} 和 v_0 的取值应进行理

论计算和试验来确定。

抗蛇行运动油压减振器的特点是：阻力特性明显优于旁承支重方式，但结构复杂，制造、维护较难，成本较高。为保证抗蛇行运动减振器的正常使用，还需注意正确选择安装位置。两端节点的连接装置应能适应车体与转向架之间相对空间位移，使之具有良好的随动性。抗蛇行运动油压减振器的阻力特性，可以同时使车辆蛇行运动稳定性和曲线通过性能都得到适宜的阻力值，所以在高速客车转向架上广泛采用抗蛇行运动油压减振器。

任务三　209 系列客车转向架

任务描述

本任务是对 209 系列转向架结构组成、特点的整体认知。通过本任务的学习，使学生掌握 209 系列转向架的分类、结构特点，为从事车辆转向架故障检查打下理论基础。

任务引入

209 型转向架自 1972 年定型以来，经过不断的改进和发展，已形成 209T 型（T 表示踏面制动）、209P 型（P 表示盘形制动）、209PK 型（K 表示空气弹簧）、209HS 型、PW-200 型等系列。那么，不同类型的转向架在结构上有什么区别呢？

背景知识

一、209T 型转向架

209T 型转向架最大的特点就是采用了纵向牵引拉杆装置，用以代替传统的纵向摇枕挡，其结构如图 4-10 所示。该型转向架主要用于 25G 型客车上。

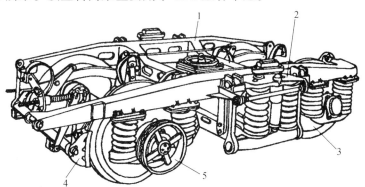

1—构架；2—摇枕弹簧装置；3—轮对轴箱弹簧装置；4—基础制动装置；5—发电机皮带传动装置。

图 4-10　209T 型转向架

（一）209T 转向架的主要技术特点

（1）采用铸钢一体的 H 形构架，强度大、结构简单、检修方便。

（2）采用长摇枕吊杆，摇枕两端上翘，可以采用自由度和静挠度高的枕簧，配合油压减振器，改善转向架的垂向动力性能。

（3）弹簧托梁为铸钢结构，耐腐蚀，检修工作量小，而且可以增加摇动台的横向刚度。枕簧采用超外侧悬挂，有利于提高车辆运行的横向平稳性。

（4）设有横向缓冲器，可以限制并减小或缓和过大的横向振动。

（5）采用干摩擦导柱式弹性定位装置，定位严密、转动灵活，能抑制轮对蛇行运动，保持轮对轴箱装置纵、横方向定位作用。

（6）下旁承在构架侧梁外侧，横向中心距加大，可减小车体的侧滚振动，提高运行平稳性。

（7）采用纵向牵引拉杆代替了纵向摇枕挡，改善了纵向力的传递，同时缓和了纵向冲击，可提高纵向平稳性。

（8）装设有车钩高度调整装置，调整范围可达 35 mm，调整车钩高度作业方便。

（9）用于不同车型时，只需更换摇枕弹簧和轴箱弹簧，其他配件均可通用。

（10）除心盘、中心销在构架中心位置，其他大部分配件均在构架外侧，便于库列检和列检及检车乘务员检修作业。但是 209T 型转向架在运用中需要检查的配件全部在构架外侧，在列车检查中使检车员在站台侧无法通行，特别是高站台时，作业比较困难。

（二）209T 型客车转向架组成

该型转向架主要由构架、轮对轴箱油润装置、摇枕弹簧悬挂装置、基础制动装置、轴温报警装置 5 部分组成。

1. 构架

209T 型转向架的构架为铸钢一体式 H 形构架，如图 4-11 所示。在构架侧梁外部装有横向缓冲器，它由挡轴、缓冲橡胶组成。组装时，将缓冲橡胶压入构架侧梁外部的缓冲器座内即可。横向缓冲器和摇枕每侧间隙为（25±2）mm，两侧间隙之和不大于 50 mm。构架两侧梁中心距为 1 943 mm。

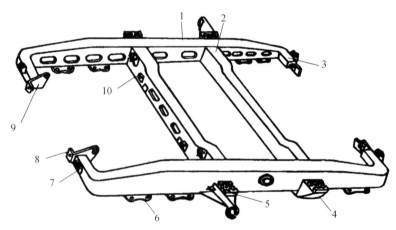

1—侧梁；2—横梁；3—小端梁；4—摇枕吊座托架；5—摇枕吊座；6—轴箱弹簧支柱座；
7—闸瓦托吊座；8—缓解弹簧座；9—固定杠杆支点座；10—制动拉杆吊座。

图 4-11　H 形构架

2. 摇枕弹簧悬挂装置

209T 型转向架的摇枕弹簧悬挂装置为摇动台式，采用单节长吊杆、构架外侧悬挂、带油压减振器的摇枕圆弹簧组。其结构如图 4-12 所示。

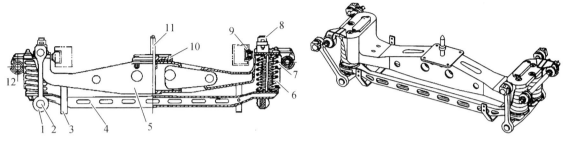

1—摇枕吊；2—摇枕吊轴；3—安全吊；4—弹簧托梁；5—摇枕；6—摇枕弹簧；
7—油压减振器；8—下旁承；9—横向缓冲器；10—下心盘；
11—中心销；12—纵向牵引拉杆。

图 4-12　摇枕弹簧悬挂装置

下旁承用螺栓组装在摇枕端部，位于构架侧梁外侧，两旁承中心距为 2 390 mm。在构架侧梁外侧和摇枕两端斜对称焊有牵引拉杆座，用具有橡胶弹性节点的牵引拉杆（见图 4-13）将摇枕和构架相连。牵引拉杆的组装应在落车找平后进行。摇枕弹簧装置由圆弹簧组和油压减振器组成。摇枕弹簧横向中心距为 2 510 mm。

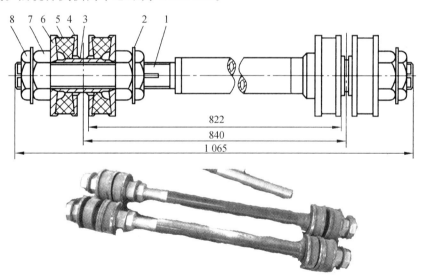

1—拉杆；2—止推垫圈；3—隔套；4—内夹板；5—橡胶垫；6—外夹板；
7—螺母 M42；8—薄螺母 M42。

图 4-13　牵引拉杆组成

摇枕吊通过摇枕吊销及两块支承板垂直悬挂在摇枕吊座上（见图 4-14）。支承板上的圆孔做成上、下偏心 25 mm，支承板下部还可安放 10 mm 厚以内的垫板，形成了钩高调整装置。车钩高度的调整范围最大可达 30 mm。

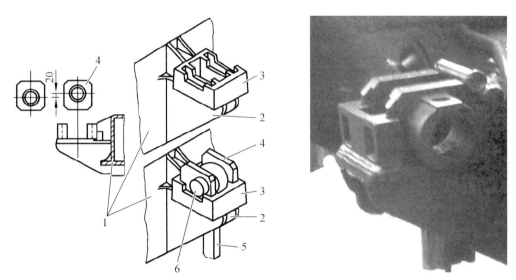

1—侧梁；2—摇枕吊座托架；3—摇枕吊座；4—支承板；5—摇枕吊；6—摇枕吊销。

图 4-14　摇枕吊座及托架

3. 轮对轴箱弹簧装置

209T 型转向架的轮对轴箱油润装置为无导框式结构，与 209 型转向架相同，是由轮对轴箱装置、轴箱弹簧装置及轴箱定位装置三部分组成。

轮对采用标准的 RD3 型轮对。轴箱装置为无导框式带轴箱弹簧托盘的滚动轴承轴箱。装用的轴承型号为 42726QT、152726QT 单列向心短圆柱滚子轴承或进口 SKF 轴承。为了提高轴箱的密封性能，209T 型转向架的轴箱装置采用了整体金属迷宫式密封结构。

轴箱弹簧采用单卷圆柱螺旋弹簧。轴箱定位装置采用了干摩擦导柱式弹性定位结构，该结构由导柱定位座、摩擦套及弹性定立套等组成，如图 4-15 所示。弹性定位套采用 Q235 号钢制成的内、外套及橡胶制成的弹性套组成，弹性套压入内、外套之间。弹性定位套的内套与弹簧支柱之间采用动配合，为了防止弹性定位套掉下来，在其下面设有挡盖，用 3 个 M10×25 的螺栓紧固在端盖上，并装有弹簧垫圈，用 $\phi 1.6$ mm×170 mm 的低碳钢丝将 3 个螺柱方头穿孔并拧紧以防止松动。端盖与弹簧支柱下端的内圆面采用过盈配合压装在一起。定位座组成包括定位座和摩擦套。定位座为 ZG25Ⅱ铸钢件，摩擦套采用 HZ-801 耐磨材料制成，这种材料具有自润滑擦系数低（0.10 ~ 0.15）、耐磨、基本不磨耦合件等特点。摩擦套分为上、下两部分（上部长 80 mm，下部长 64 mm），主要是为克服套过长制作困难而设计。采用这种结构，由于弹性定位套与定位座之间的间隙（即定位间隙）很小（直径差 0.5 ~ 0.8 mm），且弹性定位套中的橡胶有一定的刚度，因此能起抑制轮对蛇行运动的作用，实现轮对轴箱与构架在纵、横方向的定位。

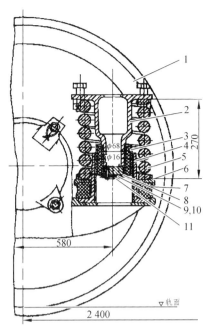

1—轮对；2—弹簧支柱；3—弹性定位套组成；4—定位座组成；5—轴箱弹簧；6—支持环；
7—橡胶缓冲垫；8—挡盖；9—螺栓（M10×25）；10—弹簧垫圈；11—低碳素结构钢钢丝（ϕ1.6×170）。

（a）干摩擦导柱式弹性轴箱定位装置

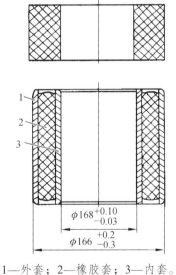

1—外套；2—橡胶套；3—内套。

（b）弹性定位套组成

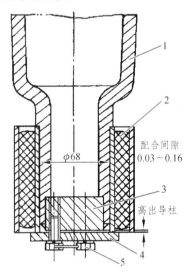

1—弹簧支柱；2—弹性定位套组成；3—端盖；4—挡盖；
5—螺栓、垫圈、钢丝。

（c）弹性定位套与支柱组装

图 4-15　209T 转向架轮对轴箱弹簧装置

4. 基础制动装置

209T 型转向架的基础制动装置采用杠杆传动的双侧闸瓦制动，采用双片吊挂直接作用式，如图 4-16 所示。基础制动装置主要由移动杠杆、制动拉杆、制动拉杆吊、闸瓦托、闸瓦托吊、闸瓦、闸瓦间隙调整装置、上拉杆、拉环、制动梁、制动圆销、缓解弹簧等组成。自动闸瓦间隙调整器采用 J 型。所有钢衬套均在其内表面镀铜并覆以聚四氟乙烯耐磨材料。为保证耐磨性能，要求与其配合的销或轴的表面粗糙度 Ra 达到 3.2 mm。钢衬套与圆销的配合间隙为 0.3 ~ 0.7 mm，在不降低销套最小间隙的情况下，对销、套配合间隙上限进行压缩，以增大销、套的接触面积，降低接触应力和冲击力，达到提高销、套耐磨性的目的。

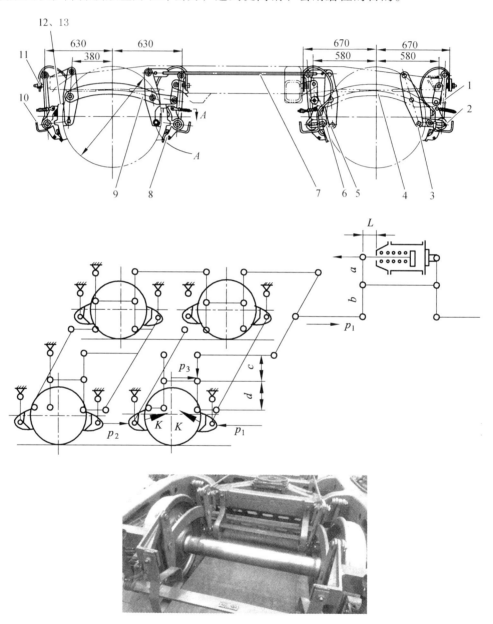

1—闸瓦托吊；2—制动梁；3—制动杠杆；4—制动拉杆；5—制动拉杆吊；6—连接板；
7—上拉杆；8—闸瓦托；9—制动拉杆；10—缓解弹簧；11—缓解弹簧压块；
12—闸瓦；13—闸瓦插销。

图 4-16 基础制动装置组成（单位：mm）

5. 轴温报警装置

轴温报警装置主要由仪器（含传感器）、轴箱体、转向架配线、配线盒、接线盒、轴箱安装孔等结构组成。其中轴温传感器安装于转向架轴箱顶部的安装孔内，并通过配线最终与乘务员室的报警仪连接，以监视列车运行中的轴温情况。

6. 轴端发电装置

由感应子发电机和发电机轴端三角皮带传动装置组成。发电机吊架焊接在 1 位转向架构架悬臂小端梁外端 3 位端角上，发电机通过 1 根吊轴吊挂在发电机吊架上。

微课：209P 型转向架

二、209P 型转向架

209P 型转向架（见图 4-17）是为适应铁路客车提速的使用要求，在 209T 型转向架基础上，采用盘形制动装置改进设计的。209P 型转向架主要装用于构造速度为 140 km/h 的各种 25 型客车。

图 4-17　209P 型转向架

（一）构架装置

构架装置主要由构架、定位挡圈、制动吊座、摇枕吊销支承板座、安全吊安装座板、牵引拉杆座、制动缸吊座、闸瓦托吊座等零件焊接而成。

构架有铸钢构架和焊接构架两种形式。铸钢构架采用 ZG230-450 制造；焊接构架由侧梁、横梁、摇枕吊座及发电机吊架等零部件组成，侧梁、横梁均采用压型结构，各零部件所用板材采用 Q235A 低碳钢钢板。

（二）轮对轴箱定位装置

209P 型转向架轮对轴箱定位装置由轮对轴箱装置、轴箱弹簧装置及轴箱定位装置三部分组成。209P 型转向架的轮对采用 RD3A、RD4A 车轴，在车轴中部 860 mm 中心距上设有 2 个宽 180 mm、粗 ϕ198 mm 的制动盘座；采用 GB 8601—1998 规定的 PD 型 A 级全加工辗钢整体车轮。轮对需做动平衡试验，以减少轮轨之间的动作用力。轮位差不大于 2 mm，同一轮对两车轮的滚动圆直径之差不大于 1 mm。轴箱装置采用整体金属迷宫式密封轴箱，内装 NJ 3226X1/NJP 3226X1 型轴承以及新的橡胶密封元件。

轴箱定位采用干摩擦导柱式弹性定位结构。采用整体硫化一次成型的弹性定位套，通过 3 个 M12 的螺栓将弹性定位套固定在导柱上，以提高运用可靠性；定位座组成中装有内表面覆聚四氟乙烯的钢背摩擦套或奥-贝铁球摩擦套，这两种摩擦套均具有自润滑性能，适于在干摩擦的环境中使用，无需加油润滑。组装后定位座与弹性定位套之间的间隙为 0.5 ~ 0.8 mm。

在轴箱两侧弹簧托盘上依次安放有定位座、缓冲胶垫、支持环、轴箱弹簧，以提高缓冲、吸振能力。轴箱弹簧采用综合性能良好的 60SiZMn 弹簧钢制造。

（三）摇枕弹簧悬挂装置

209P 型转向架摇枕弹簧悬挂装置与 209T 型转向架的基本相同。摇枕弹簧采用双卷螺旋钢弹簧，内、外卷的旋向相反，如图 4-18 所示。为降低车体的自振频率，增加平稳性，在载重条件下，转向架两系弹簧的静挠度不小于 160 mm（邮政车、行李车、特种车除外）。

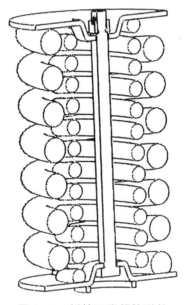

图 4-18　摇枕双卷螺旋弹簧

采用国产或进口的新型油压减振器。这类减振器具有密封、防尘、防锈性能好、阻力稳定、调整和拆卸容易、重量轻等特点。减振器阻尼系数为 100 kN·s/m。采用座式中心销，以利防腐。摇枕、托梁均为铸钢件。摇枕为等强度箱形鱼腹梁，托梁为多孔箱形梁，既保证了强度，又减轻了质量。针对 209T 型转向架摇枕与牵引拉杆座连接的筋板处强度相对薄弱的缺点，209P 型转向架的摇枕将该处筋板加强，提高了运用可靠性。

（四）基础制动装置

209P 型转向架基础制动装置采用盘形制动单元和踏面清扫单元。每个制动盘有一个盘形制动单元，由单元制动缸、手制动杠杆、内外侧杠杆、杠杆吊座、闸片托、闸片、闸片托吊、闸片吊销等零部件组成。

三、209HS 型转向架

微课：209HS 型转向架

209HS 型转向架（HS 为英文 High-Speed，即高速）是原南京浦镇车辆厂为适应 160 km/h 运行速度的需要，在 209PK 型转向架基础上，采用旁承支重、无磨耗橡胶堆轴箱定位、弹性吊杆、电子防滑器等新技术制成的一种客车转向架，如图 4-19 所示。在运行速度 160 km/h 时总体动力学性能良好，运行平稳性指标≤2.5，制动距离小于 1 400 m，达到了设计的技术要求。1994 年底 209HS 型转向架在广深线投入运行，暴露了一些问题，工厂于 1995 年 3 月开始对 209HS 型转向架进行了改进设计。改进后的 209HS 型转向架于 1996 年 10 月在沪宁线上正式运行，并于 1997 年初在北京环行道进行了 200 km/h 以上的动力学试验，均达到了预期的效果，并被铁道部定为提速客车统型转向架。

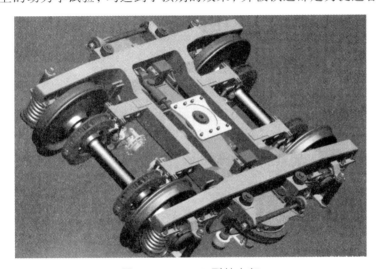

图 4-19 209HS 型转向架

（一）209HS 型转向架的主要技术特点

1. 全旁承支重

209HS 型转向架采用全旁承支重的形式，使在车辆运行时可以利用上、下旁承的摩擦力，相对车辆与转向架之间的转动中心形成摩擦力矩，有效地抑制转向架的蛇行运动，提高了转向架的蛇行失稳临界速度，并提高车辆运行的平稳性。

2. 无磨耗橡胶堆轴箱定位

轴箱定位结构采用无磨耗的橡胶堆定位。这种橡胶堆定位器外形为抛物线形状，带有缺口，可在 x、y、z 三个方向调整定位刚度，使蛇行临界速度达到最高数值，提高了高速时的横向、垂向的平稳性，使平稳性指标小于 2.5。

3. 弹性吊杆

摇动台吊杆采用无磨耗的弹性吊杆结构。这种弹性吊杆，大大减小了摇动台横向摆动时的摩擦阻力；由于加长了吊杆的有效长度，从而使二系横向刚度减小到最低数值，大大减少了轨道横向不平顺对车体的影响。

4. 电子防滑器

转向架加装微处理器控制的防滑装置，在提高制动率的情况下，车轮不产生打滑现象，充分利用黏着系数，保证在 160 km/h 速度下在 1 400 m 制动距离内安全停车。

（二）209HS 型转向架的结构特点

209HS 型转向架主要由构架、无磨耗橡胶堆轮对定位装置、中央悬挂装置、基础制动装置和轴温报警装置五大部分结构组成。

动画：209HS 型转向架
整体旋转

1. 构架组成

209HS 型转向架的构架采用 H 形全钢焊接结构，如图 4-20 所示。材料采用 16Mn 低合金钢，各梁断面为箱形结构，以达到增加强度和减轻自重的目的。构架包括两横梁和两侧梁，总长 3 286 mm，总宽 2 500 mm，摇枕吊座中心距为 2 280 mm，两侧梁中心距为 1 943 mm。侧梁内侧面焊有横向减振器座，其外侧面焊有垂向减振器座，分别用于安装横向及垂向油压减振器；横梁外侧焊有制动吊座及闸瓦托吊座，下侧焊有制动缸吊座和安全吊安装座板；摇枕吊座上平面焊有吊座，一斜对角焊有牵引拉杆座。

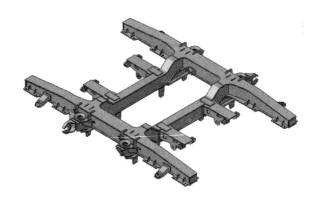

图 4-20　H 形全钢构架

2. 无磨耗橡胶堆轮对定位装置

1）轮对组成

轮对除车轴中部装有两个制动盘外，其余同 RD3 轮对。车轮与车轴配合采用突悬结构，突悬量为 5 ~ 10 mm，以提高轮座的疲劳强度。制动盘与车轴为过盈配合，采用压装形式，其压装吨位 20 ~ 37 t，并有合格的压力曲线。轮对组装后需做动平衡试验，允许不平衡值为 0.75 N·m，不平衡值一般采用去重法处理。该转向架的轴承进口 SKF 公司 BC1B322880、BC1B322881 轴承。

2）制动盘

采用 H300 型制动盘，该种制动盘由特种铸铁制成的两个对分式摩擦盘和一个铸钢的盘毂组成，两者之间用 8 个径向排列的弹性销套相连接，弹性销套中间穿有螺栓，便于磨耗到限后不退轮更换。摩擦盘上加工有磨耗限度的标志，磨耗限度为每侧 7 mm。在正常情况下，摩擦盘使用寿命和车轮寿命相当。

3）橡胶堆定位器

209HS 型转向架轴箱定位采用无磨耗轴箱定位装置，该装置使用橡胶堆定位器（见图 4-21），既避免了有害的磨损，又容易实现轴箱在三个方向定位刚度的最佳匹配。在 209PK 型转向架结构基础上，将轴箱内部的摩擦套改为橡胶堆定位器。橡胶堆定位器由天然橡胶与 Q235-A 钢板用特种黏结剂黏结硫化而成。定位器经过了严格的高低温、静动特性试验和 200 万次疲劳试验，使用寿命定为 4 年。为实现纵向刚度大于横向刚度，在橡胶堆定位器横向开有缺口。安装时应将定位器的缺口方向沿着车轴方向，并由定位块定位。横向开的缺口运用当中不能大于 45°。

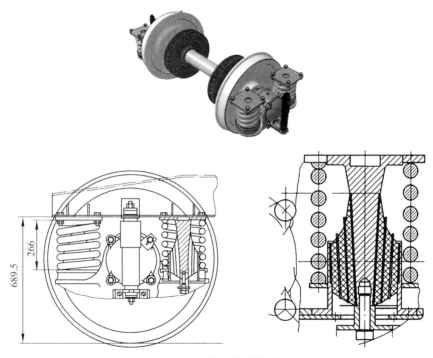

图 4-21　橡胶堆定位器

3. 中央悬挂装置

209HS 型转向架的中央悬挂装置是由摇枕装置、旁承支重装置、弹性摇枕吊装置、牵引装置、弹簧托梁装置、空气弹簧装置、横向缓冲器和油压减振器等组成，如图 4-22 所示。

1）摇枕装置

摇枕采用钢板焊接结构，制成鱼腹形，钢板采用 16MnR。摇枕内部分成左右两个独立的空间，作为空气弹簧附加空气室，每个附加空气室容积为 57 L。为保证摇枕内腔的气密性，摇枕焊接后要进行 1.6 MPa 的水压试验，并经振动法消除焊接应力。

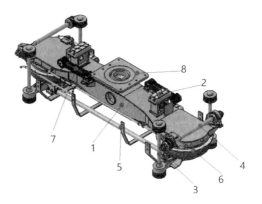

1—摇枕吊；2—摇枕吊轴；3—安全吊；4—纵向牵引拉杆；5—弹簧托梁；6—空气弹簧；
7—摇枕；8—下心盘。

图 4-22　中央悬挂装置

2）旁承支重装置

209HS 型转向架采用全旁承支重，其结构由下旁承、旁承板、调整垫等组成。旁承板摩擦面和上旁承形成一对平面摩擦副，利用摩擦副的摩擦力矩有效地抑制转向架的蛇行运动。

3）弹性摇枕吊装置

为消除吊杆两端有害摩擦和磨耗，在吊杆端部加设橡胶堆，以实现无磨耗。橡胶堆有减振和隔音的作用；同时设计时增加了摇枕吊杆有效长度，降低二系横向刚度，提高横向振动性能。

4）牵引装置

采用了旁承支重后，转向架上取消了原上、下心盘的牵引结构，而改为由安装在车体枕梁上的中心销穿入装于摇枕中部的橡胶套实现弹性牵引，从而降低了牵引中心，减小了轴重转移，同时起到缓冲、减振和隔音作用，并以此作为车体与转向架的回转中心。

5）弹簧托梁装置和连杆装置

弹簧托梁由左、右弹簧座、扭杆组成、连接轴及调节杆安装座等组成。弹簧座为铸钢件，其中间设有 $\phi 74$ mm 深 10 mm 的槽，作为安装空气弹簧时定位之用。

动画：弹簧托梁装置

6）空气弹簧装置

空气弹簧安装在弹簧托梁上，它的上盖与摇枕下平面空气弹簧定位圈相对应，底座和上盖中心均设有定位凸台，上盖中心设有 M42×2 mm 的螺孔与摇枕附加空气室相连。空气弹簧充气后，标准状态时高度为 192 mm（包括 4 mm 橡胶上垫高度为 196 mm），如图 4-23 所示。

图 4-23　弹簧减振装置

7）横向缓冲器

横向缓冲器安装在摇枕下旁承座内，它与构架侧梁内侧面相对应，它们之间的间隙大小将影响摇枕相对于构架的横向位移和车体的横向平稳性指标，对于 209HS 型转向架，该间隙值应控制在（35±2）mm 之内。

8）油压减振器

二系垂向油压减振器安装在构架和摇枕之间，用于衰减车体的垂向振动。横向减振器水平安装在构架和摇枕之间，以衰减车辆的横向振动。通过选择合适的阻尼值与悬挂刚度相匹配，可获得良好的运行平稳性和舒适性。

4. 基础制动装置

基础制动采用盘形制动和单侧踏面制动，并加装电子防滑器（见图 4-24）。每个制动盘有一个盘形制动单元，由制动缸和内外侧杠杆、杠杆吊座、闸片托、闸片、闸片托吊和闸片吊销等零部件组成，以三点悬挂式悬挂在构架横梁的制动吊座上。每个车轮装有一个踏面制动单元，由制动缸和闸瓦托吊组成。制动率分配上以盘形制动为主，踏面制动仅占百分之十几，主要起清扫踏面作用。

图 4-24　基础制动装置

任务四　206 系列客车转向架

任务描述

本任务是对 206 系列转向架结构组成、特点的整体认知。通过本任务的学习，使学生掌握 206 系列转向架的分类、结构特点，为从事车辆转向架故障检查打下理论基础。

任务引入

206 系列客车转向架是铸钢结构的无导框式 D 轴转向架，它主要由构架组成、中央悬挂装置、轮对轴箱装置、基础制动装置及发电机轴端三角带传动装置等组成。它的主要结构特点是构架侧梁中部下凹成 U 形，使摇枕得以从构架侧梁上部通过。这样的结构形式便于增加摇枕弹簧的静挠度和加大摇枕弹簧的横向距离，从而增加车辆运行中的垂向和纵向稳定性，同时也为取消摇动台、简化结构提供方便。经过不断地改进和发展，已形成 206 型、206G 型、206P 型、206WP 型、206KP 型、SW-160 型、SW-220K 型等系列转向架。

背景知识

一、206KP 型转向架

206KP 型客车转向架（K 代表空气弹簧，P 代表盘形制动）是 206 系列客车转向架之一，它是在学习和吸收国内外已成熟的经验和先进技术基础上，为广深线准高速客车配套设计的一种转向架，如图 4-25 所示。

206KP 型转向架适用于车辆总质量不超过 58 t，连续运行速度为 140 km/h，平直线路上紧急制动距离满足 1 100 m 的要求。

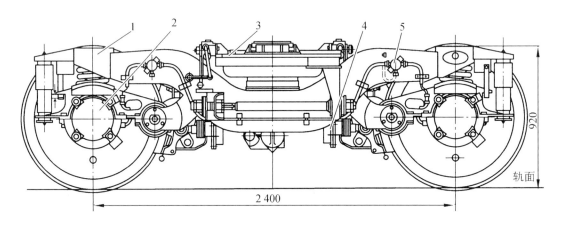

1—构架组成；2—轮对轴箱装置；3—中央悬挂装置；4—基础制动装置；
5—转向架轴温报警装置。

图 4-25　206KP 型客车转向架

（一）206KP 型转向架的主要技术特点

（1）全旁承支重。206KP 型转向架采用全旁承支重的形式，有效地抑制转向架的蛇行运动，提高了转向架的蛇行失稳临界速度，并提高车辆运行的平稳性。

（2）中央悬挂为无摇动台结构。206KP 型转向架采用无摇动台结构，在空气弹簧下面加装圆形叠层橡胶弹簧，该结构简单，并容易保证中央悬挂装置横向具有较柔软的刚度。叠层橡胶弹簧在空气弹簧无气时仍保证悬挂系统有一定的弹性支承。

（3）转臂式轴箱定位。转臂式轴箱定位装置既无磨耗，利于维修，又能实现不同的纵向和横向定位刚度，从而有效地抑制转向架的蛇行运动，以满足车辆横向动力性能的要求。

（4）电子防滑器。转向架安装电子防滑装置，以实现充分利用轮轨间的黏着系数，保证在 140 km/h 速度下在 1 100 m 制动距离内安全停车，同时防止擦伤车轮。

（二）206KP 型转向架的结构特点

206KP 型转向架主要由构架、轮对轴箱弹簧装置、中央悬挂装置、基础制动装置、轴温报警装置 5 部分组成。

1. 构架组成

206KP 型转向架构架采用焊接一体结构（见图 4-26），由两根横梁和两根侧梁组成。侧梁为 U 形结构，由两块厚 14 mm 的钢板热压成槽形的梁体对焊而成。侧梁中部上面焊有空气弹簧承载座，其内腔为封闭式，作为空气弹簧的附加空气室，每个侧梁内腔容积约 65 L。为保证气密性的要求，每个附加空气室均进行泄漏试验，并应合格。横梁及侧梁端部的轴箱弹簧座分别为壁厚 12 mm、14 mm 的圆管型材。构架上还设置有制动吊座、减振器座、拉杆座、扭杆座、轴箱定位转臂座等配件。构架组成中除减振器座、定位转臂座为铸钢件外其余均为钢板件，构架组焊后经退火处理，消除其焊接应力。

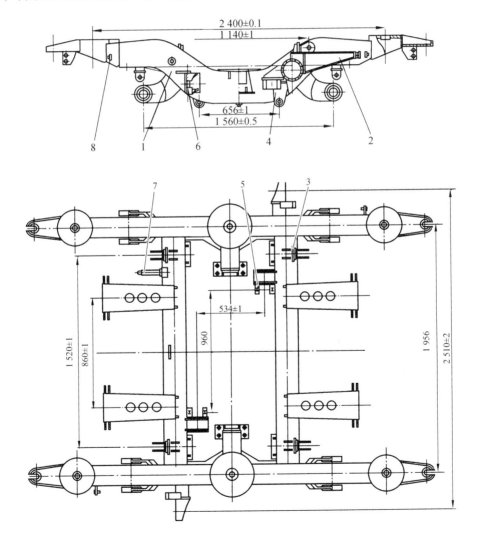

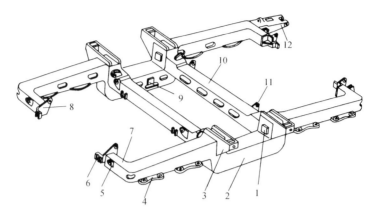

1—构架；2—制动吊座；3—闸瓦托吊座；4—制动缸安装座；5—横向减振器座；
6—纵向牵引拉杆座；7—手制动转臂轴；8—地线接线座。

图 4-26　构架组成

2. 轮对轴箱弹簧定位装置

轮对采用 RD3P 型，车轮为表面加工的 A 级轮。轮对组装完成后进行动平衡试验，动不平衡量要小于 0.75 N·m，动平衡的校正采用加重法，平衡块用螺栓固定于轮辋内侧斜面部位。为适应 160 km/h 速度要求，轴承选用瑞典 SKF 公司产品，轴承润滑脂也选用 SKF 公司产品。轴箱密封采用整体金属迷宫式密封结构，轴箱前盖、防尘挡圈及轴端压盖等与国内 D 轴普通客车转向架（206、209）通用。如图 4-27 所示，轴箱弹簧定位装置采用单转臂无磨耗弹性轴箱定位。轴箱顶部安装单组双圈螺旋弹簧，并加装橡胶垫，其外侧安装单向油压减振器。轴箱两侧设有承载座，定位转臂落在上面，中间加一层薄的石棉橡胶垫起防滑作用，通过 4 个 M20 螺栓固定。更换轮对时只需将 4 个 M20 螺栓卸下，顶起构架，即可推出轮对，而不需分解定位转臂及弹簧悬挂系统等。

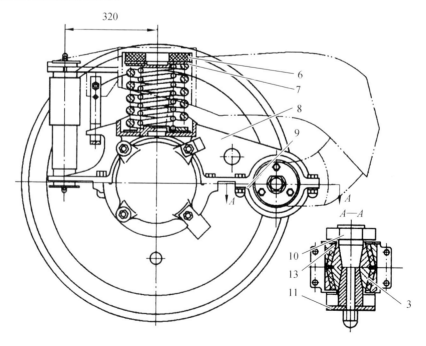

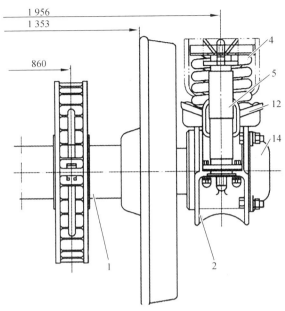

1—轮对组成；2—轴箱体组成；3—弹性定位套组成；4—轴箱弹簧组；5—单向油压减振器；
6—缓冲胶垫；7—弹簧夹板；8—定位转臂；9—夹紧箍；10—定位轴；11—定位套；
12—轮对提吊；13—调整垫圈；14—轴箱前盖。

图 4-27　轮对轴箱弹簧定位装置

3. 中央悬挂装置

206KP 型转向架中央悬挂装置采用无摇动台的空气弹簧悬挂型式，结构非常简单，采用全旁承支重形式，如图 4-28 所示。在车体枕梁上安装牵引销轴，作为车体与转向架的回转中心，该销轴只起传递牵引力、制动力及横向力的作用。摇枕与构架之间分别设有纵向牵引拉杆、横向缓冲器及横向油压减振器，以改善转向架的运用性能。由于空气弹簧存在垂向刚度低、横向跨距小（1 956 mm）及其抗侧滚能力差等缺点，中央悬挂安装了抗侧滚扭杆装置，以提高车辆抗侧滚能力。转向架上安装有扭杆安全吊，可以防止空气弹簧因高度控制阀失灵而造成过充气或扭杆的意外脱落。空气弹簧的充排气及压力差控制系统由高度控制阀、差压阀及空气管路等组成。这些结构与 209PK 型转向架的相应构件作用原理基本相同，只是结构尺寸有所不同。

中央悬挂装置采用自由膜式空气弹簧，弹簧由自由膜式橡胶囊、上盖、底座与橡胶硫化成一体的底座组成、压盖、压环及节流阀等组成。由于转向架没有摇动台，空气弹簧采用了橡胶堆结构，尽量降低其横向刚度，以获得好的横向振动性能。

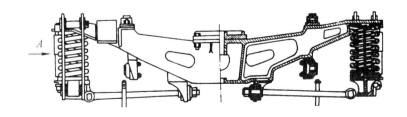

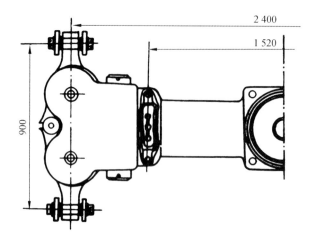
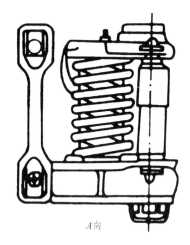

图 4-28　中央悬挂装置

动画：抗侧滚扭
杆工作原理

动画：高度阀
作用原理

动画：高度阀结构

动画：差压阀结构

动画：差压阀的
作用原理

4. 基础制动装置

206KP 型转向架的基础制动采用盘形制动加单侧闸瓦制动形式。转向架每个轮对上都安装有两个制动盘和两个单侧踏面制动装置。制动盘采用高温疲劳性能良好的蠕虫状石墨铸铁材料，与闸片构成一对摩擦副，经试验和运用证明，该结构摩擦系数稳定，耐磨性好。每车 1 位转向架的 1 位盘形制动单元装由手制动转臂组成，通过转臂组成将车上的手制动装置产生的制动力传递到制动盘闸片上，从而获得所需的制动力。

每个盘形制动单元和踏面制动单元均有一个单元制动缸，该制动缸带有单向闸瓦间隙自动调整器。随着闸瓦（闸片）的磨耗，制动缸活塞行程伸长；当制动缸活塞行程超过规定的最大允许值时，闸调器可以自动调整闸瓦间隙，保证制动缸工作行程缩回到 6 ~ 8 mm 的规定范围内。

二、SW-160 型转向架

SW 代表 SifangWorks（字母 S 代表四方，W 代表机车车辆工厂），是在 206KP 基础上优化了一系、二系悬挂系数，采用轴盘式基础制动装置的客车转向架，主要有 SW-160、SW-200、SW-220K 等型号。

（一）SW-160 型转向架概述

SW-160 型转向架（SW 代表四方工厂，160 代表构造速度）继承了 206KP 较为成熟和稳定的技术特点，并在 206KP 型转向架的基础上做如下改进：牵引销由圆锥形改为圆柱形，以减少回转阻尼；改进构架的结构和制造工艺，以提高强度减少裂纹的发生；改进轴箱弹簧上盖板形状，以避免轴箱弹簧与上盖板相碰；改进轴箱弹簧定位装置结构，以便于检修；增大空气弹簧的间距，采用外侧支悬结构，以提高车辆的运行平稳性。如图 4-29 所示，该转向架从 1998 年开始运用于 25 型高档餐车、软卧车及提速客车上。

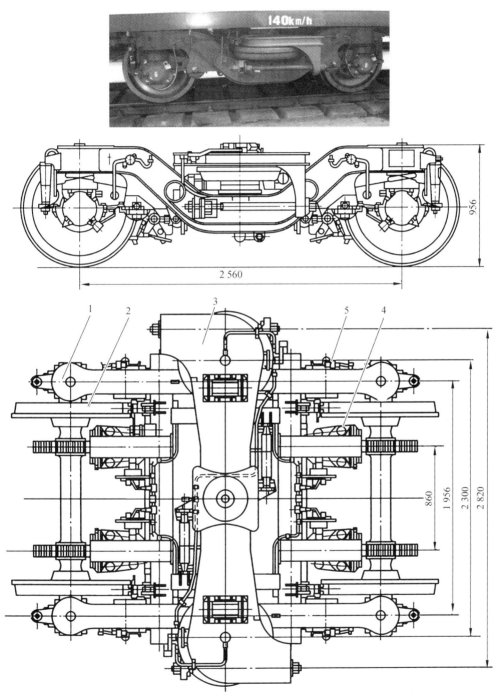

1—构架组成；2—轮对轴箱装置；3—中央悬挂装置；4—基础制动装置；5—轴温报警装置。

图 4-29　SW-160 型转向架

（二）SW-160 型转向架的结构特点

1. 构架组成

如图 4-30 所示，SW-160 型转向架构架采用焊接结构。构架仍采用 U 形侧梁，与 206KP 型转向架相同，但其结构有较大区别：侧梁由压型改为 4 块钢板拼焊形式，克服了 206KP 型转向架构架侧梁因模具所限而影响二系悬挂参数选择的缺点；空气弹簧设置在侧梁的外侧，从而增大了空气弹簧支点的横向距离，与之配套，在侧梁外面的两横梁间设一箱形空气弹簧支承梁，支承梁和横梁相连通，作为附加空气室。

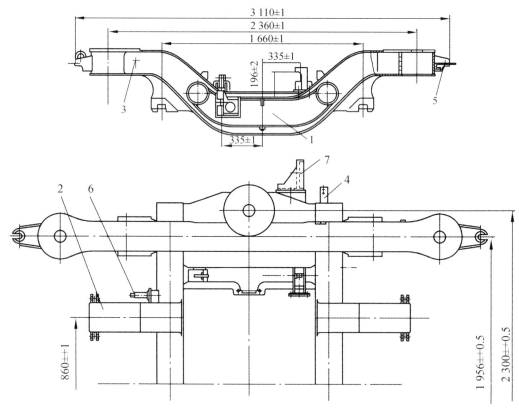

1—构架；2—制动吊座；3—地线接线座；4—调整杆座；5—轴箱减振器座；
6—手制动转臂座；7—牵引拉杆座。

图 4-30　构架组成

2. 轮对轴箱弹簧装置

SW-160 型转向架轮对轴箱装置采用与 206KP 型相同的单转臂无磨耗弹性轴箱定位和轴箱顶部单组双圈螺旋弹簧加橡胶垫及垂向油压减振器的弹簧减振形式。如图 4-31 所示，将原 206KP 型的转臂定位销由圆形销轴改为梯形槽结构；在轴箱底部、两侧均设轴温传感器安装位以方便传感器安装；大大增加了轴箱弹簧筒和轴箱弹簧间的间隙，尤其是纵向方向，将弹簧筒断面由圆形改为长圆孔，以减少弹簧与弹簧导筒的磨耗。轴箱弹簧两端设有弹簧夹板，使在组装、分解定位转臂时，避免弹性定位套产生过大的扭转角。

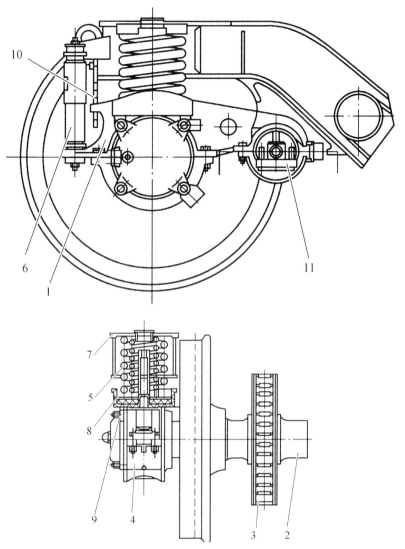

1—定位转臂组成；2—轮对；3—制动盘；4—轴箱；5—轴箱弹簧组；6—垂向油压减振器；
7—上弹簧夹板组成；8—下弹簧夹板组成；9—缓冲胶垫；
10—轮对提吊；11—定位挡板。

图 4-31　轴箱弹簧定位装置

3. 中央悬挂装置

SW-160 型转向架中央悬挂装置采用无摇动台结构。采用新研制的 SYS640 型自密封式空气弹簧，主要由上盖、橡胶囊、支承座、橡胶堆和节流阀等组成，并将空气弹簧横向间距增大至 2 300 mm，形成外侧悬挂，增大了转向架的抗侧滚刚度，使取消抗侧滚扭杆装置成为可能。纵向牵引拉杆采用弹性牵引拉杆结构。

摇枕采用封闭箱形焊接结构，增强了承载部位的强度和刚度，并将空气弹簧的供风改为上进式，使得摇枕与空气弹簧的定位也更加准确方便。采用全旁承支重，选用 65Mn 上旁承与具有自润滑特性的氟塑料金属摩擦块；车体与转向架之间的水平载荷的传递采用圆柱截面牵引销、套（内、外钢套中间为硫化橡胶）配合的新型结构。

4. 基础制动装置

SW-160 型转向架基础制动装置基本结构与 206KP 型转向架相同。盘形制动缸为浮动式吊挂，两种单元制动缸均设有单向自动闸瓦间隙调整器，1 位转向架 1 位盘形制动单元设有手制动功能。

任务五　CW 系列客车转向架

任务描述

本任务是对轮对的作用，车轴、车轮的结构和类型的整体认知。通过本任务的学习，使学生掌握铁道车辆车轴、车轮的组成部分和结构特点，为从事车辆轮对故障检查打下理论基础。

任务引入

CW 系列客车转向架有 CW-1 型、CW-2 型、CW-200 型和 CW-200K 型等。字母 C 代表长春，字母 W 代表客车工厂。CW-1 型转向架摇枕弹簧采用钢弹簧，CW-2 型转向架则采用空气弹簧。快速客车上使用 CW-2C 型转向架和 CW-1B 型转向架（发电车用）；CW-2 型转向架经过对构架改进和加强，在目前国内客车上已装用有 CW-2B、CW-2C 和 CW-2E 型三种转向架。CW-200 型和 CW-200K 型转向架为高速客车转向架。

背景知识

一、CW-2C 型和 CW-200 型转向架

（一）CW-2C 型转向架

动画：CW-2C 型转向架简介

动画：CW-2C 型转向架力的传导顺序

1. 构架组成

CW-2C 型转向架采用 16MnR 或 16Mn 低合金结构钢焊接 H 形构架（见图 4-32）。构架由 2 个直侧梁和 2 个直横梁组成，两侧梁端部斜对称焊接 2 个横向控制杆安装座，两侧梁中部 4 个 116 mm×116 mm 方孔是为安装摇枕吊杆而设。4 个轴箱节点定位座和 2 个牵引拉杆座用螺栓固定在侧梁上。横梁外侧焊有盘形制动吊座，侧梁下部焊有踏面清扫器座。

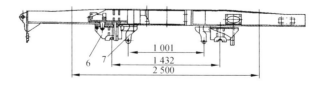

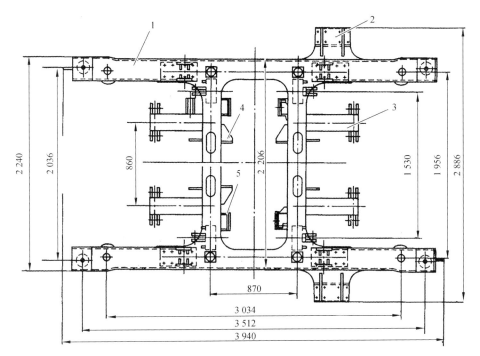

1—构架；2—牵引拉杆座；3—盘形制动吊座；4—横向减振器座；5—纵向止挡；
6—定位座；7—踏面清扫器座。

图 4-32 CW-2C 型构架组成

2. 中央悬挂装置

动画：CW-2C 型转向
架中央悬挂装置

CW-2C 型转向架的中央悬挂装置采用带有空气弹簧的摇动台结构（见图 4-33），由摇枕、空气弹簧、弹簧托梁、摇枕吊杆、下旁承、横向油压减振器、抗侧滚扭杆装置、牵引拉杆、横向拉杆和横向止挡等零部件组成。

摇枕为箱形焊接结构，其内分为左、右两个部分，分别作为左、右两个空气弹簧的附加空气室，每个附加空气室容积为 60 L。采用全旁承支重，旁承磨耗板为钢板上涂覆聚四氟乙烯复合层（复合层厚度为 1.5 mm）；为防止灰沙侵入磨耗板摩擦表面，在旁承座板上开有沟槽，内装密封毡条。

摇枕两端与构架间装有弹性横向止挡，以限制摇枕的横向位移。摇枕与构架间装有牵引拉杆起牵引作用，牵引拉杆端部均为橡胶套连接。摇枕与构架间还装设 1 个横向油压减振器以控制横向振动。

3. 轮对轴箱装置

CW-2C 型转向架采用转臂式轴箱定位装置（见图 4-33）及与其匹配的横向控制杆。轴承采用进口 SKF 或 NSK 滚动轴承。转向架的 1、3、5、7 位轴头装有防滑器的传感器和测速齿轮。

4. 基础制动装置

CW-2C 型转向架基础制动装置采用单元式盘形制动系统和轴端式电子防滑器。

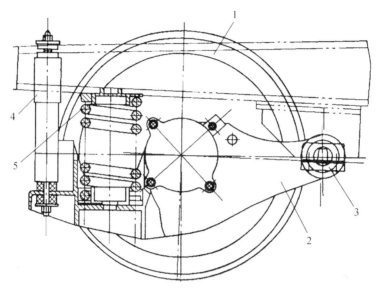

1—轮对；2—轴箱体；3—弹性定位套；4—油压减振器；5—轴箱弹簧。

图 4-33　轴箱定位装置

（二）CW-200 型转向架

CW-200 型转向架（见图 4-34）是长春客车厂对 CW-2 型转向架的改进型，采用无摇动台、无摇枕结构，字母 C 代表长春，字母 W 代表车工厂，"200" 代表车辆最高运行速度。1998 年 6 月下旬在郑武线做了速度 200 km/h 以上的正线试验，此后，根据各方面的试验数据，对该转向架在结构和工艺方面进行了进一步改进和完善。CW-200 型无摇枕转向架现已成功应用于北京双层内燃动车组和广深 200 km/h 交流电动车组。

图 4-34　CW-200 型转向架

1. 构架组成

CW-200 型转向架构架为 H 形焊接结构，由 2 根侧梁和 2 根横梁组成，如图 4-35 所示。侧梁为中间下凹鱼腹形，由 4 块钢板组焊成箱形封闭结构。侧梁内部有密封隔板使侧梁内腔成为空气弹簧的附加空气室。横梁采用日本进口无缝钢管，在侧梁上焊有定位座、横向减振器座、高度阀座和防过充装置座等，在横梁上焊有盘形制动吊座、抗侧滚扭杆座等。构架组成质量约为 1 089 kg，质量较轻。

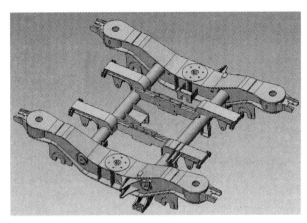

图 4-35　构架

2. 轮对轴箱装置

CW-200 型转向架采用无磨耗转臂式定位装置，如图 4-36 所示。定位装置的纵向、横向刚度主要由橡胶节点来提供。根据动力学计算和试验研究，CW-200 型转向架橡胶节点纵、横向刚度比取为 2∶1，以保证车辆在直线上运行时具有较高的临界速度，而在曲线运行时具有良好的导向性能，从而减少轮轨间的侧向力，减轻轮缘磨耗。一系悬挂的垂向刚度主要取决于轴箱顶部的双圈圆簧，设计时尽量增大其静挠度，以提高转向架的垂向动力学性能。在轴箱弹簧外侧设有垂向减振器，该减振器可有效地控制转向架点头振动。

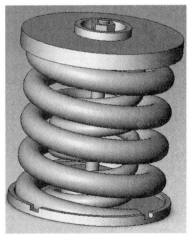

图 4-36　轴箱定位装置

3. 中央悬挂装置

CW-200 型转向架的最大优点就是中央悬挂装置（见图 4-37）结构简单，取消了传统的摇枕和旁承等零部件，这样既减轻了转向架的质量，又大大简化了转向架的结构，便于检修。

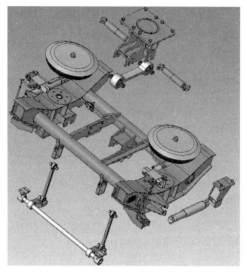

图 4-37　中央悬挂装置

车体通过 4 个空气弹簧直接支承在转向架侧梁上，车体和转向架间对称地装有 2 个横向减振器和横向缓冲器，以改善车辆横向振动性能。横向缓冲器和止挡单边的自由间隙为（40±2）mm。空气弹簧采用日本进口的高柔性空气弹簧，横向变位可达 110 mm 以上；垂向最大可伸长 40 mm，压缩 30 mm，当量静挠度为 304 mm，内部带有节流阀，替代垂向油压减振器起减振作用。每个空气弹簧设一个高度控制阀，用于维持车体在不同静载荷下都与轨面保持一致的高度，在直线上运行时，车辆正常振动下不发生进排气作用。在侧梁上两个附加空气室间装有日本产 DP3 型差压阀，起安全作用。在车体与构架间设有空气弹簧防过充用的钢丝绳，在车体与构架间还装有抗侧滚扭杆，防止车体通过曲线时发生过大侧滚。

4. 基础制动装置

CW-200 型转向架基础制动（见图 4-38）采用盘形制动 + 电子防滑器，每轴设有 3 个制动盘。制动缸、闸片和钳夹均采用 KNORR 或 SAB 公司的进口件。目前用于速度在 200 km/h 以下的 CW-200 型转向架，其每轴为 2 个制动盘，转向架上为 4 个盘形制动吊架。

图 4-38　基础制动装置

二、CW200K 型转向架

CW-200K 型转向架是在 CW-200 型转向架的基础上改进并借鉴和吸收国外高速转向架结构，自主研制开发的，用于运行速度 160 km/h 的转向架。

（一）结构特点

CW-200K 型转向架为无摇枕、无摇动台、无旁承型式。轴箱定位采用可分离式轴箱转臂定位方式。中央悬挂采用空气弹簧及减振器。牵引方式为单牵拉杆。基础制动为每轴两个制动盘的单元制动方式。转向架主要由构架组成、轴箱定位装置、中央悬挂装置、盘形制动装置等组成，如图 4-39 所示。

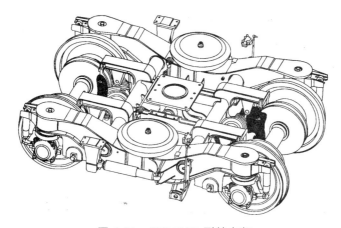

图 4-39 CW-200K 型转向架

1. 构架（见图 4-40）

构架为 H 形钢板焊接结构，由两根侧梁和两根横梁组成。侧梁为中间下凹的鱼腹形，由 4 块钢板组焊成箱形封闭结构。侧梁内有密封隔板，使内腔成为空气弹簧的附加气室。横梁采用日本进口无缝钢管。在侧梁上焊有定位座、横向减振器座、高度阀座和防过充装置等。在横梁上焊有盘形单元制动吊座、抗侧滚扭杆座、牵引拉杆座等。构架组成质量约为 1 435 kg。

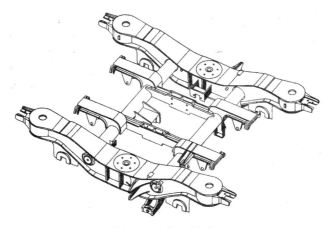

图 4-40 构架组成

2. 轮对轴箱装置（见图 4-41）

车轴为 RD3A1 型（2002 年前出厂的 CW-200 型转向架车轴曾刻打为 RD3B 型，而轴身为两个制动盘座），轴颈中心距为 2 000 mm，轴重（负荷）为 16.5 t。

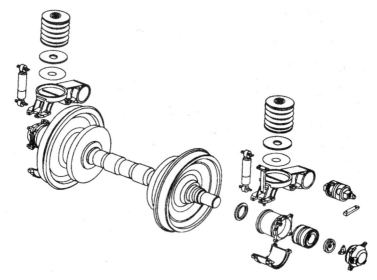

图 4-41　轮对轴箱装置

车轮为 KKD 型、LM 磨耗型踏面。轮对组装后动平衡值不大于 75 g·m。轴承采用 SKF 短圆柱滚子轴承，外形尺寸为 130 mm×250 mm×（2×80）mm。轴承脂为国产Ⅲ型滚动轴承润滑脂。轴箱体上装有轴温传感器，每个车轴的一端装有用于防滑器的测速齿轮以及防止轴承发生电蚀用的接地装置。

3. 轴箱定位装置

轴箱定位采用分体式轴箱结构的无磨耗转臂式结构。轴箱转臂一端与轴箱体连接，另一端压装于定位节点并通过定位座与构架相连，如图 4-42 所示。

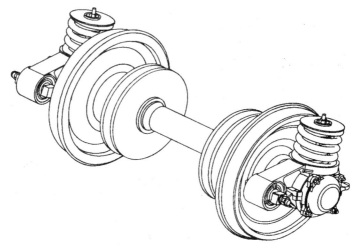

图 4-42　轴箱定位装置

轴箱定位节点组成包括轴箱定位转轴、定位套，是轮对轴箱与构架联系的纽带，它决定轮对轴箱对于构架定位的刚度并承受两者交变的纵向和横向力。轴箱弹簧由内、外卷弹簧，上、下夹板及预压紧螺栓组成为一体，螺母上有一销孔，弹簧组装后用销子穿入螺母销孔内，整套轴箱弹簧装在轴箱顶部。

4. 中央悬挂装置

中央悬挂装置包括空气弹簧及其附属的高度阀、差压阀，以及横向止挡、横向减振器、抗蛇行减振器、抗侧滚扭杆、牵引装置等主要部件，如图 4-43 所示。空气弹簧由上盖板、空气胶囊、底座橡胶垫和可变节流阀组成。

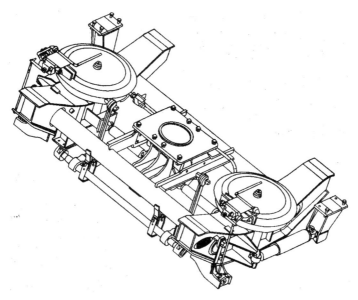

图 4-43　中央悬挂装置

5. 基础制动装置

基础制动装置包括每根车轴安装的两个制动盘和两个带有闸片间隙自动调整的盘形制动单元。闸片为粉末冶金制品。

任务六　动车转向架

任务描述

本任务通过对 CR400AF 型动车组转向架构架、轮对轴箱装置、二系悬挂装置、驱动装置、基础制动装置的学习，使学生熟练掌握 CR400AF 型动车组转向架各组成部分的详细结构及作用。

任务引入

动车组列车之所以能够高速运行，这与动车组的转向架有很大的关系。通常情况下，把两个或者多个轮对用专门的构架组装在一起，组成一个可以直接支撑车体的小车，这个小车被称为转向架。

对于动车组或者普通的火车来说，转向架是列车最重要的部分。转向架的结构是否合理，会直接影响到动车组列车的平稳性、稳定性和安全性，对于所有的高速列车而言，高速、稳定、安全的运行都离不开转向架技术。那么对于运行速度很高的动车来说，它的转向架结构和普通列车是否一样呢？

背景知识

一、CR400AF 型动车组

（一）概述

CR400AF 型动车组动车转向架型号为 SWM-400E1，拖车转向架型号为 SWT-400E1，如图 4-44、图 4-45 所示。该主体结构同 CRH380A，采用两轴无摇枕结构，LMA 踏面，沿用 H 形焊接构架、单牵引拉杆、盘形制动等成熟结构。两级悬挂转向架的设置能够使轮对与构架、构架与车体整体起吊。车轮直径为 920 mm，动车 2 轮盘，拖车 3 轴盘制动，设安全冗余轴温监测、失稳监测。

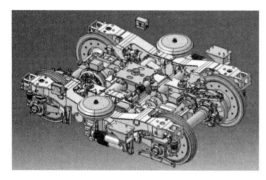

图 4-44　动车转向架

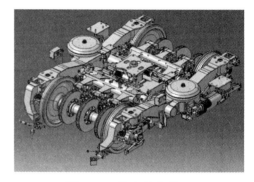

图 4-45　拖车转向架

（二）结构特点

转向架主要零部件及结构为动车转向架一致，拖车转向架一致。两者主要区别在于附件安装。

（1）扫石器：TC01、TC08 车 1 轴。

（2）撒砂装置：TC01、MH04、MB05、TC08 车 1 轴。

（3）速度传感器：各车的 2、4、6、8 位轴端，ATP 用传感器在 TC01 车和 TC08 车的 4、6、8 位轴端。

（4）轴端接地装置：TC01 车和 TCO8 车 1、7 位轴端以及 TP03 车和 TP06 车 1、3、5、7 位轴端。

动车转向架主要由构架、轮对轴箱装置、二系悬挂、驱动装置、基础制动装置和踏面清扫装置等部分组成，如图 4-46 所示。

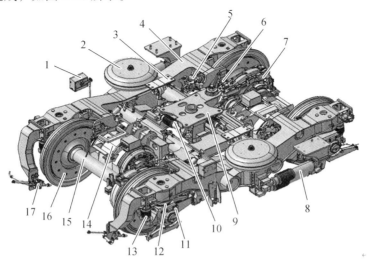

1—高度阀；2—空气弹簧；3—抗侧滚扭杆；4—构架；5—踏面清扫装置；6—制动夹钳；7—齿轮箱；
8—抗蛇行减振器；9—牵引拉杆座；10—横向减振器；11—轴箱；12—钢弹簧；13—垂向减振器；
14—牵引电机；15—轮对；16—轮装制动盘；17—撒砂装置。

图 4-46　动车转向架结构

拖车转向架主要由构架、轮对轴箱装置、二系悬挂、基础制动装置、踏面清扫装置等部分组成，如图 4-47 所示。

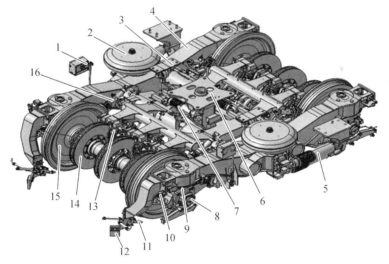

1—高度阀；2—空气弹簧；3—抗侧滚扭杆；4—构架；5—抗蛇行减振器；6—牵引拉杆座；
7—横向减振器；8—轴箱；9—钢弹簧；10—垂向减振器；11—撒砂装置；12—排障装置；
13—制动夹钳；14—轴装制动盘；15—轮对；16—踏面清扫装置。

图 4-47　拖车转向架结构

转向架采用轻量化无摇枕结构，模块化设计制造。LMA 踏面、H 形焊接构架、转臂式轴箱定位、二系空气弹簧、单牵引拉杆、盘型制动结构。动车转向架和拖车转向架主体结构和部件一致，动车转向架构架能互换，拖车转向架构架能互换，如图 4-48 所示。

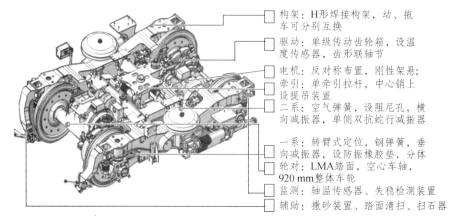

构架：H形焊接构架，动、拖车可分别互换

驱动：单级传动齿轮箱，设温度传感器，齿形联轴节

电机：反对称布置，刚性架悬；

牵引：单牵引拉杆，中心销上设提吊装置

二系：空气弹簧，设阻尼孔，横向减振器，单侧双抗蛇行减振器

一系：转臂式定位，钢弹簧，垂向减振器，设防振橡胶垫，分体

轮对：LMA踏面，空心车轴，920 mm整体车轮

监测：轴温传感器、失稳检测装置

辅助：撒砂装置、踏面清扫、扫石器

图 4-48　转向架特点

（三）转向架结构组成

1. 构架

转向架构架是转向架的骨架，用以联系（安装）转向架各组成部分和传递各方向的力，并用来保持车轴在转向架内的位置。

沿用 CRH380A 成熟的 H 形焊接结构，两侧为对称的箱形侧梁，中间通过两无缝钢管横梁连接组成，横梁中部设有两箱形纵向辅助梁，外侧为空气弹簧支撑梁。在横梁上焊接有各功能吊座结构。对于动车构架有电机吊座、齿轮箱吊座，拖车构架主要为轴盘制动吊座、牵引拉杆座。动车构架侧梁上焊接有轮盘制动吊座。构架材料主要为耐候钢板和钢管。动车和拖车转向架构架结构如图 4-49、图 4-50 所示。构架侧梁内设有筋板，以提高侧梁承载刚度，并在侧梁外侧及两横梁间设置空气弹簧支承梁，两支承梁分别与两横梁连通，共同组成空气弹簧附加气室，为了安装抗蛇行减振器，在空气弹簧支承梁上设有减振器安装座。两横梁之间设纵向连接梁，主要用于设置横向减振器安装座及横向止挡安装座。

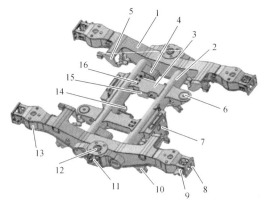

1—侧梁；2—横梁；3—纵向连接梁；4—抗侧滚扭杆安装座；5—制动及踏面清扫装置安装座；
6—齿轮箱吊座；7—牵引电机安装座；8—撒砂及排障装置安装座；9—轴箱垂向减振器安装座；
10—轴箱转臂定位节点安装座；11—抗蛇行减振器安装座；12—空气弹簧支撑梁；
13—轴箱弹簧筒；14—牵引拉杆安装座；15—横向止挡安装座；16—横向减振器安装座。

图 4-49　动车转向架构架结构

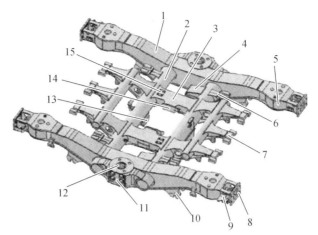

1—侧梁；2—横梁；3—纵向连接梁；4—抗侧滚扭杆安装座；5—轴向弹簧筒；6—踏面清扫装置安装座；
7—制动装置安装座；8—撒砂及排障装置安装座；9—轴箱垂向减振器安装座；
10—轴箱转臂定位节点安装座；11—抗蛇行减振器安装座；12—空气弹簧支撑梁；
13—垂向止挡安装座；14—横向止挡安装座；15—横向减振器安装座。

图 4-50 拖车转向架构架结构

2. 轮对轴箱装置

1）轮对组成

轮对轴箱定位装置由轮对组成、轴箱、一系定位装置等组成，如图 4-51、图 4-52 所示。

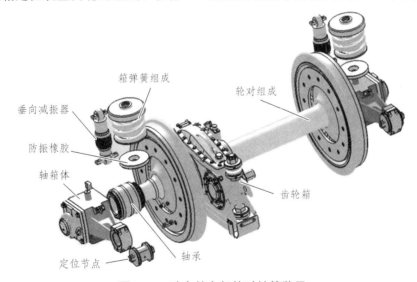

图 4-51 动车转向架轮对轴箱装置

CR400AF 动车组转向架轮对分为动车轮对和拖车轮对。动车轮对由车轴、车轮（带有制动盘，简称轮盘）、齿轮装置及轴承构成。拖车转向架轮对由车轴（带制动盘，简称轴盘）、车轮及轴承构成，如图 4-53 所示。为确保安全性和可靠性，车轮、大齿轮、轴盘等采用冷压法压装到车轴上。此外，动车轮对因轴端安装不同速度传感器齿轮而略显差异。由于采用了带自密封的轴承，因此轴承可预先压装在轴颈上。轮对组成后，需逐个进行动平衡试验。

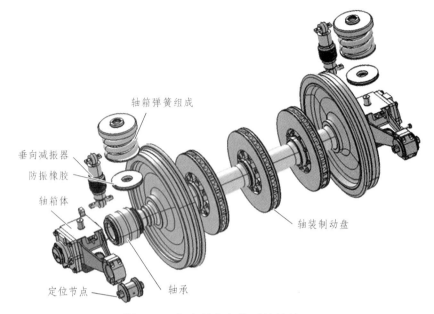

轴箱弹簧组成

垂向减振器

防振橡胶

轴箱体

轴装制动盘

定位节点

轴承

图 4-52　拖车转向架轮对轴箱装置

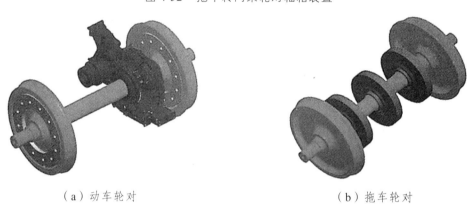

（a）动车轮对

（b）拖车轮对

图 4-53　转向架轮轴结构

CR400AF 转向架车轴为保证强度的同时减轻质量，采用空心车轴使超声波探头可以直接穿过该通孔，使探伤更容易。

CR400AF 转向架车轮采用整体轧制车轮，直辐板结构，踏面型式为 LMA。动车车轮安装轮盘，拖车车轮不安装制动盘。新造车轮滚动圆直径为 920 mm，最大磨耗直径为 850 mm。在靠轮辋轮缘侧面 850 mm 圆周上设有磨耗到限标记。动、拖车车轮结构如图 4-54 所示。

2）轴箱定位结构

一系定位装置是连接轮对与构架的活动关节，除了传递各个方向的力和振动外，必须保证轮对能够适应线路状况而相对于构架上下跳动和左右横动。CR400AF 一系定位为轴箱转臂式定位结构，由轴箱体、一系钢弹簧、一系垂向减振器、定位节点等组成，如图 4-55 所示。轴箱体上部为双圈螺旋钢弹簧，前端与构架间设置垂向减振器以吸收车辆振动能量。后部通过橡胶定位节点与构架连接。轴箱端部设置有速度传感器、接地装置等，不同轴位安装的部件不同。轴箱与构架间设有提吊装置，可防止构架异常抬升，同时起到吊装轮对的作用。

（a）CR400AF 型动车组动车车轮

（b）CR400AF 型动车组拖车车轮

图 4-54　车轮剖视图

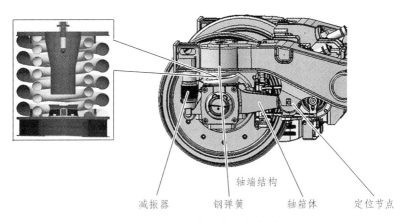

轴端结构

减振器　　钢弹簧　　轴箱体　　定位节点

图 4-55　一系定位装置组成

　　轴箱与转臂采用一体式结构，轴箱体为分体式结构，上下箱体通过螺栓连接，更换轮对时可拆除轴箱下半部分，取下后盖，将前盖压紧。垂向减振器安装在上转臂上，如图 4-56 所示。

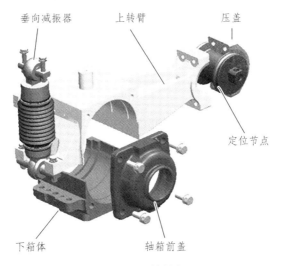

垂向减振器　　　　上转臂　　　　压盖

定位节点

下箱体　　　　　　轴箱前盖

图 4-56　轴箱结构图

3. 二系悬挂装置

　　二系悬挂装置是转向架支撑车体的装置，采用四点支撑，即每个转向架设置两个空气弹簧、两个高度阀和一个差压阀。二系悬挂装置由空气弹簧、抗侧滚扭杆、二系横向油压减振器、单侧双抗蛇行减振器、自动高度调整装置等组成，如图 4-57 所示。当车体与构架间高度变化一定程度时，高度调整装置将动作，对空簧充气或排气，从而控制空簧高度。牵引方式采用单牵引拉杆方式，由牵引拉杆座（中心销）与牵引拉杆组成。在转向架构架上设有垂向止挡，当空气弹簧异常过充时，牵引拉杆将与垂向止挡相碰，从而防止空气弹簧过充使车体异常升高造成危害。当车轮磨耗到一定程度后，可在空气弹簧下部加垫以调整车体高度。由于是无摇枕转向架，通过抗蛇行减振器提供转向架回转力矩。为了弥补空气弹簧垂向刚度下降导致的抗侧滚刚度降低，加装了抗侧滚扭杆装置。

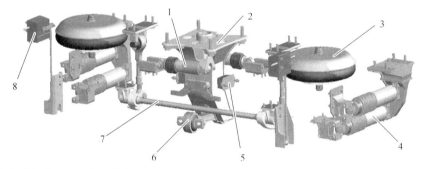

1—横向减振器；2—牵引拉杆座；3—空气弹簧组成；4—抗蛇行减振器；5—横向止挡；
6—牵引拉杆；7—抗侧滚扭杆组成；8—高度阀。

图 4-57　二系悬挂装置

1）空气弹簧组成

车体重量通过空气弹簧传递给转向架，除支承车体载荷外，空气弹簧还可以隔离转向架构架的振动，并在通过曲线过程中通过变位实现车体与转向架间的相对旋转和横移。因此，空气弹簧是二系悬挂中的关键零部件，是影响车辆的运行平稳性的关键因素。纵向力（牵引力或制动力）由单牵引拉杆传递，而横向力则由空气弹簧和横向缓冲橡胶止挡共同传递。

空气弹簧系统主要由空气弹簧及其附属的高度调整阀、差压阀、附加气室等组成。一般空气弹簧装置由列车主风管、T 形支管、截断塞门、滤尘止回阀、空气弹簧储风缸、连接软管、高度控制阀、空气弹簧本体、差压阀和附加空气室等组成。为了保持车体距轨面的高度不变，在车体与转向架间装有高度调节阀，调节空气弹簧橡胶囊中的压缩空气（充气、放气或保持压力），使车辆地板面不受车内乘客的多少和分布不均的影响，始终保持水平。

2）横向减振器

为了改善动车组的振动性能，提高乘坐舒适度，在每辆车车体和转向架之间安装了半主动横向减振器，安装位置在牵引拉杆座和转向架横梁的纵向连接梁之间。抗蛇行减振器是为了防止动车组在高速运行时的蛇行失稳而专门设置的，它安装在转向架构架侧梁的外侧，呈纵向水平布置，也称纵向减振器。它可同时满足有效抑制蛇行失稳和利于通过曲线的要求。为了限制车体相对于转向架构架的横向移动量，在转向架横梁的纵向连接梁与中央牵引拉杆座设置横向止挡。

3）抗侧滚扭杆装置

对于车辆所要求的侧滚刚度，仅靠空气弹簧的垂向刚度依然不能满足其要求时发挥作用的装置。当为了提高乘坐舒适度而降低空气弹簧的垂向刚度时，则侧滚刚度也随之降低，而采用抗侧滚扭杆装置能够有效提高侧滚刚度。

在转向架上安装扭杆，通过杆端轴承和缓冲橡胶以连接杆与车体结合。当车体发生侧滚时，以连接杆连接的扭杆产生扭转变形，因扭转变形而产生对抗侧滚的抵抗力（复原力），从而起到抑制侧滚的作用，如图4-58所示。

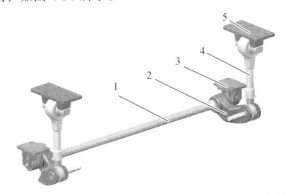

1—扭杆；2—转臂；3—转向架支撑座；4—连接杆；5—车体安装座。

图 4-58 抗侧滚扭杆装置

4. 驱动装置

驱动装置仅安装于动车转向架上，由牵引电机、齿轮箱和联轴节等组成。牵引电机产生动力，动力经联轴节传递给齿轮箱，动力经齿轮箱减速增扭后传递给轮对带动列车前进。

驱动装置采用简单而实用的挠性浮动齿式联轴节式牵引电机架悬结构，即通过挠性浮动齿式联轴节将牵引电机输出轴与齿轮箱的输入轴（小齿轮轴）联结起来，在传递扭矩的同时，允许两者间的相对运动。驱动装置结构如图4-59所示。

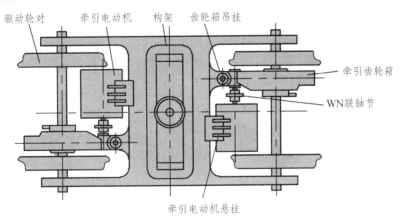

图 4-59 驱动装置结构示意图

1）牵引电机

CR400AF型动车组的牵引电机为强迫冷却通风三相鼠笼式异步牵引电动机，安装在02、04、05、07动车转向架轮上，转向架上两台电机采用斜对称布置，采用螺栓刚性吊挂方式，前端在车轴上方设有止落结构，如图4-60、图4-61所示。牵引电机主要由转子、定子、轴承、速度传感器、温度传感器等组成。在驱动端轴承、非驱动端轴承、铁心部位各安装1个温度传感器，在非传动端安装了1个转速传感器。额定功率625 kW，最大扭矩3 100 N·m，质量745 kg。

图 4-60　牵引电机

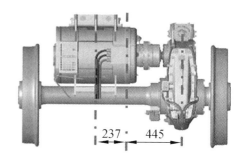

237　445

图 4-61　牵引电机位置示意图

2）齿轮箱

齿轮箱为单级传动，一侧通过轴承安装在车轴上，另一侧采用饼状垂直吊杆安装在构架上，吊杆两端均设有橡胶减振结构隔离轨道冲击，吊杆上下均可拆装，如图 4-62 所示。齿轮箱的作用是对主电动机的高速旋转进行减速，传动给车轴。该型齿轮箱传动比为 2.517，大小齿中心距为 382 mm。

接地装置

油位观察窗

图 4-62　齿轮箱

齿轮箱由箱体、大齿轮、小齿轮、轴承、悬吊装置、通气装置、接地装置、油位表等构成，如图 4-63 所示。

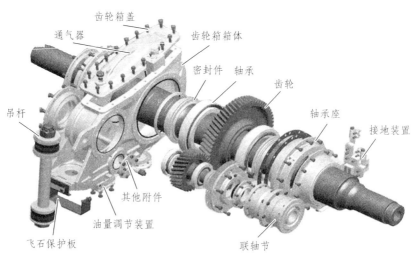

齿轮箱盖

通气器　　齿轮箱箱体

密封件 轴承

齿轮

吊杆

轴承座

接地装置

其他附件

油量调节装置

飞石保护板

联轴节

图 4-63　齿轮箱结构图

3）联轴节

齿轮箱采用鼓形齿联轴节，将轴箱弹簧上的主电动机侧的电机轴和轴箱弹簧下齿轮箱的小齿轮轴联接，允许两轴相对运动同时能传递动力，设过扭矩保护功能（7 000～12 000 N·m）。

齿式联轴节是用以传递扭矩和旋转运动的一种联轴节。它可通过滑移运动对所联两轴线间相对的轴向、径向、角向位移实现补偿。齿式联轴节由两个半联轴节组成，其中一个半联轴节通过压装组装到牵引电机轴上，另半个联轴节通过压装组装到主动齿轮轴上，两半联轴节之间通过螺栓连接在一起。牵引电机通过齿式联轴节将牵引动力传给齿轮箱，并通过齿轮箱传递到车轴，驱动轮对，如图 4-64 所示。

工况	轴向变位	径向变位
极限工况	±12 mm	16.5 mm
静态工况	±5 mm	16.5 mm
常用动态运行工况	±8 mm	11 mm

图 4-64　联轴节

5. 基础制动装置

基础制动装置采用盘形制动，粉末冶金闸片。动车每转向架设 4 套轮盘制动装置，制动夹钳为气动式，闸片与制动盘间隙可调整。拖车每转向架设 6 套轴盘制动装置。在所有拖车中间制动盘处设停放制动装置，即制动夹钳带停放制动功能。当需要手动缓解停放功能时，可通过设置于转向架两侧的手制动缓解装置进行缓解。闸片与夹钳的接口统一，可互换。

在转向架上设置有踏面清扫装置，其端部的研磨子与车轮踏面摩擦，从而起到稳定轮轨黏着的作用。

基础制动装置包括动车转向架的轮盘制动和拖车转向架的轴盘制动。动车转向架的每个轮上安装一套轮盘制动盘，制动半径约 305 mm；拖车转向架的每轴安装 3 个轴盘制动盘，制动半径约 252 mm。所有拖车轴除 1、8 车 1 位转向架外，均设 1 个停放制动单元，双侧手动缓解，共 12 套。制动盘不得涂抹防锈油，所有其他裸露金属表面都应涂抹防锈油。如图 4-65 所示。

CR400AF 转向架在每个车轮的斜上方设置了踏面清扫装置，主要包括气缸和研磨子，由 4 根螺栓固定在转向架托架上，如图 4-66 所示。踏面清扫装置通过将研磨子压在踏面上进行清扫，用于清除附着在车轮踏面上的尘埃、锈迹、油脂等，目的是改善轮轨接触面黏着条件，清除表面附着的油污等杂质，同时可以抑制车轮多边形，改善车轮踏面的圆度，对车轮踏面上的微小表面损伤起到修复作用，但不承担制动功能。踏面清扫装置为空气直动式，清扫装置的动作受控于踏面清扫控制系统的指令，踏面清扫的动作在车轮发生空转（驱动工况）、滑行（制动工况）和施行制动过程中速度在 30 km/h 以上 3 种条件下施行。

（a）动车制动装置

（b）拖车制动装置

1—动车轮盘制动单元；2—动车轮对组成；3—动车轮装制动盘；4—拖车轴盘制动单元；
5—拖车轮对组成；6—拖车轴装制动盘。

图 4-65　动车制动装置与拖车制动装置

（a）动车踏面清扫器

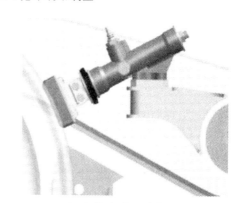

（b）拖车踏面清扫器

图 4-66　踏面清扫装置

6．其他装置

1）温度传感器

在轴箱轴承、齿轮箱轴承、牵引电机轴承及铁心上均设有温度传感器，列车运行中可实时检测温度，当温度超过限制值时列车可自动报警或采取停车措施。同时在轴箱体、齿轮箱体对应轴承位置设置有温度继电器。通过温度监控可减少由于轴承损坏带来的车辆运用事故。

2）接地装置

在 1 车、8 车 1、7 位轴端，3 车、6 车 1、3、5、7 位轴端，设轴端接地装置，由接地装置外壳、刷架、碳刷、摩擦盘、适配器、线缆及紧固件构成，如图 4-67 所示。

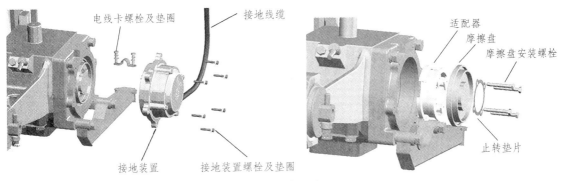

图 4-67　接地装置

3）速度传感器

轴端速度传感器分别用于 BCU 系统和 ATP 系统，BCU 系统用速度传感器采用 TKD 或 HTSI 产品，安装在 1~8 号车的 2 位侧轴端，ATP 系统用速度传感器型号为 HS22G5，安装在 1、8 号车的 4、6、8 位轴端。

4）转向架失稳监测装置（BIDS）

每转向架 1、4 位构架端部设失稳检测传感器，转向架失稳监测装置（BIDS）是通过安装的水平加速度传感器检测到高速行驶的转向架发生了蛇行运动之后，通过各车 BIDS 控制装置传输给车辆信息终端装置，从而司机台 MON 显示器将转向架异常信息报给司机，并采取减速措施。

5）排障装置

转向架排障装置是为了排除线路上小的障碍物，从而保证车辆无障碍运行的装置，如图 4-68 所示。对于较大的障碍物，由设置在头车的排障器来排除，由于安装在车体上，排障器下部不能太靠近轨道面，太小的障碍物不能够排除掉，只能由转向架排障装置来排除。

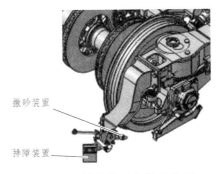

图 4-68　排障装置与撒砂装置

转向架排障装置安装在侧梁端部，位于两头车靠近车端部的车轮外侧。排障板的前端部为天然橡胶及帆布材料。可排除钢轨上 10 mm 以上的可移动物。车轮磨耗后，可调整排障装置高度。

6）撒砂装置

在 TC01、MH04、MB05、TC08 车 1 轴，共 4 根轴安装有撒砂装置，根据列车的运行方向触发撒砂器，如图 4-69 所示。

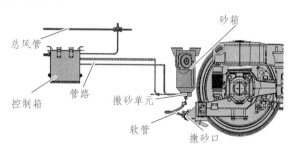

图 4-69　撒砂装置

撒砂装置作为制动系统的重要组成部分，可以改善轮轨接触面的工作环境，改善黏着系数，提高运行品质。如果动车的撒砂装置不能正常工作，轮轨间不能提供合理、有效的黏着力，将会大大降低动车组功率的有效发挥。特别是遇到雨、雪等恶劣气候，极易发生动车组轮对空转，致使动车组牵引力下降，给铁路运输造成极大的安全隐患，因此撒砂装置对动车组列车的安全运行起到一定的保障作用。

项目检测

1. 简述 209T 型客车转向架的主要结构特点。

2. 我国目前提速客车转向架主要有哪几种型号？

3. 209HS、206KP、CW-2 型转向架轴箱定位装置有哪些区别？各有何特点？

4. 抗侧滚扭杆装置主要由哪些结构组成？其功能是什么？

5. 纵向牵引拉杆由哪些结构组成？其主要功能是什么？

6. 总结提速客车转向架抑制蛇行运动的措施有哪些？各有何特点？

7. 提速客车转向架轴箱油压减振器属于哪种形式？有什么功能？

8. 轴温报警装置在转向架上有哪些配件？有什么功能？

9. 制动盘是如何与车轴安装的？

10. 普通客车转向架的主要故障有哪些？如何进行检修？

项目五 车钩缓冲装置 ▶▶▶

🎯 思政课堂

　　一辆车的检查项点有数百个，作业人员要不断起身下蹲，不仅对体力是极大的考验，而且对熟练掌握不同车型的构造差异和检修技术有很高要求。广西沿海铁路股份有限公司防城港车辆运用段钦州港运用车间检车工长林江波正一步一锤，仔细检查着停留在站内的货运列车。15 年来，他紧握小小的检车锤，认真检好每一辆车，牢牢守护西部陆海新通道运输安全。

　　2007 年，20 岁的林江波入路成为一名检车员。无尽的练习和敲打，让他一度对自己的职业产生了迷茫。"作为'车辆医生'，最重要的就是眼到、锤到、心到，任何马虎都可能导致意想不到的后果，严重影响铁路运输安全！"从此，做一名优秀的"车辆医生"成了林江波追求的目标。他沉下心苦练基本功，认真锻炼给车辆"问诊治病"的本领。他每天带着小本，跟着师傅钻上钻下，不停观察、思考、记录。为提高发现故障的能力，只要有时间，他就拿着规章反复钻研，在教学车下一遍遍拆装分解配件，了解部件特性，总结故障类型。凭着这股劲儿，林江波很快成长为车间业务骨干，并担任了检车三班工长职务。

　　在工长岗位上，林江波反复实践与总结，练就了"听音辨障"的本领。检车时，他眼、耳、手并用，能够通过各部位敲击发出的声音，迅速判断出故障点。同时，他秉承"精检细修、毫厘必究"的理念，在班组中提出"多走一步、多敲一锤、多看一眼"的口诀，并根据检车经验总结出了"一看关门车、二看制动装置、三看车辆连接部"的"三看工作法"。

　　不懈努力最终取得累累硕果。入路 15 年来，林江波完成 120 余万辆铁路货车的质量抽查工作，累计发现 7 500 余处安全隐患，排除了 3 000 多个典型故障，成为西部陆海新通道上的一名金牌"车辆医生"。

🎯 项目概述

　　车钩缓冲装置是车辆最基本的也是最重要的部件之一，用于连接列车中各车辆使之彼此保持一定距离，并且传递和缓和列车在运行中或在调车时所产生的纵向力和冲击力。

　　起牵引、连挂和缓和冲击的作用的一套装置称之为牵引缓冲装置。如果它们的作用分别由不同的装置来承担，则分别称为牵引连挂装置和缓冲装置。牵引连挂装置用于实现车辆之间的彼此连接、传递和缓和牵引（拉伸）力；缓冲装置（缓冲盘）用于传递和缓和冲击（压缩）力的作用，并且使车辆彼此之间保持一定的距离。

（1）任务一　车钩缓冲装置概述。

（2）任务二　货车车钩。

（3）任务三　客车车钩。

（4）任务四　车钩缓冲器。

（5）任务五　密接车钩。

（6）任务六　车钩缓冲装置检修。

任务一　车钩缓冲装置概述

微课：认识车钩缓冲装置

任务描述

本任务是对车钩缓冲装置的组成、功能、作用力的传递等基础知识的整体认识。通过本任务的学习，使学生掌握车钩缓冲装置的功能和作用力的传递。

任务引入

铁道车辆是铁路运输的运载工具，可以编组、连挂组成列车。为了适应成列运行的特点，车与车之间需设连接缓冲装置。车钩缓冲装置是车辆最重要的部件之一，通过它使机车和车辆，或车辆和车辆之间实现连挂，并且传递和缓和列车在运行或在调车作业时所产生的牵引力和冲击力。那么车钩有哪些分类，开启方式是否一样？作用力又是怎么传递的？

背景知识

一、概述

按照牵引连挂装置的连接方式，可分为自动车钩和非自动车钩。自动车钩不需要人工参与就能实现连接，非自动车钩则要由人工完成车辆之间的连接。我国铁路车辆均采用自动车钩。

自动车钩又可分为两种基本类型：非刚性车钩和刚性车钩。非刚性车钩允许两个相连接的车钩在垂直方向上有相对位移，如图 5-1（a）所示，当两个车钩的纵轴线存在高度差时，连接着的两钩呈阶梯形状，并且各自保持水平位置。刚性车钩不允许两相连接车钩在垂直方向彼此存在位移，但是在水平方向可产生少许转角，如图 5-1（b）所示。如果在车辆连接之前两车钩的纵向轴线高度存在偏差，那么在连挂后，两车钩的轴线处在同一直线上并呈倾斜状态。两车钩的尾端采用销接，从而保证了两连挂车辆之间的位移和偏角。

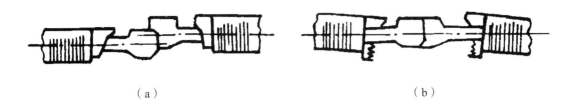

（a）　　　　　　　　　　　　　　　　　（b）

图 5-1　非刚性车钩与刚性车钩

刚性车钩减小了两个连接车钩之间的间隙，从而大大降低了列车运行中的纵向冲动，提高了列车运行的平稳性，同时也降低了车钩零件的磨耗和噪声。另外，刚性车钩有可能同时实现车辆间的气路和电路的自动连接。非刚性车钩结构较简单，强度高，重量轻，与车体的连接较为简单。

我国铁路一般客、货车均采用非刚性的自动车钩，对于高速列车和城市的地铁、轻轨车辆则应采用刚性的自动车钩，即密接式车钩。

二、车钩缓冲装置的组成及功能

车钩缓冲装置是车辆最重要的部件之一，通过它使机车和车辆或车辆和车辆之间实现连挂，并且传递和缓和列车在运行或在调车作业时所产生的牵引力和冲击力。

动画：13 号车钩
缓冲工作原理

车钩缓冲装置由车钩、缓冲器、钩尾框、从板等零部件组成。图 5-2 所示为车钩缓冲装置的一般结构形式。在钩尾框内依次装有前从板、缓冲器和后从板（有时不需后从板），借助钩尾销把车钩和钩尾框连成一个整体，从而使车辆具有连挂、牵引和缓冲三种功能。

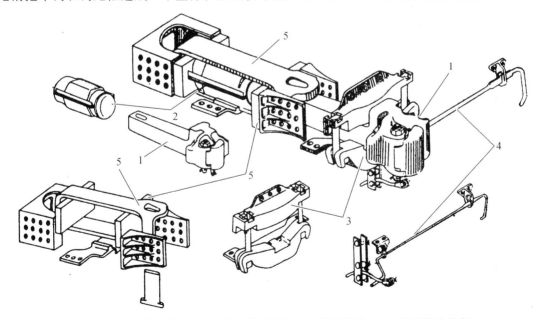

1—车钩；2—缓冲器；3—车钩复原装置；4—解钩装置；5—钩尾框及从板。

图 5-2　车钩缓冲装置

在车钩缓冲装置中，车钩的作用是用来实现机车和车辆或车辆和车辆之间的连挂和传递牵引力及冲击力，并使车辆之间保持一定的距离。缓冲器是用来缓和列车运行及调车作业时车辆之间的冲撞，吸收冲击动能，减小车辆相互冲击时所产生的动力作用。从板和钩尾框则起着传递纵向力（牵引力或冲击力）的作用。

三、车钩缓冲装置在车辆上的安装及作用力的传递

车钩缓冲装置一般为一个整体安装于车底架两端的牵引梁内，其前、后从板及缓冲器卡装在牵引梁的前、后从板座之间，下部靠钩尾框托板及钩体托梁（货车）或复原装置（客车）托住，各部相互位置如图 5-3（a）所示。

当车辆受牵拉时，作用力的传递过程为：车钩→钩尾框→后从板→缓冲器→前从板→前从板座→牵引梁，如图 5-3（b）所示。当车辆受冲击时，作用力的传递过程为：车钩→前从板→缓冲器→后从板→后从板座→牵引梁，如图 5-3（c）所示。由此可见，车钩缓冲装置无论是承受牵引力，还是冲击力，都要经过缓冲器将力传递给牵引梁，这样就有可能使车辆间的纵向冲击振动得到缓和和消减，从而改善了运行条件，保护车辆及货物不受损坏。

为了保证车辆连接安全可靠和车钩缓冲装置安装的互换性，我国机车车辆有关规程规定客车车钩中心线至钢轨顶面高度最小为 830 mm，最大为 890 mm；两连接车钩中心高度之差不得大于 75 mm；牵引梁前、后从板座之间距离为 625 mm。

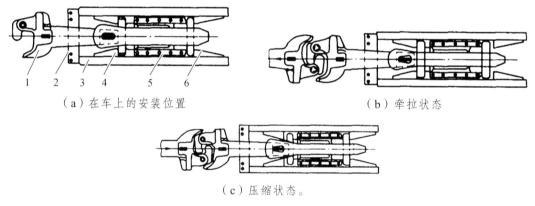

（a）在车上的安装位置   （b）牵拉状态

（c）压缩状态

1—车钩缓冲装置；2—冲击座或复原装置；3—中梁（牵引梁）；4—前从板座；
5—钩尾框托板；6—后从板座。

图 5-3　车钩缓冲装置在车上的安装位置及受力状态

四、车钩的开启方式及复原装置

车钩的开启方式分为上作用式及下作用式两种。上作用式车钩装置的车钩提升机构位于钩头上方；下作用式车钩装置的车钩提升机构位于钩头下方。对于客车，因车体端部有折棚和平渡板装置，故无法采用上作用式，而采用下作用式。这时，借助于设在钩头下部的推顶杆的动作来实现开启，不如上作用式轻便。图 5-4 所示为上作用式车钩装置。图 5-5 所示为下作用式车钩装置。

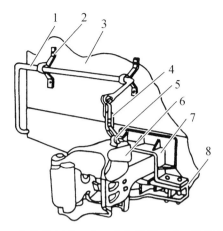

1—车钩提杆；2—车钩提杆座；3—车体端墙；4—提钩链；5—锁提销；
6—钩头；7—冲击座；8—钩身托梁。

图 5-4　上作用式车钩装置

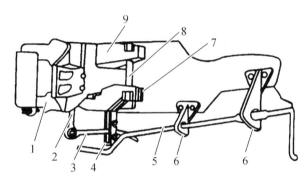

1—钩头；2—锁推销；3—下锁销杆；4—下锁销托吊；5—车钩提杆；
6—车钩提杆座；7—车钩托梁；8—吊杆；9—冲击座。

图 5-5　下作用式车钩装置

客车车钩解钩提杆的安装在 2、3 位车端。

当车辆在曲线上运行时，车钩中心线与车体纵向中心线之间将产生一偏角。由于客车车体较长，在曲线上车钩的偏移量较大，如果车钩偏移后不能迅速地恢复到正常位置，势必会增加车辆运行时的摆动量，而且还会造成车辆摘挂困难。因此，在客车上均装有车钩复原装置，我国客车上采用摆块式车钩复原装置，它由吊杆和车钩托梁组成，其结构如图 5-6 所示。

图 5-6　摆块式车钩复原装置

五、车钩的种类及组成

我国铁路客货车上所使用的车钩属非刚性自动车钩。所谓自动车钩，就是在拉动钩提杆或两车互相碰撞时能自动完成解开或连挂的动作。这种车钩的特征为钩头上有可绕钩舌销转动的钩舌，所以也称为关节式车钩。

我国货车上采用的车钩类型有 13 号、16 号、17 号车钩。随着列车运行速度的提高和牵引吨位的增加，对车钩的强度提出了更高的要求，2 号车钩已不能适应运输的要求，已基本淘汰。现在货车全部采用 13 号车钩，新造货车的车钩在 13 号的基础上进行了改进，定型 13A号车钩。为了满足大秦线运煤万吨单元列车的特殊要求，我国还研制了 16 号、17 号联锁式固定和转动车钩。

我国客车上采用 15 号车钩。随着列车运行速度的提高，对车钩的强度提出了更高的要求，1 号车钩已不能适应运输的要求，已经被淘汰，现在新造客车上全部采用 15 号车钩。

任务二　货车车钩

任务描述

本任务主要介绍 13 号车钩、17 号车钩的结构组成、结构特点、三态作用、作用力的传递、防跳作用等。通过本任务的学习，使学生掌握货车车钩的结构组成，能够描述车钩各个零部件的名称和作用，会分析车钩的三态作用和防跳作用。

任务引入

下面图形分别是哪种型号的车钩，各有什么优缺点？为了适应重载货物列车发展的需要，主要采用 16、17 号车钩，17 号车钩具有哪些特点？17 号车钩具有哪两级防跳性能，怎么有效防止车钩在闭锁位置时钩锁铁因车辆振动而自动跳起造成脱钩？

一、概述

铁路货车使用的车钩均为自动车钩，目前采用的车钩类型均为自动车钩，有 16 号车钩、17 号车钩、13B 号、13A 号和 13 号车钩，之前还曾经采用过 2 号车钩。

16、17 号车钩是为了满足大秦运煤专用线开行重载列车且不摘钩上翻车机连续翻转卸货的需要而研制的联锁式旋转、固定式车钩。16、17 号车钩具有连挂间隙小、结构强度高、联锁性能好及垂向防脱性能高等优点，目前新造载重 70 t 及以上铁路货车已全部采用高强度的17 号车钩。在一些重载列车上采用 16 号车钩的同时还采用了牵引杆技术，以降低列车纵向冲动，提高列车运行安全性。大秦铁路多年运用证明，16、17 号车钩作用性能好、运用安全可靠、抗疲劳及耐磨性能强，在我国铁路货车重载运输中发挥了积极作用，为此 17 号车钩已成为我国 70 t 级货车的主型车钩。

二、13 号车钩的结构组成

13 号车钩由钩体、钩舌及钩头配件等组成，由铸钢制成。其中钩体分为钩头、钩身、钩尾 3 部分，如图 5-7 所示。

动画：13 号车钩结构

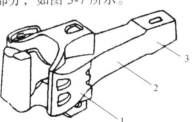

1—钩头；2—钩身；3—钩尾。

图 5-7 13 号车钩

1. 钩头、钩身、钩尾

（1）钩头：车辆相互连接的主要部分，如图 5-8 所示。

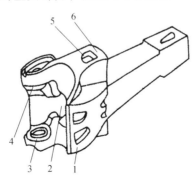

1—钩腕；2—钩锁腔；3—下钩耳及孔；4—上钩耳及孔；5—上锁销孔；6—钩肩。

图 5-8 13 号车钩钩头

钩腕：两车钩相互连挂时，容纳对方钩舌，使两个钩舌彼此握合，并限制对方车钩产生过大横向移动，防止车钩自动分离。

钩锁腔：容纳并安装钩锁、钩舌推铁等零件，结构如图 5-9 所示。

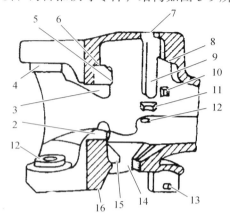

1—下护销突缘；2—下牵引突缘；3—上牵引突缘；4—上护销突缘；5—导向挡；6—全开作用台；
7—上锁销孔；8—上防脱（跳）台；9—钩锁导向壁；10—钩锁后部定位挡；11—钩舌推铁挡铁；
12—钩舌推铁轴孔；13—下锁销钩转轴；14—下锁销孔；15—下防脱（跳）台；16—二次防脱（跳）台；

图 5-9　13 号车钩钩锁腔内部结构

钩耳：安装钩舌用，分上下钩耳。和 15 号车钩比较，增设了上下护销突缘。上钩耳孔为椭圆形，长径（44^{+1}_{0}）mm 为纵向，短径（42^{+1}_{0}）mm 为横向，这样既保证了纵向间隙的合理，又避免了因横向间隙过大而造成车辆过曲线时，加剧钩舌横向冲击和磨耗。

（2）钩身：传递牵引力和冲击力的部分。为中空断面结构，应具有比较大的强度和刚度。

（3）钩尾部：安装钩尾框的部分，钩尾端面为平直面。

2. 钩舌及钩舌销

钩舌（见图 5-10）：在钩舌销孔处铸有护销突缘，尾部上、下铸有牵引突缘和上、下冲击突肩，在闭锁位置时，恰与钩锁腔内相应突缘配合，以使牵引力或冲击力直接由钩舌传给钩体。尾部上面设一圆弧，为由全开位置到闭锁位置过程中便于钩锁顺利下滑成闭锁位。在钩舌尾部侧面有一台阶，称为钩锁承台。在闭锁位置时，供钩锁坐落之用。

动画：13 号车钩钩舌

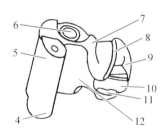

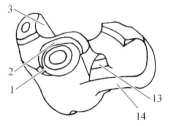

1—全开止档；2—护销突缘；3—钩腕牵引面（钩舌内侧面）；4—钩舌鼻；5—钩舌正面；
6—钩舌销孔；7—冲击突肩（冲击台）；8—牵引突缘（牵引台）；9—钩舌尾端面；
10—钩舌锁面；11—钩锁承台；12—钩舌内腕；13—钩舌推铁面；14—钩舌尾止端。

图 5-10　钩舌

3. 钩头配件

钩锁（见图 5-11）：钩锁背部有上锁销杆作用槽及上锁销杆转轴，供连挂钩锁之用。侧面（钩舌侧）有侧坐锁面，前面有前坐锁面，后部有后坐锁面，闭锁位置分别与钩舌尾部顶面、钩舌的钩锁承台、钩舌推铁的锁座相配合。钩锁前部有全开回转支点。钩锁腿部有一开锁坐锁面和一椭圆下锁销轴孔。

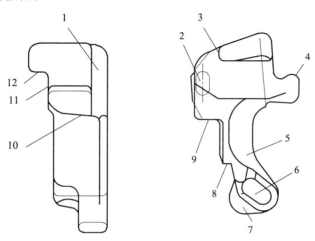

1—前导向面；2—上锁销杆转轴；3—后导向面；4—全开回转支点；5—锁腿；5—下锁销轴孔；
7—后踢足面；8—开锁坐锁面；9—后坐锁面；10—前坐锁面；11—锁面；12—侧坐锁面。

图 5-11　13 号车钩钩锁

4. 钩舌推铁

钩舌推铁（见图 5-12）：横放在钩锁腔内，有回转支轴插入钩舌推铁孔内，起转轴作用，其作用是推动钩舌张开达到全开位置。

动画：13 号车钩钩舌推铁

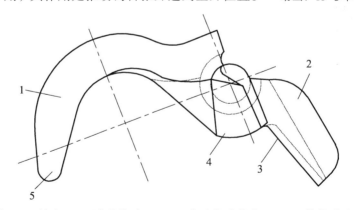

1—钩舌推铁腿；2—锁座；3—踢足推动面；4—踢足推动导向面；5—推铁踢足。

图 5-12　13 号车钩钩舌推铁

5. 上锁销装置

上锁销装置（见图 5-13）为上作用式车钩提起钩锁之用。上锁销顶部有一凸檐，控制上锁销下落位置，并可防止杂物掉入钩锁腔内。上锁销下部有上防脱（跳）止端，在闭锁位置时起防脱（跳）作用。上锁销和上锁销杆采用沉头铆钉活动连接，不但便于检修时取下钩锁，更重要的是在闭锁位置时，使上锁销和上锁销杆成弓形，有利于锁销起防脱（跳）作用。

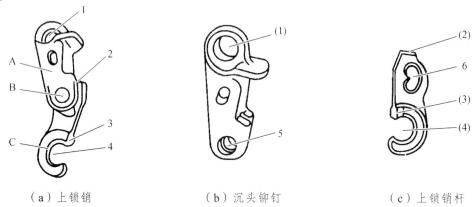

（a）上锁销　　　　　　　　（b）沉头铆钉　　　　　　　　（c）上锁销杆

1、（1）—上钩提杆作用孔；2、（2）—上防脱（跳）止端；3、（3）—上锁销杆活动止挡；
4、（4）—锁轴回转钩形孔；5—沉头铆钉孔；6—腰形孔。

图 5-13　13 号车钩上锁销装置

新型上锁销为进一步提高 13 系列车钩的防分离可靠性，已对 13 系列上作用式车钩的防跳装置进行了改造。将原上锁销组成的两连杆机构更改为三连杆机构，新型上锁销由上锁提、上锁销和上锁销杆组成。新型上锁销组成与原上锁销组成对比如图 5-14 所示。装用新型上锁销组成后，车钩的解钩方式、作业程序与装用原上锁销组成的车钩相同，仅开钩角度有所增加。

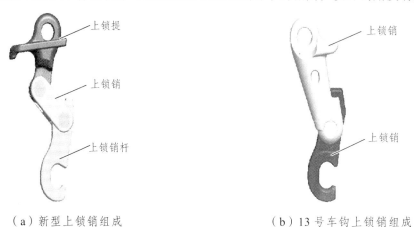

（a）新型上锁销组成　　　　　　　　（b）13 号车钩上锁销组成

图 5-14　新型上锁销组成与原上锁销组成结构对比示意图

6. 下锁销装置

下锁销装置（见图 5-15）为下作用式车钩推起钩锁用。它是由下锁销、下锁销钩和下锁销体组成，用沉头铆钉活动连接。下锁销钩以转轴孔和钩头下锁销钩转轴连接，另一端和下锁销体相连；下锁销体另一端和下锁销相连，其上有二次防脱（跳）尖端，中部有回转挡和钩提杆止挡；下钩销另一端由下锁销轴和钩锁轴的下锁销孔相连。

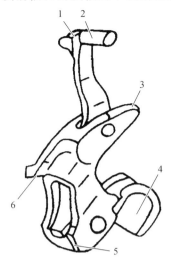

1—下锁销防脱（跳）台；2—下锁销轴；3—二次防脱（跳）尖端；4—转轴孔；
5—回转挡；6—车钩提杆止挡。

图 5-15   13 号车钩下锁销装置

三、13 号车钩的三态作用

13 号车钩具有闭锁、开锁、全开 3 种作用位置，即三态作用。

1. 闭锁位置

钩锁以其自重下落，其后部的后坐锁面坐在钩舌推铁的锁座上，钩锁侧面的前坐锁面坐在钩舌尾部侧面的钩锁承台上，侧坐锁面坐在钩舌尾部顶面上。钩锁卡在钩舌锁面和钩锁腔立壁之间，挡住钩舌使其不能转动，此位置称为车钩的闭锁位置。如图 5-16 所示，这时由于上锁销定位凸檐的支点作用，使上锁销下部的沉头铆钉沿着上锁销杆的腰形孔滑下，使上锁销装配形成弓形，上锁销的上防脱（跳）止端卡在钩锁腔后壁的上防脱（跳）台下方，这样钩锁虽受振动但不能抬起，起到了防脱（跳）的作用。

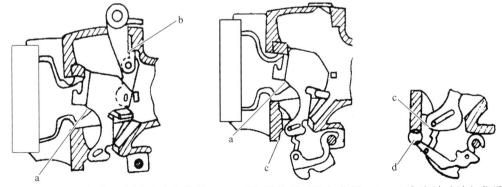

a—钩锁位置；b—上作用防脱（跳）位置；c—下作用防脱（跳）位置；d—二次防脱（跳）位置。

图 5-16   13 号车钩闭锁位置

下作用式的动作与上作用式完全相同，只是防脱（跳）作用部位不同。当钩锁以其自重下落后，下锁销的下锁销轴沿钩锁腿部的下锁销孔下滑，使下锁销的下防脱（跳）止端卡在钩头的下防脱（跳）台下方，起防脱（跳）作用。同时下锁销体的二次防脱（跳）尖端，卡在下锁销孔边缘的二次防脱（跳）台下方，起到二次防脱（跳）作用。

2. 开锁位置

如图 5-17 所示，由闭锁位置提起钩提杆，则上锁销下部的沉头铆钉沿着上锁销杆腰形孔上移，伸直离开防脱（跳）位置。当继续提车钩提杆时，上锁销提起钩锁越过钩舌尾部，由于钩锁偏重，其腿部向后偏转。当放下车钩提杆时，钩锁腿部的开锁坐锁面就落在钩舌推铁的锁座上，使钩锁不致落下，呈开锁位置。

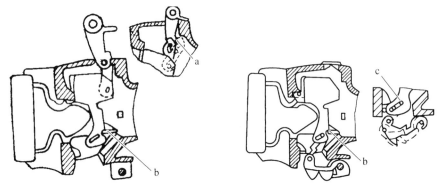

a—上作用式脱离防脱位置；b—钩锁开锁坐锁面位置；c—下作用脱离防脱位置。

图 5-17　13 号车钩开锁位置

下作用式的动作与上作用式的动作基本相同，所不同是扳转钩提杆时，下锁销钩绕下锁销钩转轴转动，使下锁销轴沿锁腿的下锁销轴孔上滑，下锁销体和下锁销离开防脱（跳）位置，从而举起钩锁，呈开锁位置。

3. 全开位置

如图 5-18 所示，从闭锁或开锁位置，用力提起车钩提杆，钩锁被充分提起，钩锁前部的

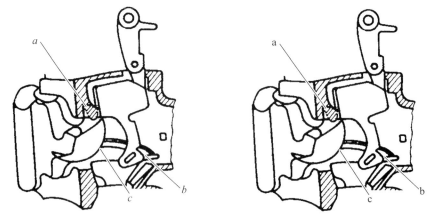

a—上作用式脱离防脱位置；b—钩锁开锁坐锁面位置；c—下作用脱离防脱位置。

图 5-18　13 号车钩全开位置

全开回转支点与钩锁腔的全开回转支点坐接触，并以此支点转动。钩锁腿部向钩锁腔后部旋转，其后踢足面和钩舌推铁的踢足推动面接触，踢动钩舌推铁的锁坐端，使钩舌推铁绕回转支轴转动。钩舌推铁的另一端（钩舌推铁腿），以其推铁踢足推动钩舌尾部的钩舌推铁面，使钩舌以其钩舌销为转轴转动，呈全开位置。

下作用式动作与上作用式动作相同，只是钩锁由下向上推代替了上作用式的往上提。

四、13 号车钩受力分析

13 号车钩在闭锁位置时，由于合理地安排了钩头、钩舌及钩舌销之间的间隙，可使钩舌销不受或较少地负担作用力，以充分发挥车钩各部分材料的抗拉强度。

车钩各部分之间的间隙为：钩头与钩舌上下突缘之间的间隙 δ_1 最小（见图 5-19）；护销突缘之间的间隙 δ_2 稍大；而钩耳孔与钩舌销之间间隙 δ_3 最大，即 $\delta_1<\delta_2<\delta_3$。因此，两个牵引突缘最先受力。当牵引突缘之间的磨耗使间隙加大时，护销突缘和牵引突缘一起传递牵引力。当各突缘间磨耗后的间隙均加大时，则牵引突缘、护销突缘与钩舌销三者共同受力（见图 5-20），仍可避免钩舌销受力过大的状况。

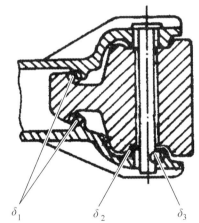

δ_1—牵引突缘间隙；δ_2—护销突缘间隙；δ_3—钩舌销与钩耳孔间隙。

图 5-19　13 号车钩钩腔内各间隙关系

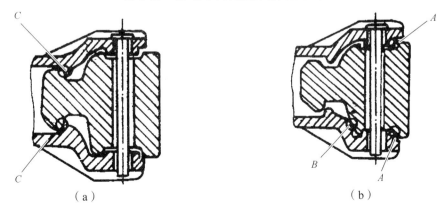

（a）　　　　　　　　　　　　　　（b）

A—护销突缘受力；B—冲击突缘受力；C—牵引突缘受力。

图 5-20　13 号车钩受力状态

车钩冲击时的受力状况与上述牵引时的受力相同。

13 号车钩运用以来，由于增加了护销突缘且其强度较大，故很少出现裂纹，检修工作量较小。但尚存在三态作用不灵活；车钩自重大；钩头易下垂；各厂生产的配件不能互换等问题。

随着货物列车牵引重量的增加，今后要求货车车钩能承受 3 000 kN 以上的牵引力。为了适应这一发展要求，提高 13 号车钩的强度，目前已逐步采用 C 级钢 13 号车钩。C 级钢 13 号车钩是指钩体、钩舌和钩锁采用技术条件规定牌号的 C 级钢制造；钩舌销采用 40Cr、40MnB、Mn2、42CrMo 锻钢（经调质热处理）制造；其他零件可用 ZQ230-450 钢制造。原铁道部车辆局于 1995 年颁布了 13 号车钩钩尾框 C 级钢技术条件。C 级钢钩尾框也是指用同一技术条件规定牌号的 C 级钢制造（见表 5-1）。C 级钢 13 号车钩钩舌静破坏最小载荷由原 13 号车钩的 2 500 kN 增大为 2 877 kN，钩体静拉破坏最小载荷由原 13 号车钩的 3 000 kN 增大为 3 214 kN。

表 5-1　C 级钢技术条件

材料编号	C%	Si%	M%	P%	S%	Cu%	其他合金元素
ZG25MnCrNiMo	≤0.28	≤0.40	≤1.50	≤0.040	≤0.040	≤0.30	具体规定
ZG29MnMoNi	≤0.32	≤0.50	≤1.50	≤0.040	≤0.040	≤0.30	具体规定

13A 号车钩又称小间隙车钩，是在 13 号车钩的基础上改造而成。13 号车钩自投入运用以来，先后进行过多次改造，前期的改造主要集中在材料方面，先后使用过 ZG25、ZG24SiMnUTi、ZG25MnCrNiMo 及 TB/T2942-C 级钢。材料的改进有效地提高了抗拉强度（由最初的 2 400 kN 提高到 3 000 kN 以上），但随着几次列车大提速后，13 号车钩又暴露出一些问题：

（1）列车启动、加速、制动时纵向冲击力过大，影响列车的运行平稳性。

（2）车钩的纵向移动量过大，加剧了车钩零部件的磨耗，缩短零部件的使用寿命。

（3）钩尾框的结构强度不能满足提速的要求，容易产生裂纹、折损等。

针对上述的不足，四方机车车辆研究所对 13 号车钩在结构上进行了部分改进，并且取得了良好效果。改进后的 13 号车钩正式定型为 13A 号车钩。13A 号车钩现已大批量投入运用，以替换 13 号车钩。

13A 号车钩与 13 号车钩的主要区别如下。

1. 钩舌

钩舌改进的目的是减小车钩连挂后的纵向间隙。钩舌的改进点主要在钩舌内侧立面上，重新设计钩舌内侧面外形轮廓弧度，使得钩舌更加饱满。改进后钩舌的有效厚度由 72 mm 增至 73 mm；钩舌内侧面的顶点与钩舌销孔的中心线处于同一水平线上；钩舌连挂基线与钩舌销孔中心线之间的垂直距离由 10.5 mm 减至 6.5 mm。

13A 号车钩钩舌经过上述改进后，13A 号车钩连挂后的纵向间隙从 19.5 mm 减少到 12.5 mm，可明显降低车辆间的纵向冲击力，提高运行品质。

2. 钩身

钩身钩颈处下平面与钩门托梁长期接触，当车钩承受牵引或冲击时，两者之间产生位移而磨耗，列车提速后由于纵向冲击力的加剧，该处磨耗更为严重。13 号车钩原来采用磨耗后堆焊复原的方法进行修复，后因堆焊修复容易造成应力集中使钩颈产生裂纹，而改为加焊磨耗板（200 mm×80 mm×4 mm）的方法来防止钩颈处的磨耗，可是磨耗板的厚度又往往不足以保证一个段修期的使用（1.5 年），另外，磨耗板厚度的增减直接影响到车钩高度的变化。因此，13 号车钩一直没有很好的办法解决磨耗问题。13A 号车钩针对这个缺陷进行改进，在钩颈下平面由钩肩后壁向内 35～265 mm 处铸造了一道深 6 mm 的横向凹槽，专门用来焊接磨耗板（200 mm×120 mm×6 mm）磨耗板焊接后的下平面刚好与钩颈的下平面平齐。这样既增加了磨耗板的厚度又不影响车钩的中心高度。

3. 钩尾框

钩尾框是车钩缓冲装置的重要组成部件，其性能的好坏直接影响到行车安全。13A 号车钩的钩尾框针对原 13 号车钩因提速后强度不足易产生裂损的缺陷进行全面改进：

（1）框身加宽加厚；宽度由 125 mm 加至 140 mm，厚度由 25 mm 加至 28 mm。

（2）框尾加宽减短；尾宽由 125 mm 加至 160 mm，尾长由 120 mm 减至 95 mm（在保证强度足够的情况下适当减轻自重）。

（3）框头外形加高内距减小；外形高度由 286 mm 增至 295 mm，内距由 172 mm 减至 168 mm。

除上述几点外，13A 号车钩的其他各零部件、作用方式等与 13 号车钩完全相同，这里不作重复介绍。

五、16、17 号车钩

目前 17 号车钩、16 号车钩及配套钩尾框已经装用在 C63 型、C76 型及 C80 型系列不摘钩进行翻车机卸货的货车上。在运用中保证了车辆的连续运转，提高卸货效率 25%以上。鉴于 17 号车钩具有连挂间隙小、结构强度高、联锁性能好及垂向防脱性能高等优点，以及多年来运用表现出的优良性能，我国 70 t 级货车采用了 17 号车钩及 17 号铸造或锻造钩尾框。

（一）16、17 号车钩的主要尺寸和性能

17 号车钩的基本尺寸如图 5-21 所示。

车钩连接轮廓纵向移动间隙	9.5 mm	
车钩最大横向摆角	13°	
车钩最大垂向摆角	向上	5.5°
	向下	7°
车钩连接线处最大横向位移	167 mm	
在水平面内最大相对转角	3°45′	
在垂直面内最大相对转角	2°0′	
两车钩连接时允许的车钩中心线高度差	75 mm	
钩体静拉破坏载荷	≥4 005 kN	
钩舌静拉破坏载荷	≥3 430 kN	

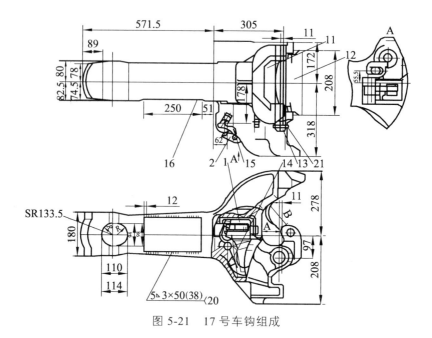

图 5-21　17 号车钩组成

（二）17 号车钩的结构组成

17 号车钩结构及零部件如图 5-22、5-23 所示，17 号车钩由 17 号车钩钩体、下锁销转轴、下锁销组装和 16 号钩舌、钩舌推铁、钩舌销、锁铁组装等零部件组成，其中钩舌、钩舌推铁、钩舌销、锁铁组装及下锁销采用 16 号车钩零部件。17 号车钩的所有零件与 13 号、13A 号车钩均不能互换。

微课：17 号车钩的结构

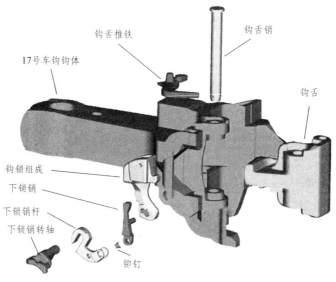

1—钩体；2—钩舌推铁；3—钩舌销；4—钩舌；5—铆钉；6—下锁销转轴；7—下锁销杆；
8—下锁销；9—钩锁组成。

图 5-22　17 号车钩组成

（a）16号车钩钩舌

（b）16号车钩钩舌推铁

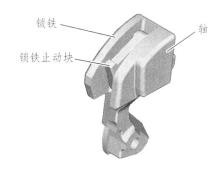

锁铁

轴

锁铁止动块

（c）16号车钩锁铁组成

（d）17号车钩下锁销转轴

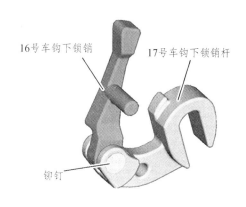

16号车钩下锁销

17号车钩下锁销杆

铆钉

（e）17号车钩下锁销组装

图 5-23　17号车钩零部件组成

17号车钩钩体结构如图 5-24 所示。

（1）17号车钩钩体的钩头部分有联锁套口、套头、辅助联锁支架及防脱装置。

（2）17号车钩钩身的形状与其他车钩相似，为箱形截面。

（3）钩尾端面由球型端面和两侧自动对中凸肩组成，球面半径为 133.5 mm，与从板的球面相接触。

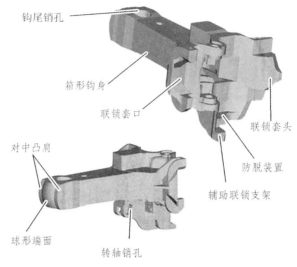

钩尾销孔

箱形钩身

联锁套口

对中凸肩

联锁套头

防脱装置

辅助联锁支架

球形端面

转轴销孔

图 5-24　车钩钩体

17 号车钩钩体在钩头的钩腕一侧有联锁套头（带有上下调准平面），在钩耳的外侧有联锁套口（带有上下调准平面），在钩头的下部有防脱安全托，以上结构使车钩连挂后具有联锁、自动对中及防脱的功能；钩身下面的磨耗板可防止钩体磨耗；钩尾与从板接触的部位为半径 133.5 mm 的球面，并在两侧有使车钩与车体自动对中的凸肩。

为提高 16 号钩舌的抗疲劳能力和改善钩舌受力时应力集中状态，轨道公司分别针对 70 t 级和 80 t 级货车提出了改进型 16 号钩舌和加厚型钩舌两种结构改进方案。其中 16 号加厚型钩舌装用在新造 C80 型运煤敞车上，标记为"16H"；16 号改进型钩舌最初装用在新造 70 t 级货车上，标记为"16"。目前 70 t 级货车都已装用 16 号加厚型钩舌。

（三）16 号车钩结构组成

16 号车钩如图 5-25 所示，由 16 号车钩钩体（见图 5-26）、钩舌、钩舌推铁、钩舌销、锁铁组成、下锁销转轴和下锁销（见图 5-27）组成等零部件组成。

为了使车钩在进行翻卸作业时转动灵活，16 号车钩的钩身为圆柱形，钩身下面的磨耗板为嵌入式磨耗板，减小了车钩转动时的阻力。钩尾与从板接触的部位为半径 133.5 mm 的球面。

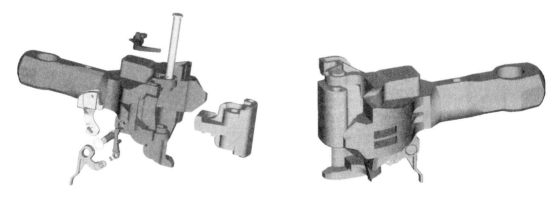

图 5-25　16 号车钩结构组成

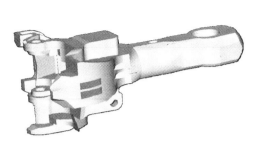

图 5-26　16 号车钩钩体

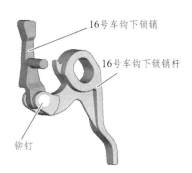

图 5-27　16 号车钩下锁销组成

（四）16、17 号车钩结构特点

1. 防分离可靠性高

17 号车钩具有下锁销防跳（见图 5-28）和下锁销杆防跳两次防跳功能，与上作用车钩的一次防跳相比，具有更好的防跳性能。同时，17 号车钩的提杆装置加装了复位弹簧，进一步提高了车钩的防分离可靠性。

在车钩钩头下面设有防脱装置，列车发生事故时仍能保持车钩的连挂性能，防止列车颠覆，并防止车钩相互脱离。

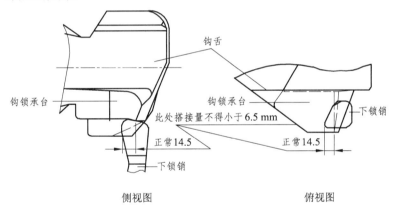

图 5-28　下锁销防跳

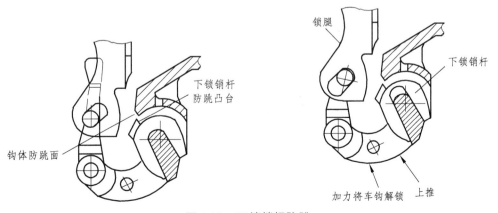

图 5-29　下锁销杆防跳

2. 车钩强度高

17号车钩的结构合理，钩体、钩舌及钩尾框均采用了 E 级钢制造，增加了车钩强度；同时，钩体最小破坏载荷为 4 005 kN 与 AAR 标准规定相同，钩舌的最小破坏载荷为 3 430 kN，比 AAR 标准规定的 2 950 kN 提高了 16%，钩尾框由 E 级铸钢改为 E 级锻钢，具有较高的强度储备。

3. 耐磨性能好

17 号车钩采用高强度的 E 级钢材质，提高了钩体、钩舌和钩尾框的硬度和耐磨性，并对钩尾端面及钩尾销孔后圆弧面进行了提高表面硬度的特殊处理，具有更高的硬度和更好的耐磨性；钩体下方增设了磨耗板，防止钩体磨耗，降低检修的工作量和成本。

4. 连挂间隙小

17 号车钩的连挂间隙为 9.5 mm，比 13 号车钩的 19.5 mm 减少了 52%，比 13A 型小间隙车钩的 11.5 mm 间隙减少了 17%，可降低列车的纵向冲动、改善列车纵向动力学性能、延长车辆及其零件的使用寿命。

5. 曲线通过性能好

17 号车钩尾部设有自动对中凸肩和球型端面（见图 5-30），可以使车钩在运行中经常保持正位，同时改善了车辆及列车的曲线通过性能；采用竖圆销与钩尾框垂直连接，提高了车辆的曲线通过能力。

图 5-30　17 号车钩钩尾示意图

6. 连挂性能好

17 号车钩可与我国现有铁路机车车辆使用的 13 号车钩、13A 号车钩及 15 号车钩等正常连挂使用（见图 5-31）。

图 5-31　17 号车钩与 13 号车钩连挂示意图

7. 具有联锁功能

17 号车钩的钩体头部设有联锁装置（见图 5-32），车钩连挂后可自动实现联锁，减少车钩的相对运动；联锁装置还可以在车钩转动作业中降低对车钩的损坏。

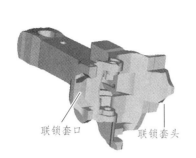

图 5-32　17 号车钩联锁示意图

（五）17 号车钩主要性能

17 号车钩的主要性能包括三态作用和防跳性能等。

1. 三态作用

17 号车钩的三态作用包括闭锁、开锁、全开。

1）闭锁

车辆连挂后，车钩必须处于闭锁位置才能传递牵引力。当钩舌转动到闭锁位时，锁铁坐于钩舌尾部的座锁台上（见图 5-33），钩舌不能绕钩舌销转动打开（见图 5-34），此为闭锁位置。

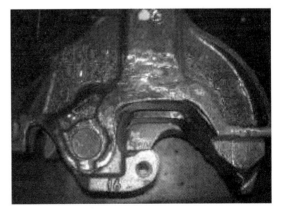

图 5-33　锁铁坐于钩舌座锁台上　　　　　　图 5-34　钩舌未打开

2）开锁

两连挂着的车辆欲分开时，必须有一个车钩处于开锁位置。提起车钩提杆手柄（见图5-35），带动锁铁上升到一定的高度，此时放下钩提杆，锁铁停留在钩舌推铁的座锁面上，此时钩舌不能自动打开（见图 5-36），如果钩舌受到牵引力就能绕钩舌销转动，此为开锁位置。

图 5-35　扳动钩提杆

图 5-36　钩舌未打开

3）全开位置

在车辆彼此连挂之前，必须有一个车钩处于全开位置，才能达到自动连挂的目的。 继续扳动钩提杆至极限位置（见图 5-37），钩舌绕钩舌销转动打开，此为全开位置（见图 5-38）。

图 5-37　扳动钩提杆

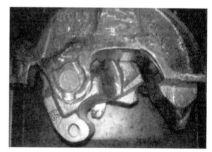

图 5-38　钩舌转动打开

2. 防跳性能

17 号车钩具有下锁销防跳和下锁销杆防跳两级防跳性能，有效防止车钩在闭锁位置时钩锁铁因车辆振动而自动跳起造成脱钩。

1）下锁销防跳

车辆在振动过程中，下锁销上升与钩舌座锁面下面接触，可防止下锁销继续上升带动锁铁上升使车钩开锁（见图 5-39）。

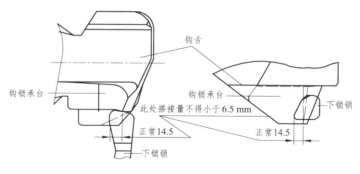

图 5-39　下锁销防跳性能

2）下锁销杆防跳

车辆在振动过程中，下锁销杆上升使下锁销杆防跳台与钩体防跳台面接触，可防止下锁销杆的继续上升带动锁铁上升而使车钩开锁（见图5-40）。

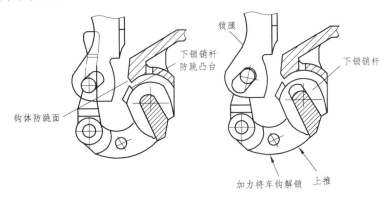

图 5-40　下锁销杆防跳

（六）17号车钩分解与组装

组装的顺序为：钩体→钩舌推铁→下锁销转轴→下锁销组成→锁铁组成→钩舌→钩舌销→开口销。

1. 安装钩舌推铁

将钩舌推铁从钩体前面装入头部内腔，安装时钩舌推铁的锥面轴向上，圆柱面的推铁轴插入钩体的推铁孔中，直到钩舌推铁平稳地坐在钩腔内部（见图5-41）。

注意：操作人员组装前需确认钩体放置稳定、牢固，防止跌落碰伤。

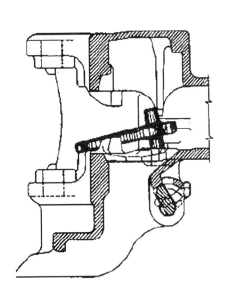
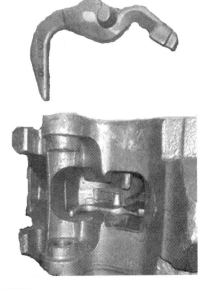

图 5-41　安装钩舌推铁

2. 安装下锁销转轴

下锁销转轴从钩体的钩舌侧即钩耳的一侧插销孔内插入，直到下锁销转轴连接键位于下锁腔两立筋中间，然后向后转动下锁销转轴约 90°，按图 5-42 中所示的顺时针方向安装。

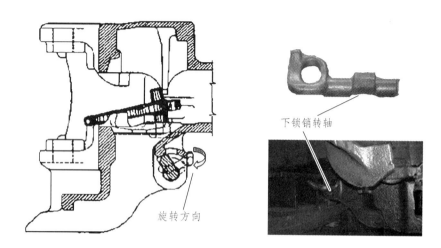

下锁销转轴

旋转方向

图 5-42　安装钩舌推铁

3. 安装下锁销组成

先将下锁销组成中下锁销杆的键槽按图示位置套装在下锁销转轴的连接键上（见图 5-43）。

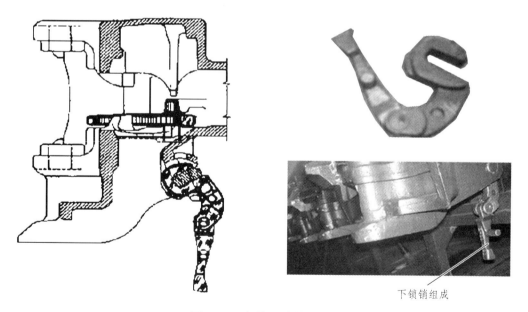

下锁销组成

图 5-43　安装下锁销组成

然后提起下锁销端部，使下锁销进入下锁腔，转动下锁销组成到图示位置（见图 5-44）。

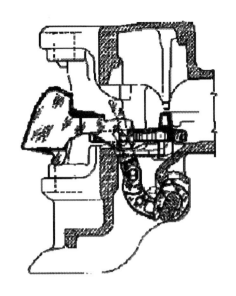

下锁销

图 5-44　安装下锁销组成

4. 安装锁铁

将锁铁腿从钩体前面插入，使锁腿的下锁销转轴孔套入下锁销的转轴。

然后向后移动锁铁同时转动锁铁，使锁铁腿进入钩体下锁腔，如图 5-45 所示位置。

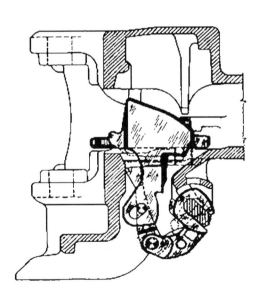

锁铁组成

锁铁组成

图 5-45　安装锁铁

5. 安装钩舌、钩舌销及开口销

转动下锁销组成使锁铁提起到最高位置。旋转钩舌推铁推到最左侧，即钩舌侧。放下锁铁使车钩处于开锁位，如图 5-46 所示。再将钩舌放置于钩体的上下钩耳之间。

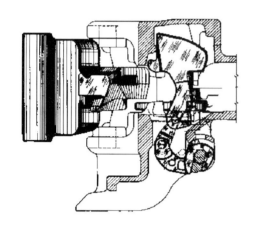

图 5-46　安装钩舌

向里转动钩舌，直到钩舌上牵引台抬起锁铁，将钩舌销插入钩体和钩舌销孔中。旋转钩舌至闭锁状态，锁铁落在钩舌的锁铁承台上（见图 5-47）。

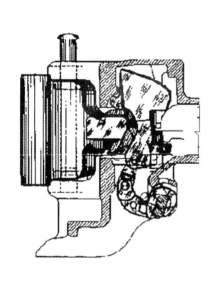

开口销

图 5-47　安装钩舌

到此完成了 17 号车钩的组装，然后检查车钩的三态作用性能和防跳性能，合格后安装开口销并按要求劈开 60°。

17 号车钩分解过程与组装过程正好相反。分解顺序为：开口销→钩舌销→钩舌→锁铁组成→下锁销组成→下锁销转轴→钩舌推铁。

注意：不要轻易分解 17 号车钩。

16 号车钩的组装与分解和 17 号车钩相似。16 号车钩分解过程与组装过程正好相反。

（七）17 号车钩缓冲装置组成

17 号车钩系统包括 17 号车钩组成、17 号钩尾框、17 号钩尾销、17 号车钩从板和 MT-2 号缓冲器等零部件（见图 5-48）。车钩缓冲装置组装于车体牵引梁内，并由车钩托梁、尾销托梁、尾框托板和安全托板托起，其中尾销托梁可防止钩尾销从钩尾框和车钩的尾销孔中脱出（见图 5-49）。

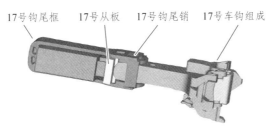

图 5-48　17 号车钩系统

图 5-49　17 号车钩缓冲装置组成

为提高 17 号车钩的防分离可靠性，保证铁路运输安全，17 号车钩分别采用钥匙孔形车钩提杆座，设置车钩提杆拉簧，安装防跳插销。安装位置如图 5-50 所示。

车钩提杆座

拉簧

防跳插销

图 5-50　安装位置

六、车钩装置其他配件

（一）钩尾框及钩尾销

钩尾框用钩尾销与钩尾连接，钩尾框内装有缓冲器和前、后从板，是传递牵引力的主要配件。钩尾框用铸钢制成，钩尾销用钢锻制而成，其结构如图 5-51 所示。

动画：13 号车钩缓冲装置拆解

动画：车钩缓冲装置装配

钩尾销穿插在钩尾框和钩尾的钩尾销孔内，其下端被装于钩耳销固定挂耳上的横穿的钩尾销螺栓托住，钩尾销螺栓在螺母外侧必须安装开口销，以免钩尾销螺栓丢失，造成列车分离事故。

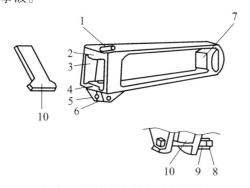

（a）13 号车钩钩尾框及钩尾销

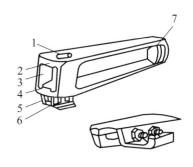

（b）15 号车钩钩尾框

1—钩尾销孔；2—钩尾挡；3—侧板；4—钩尾座；5—钩尾销固定挂耳；5—钩尾销螺栓孔；
7—后端面；8—钩尾销螺栓；9—开口销；10—钩尾销。

图 5-51　钩尾框及钩尾销

（二）从板及从板座

从板安装在钩尾框内，于缓冲器前后各一块。前面的为前从板，承受牵引力，后面的为后从板，承受冲击力（ST 型、MT-3 型等缓冲器只用前从板，后从板由箱体代替）。借助从板与从板座接触使缓冲器实现缓冲作用，结构如图 5-52 所示。17 号车钩用的前从板与钩尾接触面为半径 133.5 mm 的球面，以便扩大接触面，避免从板因受力集中而裂损；另一方面，可使列车在通过曲线时，车钩摆动自如，减少缓冲器对车钩的反驳力，保证运行平稳。

从板座分前从板座和后从板座。铆接于牵引梁内侧面上，用以阻挡从板的移动，从而使缓冲器实现衰减及缓和列车冲击的目的，如图 5-53 所示。前从板座（9 个或 10 个铆钉孔）承受并传递列车的牵引力[见图 5-53（a）]。后从板座（12 个铆钉孔）承受并传递冲击力[见图 5-53（b）]。这种分立式后从板座由于分别铆装在牵引梁两内侧面上，连接刚度不足，在较大的冲击力作用下，易使从板座处的牵引梁产生变形或外涨。为避免上述问题，已将后从板座铸成一体式[见图 5-53（c）]。

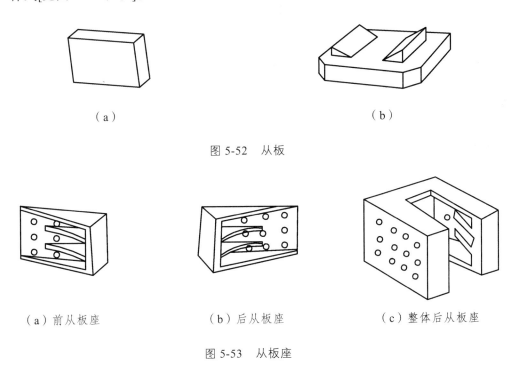

（a）　　　　　　　　　　　　　　　　（b）

图 5-52　从板

（a）前从板座　　　　　　（b）后从板座　　　　　　（c）整体后从板座

图 5-53　从板座

（三）冲击座及车钩托梁

冲击座位于底架端梁的中部，在冲击座下部装有车钩托梁，除保证车钩缓冲装置正常使用位置外，当车钩受到较大的冲击力时，钩肩与冲击座接触，由于有冲击座，可加强端梁强度并将部分冲击力直接传递给底架，避免缓冲器因冲击力过大而破损。

货车冲击座由铸钢制成，采用焊接或铆接在端梁中部。

车钩托梁按照安装车钩托梁的形式，可分为如下两种：

第一种冲击座的底部带有安装车钩托梁的螺栓孔，车钩托梁用四根螺栓组装在冲击座下部，如图 5-54 所示。此种结构车钩托梁易弯曲变形，且托梁螺栓松弛较多，所以被插入式冲击座代替。

第二种插入式冲击座，冲击座的底部铸有车钩托梁框，车钩托梁可以从一端插入，用螺栓固定，如图 5-55 所示。

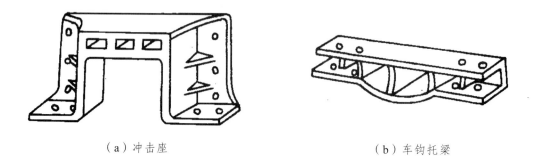

（a）冲击座　　　　　　　　　　（b）车钩托梁

图 5-54　货车用冲击座及车钩托梁之一

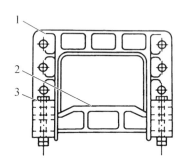

1—冲击座；2—插入式车钩托梁；3—螺栓。

图 5-55　货车用冲击座及车钩托梁之二

（四）钩尾框托板及挡板

钩尾框托板由钢板压制而成；它是由螺栓组装在牵引梁上，用以托住钩尾框。为了减少磨耗，在钩尾框与钩尾框托板之间装有磨耗板。在牵引梁的上方装有钩尾框挡板，以防止钩尾框翘起，钩头下垂。

（五）车钩提杆及座

车钩提杆是为开启车钩而设置的，分为上作用式和下作用式两种。

上作用式车钩提杆，使用在货车上。1 位端为避开手制动机轴而采用弯曲式；2 位端一般采用平直式。由于上作用式车钩提钩链留有一定的余量，所以车钩提杆座一般采用圆孔结构。

下作用式车钩提杆，货车均在 1、4 位方向，在车辆运用中，如有较大的冲击或受到异物碰击后，车钩提杆将产生摆动，造成开钩现象。所以，下作用式车钩提杆座带有扁槽。车钩连挂后，车钩提杆手柄端扁平部分安放在车钩提杆座的扁槽中，使之不能摆动。

任务三　客车车钩

任务描述

本任务主要学习15号车钩的结构组成、各部件作用及附属配件的结构组成等。通过本任务的学习，使学生能够描述15号车钩零部件名称及作用，并能分析车钩的三态作用及受力。

任务引入

15号车钩使用在客车上，由钩体、钩舌及钩头配件等组成钩头与钩舌通过钩舌销相连接，钩舌可绕钩舌销转动，钩头内部装有钩锁铁、钩舌推铁、钩推销等零件。车钩缓冲装置除车钩、缓冲器外，还需有一些附属配件互相配合，才能起到车辆之间的连挂、牵引、缓冲的作用。附属配件的结构和技术状态对车钩缓冲装置的作用和行车安全有着重要影响。

背景知识

我国客车中非快速客车均使用15号车钩，快速客车装用15号小间隙车钩。

微课：15号车钩

一、15号车钩

15号车钩由钩体、钩舌及钩头配件等组成。其中，钩体分为钩头、钩身、钩尾三部分，钩头与钩舌通过钩舌销相连接，钩舌可绕钩舌销转动，钩头内部装有钩锁铁、钩舌推铁、钩推销等零件，如图5-56所示。

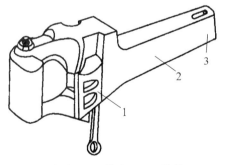

1—钩头；2—钩身；3—钩尾。

图5-56　15号车钩外形

（一）15号车钩构造

1. 钩体

钩体是车钩的基础部分，其他零件与其配合共同完成车钩的作用，可分为钩头、钩身和钩尾三部分。结构如图 5-57 所示。

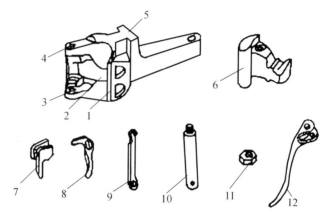

1—钩腕；2—钩锁腔；3—下钩耳及孔；4—上钩耳孔；5—钩肩；6—钩舌；7—钩锁；
8—钩舌推铁；9—下锁销；10—钩舌销；11—销螺母；12—圆棒形下锁销杆。

图 5-57　15 号车钩钩体及配件

1）钩头

钩头部是车辆摘挂的重要部分。

钩腕：在两车钩连挂时，可容纳对方钩舌并控制其横向移动，如图 5-58 所示。

钩锁腔：钩头中空部，安装钩头配件，如图 5-59 所示。

钩耳：安装钩舌用，分上下钩耳。

钩耳孔：为安装钩舌销用。

钩肩：车辆发生较大冲击时，钩肩与冲击座接触，使部分冲击力直接传递给底架，避免缓冲器破损。

下锁销孔：安装下锁销用，也是锁脚起落的孔。

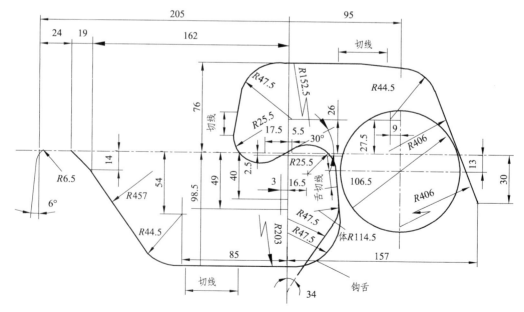

图 5-58　自动车钩连接轮廓

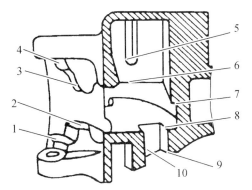

1—下冲击突肩；2—下牵引突缘；3—上牵引突缘；4—上冲击突肩；5—钩舌推铁槽；6—导向挡；
7—上防脱（跳）台；8—开锁坐面；9—下防脱（跳）台；10—下锁销孔。

图 5-59　15 号车钩钩锁腔内部结构

2）钩身

钩身部是传递牵引力和冲击力的部位。它做成中空方形结构，具有较大的强度和刚度。

3）钩尾

钩尾部供安装钩尾框用。其上开有钩尾销孔，钩尾端面为圆弧面。

2. 钩舌及钩舌销

钩舌装在上下钩耳之间，插入钩舌销后以钩舌销为轴而转动，利用钩舌的开闭可进行车辆互相连挂和摘解。钩舌结构见图 5-60，其上有牵引突缘，传递牵引力。

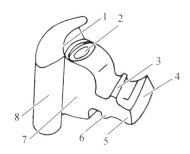

1—钩腕牵引面；2—钩舌销孔；3—上牵引突缘　4—钩舌尾端面；5—钩舌锁面；
6—下牵引突缘；7—内腕；8—钩舌鼻。

图 5-60　15 号车钩钩舌

钩舌销穿过钩耳孔及钩舌销孔，将钩舌与钩体联系在一起，钩舌可绕其转动。正常情况下，钩舌销不受牵引力、冲击力，仅起到转轴作用。

3. 钩头内部零件

钩头内部零件包括钩锁、钩舌推铁和下锁销。

1）钩锁（见图 5-61）

钩锁装在钩锁腔内钩舌尾部侧面，在闭锁位置时挡住钩舌尾部，起锁钩作用，在全开位置时，推动钩舌推铁能使钩舌张开。其背部及

微课：15 号车钩动作

两侧均为垂直平面，并有导向面，与钩锁腔内的导向壁吻合，借以保持钩锁上下移动时的正位。钩锁下部为锁脚，锁脚下部有开锁坐锁面。开锁位置时，钩锁由于偏心向前倾斜，锁脚向后翘，开锁坐锁面恰好落在钩头内开锁坐锁面上。钩锁背部有锁销作用槽，其中内有十字销凹槽，使下锁销的十字销在其上下滑动。

2）钩舌推铁（见图 5-62）

钩舌推铁悬挂在钩锁腔内，上部嵌入钩舌推铁槽内，下端靠在钩舌尾部侧面，全开位置时能踢动钩舌转动。

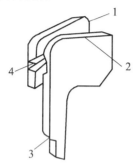

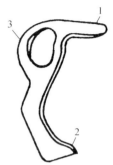

1—导向角；2—全开作用面 3—开锁坐锁面；
4—锁销作用槽（十字销凹槽）。

图 5-61　15 号车钩钩锁

1—全开作用端；2—推铁踢足；3—全开支点。

图 5-62　15 号车钩钩舌推铁

3）下锁销及下锁销杆（见图 5-63）

钩锁销在其一端两侧有圆柱形十字销，置于钩锁背部十字销凹槽内，以便推起钩锁。端部除十字销外，还有防脱（跳）止端，以便在闭锁位置起防脱（跳）作用。下锁销杆是下作用式车钩用以保持下锁销正确作用位置的配件，一端安装在钩舌销下部，另一端与下锁销及下作用式车钩提杆套装在一起。

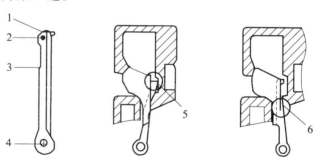

1—上防脱（跳）止端；2—十字销；3—下防脱（跳）止端；4—下锁销杆销孔；
5—上防脱（跳）位置；6—下防脱（跳）位置。

图 5-63　下锁销上、下防脱（跳）台及作用

（二）三态作用

车钩的自动连挂和自动摘解是通过它的"三态"作用完成的，当钩体内钩舌、钩锁铁、钩舌推铁、锁销等零件处于不同位置时，可使车钩具有开锁、闭锁、全开三种作用，俗称"三态"作用。

1. 闭锁位置

车辆连挂后，两个车钩均须处于闭锁位置时才能传递牵引力。

钩舌转入钩锁腔内，钩锁靠自重落下，坐在钩锁腔底部，卡在钩舌尾部侧面和钩锁腔侧壁之间，挡住钩舌的转动，如图 5-64 所示。这时，下锁销沿着钩锁背部的锁销槽下滑，下锁销上防跳台卡在钩锁腔后壁防跳台下；下防跳台卡在下锁销孔的后缘下防跳台处，起防跳作用，形成闭锁位置。

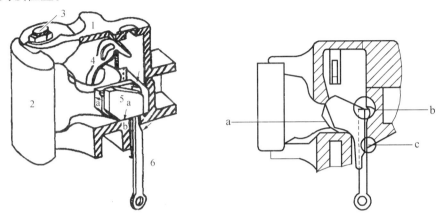

1—钩头；2—钩舌；3—钩舌销；4—钩舌推铁；5—钩锁铁；6—下锁销。

a—钩锁位置；b—上防跳位置；c—下防跳位置。

图 5-64　15 号车钩闭锁位置

2. 开锁位置

两连挂着的车辆欲要分开，必须有一个车钩处于开锁位置。

由闭锁位置提起车钩提杆，推动下锁销，锁销轴沿着钩锁背部的锁销槽上移，使下锁销上下防跳台脱离防跳位置。当下锁销继续上移时，则顶动钩锁上移。由于钩锁的偏重上部向前倾转，而腿部向后转动，当放下车钩提杆时，钩锁的开锁坐锁面就坐在下锁销孔后部的锁座上（如图 5-65 所示），钩锁不能落下，形成开锁位置，将相互连挂的车辆分开。

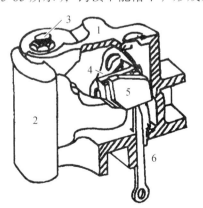 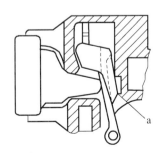

1—钩头；2—钩舌；3—钩舌销；4—钩舌推铁；5—钩锁铁；6—下锁销。

a—开锁坐锁面位置。

图 5-65　15 号车钩开锁位置

3）全开位置

在车辆彼此连挂之前，必须有一个车钩处于全开位置在开锁位置，才能达到自动连挂的目的。

由闭锁位或开锁位用力提起车钩提杆，使钩锁被充分顶起，钩锁的全开作用面顶动钩舌推铁的全开作用端，钩舌推铁以背部全开支点和钩锁腔内壁接触面为支点回转如图5-66所示，其下部推舌端踢动钩舌尾部侧面，使钩舌以钩舌销为轴转动张开，放下车钩提杆后，钩锁靠自重落下，坐在钩舌尾部上，形成全开位置。

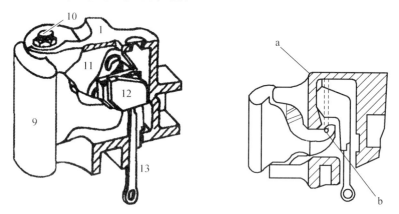

1—钩头；2—钩舌；3—钩舌销；4—钩舌推铁；5—钩锁铁；6—下锁销。

a—钩锁顶动钩舌推铁；b—钩舌推铁踢动钩舌尾。

图5-66　15号车钩全开位置

（三）15号车钩的受力分析

15号车钩在钩舌和钩头的钩锁腔处铸有牵引突缘（或冲击承面），牵引力或冲击力是依靠它们来传递，而不是通过钩舌销。但在长期使用中牵引突缘产生磨耗后又未进行加修时，会造成钩舌销承也承受部分牵引力和冲击力，因此钩舌销折损较多。

车钩受力情况如图5-67所示。

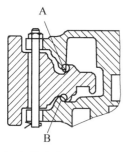

（a）牵引时受力于A、B处

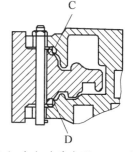

（b）冲击时受力于C、D处

图5-67　15号车钩受力状态

根据我国《铁道车辆强度设计及试验鉴定规范》规定，在计算车辆强度时，列车在不稳定运行时，由车钩传递的纵向拉伸力为1.0 MN，压缩力为1.2 MN；对于货车还要考虑在车辆编组作业时车辆受到冲击力，计算时取纵向压缩力为 2.0 MN，车钩的弯曲强度按作用于钩肩后 76 mm 处垂直向上或向下 0.3 MN 来校核。根据我国 5 000 t 重载列车纵向动力试验结果，列车不稳定运行时（包括起动、匀速、常用或紧急制动等工况），沿着列车长度每一车钩的受力分布是不均匀的，最大的车钩压缩力发生于低速紧急制动时在机车后整个列车长度的 2/3 ～ 5/6 处。车钩的最大拉伸力发生于常用制动后即实施缓解的工况，一般在列车的前、中部较大，向后逐渐递减。运行中的断钩事故往往发生于这两种情况。

（四）15 号车钩运用情况

15 号车钩钩头零件的结构简单、三态作用灵活、安全可靠；采用大钩肩，有效地保护了缓冲器；故障少，除磨耗和钩舌裂纹外，很少有其他故障。不足之处是钩头较重，加上钩身长，容易产生钩头下垂现象；钩舌上下弯角处易产生裂纹。

为提高普通客车的车钩缓冲装置的强度，对 15 号车钩的改进主要用高强度、低合金铸钢代替普通铸钢。目前，我国双层客车使用改进型 15 号车钩，其抗拉强度提高到 2 250 kN 以上。部分 25 型客车的 15 号车钩的钩体、钩舌和钩尾框的材质由原来的 ZG230-450 改为 QG-C3 钢，钩舌销、钩尾销改为 40Cr 钢制造。其拉伸破坏强度不小于 2 256 kN。

二、15 号小间隙车钩

为提高普通客车的车钩缓冲装置的强度，对 15 号车钩的改进主要用高强度、C 级钢代替普通铸钢（ZGZ30-450）。最小破坏载荷达到 2 000 kN，钩舌销、钩尾销改为 40Cr 钢制造。

15 号小间隙车钩轮廓如图 5-68 所示。15 号小间隙车钩在结构方面、作用原理与 15 号车钩基本相同，不同之处是改变了车钩钩头轮廓图形，缩小了两车钩连挂之间的间隙。

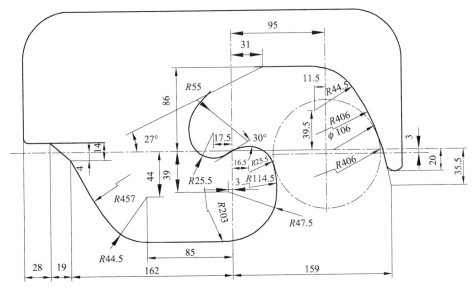

图 5-68　15 号小间隙车钩轮廓

三、车钩缓冲装置主要附属配件

车钩缓冲装置除车钩、缓冲器外，还需有一些附属配件互相配合，才能起到车辆之间的连挂、牵引、缓冲的作用。附属配件的结构和技术状态对车钩缓冲装置的作用和行车安全有着重要影响。

（一）主要附属配件

1. 钩尾框及钩尾销

钩尾框用钩尾销与钩尾连接，钩尾框内装有缓冲器和前、后从板，是传递牵引力的主要配件。其结构如图 5-69 所示。

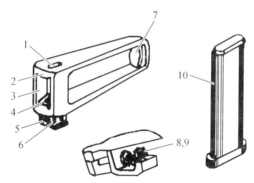

1—钩尾销孔；2—钩尾挡；3—侧板；4—钩尾座；5—钩尾销固定挂耳；6—钩尾销螺栓孔；
7—后端面；8—钩尾销螺栓；9—开口销；10—钩尾销。

图 5-69　钩尾框及钩尾销

2. 从板及从板座

从板安装在钩尾框内于缓冲器前后各 1 块。前面的为前从板，承受牵引力；后面的为后从板，承受冲击力。借助从板与从板座接触使缓冲器实现缓冲作用，其结构如图 5-70 所示。15 号车钩用的前从板与钩尾接触面为圆弧形，以便扩大接触面，避免从板因受力集中而裂损；另一方面，可使列车在通过曲线时，车钩摆动自如，减少缓冲器对车钩的反驳力，保证运行平稳。

（a）后从板　　　　　　　　　　　　　　（b）前从板

图 5-70　从板

3. 冲击座及车钩托梁

冲击座位于底架端梁的中部，在冲击座下部有车钩托梁，保证车钩缓冲装置正常使用。

当车钩受到较大的冲击力时，钩肩与冲击座接触，由于有冲击座，可加强端梁强度并将部分冲击力直接传递给底架，避免缓冲器因冲击力过大而破损。

目前客车上使用的是摆式冲击座（见图5-71）。

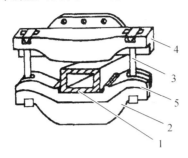

1—车钩；2—摆块；3—摆块吊；4—冲击座；5—高钩钩体垫。

图 5-71　摆块式车钩复原装置

4. 钩尾框托板及挡板

钩尾框托板由钢板压制而成，由螺栓组装在牵引梁上，用于托住钩尾框。为了减少磨耗，在钩尾框与钩尾框托板之间装有磨耗板。在牵引梁的上方装有钩尾框挡板，以防止钩尾框翘起，钩头下垂。

5. 解钩装置

为了方便摘挂车辆，设有解钩装置。它主要由车钩提杆、车钩提杆座、下锁销杆及下锁销杆吊等组成（见图5-72）。

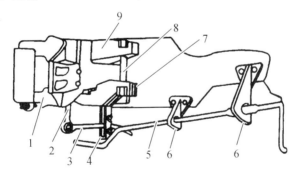

1—钩头；2—下锁销；3—下锁销杆；4—下锁销杆吊；5—车钩提杆；
6—车钩提杆座；7—摆块；8—摆块吊；9—冲击座。

图 5-72　15 号车钩装置

车钩提杆是为开启车钩而设置的，分为上作用式和下作用式两种。

客车都采用下作用式车钩提杆，安装在车端的 2、3 位方向。在车辆运用中，如有较大的冲击或受到异物碰击后，车钩提杆将产生摆动，会造成开钩现象。因此，下作用式车钩提杆座带有扁槽，车钩连挂后，车钩提杆手柄端扁平部分安放在车钩提杆座的扁槽中，使之不能摆动，如图5-73（a）、（b）所示。

（a）钩提杆　　　　　（b）钩提杆座　　　　（c）下锁销杆　　　　（d）下锁销杆吊

图 5-73　解钩装置

下锁销杆呈圆棒形，如图 5-73（c）所示，它的一端制成叉形，用圆销与下锁销连接，另一端穿在下锁销杆吊内。

下锁销杆吊如图 5-73（d）所示，由下锁销杆吊、圆销、销套组成。其上端用圆销固定在车钩复原装置上，扳转车钩提杆可顶起下锁销杆，使下锁销杆以下锁销杆吊为支点转动，从而上举下锁销以形成开锁或全开位置。

6. 车钩复原装置

当车辆在曲线上运行时，车钩中心线与车体纵向中心线之间将产生一偏角。为了防止客车车钩偏移时，钩身与缓冲梁及冲击座相撞，在缓冲梁的中部开有较宽的钩门。客车车体较长，车钩偏移量较大，如果偏移后不能迅速、自动地恢复正常，将增加车辆运行的摆动，有时还会造成车辆摘挂的困难。为此，在客车上均装有复原装置。

目前，客车均采用摆块式复原装置，如图 5-71 所示。它是用摆块卡住钩身，摆块的两端用摆吊吊在冲击座上。当车辆通过曲线时，由于车钩的偏移，带动摆块摆头；当车辆转入直线上运行时，借重力作用使车钩恢复到原来位置。

此种复原装置结构简单，适合高低钩两用。低钩位置（钩高 880 mm）适用于国内客车，不带高钩钩体垫；若将高钩钩体垫放在摆块上，而将车钩上移到钩体垫上，则可用于国际联运车上（钩高为 1 060 mm）。

（二）车钩缓冲装置在车上的安装及纵向力的传递

车钩缓冲装置安装在底架两端的牵引梁内，前、后从板及缓冲器卡在前、后从板座之间，下部靠钩尾框托板及复原装置托住，其相互之间的位置如图 5-74（a）所示。

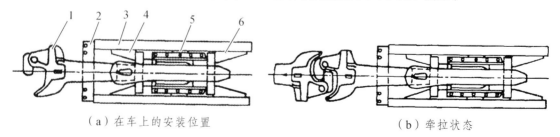

（a）在车上的安装位置　　　　　　　　　　　（b）牵拉状态

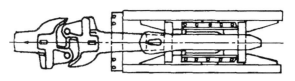

（c）压缩状态。

1—车钩缓冲装置；2—冲击座及车钩托梁；3—牵引梁；4—前从板座；
5—钩尾框托板；6—后从板座。

图 5-74　车钩缓冲装置在车上的安装位置及受力状态

当列车牵引时，作用力的传递过程为：车钩→钩尾销→钩尾框→后从板→缓冲器→前从板→从板座→牵引梁，如图 5-74（b）所示。

当列车压缩时，作用力的传递过程为：车钩→前从板→缓冲器→后从板→后从板座→牵引梁，如图 5-74（c）所示。

由此可知，车钩缓冲装置无论承受牵引力或者冲击力都是经过缓冲器传给牵引梁，这样就可以使纵向的冲击力得到缓和与消减，改善运行品质。

任务四　密接式车钩

任务描述

本任务是对车钩缓冲装置的组成、功能、作用力的传递等基础知识的整体认识。通过本任务的学习，使学生掌握车钩缓冲装置的功能和作用力的传递。

任务引入

对于高速列车、城市地铁和轻轨车辆的车钩缓冲装置常采用机械气路、电路均能同时实现自动连接的密接式车钩。这种车钩属刚性自动车钩，它要求在两钩连接后，其间没有上下和左右的移动，而且纵向间隙也限制在很小的范围之内（约 1~2 mm）。这对提高列车运行平稳性、降低车钩零件的磨耗和噪声均有重要意义。

背景知识

密接式车钩的构造和工作原理与上述的一般车钩完全不同，目前国内外常见的有 4 种结构形式：

（1）MJGH-25T 型密接式车钩。

（2）日本新干线高速列车上所采用的柴田式密接式车钩，我国北京地铁车辆的车钩即属此列。

（3）德国的沙库（Schafenberg）型密接式车钩，常见于欧洲国家所制造的地铁、轻轨及高速车辆上，德国制造的上海地铁车辆亦装用这种车钩。

（4）德国的 BSI-COMPACT 型密接式车钩。

一、MJGH-25T 型密接式车钩缓冲装置

为了满足旅客列车提速的要求，25T 型和 19T 型部分客车试用了 MJGH-25T 型密接式车钩缓冲装置。

（一）基本结构组成

MJGH-25T 型密接式车钩缓冲装置主要由连挂系统、缓冲系统和安装吊挂系统三大部分组成。

（1）连挂系统主要作用是实现车钩自动连接和分解，25T 型客车用密接式钩缓装置连挂系统只完成机械连挂功能；

（2）缓冲系统主要在列车运行过程中起吸收冲击能量、缓和纵向冲击和振动的作用；

（3）安装吊挂系统是对整个钩缓装置提供安装定位和支撑，并包含一个回转机构，保证钩缓装置在各自由度方向上能产生足够的动作量，动作和复位灵活。

密接式车钩缓冲装置安装在车体底架牵引梁的专用安装板上，以 4 个 M38 螺栓固定，安装和拆卸工作量小。为了保证车钩解钩后自动连挂，密接式钩缓装置具有水平面内自动对中功能，以便解钩后车钩纵向中心线能保持在与列车纵向中心线平行的位置。

MJGH-25T 型密接式车钩缓冲装置的组成如图 5-75 所示。

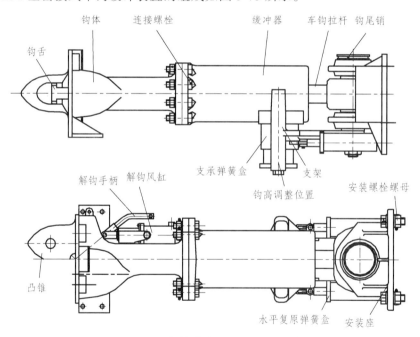

图 5-75　密接式车钩缓冲装置组成

（二）性能特点

（1）可实现自动连挂，连挂状态纵向平均间隙不大于 1.5 mm。

（2）在使两车可靠连挂的同时，保证列车能顺利通过现有线路所有平、竖曲线。

（3）缓冲和吸收列车运行过程中车辆之间的纵向冲击能量。

（4）解钩采用人工作业。

（5）密接式车钩不能直接与普通车钩连挂，如特殊情况下要求车组与装普通车钩的机车车辆连挂，可采用配备的专用过渡车钩。

（三）主要技术指标

密接式钩缓装置主要技术指标如表 5-2 所示。

表 5-2　密接式钩缓装置主要技术指标

整体抗拉伸破坏强度	缓冲器性能参数				车钩平均连挂间隙	转角	
	初压力	阻抗力	容量	行程		水平	垂直
≥2 000 kN	≤30 kN	≤800 kN	≥30 kJ	73 mm	≤1.5 mm	≥±17°	≥±4°

（四）使用要求

1. 列车连挂要求

密接式车钩缓冲装置可以实现列车自动连挂。连挂时，要求连挂速度不大于 5 km/h。

2. 列车解钩方法

密接式车钩缓冲装置的解钩由人工完成。具体操作过程如下：

（1）确认手柄定位销位于解钩手柄的销孔中（图 5-76 中"位置 1"），不能位于钩体的销孔中（图 5-76 中"位置 2"）。

（2）机车向后微退，使待分解车钩处于受压状态。

（3）扳动解钩手柄至解钩位，在钩体销孔内插上手柄定位销（图 5-76 中"位置 2"）之后操作人员离开操作位置。

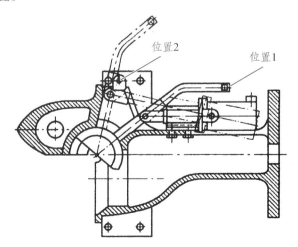

图 5-76　钩体开闭钩位置示意图

（4）机车向前运动，将待分解车钩拉开。

（5）操作人员进入操作位置，拔出手柄定位销，使车钩处于待挂状态，并将定位销插回解钩手柄的销孔（图5-76中"位置1"）中。

3. 密接式车钩与普通自动车钩的连挂

密接式钩缓装置需要与普通自动车钩连挂时，必须采用过渡车钩。为了方便运用可使用两种不同形式的过渡车钩。

图5-77所示为中间体过渡车钩，使用时安装在密接式钩缓装置钩体与普通自动车钩之间，运用比较方便，但只能用于厂内和站线上单车调行使用。使用方法如下：

（1）使待挂的15号车钩置于闭锁位，将过渡车钩在竖直面内从上到下套入15号车钩钩舌内。

（2）保持速度1 km/h以下开动机车，使过渡车钩与密接式钩缓装置连挂到位。

注意：中间体过渡车钩不允许长期直接安装在处于分解状态的密接式钩缓装置钩体上，以免压坏支撑弹簧盒。

图5-78所示为15号法兰盘过渡车钩，这种过渡钩结构简单，抗拉强度达到1 800 kN。使用时需将密接式钩缓装置的钩体部分拆下，换装15号法兰盘过渡车钩。

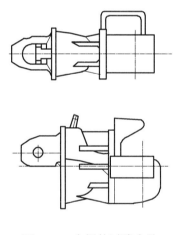
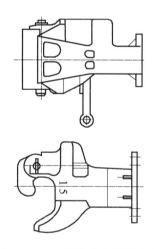

图5-77　中间体过渡车钩　　　　　　　图5-78　15号法兰盘过渡车钩

二、北京地铁密接式车钩

我国最早使用的密接式车钩是20世纪60年代长春客车厂研制、用于北京地铁车辆的密接式车钩缓冲装置，主要由密接式车钩、橡胶缓冲器、风管连接器、电气连接器和风动解钩系统等几部分组成，其结构如图5-79所示。车辆连挂时，依靠两车钩相邻钩头上的凸锥和凹锥孔相互插入，起到紧密连接作用，同时自动将两车之间的电路、空气管路接通，并起到缓和连挂中车辆间的冲击作用。在两车分解时，亦可自动解钩，并自动切断车辆间的电路和空气通路。

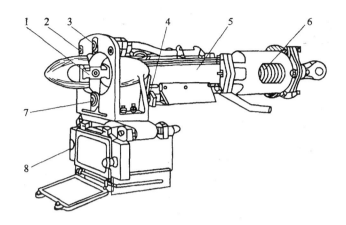

1—钩舌；2—解钩风管连接器；3—总风管连接器；4—截断塞门；5—钩身；
6—缓冲器；7—制动风管连接器；8—电气连接器。

图 5-79　密接式车钩缓冲装置

车钩的连挂与分解作用原理如图 5-80 所示。

两钩连挂时，凸锥插进对方相应的凹锥孔中。这时凸锥的内侧面在前进中压迫对方的钩舌转动，使解钩风缸的弹簧受压，钩舌沿逆时针方向旋转 40°。当两钩连接面相接触后，凸锥内侧面不再压迫对方的钩舌，此时，由于弹簧的作用，使钩舌顺时针向旋转恢复到原来的状态，即处于闭锁位置。

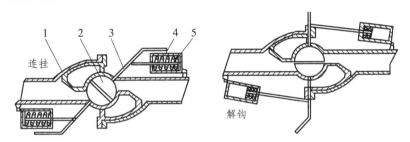

1—钩头；2—钩舌；3—解钩杆；4—弹簧；5—解钩风缸。

图 5-80　密接式车钩作用原理

要使两钩分解，需由司机操纵解钩阀，压缩空气由总风管进入前车（或后车）的解钩风缸，同时经解钩风管连接器送入相连挂的后车（或前车）解钩风缸，活塞杆向前推并带动解钩杆，使钩舌逆时针向转动至开锁位置，此时两钩即可解开。如果采用手动解钩，用人力推动解钩杆也能使钩舌转动至开锁位置实现两钩的分解。

三、上海地铁密接式车钩

上海地铁车辆所采用的全自动密接式车钩缓冲装置由机械连接、电气连接和气路连接三部分组成。机械连接部分设于钩头中央，电气连接箱分设在左右两侧，中心轴下方设气路连接器，其结构如图 5-81 所示。车钩相对于车体最大水平摆角为 ±40°，最大垂向摆角为 ±5°，以满足车辆过水平曲线和竖曲线的要求。

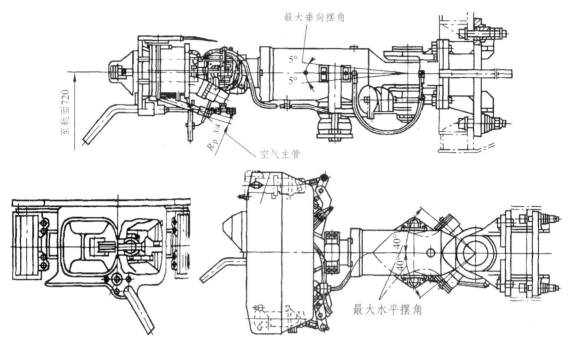

図 5-81　上海地铁全自动密接式车钩缓冲装置

钩头机械连接部分如图 5-82（a）所示，它由壳体（1）、钩舌（2）、中心轴（3）、钩锁连接杆（4）、钩锁弹簧（5）、钩舌定位杆（6）及弹簧（7）、定位杆顶块（8）及弹簧（9）和解钩风缸（10）等组成。壳体的前部，一半为凸锥体，一半为凹锥孔，两钩连挂时相邻车钩的凸锥体和凹锥孔互相插入；中心轴上固定有钩舌，钩舌绕中心轴转动可带动钩锁连接杆动作；钩舌呈不规则几何形状，设有供连接时定位和供解钩时解钩风缸活塞杆作用的凸舌，以及钩锁连接杆的定位槽、钩嘴等，是车钩实现动作的关键零件；钩锁连接杆在钩锁弹簧拉力作用下使车钩连接可靠；钩舌定位杆上设有两个定位凸缘，使钩舌定位在待挂或解钩状态；定位杆顶块可以在连接时顶动钩舌定位杆实现两钩的闭锁。

该自动车钩有待挂、闭锁和解钩三种状态。

（1）待挂状态：为车钩连接前的准备状态。此时钩舌定位杆被固定在待挂位置，钩锁弹簧处于最大拉伸状态，钩锁连接杆退缩至凸锥体内，钩舌上的钩嘴对着钩头正前方。

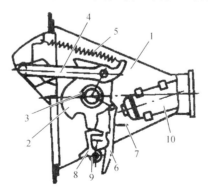

（a）待挂状态

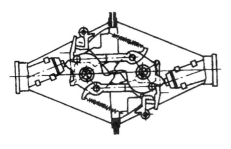
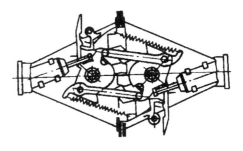

（b）闭锁状态　　　　　　　　　　　（c）解钩状态

1—壳体；2—钩舌；3—中心轴；4—钩锁连接杆；5—钩锁弹簧；6—钩舌定位杆；7—钩舌定位杆弹簧；
8—定位杆顶块；9—定位杆顶块弹簧；10—解钩风缸。

图 5-82　上海地铁自动车钩的作用原理

（2）闭锁状态：相邻两钩的凸锥体伸入对方的凹锥孔并推动定位杆顶块，定位杆顶块摆动迫使钩舌定位杆离开待挂位置，这时钩锁弹簧的回复力使钩舌做逆时针转动，并带动钩锁连接杆伸进相邻车钩钩舌的钩嘴，完成两钩的连接闭锁。这时两钩的钩锁连接杆和钩舌形成平行四边形连杆机构，当车钩受牵拉时，拉力由两钩的钩锁连接杆均匀分担，使钩舌始终处于锁紧状态，当车钩受冲击时，压力通过两车钩壳体凸缘传递。

（3）解钩状态：司机操纵按钮，控制电磁阀使解钩风缸充气，风缸活塞杆推动钩舌顺时针转动，使两钩的钩锁连接杆脱开对方钩舌的钩嘴，同时使钩锁连接杆克服钩锁弹簧的拉力缩入钩头锥体内，这时定位杆顶块控制钩舌定位杆使钩舌处于解钩状态。两钩分离后，解钩风缸排气，定位杆顶块由于弹簧作用复位，钩舌回至待挂位，车钩又恢复到待挂状态。

四、BSI-COMPACT 型密接式车钩

德国制造的 BSI-COMPACT 型密接式车钩在欧洲、巴西等许多国家的地铁、轻轨车辆和城郊列车上获得了广泛应用。这种车钩钩头的壳体设有凸锥体和凹锥孔，在凸锥的内侧面配备有用于车钩机械连接的锁栓，锁栓由高强度钢制成，置于钩头前端的套筒中，利用弹簧使其保持正常位置。在凸锥体的外侧设有解钩杠杆，它与气动的（或液压的）解钩控制装置相连接。其结构如图 5-83 所示。钩头也被用来作为空气管路连接器和电气连接箱的支承体。

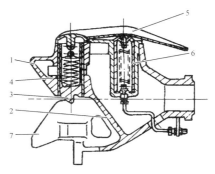

1—凸锥体；2—凹锥孔；3—锁栓；4—锁栓定位弹簧；5—解钩杠杆；6—解钩风缸；7—导向杆。

图 5-83　BSI-COMPACT 型密接式车钩

这种车钩也有待挂、闭锁和开锁三个位置。其作用原理如图 5-84 所示。

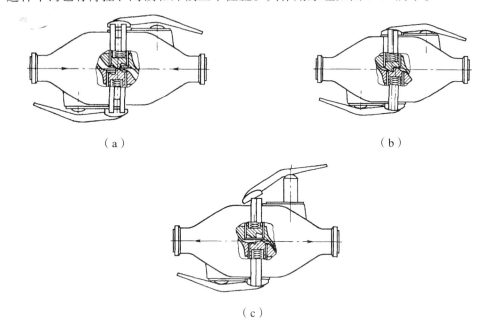

（a）　　　　　　　　　　　　（b）

（c）

图 5-84　车钩的待挂、闭锁和开锁位

当两钩连挂时，两钩的锁栓侧面相互挤压，压缩各自的定位弹簧，直至两锁栓的鼻子彼此咬合，弹簧回复原位，达到两钩连挂闭锁。

欲将两连挂的车钩分解，操纵电磁阀，使解钩风缸充气，风缸活塞顶起解钩杠杆，将一个钩的锁栓回拉到与另一个钩的锁栓能够脱开为止，或者也可同时操纵两个钩的解钩风缸，使两钩的锁栓同时动作，彼此脱开。也可用人工扳动解钩杠杆，使两钩分解。

任务五　缓冲器

任务描述

本任务主要介绍客车、货车用的车钩缓冲器的结构、作用及工作原理等基础知识。通过本任务的学习，使学生掌握车钩缓冲器的结构原理。

任务引入

缓冲器的作用是用来缓和列车在运行中由于机车牵引力的变化或在启动、制动及调车作业时车辆相互碰撞而引起的纵向冲击和振动。缓冲器有耗散车辆之间冲击和振动的功能，从而减轻对车体结构和装载货物的破坏作用，提高列车运行的平稳性。

背景知识

缓冲器的工作原理是借助于压缩弹性元件来缓和冲击作用力，同时在弹性元件变形过程中利用摩擦和阻尼吸收冲击能量。

根据缓冲器的结构特征和工作原理，一般可将缓冲器分为以下几种类型：弹簧式缓冲器；摩擦式缓冲器；橡胶缓冲器；摩擦橡胶式缓冲器；黏弹性橡胶泥缓冲器；液压缓冲器及空气缓冲器等。目前应用最广泛的为摩擦式缓冲器和摩擦橡胶式缓冲器。这两种缓冲器具有结构简单、制造方便、成本低的优点。

我国铁路货车上所采用的缓冲器为 2 号环弹簧缓冲器。为了改进现有的几种缓冲器的性能，以满足近期铁路运输发展的要求，近些年来提出了改进方案，如 G2 型，在保持 2 号结构形式基本不变的前提下，增大了容量，改善了性能。

我国铁路客车使用 1 号环弹簧缓冲器，为了满足铁路运输发展的要求，近些年来提出了多种改进方案，形成了 G1 型缓冲器，在保持原 1 号环弹簧缓冲器结构形式基本不变的前提下，增大了容量，改善了性能。G1 型缓冲器主要用于双层客车和新造客车上。

一、缓冲器的主要性能参数

缓冲器的性能直接影响着列车的牵引总重、运行速度、车辆的总重、编组作业效率、货物的完好率等涉及铁路运输效能的主要技术经济指标。决定缓冲器特性的主要参数包括：缓冲器的行程、最大作用力、容量及能量吸收率等。

（1）行程：缓冲器受力后产生的最大变形量称为行程。此时弹性元件处于全压缩状态，如再加大外力，变形量也不再增加。

（2）最大作用力：缓冲器产生最大变形量时所对应的作用外力。

（3）容量：缓冲器在全压缩过程中，作用力在其行程上所做的功的总和称为容量。它是衡量缓冲器能量大小的主要指标，如果容量太小，则当冲击力较大时就会使缓冲器全压缩而导致车辆刚性冲击。

（4）初压力：缓冲器的静预压力。初压力大小将影响列车起动加速度。

（5）能量吸收率：缓冲器在全压缩过程中，有一部分能量被阻尼所消耗，其所消耗部分的能量与缓冲器容量之比称为能量吸收率。吸收率越大，则表明缓冲器吸收冲击能量的能力越大，反冲作用就越小，否则，缓冲器必须往复工作几次方能将冲击能量消耗尽，这将导致车钩、车底架过早疲劳损伤，并且加剧列车纵向冲动。一般要求能量吸收率不低于 70%。

表 5-3 所示为我国货车采用的几种主型缓冲器和改进型缓冲器的性能参数。

表 5-3　我国货车几种主型缓冲器的性能参数

缓冲器型号	2 号	G2 型	ST 型	MT-2	MT-3
类　型	摩擦式	摩擦式	弹簧摩擦式	摩擦式	摩擦式
外形尺寸/mm	514×317×228	514×317×228	563×388×230	555×320×227	555×320×227
最大作用力/kN	1 200	1630	2098	2 000～2 300	2000
行程/mm	64～68	73	67～72	83	83
容量/kJ	23～24	42	37～47	54～65	45
吸收能量/kJ	13～14	37～41	30～38	46～55	37
能量吸收率/%	57	75	80	≥80	≥80
质量/kg	116	116	140	175	175

表 5-4 所示为客车缓冲器的性能参数。

表 5-4　客车缓冲器的性能参数

缓冲器型号	1 号	G1 型
类　型	摩擦式	摩擦式
外形尺寸/mm	514×317×228	514×317×228
最大作用力/kN	580	800
行程/mm	61～68	73

二、我国货车常用缓冲器的类型、结构与性能

（一）HM-1 型缓冲器

HM-1 型缓冲器是我国研制的适合铁路重载运输要求的大容量缓冲器。

1. HM-1 型缓冲器主要性能参数

额定阻抗力（kN）	≤2 450
额定冲击速度（km/h）	10
额定行程（mm）	≈83
吸收率	≥80%
外形尺寸（预缩短状态）（mm）	227×320×561
质量（kg）	180

2. HM-1 型缓冲器结构

HM-1 型缓冲器是新型摩擦胶泥组合式缓冲器，由摩擦系统、弹性元件、箱体及缩短装置成，如图 8-63 所示。摩擦系统主要由中心块、动板、块等组成；弹性元件由圆钢弹簧和弹性胶泥体组成。HM-1 型缓冲器是通过摩擦副和弹性胶泥来吸收和消耗冲击能量。

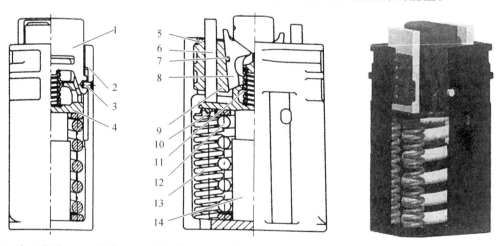

1—中心楔块；2—箱体；3—缩短销；4—支撑座；5—外固定板；6—动板；7—铜条；8—楔块
9—固定斜板；10—角弹簧座；11—复位弹簧；12—中心弹簧；13—角弹簧；14—弹性胶泥体

图 5-85　HM-1 型缓冲器结构简图

（二）MT-2 型与 MT-3 型缓冲器

根据我国铁路发展规划的要求，大秦线要开行 6 000~10 000 t 重载单元列车，主要干线开行 5 000 t 级重载列车，以及发展 25 t 轴重的大型货车，需要研制和开发新一代的大容量通用货车缓冲器。其主要技术性能指标要求：最大阻抗力 ≤2.0 MN；容量 ≥45 kJ；冲击速度 ≤8 km/h；检修周期 ≥10 年。

MT-2、MT-3 型缓冲器为我国仿照美国 AAR-901E 标准批准的 Mark-50 型缓冲器的结构所研制的一种弹簧摩擦式缓冲器。其主要技术性能指标完全符合上述的要求，MT-2 型与 MT-3 型结构和外形尺寸完全相同。MT-2 型容量为 54 ~ 65 kJ，用于大秦线专用敞车 C_{63A} 以及 70 t 车上；MT-3 型容量为 45 kJ，可用于一般的通用货车上。

该型缓冲器由摩擦金属弹性元件组成，其结构如图 5-86 所示。

当缓冲器受冲击时，中心楔块（5）与楔块（7）沿着固定斜板（8）滑动，同时夹紧动板（4）。当中心楔块移动到一定距离后与动板（4）一起移动，这时动板（4）、固定斜板（8）和外固定板（3）构成另一组摩擦部分，消耗吸收一部分动能，并共同推动弹簧座（10）压缩内、外弹簧（12）（13）和角弹簧（14），将一部分冲击动能转变为弹簧的势能。当缓冲器卸载时，复原弹簧（9）借助弹力使中心楔块（5）复位，防止卡滞。

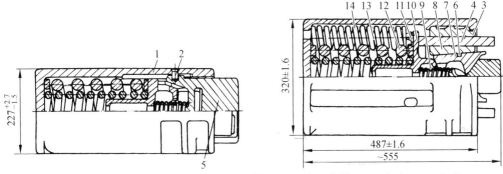

1—箱体；2—销子；3—外固定板；4—动板；5—中心楔块；5—铜条；7—楔块；
8—固定斜板；9—复原弹簧；10—弹簧座；11—角弹簧座；12—外圆弹簧座；
13 内弹簧座；14—角弹簧。

图 5-86　MT-2、MT-3 型缓冲器

该型缓冲器的挠力特征，在车辆空载或在较低冲击速度时，缓冲器的刚度小且变化平缓；当车辆满载或为大型车，且冲击速度在 7 km/h 以上时，刚度增长较快。缓冲器结构合理，容量大，稳定性好，其检修周期可达 16 年，较适合我国大秦线开行重载单元列车和主要干线发展重载货物列车运输对缓冲器的要求。装设这种缓冲器的载重 84~100 t 的大型货车，调车允许连挂速度可提高到 7 km/h 以上，是一种很有发展前途的新型货车缓冲器。

三、客车常用缓冲器的类型、结构与性能

（一）1 号缓冲器

1 号缓冲器为一种摩擦式缓冲器，它由前、后两部分组成。前部为螺旋弹簧，后部为内、

外环弹簧，彼此以锥面相配合，两部分之间有弹簧座板分隔。金属弹簧用来缓和冲击作用力，环弹簧两滑动斜面间的摩擦力用来消耗冲击动能，起到吸收能量的作用。

　　缓冲器的结构如图 5-87 所示。弹簧盒借助螺栓将两个半环状盒体连成一体，前端有一盒盖，其中部有六角形凸缘，与盒盖的折缘部分卡住，从而保证盒盖受压后沿盒体方向移动。弹簧盒的后端有底板，构成一封闭的缓冲器盒。盒内前端为双卷螺旋弹簧，后端装环弹簧，共有六个外环弹簧、五个内环弹簧及两个半环弹簧，内环的外面和外环的内面都做成 V 形锥面，锥度为 15°。组装时，要求有 15 kN 的初压缩力，以保证环弹簧锥面间的密贴配合。

　　当缓冲器受冲击力时，盒盖向内移动，压缩螺旋弹簧，并将力通过弹簧座板传递给环簧。由于内、外环为锥面配合，受力后外环扩张，内环缩小，产生轴向弹性变形，起到缓冲作用。与此同时，内、外环锥面间有相对滑动，因摩擦而做功，从而使部分冲击能变为摩擦功而耗散。当外力去除后，各内、外环由于弹力而复原，此时同样也要消耗部分冲击能量。

　　该型缓冲器由于具有刚度较小的螺旋弹簧，灵敏性好，初始刚度小，在受到较小的冲击力时也能起到缓冲作用，故较适合于客车的要求。但是 1 号缓冲器容量仅为 14 kJ，不能满足扩编旅客列车和双层客车对缓冲器容量的要求。另外 1 号缓冲器维修工作量大，使用寿命短，在新生产的客车上已停止使用。

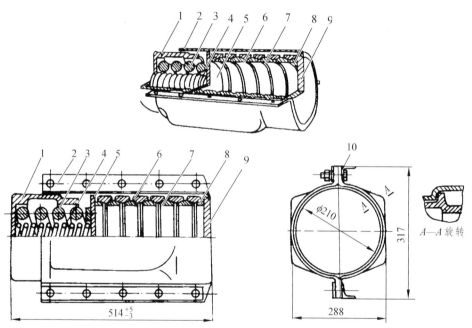

1—盒盖；2—弹簧盒；3—外卷圆簧；4—内卷圆簧；5—弹簧座板；6—外环弹簧；
7—内环弹簧；8—半环弹簧；9—底板；10—角铁、螺栓。

图 5-87　1 号缓冲器

（二）G1 型缓冲器

　　为提高原 1 号缓冲器的容量，有关科研单位和制造工厂设计、生产了改进型缓冲器——G1 型缓冲器，G1 型缓冲器可用于双层旅客列车和扩编旅客列车。

　　G1 缓冲器在保持原 1 号缓冲器外形尺寸和簧盒内的内、外环簧总数不变的前提下，将环簧的材料由原来的 60Si2Mn 弹簧钢（屈服极限 1 200 MPa）改为高强度的 60Si2CrVA 弹簧钢（屈服极限 1 700 MPa）。适当改变环簧断面及缓冲器的结构尺寸，行程从原来的 68 mm 增加至 73 mm，最大作用力从 0.8 MN 增加到 1.33 ~ 1.63 MN，从而使 G1 型缓冲器的容量达 18 kJ，较之原 1 号缓冲器容量有较大幅度的提高。

G1 型缓冲器环簧的受力较为合理，其最大的工作应力在内环簧断面。

（三）弹性胶泥缓冲器

弹性胶泥缓冲器是近年来欧洲新开发的一种新型缓冲器，在法国、德国、波兰的高速列车、客车和货车上应用获得成功，现已被纳入 UIC 标准（UIC526-1；UIC526-3），我国现在投入运用的 25T 型客车密接式钩缓装置所采用的就是弹性胶泥缓冲器。这种缓冲器取用一种未经硫化的有机硅化合物（称作弹性胶泥）作为介质，它具有弹性、可压缩性和可流动性，其物理化学性能在 –50 ~ +250 ℃ 范围内具有较高的稳定性，抗老化、无臭、无毒，对环境无污染。它具有固体和液体两种属性的特征，其动黏度比普通液压油大几十至几百倍，且可根据需要改变配方予以调节，因此在液压缓冲器中十分困难的密封问题在这里变得极为简单。

弹性胶泥缓冲器的基本工作原理：将弹性胶泥材料装进一个能够承受一定压力的缓冲器活塞缸体内，根据实际应用的需要增加一定的预压缩力，当弹性胶泥缓冲器活塞柱受到一定的压力（静压力或冲击力）时，活塞利用活塞缸内节流孔或节流间隙以及弹性胶泥材料本身体积被压缩后的反作用力产生一定的阻抗力。当弹性胶泥材料受到的预压缩力越大、活塞的运动速度越快时，则产生的阻抗力也越大，这有利于提高缓冲器在大冲击力作用下的容量。当作用在活塞柱上的外力撤消后，缓冲器体内处于压缩状态的弹性胶泥的体积则会自行产生膨胀，将活塞推回到原始位置，在这个过程中弹性胶泥材料以较慢的速度通过节流孔或节流间隙流回原位，实现缓冲器的回程动作。在充满弹性胶泥材料的缓冲器体内，设有带环形间隙（或节流孔）的活塞，因此弹性胶泥材料受压缩产生阻抗力时，通过环形间隙（或节流孔）的节流作用和胶泥材料的压缩变形吸收冲击能量。由于胶泥材料的特性，冲击力越大，缓冲器的容量也随之增大。其结构工作原理如图 5-88 所示。

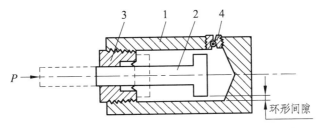

1—缓冲器壳体；2—活塞与活塞杆；3—带密封盖；4—充料阀。

图 5-88　弹性胶泥缓冲器的工作原理

这种缓冲器的力—位移特性曲线呈凸形（见图 5-89），与一般摩擦式缓冲器相比，在相同的阻抗力和行程条件下，它的容量要大得多。

所以，弹性胶泥缓冲器具有容量大、阻抗力小、结构简单、性能稳定、体积小、重量轻、检修周期长的特点。据国外介绍，在同样容量下，弹性胶泥缓冲器可减轻重量达 30% ~ 50%，检修周期长达 10 年。它兼有液压和橡胶缓冲器两者的优点，同时克服了液压缓冲器制造比较复杂、密封困难以及橡胶缓冲器吸收率低等缺点。这种缓冲器由于具有其他传统缓冲器不可比拟的高技术性能，所以迅速得到推广，已在十几个国家得到应用，现在依然保持着良好的发展势头。UIC 标准已做出规定，参加国际联运的欧洲国家的客车需要装用弹性胶泥缓冲器。

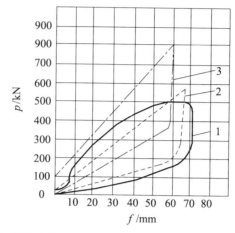

1—胶泥缓冲器；2—1 号缓冲器；3—G1 型缓冲器。

图 5-89 弹性胶泥缓冲器与摩擦式缓冲器力-位移（ P-f ）特性曲线

任务六 车钩缓冲装置检修

任务描述

微课：车钩缓冲装置检修

本任务主要分析车钩缓冲装置主要零部件常见故障的故障现象、故障原因及检修要求。通过本任务的学习，使学生学会对车钩缓冲装置常见故障进行分析及处理。

任务引入

车钩在列车调车作业和运行中经常承受牵引力和冲击力，且各部零件相互间有摩擦作用，经过长时间运用后，由于摩擦致使接触面产生磨耗，从而降低了强度和各零件间的相互配合关系，当超过了某一限度时，在受到较大的冲击力情况下，某些零件的薄弱部分就会产生变形或裂损，引起车钩的三态作用不良。因此，需要定期地把车钩缓冲装置分解，进行检查、修复或更换部分零件，以恢复各部应有的功能。

背景知识

一、货车车钩的故障及检修

（一）钩体的故障及检修

1. **钩体的故障及产生原因**

钩体的主要故障是裂纹、磨耗和弯曲。

钩体裂纹多发生在钩头的上、下钩耳销孔附近，而且以下耳处最多；钩腕部分和下锁销孔周围；钩身与钩头的交界处、钩身离钩头 200 mm 处；钩身与钩尾连接处和钩尾销孔附近。产生钩体裂纹的主要原因是钩体的材质在铸造过程中，可能夹有杂质、砂眼、气孔等缺陷，或因冷缩过程等因素造成内应力过大而产生毛细裂纹，当车钩受到较大的意外冲击时，易产生裂纹。

钩体的磨耗多发生在：上、下钩耳销孔，钩尾销孔，钩身下部与复原装置接触处以及钩尾端部。产生磨耗的原因是这些部位存在着摩擦作用。

钩体变形的表现主要是钩身弯曲和钩腕外胀，其多是由于运行中过大冲击力造成的。

2. 钩体的检修要求

（1）钩颈、钩身横裂纹在同一断面长度之和不大于 50 mm 时焊修，大于时更换。钩身弯曲大于 10 mm 时，加热调修后探伤或更换。

（2）13 号、13A 号钩尾销孔后壁与钩尾端面间裂纹长度不大于该处厚度的 50%时焊修，大于时更换。

（3）13 号、13A 号钩尾端部与钩尾销孔边缘的距离：上、下面之差大于 2 mm 或钩尾销孔长径磨耗大于 3 mm 时，堆焊后加工。焊修后与钩尾端面距离小于 40 mm 时，在钩尾端面堆焊或焊装磨耗板后（四周满焊）磨平。

（4）16、17 号钩尾销孔周围 25 mm 范围内出现裂纹时焊修；超过范围的裂纹深度不大于 3 mm 时可铲磨清除，大于 3 mm 时更换。钩尾端高度、钩尾销孔磨耗超限时堆焊后磨平。钩尾端部到钩尾销孔后壁的距离小于 83 mm 时堆焊后磨平，小于 77 mm 时更换。钩身长度小于 567 mm 时堆焊后磨平，小于 561 mm 时更换。

（5）钩耳裂纹长度不大于 15 mm 时焊修，大于时更换。钩耳内侧弧面上、下弯角处裂纹长度之和不大于 25 mm 时焊修，大于时更换。牵引台、冲击台根部裂纹长度不大于 20 mm 或裂纹未延及钩耳体时焊修，超限时更换。

（6）13 号、13A 号钩耳孔或衬套孔直径磨耗大于 3 mm 时扩孔镶套或换套；原有衬套松动、出现裂纹、缺损时更换；钩耳孔直径大于 $\phi 54$ mm 时堆焊后加工或更换；钩耳孔壁厚小于 22 mm 时更换。新衬套壁厚应为 4～6 mm，材质为 45 号钢，硬度须为 38～50 HRC；衬套须压紧并与孔壁密贴，局部间隙不大于 1.5 mm，深度不大于 5 mm，不得有边缘裂纹。钩耳孔的异号钢套，长、短径方向不得错位。长径方向与钩体纵向中心线偏差不大于 5°。16、17 号钩耳孔直径磨耗大于 3 mm 时堆焊后加工。

（7）16、17 号车钩连锁套头及套口磨耗深度大于 6 mm 时堆焊后磨平。

（8）13 号、13A 号钩腕端部外胀变形影响闭锁位置时调修、堆焊或焊装厚度为 5～15 mm、高度为 60～70 mm 的梯形钢板，钢板须有 2 个 $\phi 20$ mm 的塞焊孔，焊后磨修平整；外胀变形大于 15 mm 时更换。

（9）13 号、13A 号上锁销孔前后磨耗之和大于 3 mm 时，堆焊后磨修恢复原形。

（10）钩腔上防跳台磨耗超限时堆焊后磨修或更换，前导向角须恢复 6 mm 凸台原形；钩腔下防跳台磨耗超限时堆焊后磨修恢复原形，长度方向为 16 mm。

（11）钩身下平面须焊装磨耗板，钩身磨耗时须堆焊磨平后焊装磨耗板。磨耗板磨耗超限时更换，丢失时补装。磨耗板须焊装在钩身下平面距钩肩 50 mm 处，规格分别为：13 号 200 mm×80 mm×4 mm，13A 号 200 mm×120 mm×6 mm，16 号 175 mm×90 mm×6 mm，17 号

250 mm×150 mm×6 mm，两侧段焊，焊波长度各为 30 mm；C 级钢、E 级钢钩身磨耗板材质为 27SiMn，硬度须为 314～415 HBS，须使用经烘干处理的 J606 焊条焊修。

（12）13 号钩体更换新品时须为 13A 号。

（13）钩体焊修后须进行热处理。

3. 钩体焊修时的工艺过程

（1）清除裂纹或磨耗处表面锈垢。

（2）焊前在裂纹始终端钻截止孔，并顺裂纹方向铲 60°～70° V 形坡口，彻底清除裂纹痕迹。

（3）焊前预热，为了减少和消除焊修热影响区的激热所造成的局部应力集中及焊后的变形，在焊前应进行局部或全部加热至 250～300 ℃，预热要均匀。

（4）自裂纹末端起进行分层施焊。

（5）焊后正火处理：为了消除及减小焊件内应力，恢复焊件基体金属组织及机械性能。

（二）钩舌的故障及检修

1. 钩舌的故障

钩舌的主要故障是裂纹和磨耗两种。裂纹多发生在钩舌内侧面的上下弯角处、钩舌销孔、牵引突缘及冲击突肩的根部。磨耗的主要部位是钩舌的内侧面，其次是钩舌尾部侧面（与钩锁接触处）及钩舌销孔。

2. 钩舌的检修要求

（1）普碳钢钩舌出现裂纹时更换。

（2）C 级钢、E 级钢钩舌弯角处出现裂纹时更换，内侧面出现裂纹时焊修。牵引台根部圆弧裂纹长度不大于 30 mm 时焊修，大于时更换。钩舌护销突缘部分缺损时更换，裂纹向销孔内延伸（突缘高度除外）不大于 10 mm 时焊修，大于时更换。钩舌护销突缘处焊修时，焊波须高于基准面 2 mm。

（3）钩舌外胀大于 6 mm 时更换。

（4）内侧面和正面磨耗剩余厚度超限时，堆焊后加工，内侧面磨耗时，须采用埋弧焊等先进工艺堆焊，并使用具有仿形功能的设备加工，恢复原形；钩舌锁面磨耗大于 3 mm 时堆焊后磨平（不得焊装垫板等）；钩锁铁坐入量小于 45 mm 时，修理恢复原形，该部位不得在现车堆焊。测量其堆焊部位至上部距离。

（5）13 号、13A 号钩舌销孔或衬套内径磨耗大于 3 mm 时换套或扩孔镶套；原有衬套松动、出现裂纹、缺损时更换；钩舌销孔直径大于 ϕ54 mm 时堆焊后加工或更换。测量部位以突缘顶部深入孔内 20 mm 为准。须双向镶套，每个衬套长度不小于 60 mm，销孔镶套厚度应为 4～6 mm，材质为 45 号钢，硬度须为 38～50 HRC；衬套须压紧并与孔壁密贴，局部间隙不大于 1.5 mm，深度不大于 10 mm，不得有边缘裂纹。16、17 号钩舌销孔内径磨耗大于 3 mm时堆焊后加工。

（6）13 号钩舌更换新品时须为 13A 号。

（7）钩舌焊修后须进行热处理。

（三）钩腔内部零件的故障及检修

1. 钩锁铁

钩锁铁的主要故障是磨耗，磨耗的部位大多数在钩锁与钩舌尾部的接触面处。由于钩锁铁是承受压力的部件，故其裂纹及变形较少。

钩锁铁的段修要求：

（1）钩锁铁挂钩不得焊修，磨耗大于 1 mm 或不能满足防跳性能要求时更换。

（2）钩锁铁腿及钩锁上部左、右导向面磨耗大于 2 mm 时焊修，焊后磨修恢复原形。

（3）更换新品时，钩锁铁材质为 E 级钢，其他配件材质为 B 级钢，须精密铸造。

2. 钩舌推铁

钩舌推铁的主要故障是变形和磨耗。一般较少产生裂纹，变形的原因是本身刚度不足。发生磨耗或变形后，车钩便失去全开作用。

钩舌推铁的段修要求：

钩舌推铁出现裂纹时更换，弯曲时调修。钩舌推铁或 13 号车钩钩舌推铁锁座处磨耗超过 2 mm 时焊修，并打磨恢复原形圆弧。

3. 钩锁销

钩锁销的主要故障是防跳台处的磨耗。磨耗严重时，使车钩失去防跳作用。

钩锁销的段修要求：销轴磨耗大于 2 mm 时更换。上锁销杆挂钩上部圆弧不得焊修，磨耗大于 1 mm 或不能满足防跳性能要求时更换。上锁销杆防跳台须堆焊加工恢复 24 mm×（18±1）mm、$R30$ mm 的弧面，导入端须高于平面尾部 2 mm，导入端圆弧部大于 $R5$ mm。

（四）车钩缓冲装置主要配件的故障及检修

1. 钩尾框

钩尾框的主要故障是磨耗和裂纹，裂纹多发生在钩尾框弯角处及钩尾销孔附近；磨耗发生在钩尾销孔及钩尾框底部与尾框托板接触面处。

钩尾框的段修要求：

（1）16、17 号钩尾框前、后端上、下内弯角 50 mm 范围内，其他型钩尾框后端上、下弯角 50 mm 范围内出现裂纹时更换。其他部位出现纵裂纹时焊修；横裂纹不大于 30 mm 时焊修，大于时更换。一侧弯曲大于 3 mm 时调修。

（2）框身厚度磨耗大于 3 mm，其他部位大于 4 mm 时纵向堆焊后磨平。16、17 号钩尾框框身剩余厚度小于 22 mm 时更换。测量部位：框身厚度以深入边缘 10 mm 处为准，其他部位参照未磨耗部位测量。

（3）钩尾框销孔磨耗超限时堆焊后加工。

（4）16 号钩尾框距前唇内侧 95 mm 范围内任一点直径大于 $\phi 277$ mm 时更换。前唇厚度磨耗大于 2 mm 时堆焊后加工或更换。前唇内侧到尾部内侧距离大于 845 mm 时，须在尾部内侧面堆焊后加工，大于 862 mm 时更换。

（5）17号钩尾框前端内腔磨耗大于3 mm时堆焊后磨平。

（6）下框身下平面须焊装磨耗板，钩尾框下框身下平面磨耗时须堆焊磨平后焊装磨耗板。原磨耗板磨耗超限时更换，丢失时补装；规格为250 mm×100 mm×4 mm（13A型磨耗板厚度为6 mm）、16、17号钩尾框磨耗板规格为150 mm×100 mm×6 mm，以钩尾框后端内壁为基准面焊装；磨耗板后端距钩尾框后端为130 mm，两侧分段焊，焊波长度各为30 mm。C级钢、E级钢钩尾框框身磨耗板材质为27SiMn，硬度须为314~415 HBS，焊修时须使用经烘干处理的J606焊条。

（7）16、17号钩尾框各部位辗堆时须磨修，并与周围表面缓和过渡。

（8）13号钩尾框更换新品时须为13A型。

（9）焊修后须进行热处理。

2. 钩舌圆销

钩舌圆销的主要故障是磨耗、弯曲、裂纹和折损。

钩舌圆销的段修要求：

（1）磨耗大于2 mm或出现裂纹时更换；弯曲时调直后探伤。

（2）更换新品时，材质为合金钢，并须符合《钩舌销和钩锁销技术要求》（TB/T 2943）。

3. 钩尾扁销

钩尾扁销的主要故障是裂纹、磨耗和变形。

钩尾扁销的段修要求：

（1）出现横裂纹时更换，变形时调修后探伤。

（2）磨耗超限时，13号、13A号焊修后加工恢复原形，16、17号更换新品。

4. 16号车钩滚动套

由于经常需要在自动翻车机上翻转卸车，滚动套与钩尾框发生经常性的摩擦，因此，滚动套不可避免地要发生磨耗，磨耗也就成为了滚动套的主要故障。

16号车钩滚动套的段修要求：

（1）前端面或销孔周围25 mm范围内出现裂纹时更换，其他部位出现裂纹时焊修。

（2）剩余长度小于178 mm时，堆焊后加工恢复原形，小于173 mm时更换。

（3）外径小于ϕ260 mm时，堆焊后加工恢复原形，小于ϕ254 mm时更换。

（4）前端到上、下销孔前部边缘距离小于39 mm时堆焊后加工，小于34 mm时更换。

5. 16、17号车钩弹性支承装置

跟其他型号车钩的车钩托梁一样，由于与钩颈下部长期接触，同时受到冲击力或牵引力的作用使得支撑座与钩颈之间产生位移，因此支承装置不可避免地要发生磨耗；另外，支承弹簧因受到不同大小的垂直力的载荷，也会造成弹簧衰弱、损坏。

16、17号车钩弹性支承装置的段修要求：

（1）支撑弹簧座腔内磨耗板磨耗深度大于1.5 mm时更换。

（2）支撑座两外侧面磨耗深度大于2 mm时堆焊后磨平；磨耗板磨耗深度大于2 mm时更换，新磨耗板厚度应为4~16 mm。

（3）支撑座止挡铁磨耗后剩余厚度小于 25 mm 时更换。

（4）支撑弹簧自由高为（238±5）mm，超过下限时更换，超过上限时可每端同高配套使用，不得热修。

（5）组装时每组 3 个支承弹簧自由高差不大于 2 mm。

6. 车钩其他配件

（1）从板出现裂纹时更换；各部磨耗大于 3 mm 时堆焊后加工，侧面（长度方向）磨耗大于 3 mm 时可焊装磨耗板；弯曲、变形时调修。16、17 号车钩从板的车钩支撑球面及缓冲器支承平面磨耗深度或凹痕大于 3.5 mm 时更换，辗堆时用砂轮磨修，圆滑过渡。

（2）车钩托梁磨耗板，钩尾框托板上焊装的磨耗板（或活动槽形板）剩余厚度小于 50% 时更换。钩尾框托板上的焊装磨耗板更换时，两侧端部各施以 30 mm 长的段焊。

（3）车钩托梁磨耗大于 3 mm 时堆焊后磨平，横裂纹时更换。

（4）16 号车钩钩尾销托表面磨耗大于 6 mm 时更换。

（5）钩尾框托板弯曲时调修或更换。

（6）16、17 号钩尾框托板、托梁的磨耗板磨耗深度大于 3 mm 时更换，安全托板磨耗大于 3 mm 时堆焊后磨平或更换。

（五）13 号车钩三态作用的故障分析

13 号车钩虽然解决了 2 号车钩强度不足这一主要矛盾，但在三态作用方面却存在一些问题。

（1）自动开锁：自动开锁尤其容易发生在下作用式车钩上，主要因为下锁销上端的下防脱止端及钩头下锁销孔内的下防脱（跳）台铸造的形状尺寸不符合要求。由于失去了防脱（跳）作用，在运行中受振动影响，引起自动开锁。为此在 13 号车钩下作用式车钩的下锁销体上增设了二次防脱（跳）台。

（2）开锁位置作用不良：在开锁时，由于各接触面间的磨耗使钩锁下降，在开锁时，钩锁因其重心向前倾斜，使钩锁头部易脱出钩锁腔卡住，造成提不起钩锁，又因增设了二次防脱（跳）台，使开锁作用不灵活。

有的提起钩锁又自动落下，其原因是钩锁开锁坐锁面或钩舌推铁锁座磨耗。

（3）全开位置作用不良：由于钩舌重，钩舌尾部与钩锁腔尺寸配合不良，同时接触面积较大，在全开位置时钩舌回转慢。

（六）车钩组装要求

（1）首先检查各配件，确认合格后方可进行组装。

（2）各滑动摩擦或转动的接触面间涂润滑油。

（3）钩舌尾部与钩锁的接触面须平整。

（4）钩舌销与钩耳孔或钩舌销孔的间隙：13 号车钩为 6 mm（按短径计算）。超过时换套、镶套或更换钩舌销。

（5）钩舌与上钩耳的最大间隙为 8 mm，超过时可加垫调整。

（6）检查防脱（跳）作用：在闭锁位置时，向上托起钩锁，其移动量：13 号车钩上作用式不大于 11 mm，下作用式不大于 22 mm，但均不小于 3 mm。

（7）钩舌与钩腕内侧面的距离：13 号车钩的闭锁状态时不得大于 130 mm；全开状态时不得大于 245 mm。17 号车钩的闭锁状态时不得大于 95 mm；全开状态时不得大于 219 mm。

（8）车钩组装后三态作用良好。

二、客车车钩的故障及检修

车钩是用来传递牵引力和冲击力的，特别在调车作业中，经常受到很大的冲击力作用，致使各部分产生裂纹、变形、磨耗及三态作用不良等故障。

（一）钩体的故障及检修

钩体的故障主要有钩体裂纹、钩体变形和钩体磨耗。

1. 钩体裂纹

15 号车钩随着列车牵引吨位的增加，速度的提高，钩体部位经常出现裂纹。钩体裂纹一般多发生在钩头上下牵引突缘根部、钩耳、钩身棱角、钩尾销孔、钩头与钩身连接处前后等部位，以发生在下耳处为最多；防跳台处也是容易发生磨耗的位置，车钩磨耗不仅削弱了强度，而且会影响车钩的作用。产生钩体裂纹的主要原因是钩体的材质在铸造过程中，可能夹有杂质、砂眼、气孔等缺陷，或因冷缩过程等因素造成内应力过大而产生毛细裂纹，当车钩受到较大的意外冲击时，易产生裂纹。

检修要求如下：

客车车钩出现钩体裂纹时焊修，焊前预热，焊后热处理，但钩头与钩身连接线前后 50 mm 以内有横裂纹，或车钩其余部分的横裂纹，超过该处宽度的 1/3 时更换。

2. 钩体变形

钩体的变形主要表现为钩身弯曲、钩耳变形和钩腕外胀。其多是由于运行及调车作业中过大的冲击造成的，钩身弯曲过大时，在运用中将会产生较大的弯矩，容易造成钩舌及钩耳的裂纹。钩腕外胀严重时，即失去了控制对方钩舌的能力，将导致车钩的自动分离。

检修要求如下：

（1）钩耳上、下弯曲影响组装钩舌销或三态作用时加热调修。

（2）钩腕端头外胀变形影响闭锁位置时，调修、堆焊或加焊宽度 60 ~ 70 mm 的梯形断面钢板，钢板需有两个 $\phi20$ mm 的塞焊孔，焊后打磨平整。测量闭锁位置时，以样板能伸过钩舌与腕内侧距离为限。

3. 钩体磨耗

钩体磨耗是钩体与相配合零件相对摩擦的结果，磨耗部位多发生在钩耳孔及钩身下方，钩尾侧面、端面、钩锁腔侧壁及钩锁腔内防跳台处也是容易发生磨耗的位置。车钩磨耗不仅削弱了强度，磨耗严重时，还会使车钩失去防跳作用。如防跳台磨耗后，将会使车钩失去防脱（跳）作用。

检修要求如下：

（1）客车钩耳孔磨耗过限时，须镶 3 ~ 6 mm 厚表面硬度为 38 ~ 50 HRC 的衬套。镶套后钩耳孔边缘允许有宽 1 mm、深 5 mm 以内的间隙。

（2）客车钩尾扁销孔长度磨耗超过 142 mm 时焊修；钩尾端面磨耗距扁销孔剩余厚度不足 47 mm 时焊修。

（3）客车车钩的钩身下面磨耗超过 3 mm 时焊修，焊后应加修平整。

（二）钩舌的故障及检修

钩舌的主要故障有裂纹和磨耗两种。裂纹多发生在钩舌内侧面的上下弯角处、钩舌销孔、牵引突缘及冲击突肩等处；磨耗的主要部位是钩舌的内侧面，其次是钩舌尾部侧面（与钩锁接触面）及钩舌销孔。

检修要求如下：

（1）段修时，钩舌牵引面的弯角部和上、下弯角处须进行探伤检查。

（2）钩舌内侧弯角处上、下部裂纹长度之和不超过 30 mm 时焊修，焊后须进行热处理；超过时更换。

（3）钩舌牵引突缘根部圆弧裂纹长度不超过 30 mm 时焊修。钩舌销孔护销突缘部分缺损时焊补，裂纹向销孔内延伸（护销突缘高度除外）不超过 10 mm 时焊修，超过时更换。护销突缘外焊修时，须有增强焊波。

（4）钩舌内侧面磨耗剩余厚度不足 68 mm 时，堆焊加工。测量部位以距离钩舌上、下面为 50 mm 处为准。

（5）钩舌尾部和锁铁接触面磨耗超过 3 mm 时堆焊，并加工平整。

（6）钩舌销孔磨耗过限时须镶 3 ~ 6 mm 厚表面硬度为 38 ~ 50 HRC 的衬套。镶套后钩舌销孔边缘允许有宽 1.5 mm、深 10 mm 以内的间隙。

（三）钩锁腔内部零件的故障与检修

1. 钩锁

钩锁的主要故障是磨耗，磨耗的部位大多数在钩锁与钩舌尾部的接触处。由于钩锁是承受压力的部件，故其裂纹及变形较少。

检修要求如下：

（1）钩锁与钩舌锁面摩擦面磨耗超过 2 mm 时，堆焊并打磨平整。

（2）钩锁腿及左右导向面磨耗超过 2 mm 时，堆焊打磨并保持棱角，锁腿出现裂纹时更换，如图 5-90 所示。

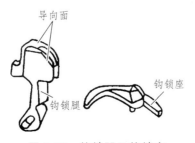

图 5-90　钩锁腿及钩锁座

2. 钩舌推铁

钩舌推铁的主要故障是变形和磨耗。一般较少产生裂纹，变形的原因是本身刚度小。发生磨耗或变形后，车钩便失去全开作用。

检修要求如下：

钩舌推铁出现裂纹时更换，弯曲时调修。钩舌推铁磨耗超过 2 mm 时焊修，并打磨恢复原形圆弧（见图 5-90）。

3. 钩锁销

钩锁销主要故障是防跳台处的磨耗。磨耗严重时，使车钩失去防跳作用。

客车钩锁销防跳台处的磨耗超过 1 mm 时应焊修。

（四）1 号和 G1 型缓冲器的故障及检修

缓冲器在调车作业和运行中经常受到较大的冲击作用，致使各部分产生磨耗、裂损、弹簧变形等故障。在施行段修时应分解、清洗、检修。

1. 分解

将缓冲器垂直立放于分解平台上，将弹簧盒盖向上对准压力机压力中心，稍加压力，卸掉螺栓和弹簧盒，撤去压力，取下弹簧盒盖、弹簧、环弹簧等配件。在分解过程中，发现内、外弹簧互相咬合在一起时，可用铁链将环弹簧捆牢，再用大锤轻轻敲击即可分解，以防弹簧飞崩，造成人身及设备事故。分解后，将环弹簧及圆弹簧放在 90 ℃ 以上的碱水中煮洗 30 min 后再用清水冲洗干净，然后进行外观检查。

2. 故障及检修

以下为几类常见故障及产生原因。

（1）环弹簧的裂纹及塑性变形。该故障是由于弹簧的刚度过大或过小，受较大冲击力所致。尤其是内环弹簧相对来说受力较大，当受力不均匀时，在长期使用中，其材质易产生疲劳裂纹，裂纹大多发生在锥面上，如图 5-91 所示。

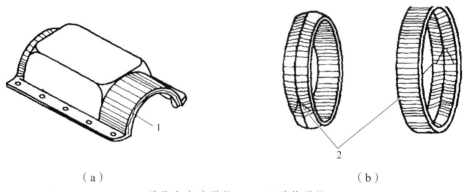

（a）　　　　　　　　　　　　　（b）

1—弹簧盒底边裂纹；2—环弹簧裂纹。

图 5-91　弹簧盒及环弹簧的裂纹

（2）环弹簧锥面的磨耗。这是缓冲器受力压缩时，内外弹簧相互挤压，并沿其锥面滑动摩擦而产生的。

（3）内外环弹簧咬合，冲击过后不能复原，现场俗称"咬死"。其主要原因是环弹簧配合尺寸不正确及缓冲器内缺油。在检修此类故障时，应注意用手锤轻敲，以免发生环弹簧蹦出伤人。

（4）圆弹簧衰弱、裂损。这类故障多数由于圆弹簧热处理不合要求或自由高不符合设计尺寸所致；而圆弹簧衰弱和各零件的磨耗又易导致缓冲器的自由高不符合规定尺寸。

3. 组装

（1）在压力机中心位置，将经检查质量合格的配件，按以下顺序垂直排放好：底板、半环弹簧、六组外环弹簧和内环弹簧组合、弹簧座、内、外圆弹簧及弹簧盒盖。

（2）开动压力机，压缩缓冲器组成至规定的自由高尺寸范围。

（3）用垫铁、角铁、螺栓安装弹簧盒，并拧紧，螺栓须加有背母或弹簧垫圈。

（4）松开压力机，测量缓冲器自由高尺寸，检查各部不得有裂纹，螺栓不松动。

（5）整理工具设备。

4. 质量要求

（1）25 型及双层客车采用的 G1 型缓冲器不得与普通 1 号缓冲器换装。

（2）零配件经检查合格方能组装。

（3）在组装过程中，弹簧座、盖、盒底及内外环弹簧接触面均匀涂Ⅲ号钙基润滑脂，每一缓冲器以 1 kg 为宜。

（4）自由高为 514^{+2}_{-3} mm。自由高不足时更换新的环弹簧（原型），或在缓冲器盒内底板（盒底）处加一块厚度不超过 10 mm，直径不小于 150 mm 的钢垫板。

（5）组装前，圆弹簧、环弹簧须经分解检修；圆弹簧、环弹簧不得用 1 号缓冲器的圆、环弹簧代替。

（6）圆弹簧按转向架圆弹簧规定检修。

（7）缓冲器盒尾部弯角处裂纹长度不超过 30 mm 时焊修，超过时截换或更换。

三、车钩缓冲装置主要配件的故障及检修

1. 钩尾框

钩尾框的主要故障是磨耗和裂纹，裂纹多发生在钩尾框弯角处及钩尾销孔周围；磨耗发生在钩尾销孔及钩尾框底部与尾框托板接触面处。

检修要求如下：

（1）钩尾框横裂纹在同一断面上宽度或厚度不超过 1/2 时，允许焊修，超限时更换。焊修工艺与钩体裂纹的焊修相同，焊后磨平。对于锻钢钩尾框后部弯角处裂纹，焊后磨平再加焊补强板，补强板厚度为 16～18 mm。补强板长度应延过尾框后端两弯角处 100 mm 以上，如图 5-92 所示。

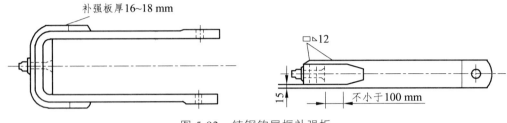

图 5-92 铸钢钩尾框补强板

（2）钩尾框宽度磨耗不得超过：厂修 3 mm，段修 4 mm；厚度磨耗不得超过：厂修 2 mm，段修 3 mm。超限时可施行堆焊，焊后钩尾框宽度用砂轮磨平，厚度应刨削平整。

（3）钩尾框扁销孔长度磨耗超过 105 mm 可施行堆焊，焊后机械加工，恢复原形尺寸。钩尾框横裂纹在同一断面上宽度或厚度超过 1/2 时更换。

2. 钩舌销

钩舌销的主要故障是磨耗、弯曲、裂纹和折损。

钩舌销在牵引或冲击时应不受力，但由于钩舌销与钩耳孔间隙过小或钩舌尾部与钩头内部牵引凸缘磨耗失修，致使钩舌销受有较大的作用力，在强度不足的情况下将产生变形和折损。钩舌销的受力情况如图 5-93 所示。

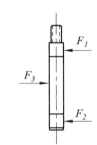

图 5-93 钩舌销的受力情况

车辆在运用中，钩舌销在其长度方向承受的力是不均匀的。图 5-93 中 F_1、F_2 为钩耳孔对钩舌销的作用力，F_3 为钩舌销孔对钩舌销的作用合力。由于 F_1、F_2 作用面积较小，所以单位面积压力较大；F_3 作用面积较大，所以单位面积压力较小，而磨耗是与单位面积压力有关的，压力越大，磨耗越严重，因此 F_1、F_2 作用处磨耗就大。由于冲击的作用形成挤压，使钩舌销表面受到冷作硬化作用，表面硬度提高，但沿钩舌销长度方向的硬化程度是不相同的，F_1 和 F_2 作用处的硬化层较深。而 F_1、F_2 是在不断改变的，当有 F_1、F_2 作用时，钩舌销由于摩擦、挤压，温度升高，在 F_1、F_2 改变和消失的瞬间，又受到运行中风的自然冷却，冷却后又在 F_1、F_2 作用下进行摩擦、挤压，温度又上升，这样不断地反复作用，容易在应力集中处（F_1、F_2 与 F_3 的交界处）形成毛细裂纹，在牵引力、冲击力的作用下，裂纹易逐渐扩大，而导致钩舌销断裂。钩舌销一旦变形过大或折损就会引起脱钩事故。

检修要求如下：

（1）厂、段修中，钩舌销须进行探伤检查，凡发现裂纹及折损者应更换。

（2）钩舌销直径磨耗超过：厂修 2 mm，段修 3 mm，应更换。钩舌销丝扣部分滑扣及磨耗者可以焊修，焊修时应留有 1～2 mm 的加工余量，焊后旋修、挑扣，恢复原形。

3. 钩尾扁销

钩尾扁销的主要损伤形式为裂纹、磨耗及折损。

检修要求如下：

钩尾扁销在检修时应进行探伤检查。发现裂纹、折损者应更换，不准焊修。钩尾扁销两侧磨耗之和不得超过：厂修 2 mm、段修 3 mm，超限时可施行堆焊，焊后加修至原形。

4. 其他配件

复原弹簧鞍及座磨耗超过 3 mm、复原弹簧螺栓磨耗超过 2 mm 时焊修，复原弹簧折损时更换。

下锁销连杆及吊架销孔直径磨耗超过 2 mm 时焊修，吊架滑动套管磨透时更换。

四、车钩组装要求

（1）首先检查各配件，确认合格后方可进行组装。

（2）各滑动摩擦或转动的接触面间涂润滑油。

（3）钩舌尾部与钩锁的接触面须平整。

（4）钩舌销与钩耳孔或钩舌销孔的间隙不应超过 4 mm；超过时换套、镶套或更换钩舌销。

（5）钩舌与上钩耳的最大间隙不应超过 6 mm；超过时可加垫圈调整。

（6）钩舌与钩腕内侧面的距离：闭锁状态时不得大于 130 mm；全开状态时不得大于 245 mm。

（7）车钩组装后三态作用良好。

按下列标准检查三态作用：

（1）闭锁位：在全开位时，将钩舌慢慢地向钩口里推动，钩锁以自身重量落于钩舌尾部与钩头侧壁之间，使钩舌不能张开。

（2）全开位：用力提起钩提杆，钩锁上升到最高位，15 号车钩钩锁的后肩踢动钩舌推铁，使钩舌推铁踢动钩舌尾部，而使钩舌完全张开。

（3）开锁位：在闭锁位时，轻轻提起钩提杆，使锁销离开防跳位置，将钩锁提起，使钩锁脚支在锁座上，放下钩提杆，钩锁仍未落下，钩舌也未移动，此时将钩舌稍稍往外一拉，钩舌须能立即张开。

五、车钩三态作用的故障分析

（1）闭锁位置作用不良或自动开锁：在闭锁时钩锁不能自动充分落下，其原因主要是钩舌尾部与钩锁接触面焊修后不平整，造成作用不灵活，应打磨或更换钩舌或钩锁。

在运行中因振动易使钩锁自动跳起，造成开锁使列车分离，其原因主要是下锁销上防跳止端磨耗而失去防跳作用。下锁销安装反位，也会失去防跳作用。

（2）开锁作用不良：钩锁提起后，当放下车钩提杆时，又自动落下，其原因主要是钩锁腿弯曲，开锁坐锁面磨耗或钩锁腔内开锁坐面磨耗，致使钩锁无法坐在相应位置，产生自动落锁。

（3）全开位置作用不良：当钩舌推铁有弯曲变形，两端磨耗过限时，易造成钩舌达不到全开位置。

六、车钩缓冲装置组装工艺及要求

（1）车钩三态及防跳作用须良好，各磨耗部涂以润滑油。

（2）各部螺栓组装须符合要求，并涂油；钩身托板螺栓、尾框托板螺栓须加背母；钩尾扁销横穿螺栓应为方头、方螺母，并须有防缓垫（用六角螺母时须有防缓铁丝）。

（3）钩身托板及钩尾框上须装厚 3 ~ 12 mm 的磨耗板。

（4）钩舌与上钩耳的间隙不大于 6 mm（原形 2 mm），超过时加铁垫圈调整。

（5）钩舌销与钩耳孔或钩舌销孔的间隙不大于 4 mm（原形 1 mm）。

（6）在闭锁位置时，往上托起钩锁铁，其移动量不得大于 15 mm。

（7）钩舌与钩腕内侧距离：闭锁位置为 112 ~ 130 mm；全开位置为 220 ~ 245 mm。小间隙车钩 A3 修时在闭锁位拉紧钩舌使钩舌与钩锁铁压紧，用样板测量图 5-94 中 A 尺寸不得超过 120 mm（原设计尺寸为 114.7 mm）；B 尺寸不得超过 86 mm（原设计尺寸为 82 mm）；C 尺寸不得小于 76.5 mm（原设计尺寸为 80.5 mm）。不符合上述要求时，按图样焊修钩舌并加工至原设计尺寸。

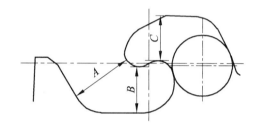

图 5-94　15 号小间隙车钩组装检查位置示意

（8）钩身上部与冲击座下部间隙为 20 ~ 48 mm。

（9）钩提杆与杆座凹槽间隙不大于 2 mm。

（10）从板与从板座或牵引梁两内侧面间隙之和不大于 20 mm。

（11）A4 修或厂修时，测量沿车钩纵向中心线相距 300 mm 的任意两点，测量车钩上翘或下垂不得超过 5 mm。

（12）车钩中心高 870 ~ 890 mm，下心盘使用铁垫板者为 860 ~ 890 mm。同一车辆两钩中心高差不超过 10 mm。

（13）钩提杆与下锁销连杆的距离须大于 15 mm。

（14）车钩复原装置作用须良好。

（15）安装后的车钩须在钩舌中心水平线，沿钩舌外侧及钩头两侧涂打"车钩中心线"标记，标记线宽 5 mm，在钩头左侧突出部分平面上涂打钩型标记，在钩上已铸有钩型标记者，只需将钩型标记涂成白色即可；小间隙车钩按要求在车端 2、3 位端墙涂打识别标记，整套为小间隙车钩装置时涂打"小"字，仅更换小间隙钩舌时涂打"小"标记。

（16）15 号高强度车钩的钩体、钩舌、钩尾框、钩舌销、钩尾扁销及 G1 型缓冲器，不得与普通钩缓装置配件换装。

（17）缓冲器往车上安装时，须有 2 mm 以上的压缩量。压缩缓冲器时，在缓冲器钩尾框间加硬木垫，加木垫时应用夹具夹放；车钩缓冲器装车后，必须取出工艺垫。

（18）钩提杆横向允许窜动量在任何方向均应不大于 50 mm。

七、车钩高度调整

车辆各部配件在运用中不可避免地要产生磨耗和变形，车钩的高度也会因此有所降低。为了保证车钩的正确连挂，在段修时，必须将车钩高度调至要求的尺寸范围内。

1. 落车后对车钩高度的要求

（1）车钩的标准高度为 880 mm；

（2）段修落车后，车钩中心线距轨面高：货车为（880±10）mm；客车下心盘使用木垫板者（880±10）mm；客车下心盘使用铁垫板者为 880^{+10}_{-20} mm。

2. 影响车钩高度的因素

机车、车辆在运用中，如果两连接车钩高度相差过大。（运用中空车最高 890 mm，重车最低不低于 815 mm，两连接车钩高度差不得超过 75 mm），高车钩的下钩耳，低车钩的上钩耳会受力很大，由于振动，有可能导致脱钩的危险。

影响车钩高度的因素包括：更换轮对时轮径的大小；滑动轴承更换轴瓦及轴瓦垫板、摇枕弹簧、心盘垫板；心盘平面磨耗后加修或下心盘与摇枕一体式更换心盘内的磨耗板；更换轴箱上垫板；更换或加修减振器斜楔；钩身弯曲调修后或钩身下部磨耗后加修；车钩托梁弯曲调直以及更换磨耗板等。

3. 车钩高度的调整方法

车钩高度调整的一般方法是在心盘、摇枕弹簧、钩身等部位增（减）垫板的厚度，或者更换轮对等方法。由于上心盘中心与同位车钩钩舌内侧面的距离为定值，调整心盘垫板的厚度与车钩抬高或降低量之间是按一定比例关系变化的，所以调整车钩高度最常用的方法是增（减）心盘垫板的厚度。

调整心盘垫板的厚度可用计算法或查表法来确定。

调整前，须确定有关的几个尺寸（见图 5-95）。

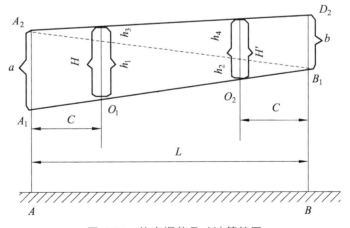

图 5-95　钩高调整尺寸计算简图

（1）原车钩高度 AA_1 及 BB_1；

（2）确定需要调整达到的高度，即计划车钩高度 AA_2 及 BB_2（一般以 880 mm 为标准）。

（3）测量该车的全长 L。

（4）测量在闭锁状态时，车钩钩舌内侧面至心盘中心线间的距离 c。

从图 5-95 中可知，调整前车钩中心连线为 A_1B_1，调整后为 A_2B_2；车钩高度需要调整为 $a(A_1A_2)$ 及 $b(B_1B_2)$；O_1O_2 为两心盘中心间的距离。由三角形的相似关系可求得

$$h_1 = \frac{L-c}{L}a \qquad h_2 = \frac{c}{L}a$$

$$h_3 = \frac{c}{L}b \qquad h_4 = \frac{L-c}{L}b$$

$$H = h_1 + h_3 = \frac{L-c}{L}a + \frac{c}{L}b$$

$$H' = h_1 + h_3 = \frac{L-c}{L}a + \frac{c}{L}b$$

若已知 a、b、c、L，即可用上式算得心盘垫厚度的调整值 H 及 H'。

图 5-95 是调整前车钩高度低于标准高度的情况。如果车钩高度高于标准高度需要调低时，仍采用上述公式，但要注意将调整值 a 或 b 以负值代入公式，由此计算所得的 H 及 H' 若为正值，则是心盘垫板的增加量，H 及 H' 若为负值则为心盘垫板的减薄量。

心盘垫板的总厚度：上面推导出两个公式所求得的 H 及 H' 是在相关零部件未更换、修理的情况下，心盘垫板厚度的增（减）值，同时，也是在车辆原有心盘垫板厚度的基础上，心盘垫板厚度的增（减）值。

综合上述方法可以求出心盘垫板总厚度的计算公式如下

$$H_{总} = H_{原} + H(或\ H') + \frac{D_{原} - D_{新}}{2} - \beta$$

式中　$H_{原}$——车辆原心盘垫板厚度；

$D_{原}$——原车轮直径；

$D_{新}$——新换车轮直径；

β——其他相关零部件使车钩的增高量（一般可根据更换、加修的零部件进行估算）。

【例】C62 型敞车，全长 $L = 13\ 442$ mm，由心盘中心至钩舌内侧面距离为 $c = 2\ 371$ mm。1 位车钩实际高 850 mm，原心盘垫板厚度为 20 mm，轮径为 810 mm。2 位车钩实际高度为 860 mm，原心盘垫板厚度为 10 mm，轮径为 800 mm。1、2 位新换车轮轮径为 840 mm，其他零部件对钩高的影响暂不计，两端均调整到 880 mm。分别求 1、2 位心盘垫板总厚度。

【解】已知：$L = 13\ 442$ mm；$c = 2\ 371$ mm；$a = 880-850 = 30$ mm；$b = 880-860 = 20$ mm；$H_{原1} = 20$ mm；$H_{原2} = 10$ mm；$D_{原1} = 810$ mm；$D_{原2} = 800$ mm；$D_{新1} = D_{新2} = 840$ mm。求 $H_{总1}$、$H_{总2}$。

先求出 1、2 位心盘垫板应增加的厚度，则一位心盘垫板应增加的厚度为

$$H = \frac{L-c}{L}a + \frac{c}{L}b = \frac{13\ 442 - 2\ 371}{13\ 442} \times 30 + \frac{2\ 371}{13\ 442} \times 20 = 28\ \text{mm}$$

2 位心盘垫板应增加的厚度为

$$H' = \frac{c}{L}a + \frac{L-c}{L}b = \frac{2\,371}{13\,442} \times 30 + \frac{13\,442 - 2\,371}{13\,442} \times 20 = 21.5 \ \text{mm}$$

再求 1、2 位心盘垫板的总厚度。则一位心盘垫板的总厚度为

$$H_{总1} = H_{原1} + H + \frac{D_{原1} - D_{新1}}{2} - \beta = 20 + 28 + \frac{810 - 840}{2} = 20 + 28 - 15 = 33 \ \text{mm}$$

$$H_{总2} = H_{原2} + H + \frac{D_{原2} - D_{新2}}{2} - \beta = 10 + 21.5 + \frac{810 - 840}{2} = 10 + 21.5 - 20 = 11.5 \ \text{mm}$$

另外，为便于使用，可利用上述计算公式，将各种型号的车辆按调整量计算好，汇总成车钩高度调整表，用时查阅相加即可。

项目检测

1. 车钩缓冲装置一般由哪些主要配件组成？
2. 车钩缓冲装置怎样传递纵向力（牵引、推进）？
3. 13 号车钩主要由哪些零部件组成？
4. 试述 17 号车钩的三态作用。
5. 何谓二次防脱（跳）？
6. 试述 15 号车钩的三态作用。
7. 15 号车钩怎样实现防跳作用？
8. 17 号车钩有何特点？
9. 说明 MT-2、MT-3 型缓冲器的构造特点。

项目六　车体及车内设备　▶▶▶

　　三尺铁锤、一把手电，这是一名普通铁路职工的工具，也是他用半生换来的执着。2019 年度"最美铁路人"、全国人大代表、中国铁路武汉局集团有限公司武昌客车车辆段检车员黄望明从事客车车辆检修工作 31 年里，先后发现了 3 000 多处安全隐患，排除危及行车安全的重大故障 200 余件，他用手中的三尺小锤敲出了一曲交通强国铁路先行的最美乐章，荣获"检车状元""客车神探""技能大师""火车头奖章"等 30 余项荣誉，成为全局车辆部门享受国务院政府特殊津贴的第一人。

　　1989 年，19 岁的黄望明从技校毕业，离开家乡孝感来到武昌客车车辆段。从上班第一天起，黄望明就明白这份工作的重要意义，他知道与他天天打交道的"铁疙瘩"，是铁路客车安全的"生命线"，容不得半点马虎。为了彻底摸清每一种车型的构造原理，不当"门外汉"，他如饥似渴地学理论、钻业务、跑现场、写心得。只有勤劳和付出，才有可能采摘到胜利的果实。设备质量检查不少走一步，不少看一眼，不少敲一锤，用心检查，不放过一丝一毫的隐患，每天黄望明都要在整备场徒步近 10 公里，为数万个车辆零部件进行"体检"，一套检车法重复几千遍。先后发现并排除车辆安全隐患 3 000 多起，经检查把关后的列车，累计安全运行 900 余万公里，等于绕地球 200 多圈。功夫不负有心人，黄望明通过不断学习钻研，掌握了客车检修的"十八般武艺"，并获得了全国技术能手称号。业精于勤，事成于细，黄望明用汗水浇灌收获，用实干笃定前行，他用平凡的坚守书写出了不凡的人生，用动人的事迹汇聚了一股奋发向上的精神力量。

　　择一事终一生，用匠心谱华章。黄望明用手中的检车锤诠释工匠精神，在平凡的岗位上演奏了一曲"交通强国、铁路先行"的赞歌。

项目概述

　　铁路车辆的车体实际是一间间可流动的房子，客车是人们旅途中的临时居所，货车是货物中转途中存放的仓库，都安装在车轮上，沿着铁路线流转四方。旅客在站台上看列车，车辆的下半身即"走行部"被站台遮挡，因而只能看到车辆的上半身——业内称之为"车体"。业外人士则把车体叫作"车盒子"。车体是铁路车辆载客、装货的地方。所以，客车车体（也叫车厢）必须要有足够的坚固性，确保旅客乘车安全，同时要具有隔热、隔音性能，还要有较大空间，安装座椅、铺位、洗脸室、卫生间及供水、供电、采暖、空调等设施，满足人们旅途生活的需要。货车车体则多种多样，为的是要适应不同形状、不同性质货物的运输需要，既要确保运输安全，还要考虑到装货卸货的方便，提高效率。

高速度、大型化，是铁路车辆发展的方向。提高速度，虽然也与车体有关，但重点要在"走行部"上下功夫，而大型化，则主要表现为把车体做得更大，或提高载重量，使每辆车能乘得下更多的旅客，装运更多的货物。

🎯 **项目任务**

（1）任务一　车体总体认知。
（2）任务二　货车车体。
（3）任务三　客车车体。
（4）任务四　动车车体。
（5）任务五　车体的检修。

任务一　车体总体认知

任务描述

本任务是对车体结构、种类、功能的整体认知。通过本任务的学习，使学生掌握铁道车辆车体的结构分类、功能要求。

任务引入

车体的作用是装载货物、承担载荷并向走行部传递载荷，同时能够满足安装车钩缓冲装置及制动装置的需要。轨道列车车体主要由底架、侧墙、端墙及车顶组成。底架位于车体下部，是车体的基础，承受着作用于列车上的各种垂直载荷和水平载荷，是主要的承载构架。底架上面焊有设备安装骨架，它是车内各种设备安装的基础。车体两侧是侧墙结构。车体前端是前端墙，后端是后端墙，他们都焊接在底架上。机车、动车组车头和车尾、城轨车辆头车还带有司机室。机车有单司机室和双司机室之分，双司机室位于机车的两端；动车组司机室位于车头车尾的两端，和机车不同的是，动车组司机室和城轨车辆司机室后方设有坐席。

背景知识

一、车体功能结构概述

以棚车为例，车体的基本结构形式如图 6-1 所示，它是由若干纵向、横向梁和立柱组成钢结构，再装上内、外墙板、地板、顶板及门窗等组成。底架通过上心盘、上旁承支承在转向架上。底架是车体的基础，由中梁、侧梁、端梁、枕梁、大横梁、小横梁及纵向补助梁组成，承担着作用于车体的总垂向和纵向载荷，其中中梁和枕梁承担的载荷最大，应具有足够的强度和刚度。车体的侧墙由侧立柱、上侧梁和其他杆件、侧墙板及门窗组成。端墙的结构与侧墙相似，除端梁（缓冲梁）外还设有角柱、端立柱等。车顶的结构包括车顶弯梁、车顶横梁、车顶端弯梁及车顶板等。车体结构大多采用钢墙板与梁、柱结合为一体的全钢焊接结构。

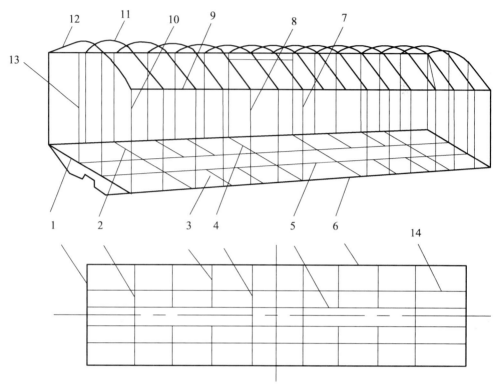

1—端梁；2—枕梁；3—小横梁；4—大横梁；5—中梁；6—下侧梁；7—门柱；8—侧柱；9—上侧梁；10—角柱；11—车顶弯梁；12—顶端弯梁；13—端柱；14—纵向辅助梁。

图 6-1　车体基本结构示意图

车体是容纳旅客、装载货物及整备品的部分。它的用途主要表现在以下几个方面：

（1）用来安装各种电气设备和机械设备，并保护车体内各种设备不受雨、雪、风沙的侵袭。

（2）车体是容纳旅客和供乘务人员对列车操纵、维修、保养的场所。

（3）传递垂向力：承受车体内各种设备的重量，并经支承装置传给转向架以至钢轨。

（4）传递纵向力：承受转向架传来的牵引力、制动力，并传给设在车体两端的牵引缓冲装置，以便牵引列车运行或实行制动。

（5）传递横向力：机车在运行时，还要承受各种原因形成的横向力的作用，如离心力、风力等。

由于车体的作用和工作时受力的复杂性，为了使轨道列车安全平稳地运行，车体必须满足以下几点：

（1）车体尺寸应纳入国家规定的机车车辆限界尺寸内。

（2）有足够的强度和刚度：即在列车允许的设计结构速度内，保证车体骨架结构不发生破坏和较大变形，以确保行车安全和正常使用。

（3）适当减轻自重。重量分布均匀，重心尽量低，以适应高速行车的需要。

（4）结构要合理。车体结构必须保证运用、设备安装、检查、保养以及检修更换的便利。

（5）车体应尽量改善乘务员的工作条件，完善通风、采光、取暖、瞭望、降噪、乘凉等措施。

（6）高速列车车头车尾要有流线型车体外形，车体外表面要光滑，以减少运行时的空气阻力。

（7）在满足上述要求的基础上，力求车体设计美观、大方、富有时代气息。

二、车体的分类

车体按其承载特点可分为底架承载结构、侧壁底架共同承载结构和整体承载结构三类。

1. 底架承载结构

全部载荷均由底架来承担的车体结构称为底架承载结构或自由承载底架结构。平车、集装箱车、长大货物车、大型预制梁专用车，由于构造上只需要其具有载货的地板面，故作用在地板面上的载荷完全由底架的各梁及钢结构地板承担。因此，中梁和侧梁制成鱼腹形结构，即为变截面近似等强度的梁。如图 6-2 所示的平车为典型的底架承载结构。

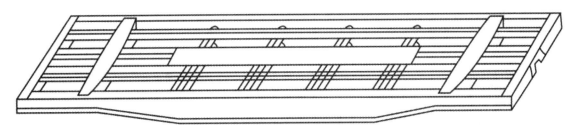

图 6-2　底架承载结构（平车）

2. 侧壁和底架共同承载结构

载荷由侧、端壁与底架共同承担的车体结构称为侧壁和底架共同承载结构或称侧壁承载结构。由于侧、端壁承载，减轻了底架的负担，中、侧梁断面面积均可减小，中梁也不需要制成鱼腹形梁。侧梁相对中梁来说，可用断面尺寸较小的型钢制成，减轻了底架的重量。

侧壁承载结构又分为桁架式侧壁承载结构和板梁式侧壁承载结构两种。桁架式侧壁承载结构的侧、端壁由桁架式骨架和网状结构的侧壁组成。桁架由立柱、斜撑、侧梁及上侧梁组成，如图 6-3 所示。此种结构能够承受垂向载荷及防止侧壁变形。由于桁架承担纵向作用力的能力很小，故纵向力主要由中梁来承受。我国旧型货车中，有部分敞车、加冰冷藏车和小吨位钢木结构棚车等木墙板车辆均采用桁架式结构。

当在侧、端壁的骨架上敷以金属板后就形成板梁式侧壁承载结构，如图 6-4 所示的敞车为典型的板梁式侧壁承载结构。侧、端壁除能与底架共同承受垂向载荷外，还能承受部分纵向力、扭转力，所以可显著地减轻中梁的负担。为了保证金属板受力后不致失稳，板的自由面积不宜过大，常采用钢板压筋、加筋方式解决墙板的失稳问题。

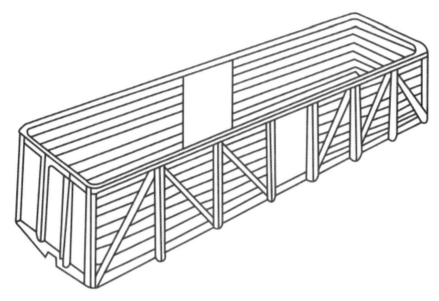

图 6-3　桁架式侧壁承载结构示意图

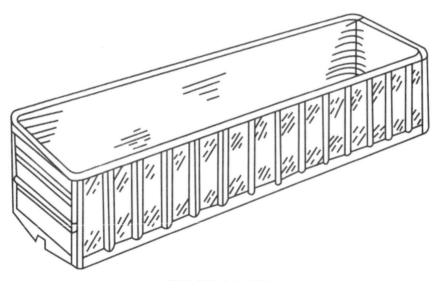

图 6-4　板梁式侧壁承载结构示意图

3. 整体承载结构

如果在板梁式侧壁底架共同承载结构的车体顶部还有由金属板、梁组焊而成的车顶，使车体的底架、侧端壁、车顶牢固地组成为一整体，成为开口或闭口箱形结构，则此时车体各部分均能承受垂向载荷及纵向力，因而称为整体承载结构。整体承载结构又分开口箱形结构和闭口箱形结构两种。图 6-5（a）所示为底架没有金属地板，仅由各梁件和木地板组成的开口箱形结构；图 6-5（b）所示为底架地板横梁下面（或底架上面）设有金属地板所组成的闭口箱形结构，也称筒形结构。

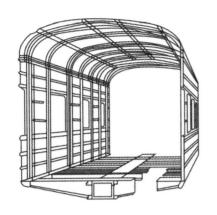

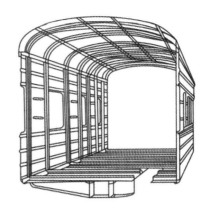

（a）开口箱形结构　　　　　　　　　　（b）闭口箱形结构

图 6-5　整体承载结构示意图

　　整体承载结构的车体骨架是由很多轻巧的纵向杆件及横向杆件组成一个个钢环，与金属包板组焊在一起，具有很大的强度和刚度。因此底架的结构可以较侧壁承载时更为轻巧，甚至有可能将底架中部的一段笨重中梁取消，而制成无中梁的底架结构。如图 6-6 所示，底架两枕梁之间的一段中梁被去掉了。为了保证载荷的传递，适当地加强了侧梁的强度及刚度。无中梁车体和有中梁车体一样能承担各种载荷。对于某些形式的车辆，如罐车，其罐体本身具有很大的强度和刚度，能承受各种载荷，此时甚至连底架也可以取消，仅在罐体的两端焊上牵引梁和枕梁，供安装车钩缓冲装置和传递载荷，如图 6-7 所示，它也是整体承载结构的一种形式。

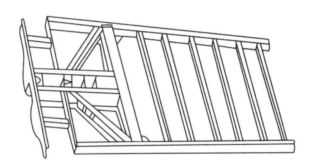

图 6-6　无中梁底架结构示意图

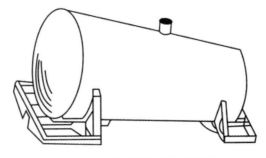

图 6-7　无底架罐车结构示意图

任务二　货车车体

任务描述

本任务是对不同种类货车车体结构特点的整体认知。通过本任务的学习，使学生掌握铁道车辆货车的结构区别、特点、各部分的作用，为从事货车车体检查打下理论基础。

任务引入

近年来，我国研制开发了具有自主知识产权的载重 70 t 级敞车、棚车、平车、罐车和漏斗车等 5 大类 10 余种新型提速、重载铁路货车，实现了中国铁路货车由 60 t 级向 70 t 级全面升级换代。你知道运送不同货物的货车结构上都有什么独特之处吗？你知道我国铁路货物运输中使用最多的是哪种货车吗？

背景知识

微课：敞车车体

一、敞车（C70 型）

敞车具有固定的侧墙和端墙，无车顶。该车主要用来运送煤炭、矿石、木材、钢材、集装箱等货物；敞车加盖防水帆布或其他遮篷后，可以代替棚车使用，运送怕湿损货物；敞车可以运送轻型的机械设备。

敞车具有很大的通用性，在目前的货车中数量最多，约占货车总数的 60%以上。目前，我国所使用的敞车主要有 C62A 型、C62B 型、C64 型、C64K 型等载重 60 t 的通用敞车，25 t 轴重新型通用敞车 C70 型、运煤专用车 C63 型、C6 型、C80 型、加长敞车等。

C70 型敞车属于新型通用敞车。为北车齐齐哈尔轨道交通装备有限责任公司（以下简称齐车公司）2003 年研制，2005 年初完成工作图设计、小批量试制及各项性能试验工作，并于同年 6 月通过了样车的部级审查。C70 型敞车装用转 K6 型转向架。

C70 型敞车由底架、侧墙、端墙、车门等部件组成，如图 6-8 所示。车体为全钢焊接结构，主要材料采用屈服强度为 450 MPa 的耐候钢。

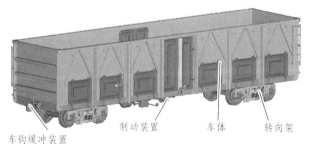
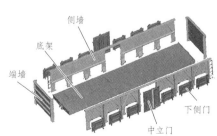

图 6-8　C70 车体

1. 底架

底架由中梁、侧梁、枕梁、大横梁、端梁、纵向梁、小横梁及钢地板组焊而成，如图 6-9 所示。中梁采用 310 乙型钢组焊而成，允许采用冷弯中梁，侧梁为 240 mm×80 mm×8 mm 的槽形冷弯型钢；枕梁、横梁为钢板组焊结构，底架上铺 6 mm 厚的耐候钢地板；采用锻造上心盘（直径为 358 mm）及材质为 C 级铸钢的前、后从板座，前、后从板座与中梁间、脚蹬与侧梁间均采用要求的专用拉铆钉连接。

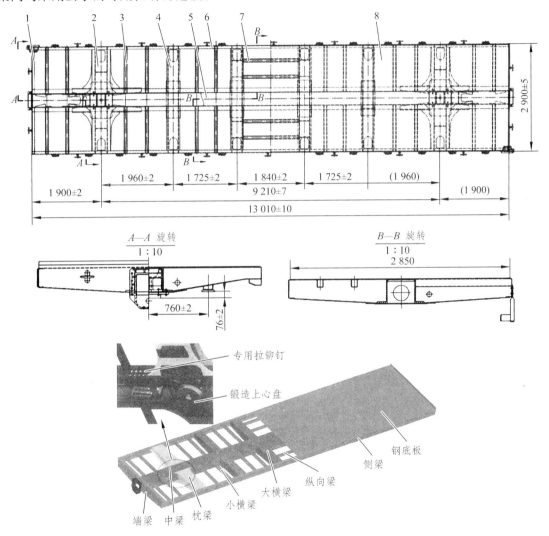

1—底架组成；2—转 K6 转向架；3—底架木结构；4—侧墙组成；5—底架附属件；6—风制动装置；7—便器组成；8—车钩缓冲装置；9—端墙组成；10—车顶组成；11—车窗组成；12—车门组成；13—烟囱座组成；14—车顶木结构；15—电气安装；16—手制动装置；17—侧墙木结构；18—端墙木结构。

图 6-9 C70 车体底架组成

2. 侧墙

侧墙为板柱式结构，由上侧梁、侧柱、侧板、连铁、斜撑、侧柱补强板及侧柱内补强座等组焊而成，如图 6-10 所示。上侧梁采用 140 mm×100 mm×5 mm 的冷弯矩形钢管，侧柱采用 8 mm 厚冷弯双曲面帽形钢，侧柱与侧梁采用专用拉铆钉连接。

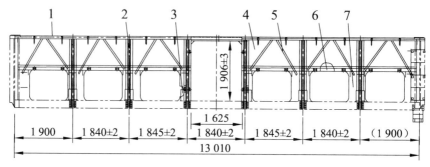

1—上侧梁；2—侧柱；3—侧柱内补强座；4—侧板；5—斜撑；6—连铁；7—侧柱补强板。

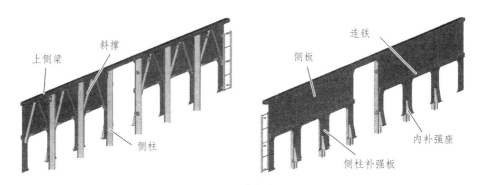

图 6-10　车体侧墙

3. 端墙

端墙由上端梁、角柱、横带及端板等组焊而成，如图 6-11 所示。上端梁、角柱采用 160 mm×100 mm×5 mm 的冷弯矩形钢管，横带采用断面高度为 150 mm 的帽形冷弯型钢。

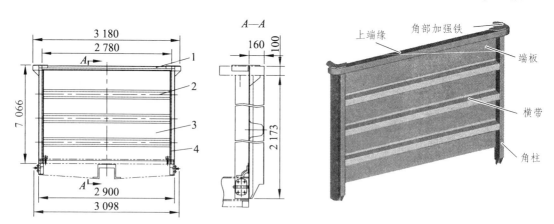

1—左门组成；2—门锁安装；3—右门组成；4—滑轮组装。

图 6-11　端墙

4. 侧开门及下侧门

在车体两侧的侧墙上各安装一对侧开式侧开门及 6 扇上翻式下侧门，如图 6-12 所示。侧开门采用新型锁闭装置，门边处组焊槽形冷弯型钢，增强了刚度并将通长式上锁杆封闭其中，防止变形与磕碰。下门锁采用偏心压紧机构，当车门关闭后，通长式上锁杆可防止下门锁蹿出，操作简单，安全可靠。下侧门结构与 C64 型敞车相同。

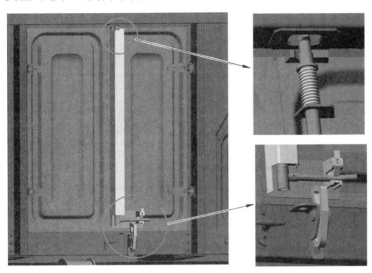

图 6-12　侧开门结构

二、棚车

棚车设有车顶、侧墙、端墙和门窗。该车主要用来运送怕日晒、雨淋、雪浸的货物，如粮谷、食品、日用品及贵重仪器设备等。除货运外，部分棚车还可以运送人员和马匹。

棚车具有较大的通用性，其数量约占货车总数的 20%。目前，我国所使用的棚车主要有 P64、P64A、P64G、P64GK、P65、P65S 等通用棚车；25 t 轴重新型通用棚车（P70）、活顶棚车、侧开棚车等。

P70（P70H）型棚车属于新型通用棚车，为齐齐哈尔轨道交通装备有限责任公司于 2003 年研制，2005 年初完成工作图设计、小批量试制及各项性能试验工作，并于同年 8 月通过了样车的部级审查。P70 型棚车装用转 K6 型转向架。

P70 型棚车主要由底架、侧墙、端墙、车顶、车门、车窗等组成如图 6-13 所示。该车车体为全钢焊接整体承载结构，底架主要型钢板材采用 Q450NQR1 高强度耐候钢，端、侧墙及车顶的主要型钢板材采用 09CuPCrNi-A 耐候钢。

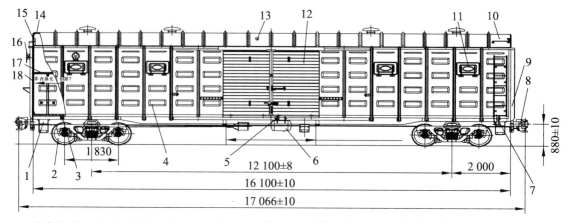

1—底架组成；2—转 K6 转向架；3—底架木结构；4—侧墙组成；5—底架附属件；6—风制动装置；
7—便器组成；8—车钩缓冲装置；9—端墙组成；10—车顶组成；11—车窗组成；12—车门组成；
13—烟囱座组成；14—车顶木结构；15—电气安装；16—手制动装置；17—侧墙木结构；
18—端墙木结构。

图 6-13 棚车结构

1. 底架

底架由中梁、枕梁、下侧梁、大横梁、端梁、小横梁、纵向梁、地板等组成，如图 6-14 所示。中梁采用屈服强度为 450 MPa 的热轧 310 乙型钢或冷弯中梁；采用直径为 358 mm 的锻钢上心盘和 C 级铸钢的前、后从板座；下侧梁为冷弯型钢组焊成的鱼腹形结构；枕梁为双腹板、单层上下盖板组焊而成的变截面箱形结构；大横梁为工字形组焊结构；底架铺设竹木复合层积材地板，门口处装 3 mm 厚扁豆形花纹钢地板；装用车号自动识别标签，预留便器安装座及火炉安装孔。前、后从板座与中梁间，脚蹬与侧梁间均采用专用拉铆钉连接。

2. 侧墙

侧墙为板柱式结构，由侧板、侧柱、门柱、上侧梁等组焊而成，如图 6-15 所示。侧板为 2.3 mm 厚钢板压型结构，侧柱采用 4 mm 厚的 U 形冷弯型钢，上侧梁为冷弯矩形管与冷弯角钢组焊而成。

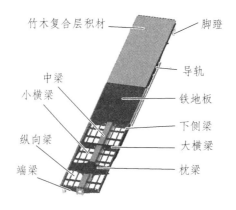

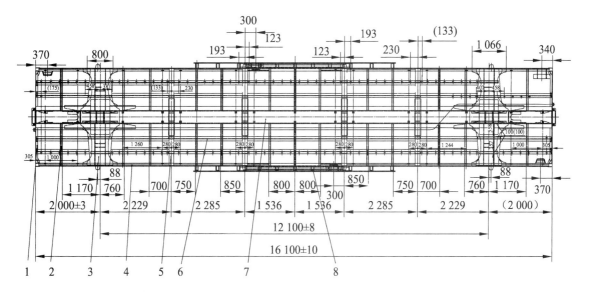

1—端梁；2—小横梁；3—枕梁；4—下侧梁；5—大横梁；6—纵向梁；7—中梁；8—导轨。

图 6-14　棚车底架结构

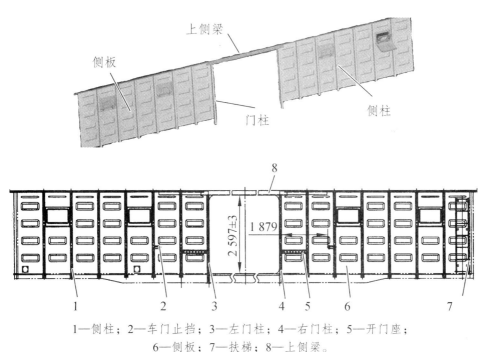

1—侧柱；2—车门止挡；3—左门柱；4—右门柱；5—开门座；
6—侧板；7—扶梯；8—上侧梁。

图 6-15　棚车侧墙结构

3. 端墙

端墙为板柱式结构，由端板、端柱、角柱、上端梁等组焊而成，如图 6-16 所示。端板采用 3 mm 厚钢板，端柱采用热轧槽钢，角柱采用 125 mm×125 mm×7 mm 压型角钢，上端梁采用 140 mm×60 mm×6 mm 压型角钢，端板上预留电源线通过孔及照明设施安装座。

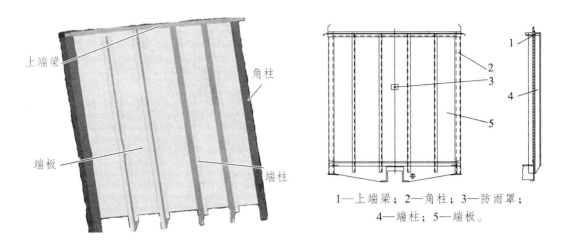

1—上端梁；2—角柱；3—防雨罩；
4—端柱；5—端板。

图 6-16　棚车侧墙结构

4. 车顶

车顶由车顶板、车顶弯梁、车顶侧梁、端弯梁等组焊而成，如图 6-17 所示。车顶弯梁为圆弧形结构，车顶侧梁采用冷弯型钢。车顶外部安装 4 个通风器和 1 个烟囱座，车顶弯梁处设有照明设施安装板。

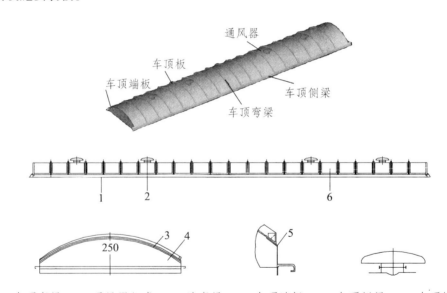

1—车顶弯梁；2—通风器组成；3—端弯梁；4—车顶端板；5—车顶侧梁；6—车顶板。

图 6-17　棚车车顶结构

5. 车门、车窗

车体每侧安装一组推拉式对开车门，车门板采用 1.5 mm 厚冷弯波纹板，车体每侧设 4 扇下翻式车窗，如图 6-18 所示。

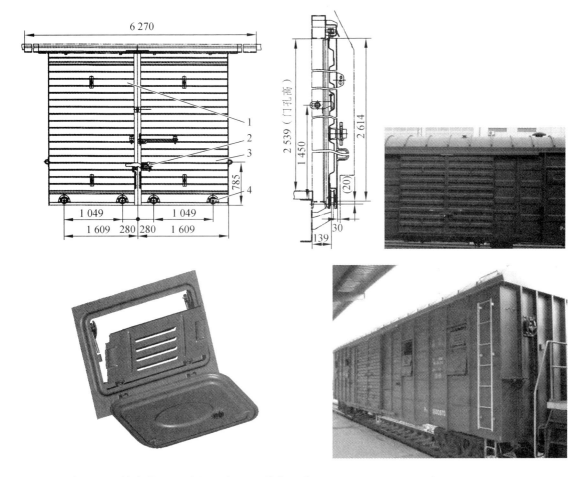

1—左门组成；2—门锁安装；3—右门组成；4—滑轮组装。

图 6-18　棚车车门结构

三、平车

平车属于底架承载结构的车辆，两侧通常设有柱插。平车主要用来运送钢材、木材、汽车、拖拉机、军用车辆、机械设备及集装箱等货物。部分平车装有活动矮侧墙、端墙，也可以运送矿石、沙土、石砟等散粒货物。

平车是一种运用较广的通用车辆，其数量约占货车总数的 5%。目前，我国所使用的平车主要有 N17 系列平车、NX17 型、NX70（NX70A）型平-集两用车、X6A 型、X6B 型、X6C 型、X1K 型、X2K（X2H）型、X3K 型集装箱专用平车、SQ 系列运输汽车双层平车等。

为实施"以扩能为中心，推行重载运输，提高铁路运输能力"的战略目标，南车集团北京二七车辆厂开发了 NX70 型共用车，如图 6-20 所示。该车为标准轨距、载重 70 t、具有装运多种货物功能的四轴平车。可装载 20 ft 国际标准箱、40 ft 国际标准箱、45 ft 国际非标箱、48 ft 国际非标箱、50 ft 集装箱，还可以装运各种军用装备：钢材、汽车、机械设备、大型混凝土桥梁等货物。NX70 型共用车装用转 K6 型转向架

图 6-20　平车结构

NX70（NX70H）型共用车由底架、地板、集装箱锁闭装置、端门、制动装置、转向架等部分组成，如图 6-21 所示。

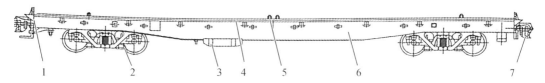

1—端门；2—转向架；3—制动装置；4—地板；5—集装箱锁闭装置；
6—底架；7—车钩缓冲装置。

图 6-21　NX70（NX70H）型共用车平车结构

1. 底架

底架为全钢焊接结构，由端梁、中梁、侧梁、枕梁、中央大横梁、大、小横梁和辅助梁等组焊而成，如图 6-22 所示。

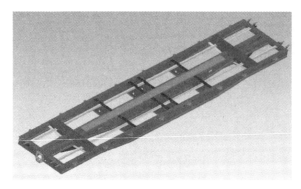

图 6-22　NX70（NX70H）型共用车平车底架结构

中梁为两根 630 mm×200 mm×13 mm×20 mm H 形钢制成鱼腹形，加 10 mm 厚上、下盖板组焊成箱形结构，侧梁为单根 600 mm×200 mm×11mm×17 mm H 形钢制成鱼腹形。底架设有中央大横梁以及工字形大横梁。中、侧梁间设有纵向辅助梁，端梁上设有绳栓，侧梁上设有柱插和绳栓。采用直径为 358 mm 的锻钢上心盘及材质为 C 级铸钢的前后从板座。前、后从板座与中梁间采用符合要求的专用拉铆钉连接，装用铁路货车车号自动识别系统车辆标签。

2. 地板

底架上铺有 70 mm 厚木地板或 45 mm 厚竹木复合层积材地板。

3. 集装箱锁闭装置

底架上设有集装箱锁闭装置，锁头可原位翻转，如图 6-23 所示。

图 6-23　集装箱锁闭装置

四、罐车

罐车是一种罐状车体的车辆。该车是用来运送各种液体、液化气体及粉末状货物的专用车辆。罐车约占货车总数的 9.8%。罐车的装载能力是以体积来度量的，罐车的标记载重是以实际运输货物的比重来计算的。即测量罐体内所盛液体的水平面高度，根据液体容积表查得所盛液体的质量。每一种规格的罐体均有其容积折算表。

微课：罐车

罐车的类型虽多，但其结构形式和主要部件基本相同。车体为圆筒形罐体，其两端用卡带紧固在枕梁上。为方便货物的装卸及检修人员进入罐体，在罐体顶部设有进入孔，在进入孔的一侧安装有呼吸式安全阀。在罐体的顶部还设有走板、工作台、安全栏杆，罐体上设有卸油装置及内外扶梯等。

罐车按用途不同，可分为轻油罐车、黏油罐车、酸碱类罐车、液化气体罐车和粉末状货物罐车等，如图 6-24 所示。

图 6-24　罐车实物图

1. 轻油罐车

轻油罐车主要用来运输汽油、煤油、轻柴油等轻质油类的石油产品。由于轻油具有较强的渗透能力，在罐体下部设排油装置容易引起渗漏，因此一般采用虹吸原理由罐体上部卸货（即上卸式）。罐体外部涂成银灰色，以减少太阳辐射的影响，从而减少轻油类货物的蒸发。

我国生产的轻油罐车主要有 G60、G60A、G70、GQ70、GQ70H 型轻油罐车，GQ70H 型轻油罐车如图 6-25 所示。

图 6-25　GQ70H 型轻油罐车

G70 型轻油罐车是我国目前运用中的主型轻油罐车，是 G60 的升级换代产品。G70 型轻油罐车是在总结无底架罐车的基础上，充分利用轴重和限界，载重较 G60 提高了 10 t。G70 型轻油罐车装用转 K6 型转向架。GQ70H 型轻油罐车装用转 K5 型转向架。该车主要是供标准轨距铁路使用，主要用于装运汽油、煤油、柴油等化工介质。装卸方式为上装上卸。

GQ70 型轻油罐车采用无中梁结构，主要由罐体装配、牵枕装配、车钩缓冲装置、制动装置、转向架及安全附件等组成，如图 6-26 所示。车端不设通过台。

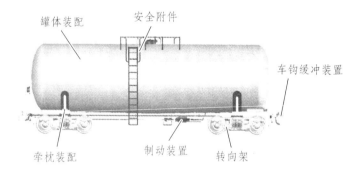

图 6-26　GQ70 型轻油罐车结构

罐体装配主要由封头、筒体、人孔、聚液窝等组成，如图 6-27 所示。罐体采用直锥圆截面斜底结构，底部由筒体两端向中间截面下斜，斜度为 1.2°。封头采用 1∶2.5 椭圆封头，内径为 $\phi 3050$ mm，壁厚 10 mm，材质为 Q295A 低合金高强度结构钢。筒体两端内径 $\phi 3\,050$ mm，中部内径 $\phi 3\,150$ mm，壁厚 10 mm，材质为 Q345A 低合金高强度结构钢。罐体外设攀登至罐顶的侧梯。罐顶设工作台和防护栏杆，如图 6-28 所示。罐体顶部设助开式人孔，人孔盖装有弹簧助开机构，开启时更加轻松、方便，如图 6-29 所示。

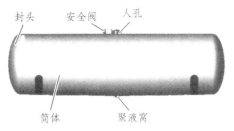

图 6-27　罐体装配

图 6-28　安全附件

图 6-29　助开式人孔

　　牵枕装配主要由牵引梁装配、枕梁装配、边梁装配、端梁装配等组成，如图 6-30 所示。牵引梁装配由牵引梁、前从板座、后从板座及心盘座和上心盘等组成。牵引梁采用符合要求的屈服强度为 450 MPa 的热轧 310 乙型钢，保证 40 ℃ 时的低温冲击功率不小于 24 J，前从板座、后从板座及心盘座材质均采用 C 级铸钢，上心盘采用锻钢上心盘。

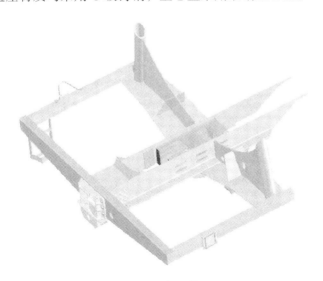

图 6-30　牵引装配

2. 黏油罐车

黏油罐车是运输原油、重柴油、润滑油等黏度较大油类的罐车。此类罐车采用下卸方式，在罐体下部设有排油装置。为了加快卸货速度，黏油罐车罐体上设有加温装置。黏油类罐车主要有 G4、G12 及 G17 系列、GN70、GN70H 型罐车等，目前参加线路运营的主要为 G17 系列、GN70、GN70H 型罐车，其他型号的黏油罐车已经淘汰。运送原油的罐车，罐体外部涂成黑色；运送成品黏油的罐车，罐体表面一般涂成黄色。

黏油罐车主要用于装运原油、重柴油、润滑油等一般性黏油类介质。采用内加热，装卸方式为上装下卸，可以使用现有的地面装卸设施进行成列装卸作业。GN70 型黏油罐车在以往黏油罐车的加热经验基础上，采用排管结构，减少了加热盲区，提高了加热效率，缩短了加热时间，进一步改善加热效果。

黏油罐车采用无中梁结构，主要由罐体装配、牵枕装配、加热及排油装置、制动装置、车钩缓冲装置、转向架、安全附件等部件组成，如图 6-31 所示为 GN70 型黏油罐车结构组成。

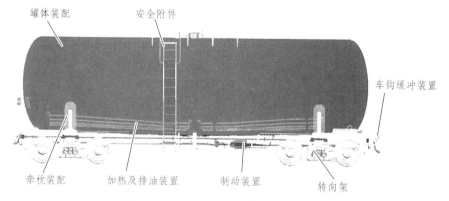

图 6-31　GN70 型黏油罐车结构组成

罐体采用直锥圆截面斜底结构。封头为 1∶2 标准椭圆封头，内径为 ϕ3 000 mm，壁厚 10 mm，材质为 Q295A；罐体中部内径 ϕ3 100 mm，上板壁厚 8 mm，下板壁厚 10 mm，材质为 Q345A。罐体顶部设助开式人孔，一个呼吸式安全阀。

3. 粉末罐车

粉末货物罐车主要用来运送散装水泥、氧化铝粉等粉末状货物。该车利用流态化输送的原理装卸粉状货物，即将货物与具有一定压力的空气混合，此时每一粉粒被一层薄空气包围，当空气压力能够克服粉粒自重和管道摩擦阻力时，货物即具有流体性能。因此，以压缩空气为动力，就可以将罐内散装的货物经管道直接排卸到储藏车，减少了包装，避免了粉尘飞扬。既降低了成本，又提高了效率。

我国生产的粉末货物罐车主要有 U60 型上卸式粉状货物气卸立式罐车、KG-2 型氧化铝粉罐车、U60 型下卸式粉状货物气卸立式罐车、U60 型下卸式粉状货物气卸卧式罐车、U60W 型上卸式粉状货物气卸卧式罐车、GF1 型氧化铝粉罐车、GF18 型气卸式水泥罐车、GF3 型氧化铝粉罐车、U61W 型水泥罐车、GF70（GF70H）型氧化铝粉罐车等。

GF70（GF70H）型氧化铝粉罐车是供中国准轨铁路使用，装运容重 0.95～1.0 t/m³ 氧化铝粉的专用铁道车辆。工作方式为上装上卸，可与现有用户地面设施相配套，通过压缩空气将粉状物料流态化，然后经卸料管输送到远距离的料塔。

流化装置是粉罐车的核心部件，借助气力卸料的方式。气力吹卸是向粉料罐体中通入压缩气体，通过罐体内的特殊结构及一定的气流方向使粉料松散并与压缩空气混合。混合后的粉料在压缩空气中是悬浮状态，当打开出料口阀门时，粉料混合气便从罐体流入地面上的贮存容器中。在贮存容器中设有除尘装置。该装置可将混合气中的空气排出，使粉料积存在贮存容器内。

卸料时，压缩空气从罐底的进气口 6 输入，通过多孔板 5 进入罐内，迫使粉料松散并气化，当打开出料阀 4 时，粉料混合气便从出料管 3 排出，如图 6-32 所示。

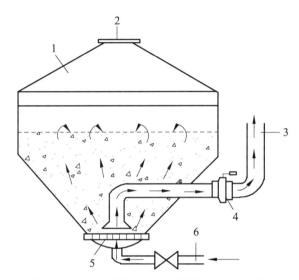

1—罐体；2—装料口；3—出料管；4—出料阀；5—多孔板，6—进气口。

图 6-32　气力卸料原理

任务三　客车车体

任务描述

本任务是对铁路客车车体结构的整体认知。通过本任务的学习，使学生掌握铁道车辆客车种类、结构特点，为从事客车车辆车体检查打下理论基础。

任务引入

铁路客车是铁路运输中用以运送旅客的运载工具，其供运送旅客及为旅客服务的部分称为车体。一般情况下，长途旅客列车的固定编组都编有硬座车、硬卧车、软卧车、餐车、行李车、邮政车。短途旅客列车编有硬座车、软座车、行李车、邮政车。下面以 25 型客车为例介绍车体结构布置。

一、硬（软）座、硬（软）卧车的总体布置

YZ$_{25T}$型硬座车客室两端设通过台，小走廊；1 位端设乘务员室、配电室、茶炉间、厕所；2 位端设厕所、洗脸间，厕所内装有气动密封式便器；中部为大客室，室内设 2+3 排列的固定式座椅，定员 128 员（车长办公车 122 人），如图 6-33 所示。

图 6-33　车内座椅布置

两侧墙上部设有铝合金板式行李架，两端上方设有电子信息显示屏；车顶板采用 ABS 工程塑料吸塑成型，顶板上设条缝式空调送风口及 2 条通长照明灯带，车顶两端设有制冷量为 2×29.07 kW 的单元式空调机组，采用玻璃钢静压送风道，墙板、间壁板采用防火板。侧门为气动塞拉门，风挡为密封式折叠风挡。

1. YW$_{25T}$型硬卧车的总体布置

YW$_{25T}$型空调硬卧客车的平面布置：客室两端设通过台、小走廊；1 位端设有乘务员室、配电室、电茶炉室、洁具室；2 位端设有 2 个厕所和 1 个敞开式双人洗脸间，厕所内设气动密封式便器；中部设 11 个开敞式卧铺包间及通长大走廊，包间内设上、中、下半软式卧铺各 2 组，大走廊上部设铝合金板式行李架。全车定员 66 人，如图 6-34 所示。

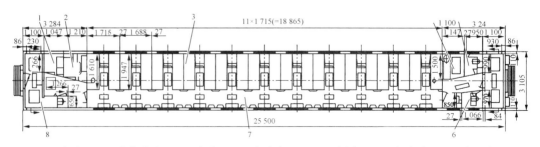

1—配电室；2—乘务员室；3—客室；4—洗脸室；5、6—厕所；7—大走廊；8—洁具柜。

图 6-34　硬卧车布置

2. RW25T 型软卧车的总体布置

软卧车是一种比硬卧更舒适的客车。RW25T 型卧客车定员 36 人，平面布置如图 6-25 所示。全车共有 9 个包间，每个封闭式包间内有双层软垫铺位 4 个，全车共有 36 个铺位。在车辆的 1 位端设有乘务员室、电开水炉；2 位端设蹲式及坐式便器的便所以及洗手间。

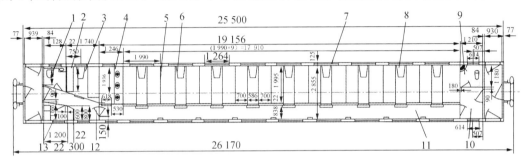

1—1 位厕所；2—电器控制装置；3—乘务员室；4—洗脸室；5—卧铺；6—包间；7—间壁安装；8—采暖装置；9—2 位厕所；10—2 位走廊布置；11—走廊布置；12—1 位走廊布置；13—茶炉室。

图 6-35　软卧车布置

3. RZ25T 软座车

该车定员 78 人，称为 A 型座车。1 位端设洗手间及乘务员室，2 位端设东西式厕所。该车采用开敞式客室布置，在客室中部设透明玻璃隔断，图 6-36 所示为软座车客室布置。

图 6-36　RZ25T 型软座车客室

二、其他类客车布置

1. 餐车

CA25T 型餐车车内布置主要包括储藏室区、吧台区、餐厅、厨房、厨房外大走廊，如图 6-37 所示。

图 6-37　餐厅布置

（1）1 位端包括一个工作间，内部有：VOD 控制柜、小推车间、储藏室、走廊（走廊设紧急制动阀和一个配电柜）、吧台区。1 位端吧台区又有以下设施：内部通信电话系统、展示柜、侧墙展示柜、吧台、低柜（低柜内装有洗手盆、低音音响等）、沙发、吧桌、吧凳、靠凳、小桌、垃圾箱、聚光灯、2 个备用电源插座、烟火报警主机（见图 6-38）。

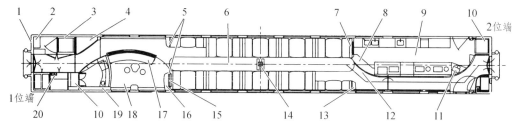

1—手制动机；2—VOD 控制柜；3—配电室；4—储藏室；5—间壁；6—餐厅；7—厨房间壁 LCD；
8—冷拼展示柜；9—厨房；10—冰箱；11—厨房配电柜；12—送饭口；13—花架；14—LCD；
15—LCD；16—垃圾箱；17—沙发；18—酒吧休闲区；19—展示柜；20—灭火器。

图 6-38　CA25T 型餐车

（2）餐车中部设有餐厅，内设 16 个双人座椅、4 个单人座椅，每 2 个双人座椅之间设大餐桌，每两个单人座椅之间设小餐桌，定员 36 人。如图 6-39 所示。

（3）餐车 2 位端设厨房，厨房内设：电磁炉（平底 5 kW）、电磁炉（凹底 5 kW）、电磁炉（凹底 8 kW）、电炸锅、电蒸饭锅、调味架、卧式冰箱、立式冰箱、电茶炉、温水器、微波炉、排油烟机、单洗池（带冷热水阀）、双单洗池（带冷热水阀）、消毒柜。

图 6-39　CA25T 型车餐厅

2. 行李车和邮政车的总体布置

行李车供旅客装运行李、包裹及快件货物使用。行李车编挂在车列的最前端或尾部，如图 6-40 所示。行李车每侧有开度 1 600 mm 全钢焊接可拆卸的双开滑门 2 扇，1 个通过台。车内 1 位端设有行李员办公室、厕所、工具室、配电室、走廊，车内其余部分为行李间。其行李间容积 126 m³，载重 17.7 t。

邮政车专用来运送邮件和在列车运行中办理邮政业务，一般编挂在长途旅客列车的首部或尾部，如图 6-40 所示。邮政车车体为全钢结构，侧墙为平板墙。板厚≤6 mm 的板材及压型件采用高强度低合金耐候钢。车体钢结构侧墙板厚为 2.5 mm，顶板厚为 2 mm，邮件室地板厚为 4 mm，其余钢地板厚为 3 mm，邮件室内墙板为厚 1.5 mm 的钢板，厨房、卧室及办公室地板为波纹钢板。

隔热材料采用超红玻璃棉，用塑料薄膜严密包装并覆盖铝箔。隔热材料安装应牢固、严密。隔热层的厚度：侧墙、车顶为 74 mm，端墙为 70 mm，底架为 90 mm。车的 1 位端设有通过台、运转车长室、厕所，中部设办公室、休息室等，2 个邮件室分别位于两端。

图 6-40　行李车和邮政车布置

任务四　动车车体

任务描述

本次任务主要了解 CR400AF 型动车组车体结构和车内设备,使学生掌握车体底架、侧墙、端墙、车顶、司机室等部件的结构特点,以及车内设备的结构和作用。

任务引入

CR400AF 型动车组是我国复兴号动车组中的一种,由中国国家铁路集团有限公司组织,青岛四方机车车辆股份有限公司自主研发,非常具有代表性。车体系统包括车体结构、车下设备舱和车体附件,其中车体附件包含头罩开闭机构、前端吸能装置、前头排障装置、受电弓平台隔声罩和高压接头箱活盖,车体系统构成如图 6-41 所示。各部分结构与 380A 动车组相比均发生较大变化,取消了受电弓导流罩,增加了前端吸能装置、受电弓平台隔声罩和高压接头箱活盖。

图 6-41　CR400AF 型动车组车体系统构成

背景知识

一、车体结构概述

车体主要由底架、侧墙、车顶、端墙等组成,采用超薄大型中空铝合金型材焊接组成的薄壁筒形整体承载结构,如图 6-42、图 6-43 所示。

图 6-42　超薄大型中空铝合金型材

图 6-43　铝合金型材焊接

牵引变压器采用纵梁吊挂安装，其余车下设备采用横梁吊挂安装，与 380A 动车组相比主要技术改进如下：优化车体的耐冲击性能，全新开发高强度框架承载司机室，提高车体结构的被动安全性。司机室前端设模块化吸能结构安装接口，可根据需求灵活选配。受电弓、空调和高压设备下沉平顺化安装，取消受电弓导流罩。如图 6-44、图 6-45、图 6-46 所示。

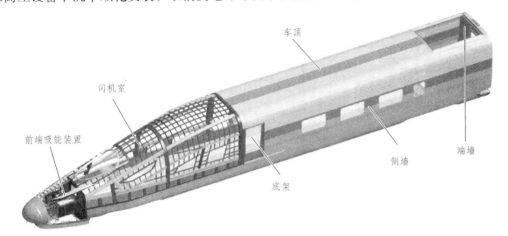

图 6-44　头车车体三维模型

图 6-45　中间车车体三维模型

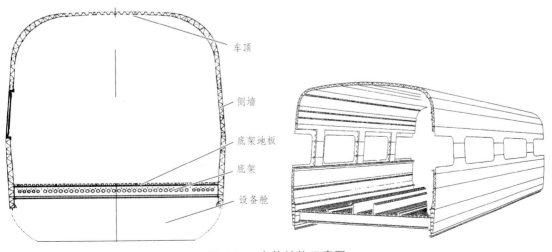

图 6-46　车体结构示意图

二、车体组成特点

1. 底架

底架的具体结构如图 6-47、图 6-48 和图 6-49 所示。

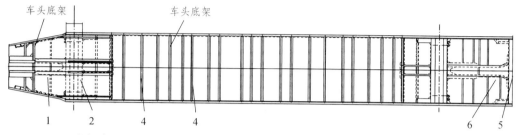

1—头部牵引梁；2—枕梁；3—横梁；4—侧梁；5—端梁；6—中间牵引梁。

图 6-47　头车车体底架结构

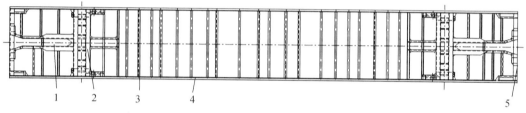

1—中间牵引梁；2—枕梁；3—横梁；4—侧梁；5—端梁。

图 6-48　中间车车体底架结构

图 6-49　车体底架实物

底架由侧梁、横梁、枕梁、牵引梁、端梁以及地板等组成。侧梁也叫边梁，采用通长铝合金挤压型材拼焊而成，是位于底架地板下左右两侧的纵向梁，是底架与侧墙连接成筒体的关键部件，承受车体的各种纵向力，是底架的主要部件。横梁采用铝合金挤压型材，位于底架地板下方，是为支承安装在地板下的设备和支承地板，连接左右两侧梁的横向联系梁。横梁需要根据车下设备的布置情况进行断面和位置的调整。在质量大的设备安装处，还需对横梁进行加强。牵引梁主要由铝合金挤压型材和铝合金板焊接而成，连接车体底架的端梁和枕梁，并为车钩缓冲装置设置相应的附加结构。车钩缓冲装置传递的纵向载荷通过固定在牵引梁上的从板座作用到牵引梁上，从而再通过枕梁等结构传递到整个车体结构，实现整体承载。枕梁由铝合金挤压型材和铝板焊接而成，支撑车体载荷。枕梁设置相应结构，保证转向架悬挂系统的正常联结。枕梁外侧设置顶车座，便于救援和维修时顶车作业。端梁由铝合金挤压型材和铝合金板焊接而成，也是底架的重要组成部分。底架地板结构在横梁的上表面，由通长的挤压铝型材通过自动焊焊接而成，以增强地板的刚度和气密强度。

2. 侧墙

侧墙是由大型中空薄壁挤压型材经自动焊焊接而成。侧墙采用中空薄壁挤压型材在保证刚度、强度的基础上，省略了侧墙内侧的立柱。型材间的焊接是沿车体纵向进行自动连续焊接。侧墙和车顶及侧墙和底架边梁的结合方式：车内侧采用点固焊接，车外侧采用连续焊接。

此外，使用大型中空薄壁挤压型材，可以将内装修材料安装用的窗帘轨道设置在侧墙中部，并且能将行李架及侧顶板安装槽直接设置在型材上一起挤压成型，如图 6-50 所示。

图 6-50　车体侧墙实物

3. 车顶

车顶是车体上部结构，是受电弓、高压电缆等车顶设备的安装基础。车顶由大型中空挤压型材构成，结构断面如图 6-51 所示。

图 6-51　车顶结构断面

头车和中间车车顶结构相同但纵向长度不同。车顶型材之间的焊接采用在车体长度方向连续焊接。车顶和侧墙的连接采用车内侧、车外侧连续焊接结构。

根据车型的不同，在车顶根据受电弓、车顶电缆等设备的安装位置焊接车顶焊接件，适应其安装。根据设备件的安装位置焊接车内骨架。另外，在车顶板内侧，铺设有隔音和隔热材料。

4. 端墙

头车车体一侧带有端墙，中间车两侧均带有端墙。端墙根据车辆卫生间和洗脸间的布置主要分为两种结构形式，即分体式和整体式两种。在端部设有卫生间和洗脸间的车辆，其端墙是分体式结构，外板上设有用于搬运卫生间玻璃钢模块的开口，搬运完后，用螺栓安装由铝板和铝型材骨架焊接而成的闭塞板，并填充密封材料保持气密性。端部未设卫生间和洗脸间的车辆，其端墙是整体式结构，为铝板和铝型材骨架构成的焊接结构。

分体式和整体式外端墙都在外端骨架上设置了适合风挡安装的结构，可以采用螺栓快速连接，使风挡的安装方便快捷，大大降低了施工时间及劳动强度。另外，端墙上还设有登车扶手，如图6-52所示。

图 6-52　整体式端墙实物

5. 司机室头部结构

头车车体前端为司机室头部结构，它以骨架外壳结构为基础。头部结构按车头断面形状变化将横向骨架形成环状，与纵向骨架叉接组焊，骨架外焊接铝制外板。对需要更高强度的部位，采取增加板厚、缩小骨架间距、增加加强材等措施。整个头部结构焊接严格要求气密性，结构上适应配线、配管及内装的需要。如图6-53、图6-54所示。

图 6-53　司机室头部结构实物

图 6-54　头车实物

6. 车下设备舱

设备舱的作用是保护车下设备免受飞石和冬季冰雪的破坏，并且可以改善列车空气动力学性能，降低列车运行阻力及噪声，如图 6-55 所示。

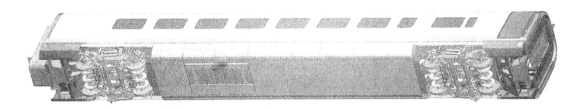

图 6-55　动车组车下设备舱

CR400AF 型动车组车下设备舱按照安装部位分为中部设备舱和端部设备舱，端部设备舱由枕外是否安装污物箱可分为有底板和无底板两种结构，如图 6-56、图 6-57、图 6-58 所示。

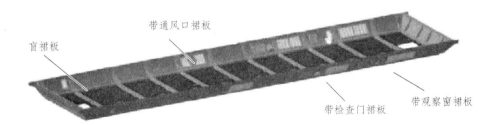

盲裙板　带通风口裙板　带检查门裙板　带观察窗裙板

图 6-56　中部设备舱结构

图 6-57　有底板端部设备舱结构

图 6-58　无底板端部设备舱结构

车下设备舱由底板、端板、裙板、骨架等组成，断面外形与车体统一，设备舱下面安装底板，侧面安装裙板，端部安装端板。设备舱为骨架承载的模块化结构，主要承载结构是由弯梁、横梁、边梁和端部骨架组成的框架。采用铝合金型材骨架承载，结构整体性和安全性更高。裙板和底板采用铝合金双层型材，抗砾石冲击和隔音性能都有所提高。

底板采用抽拉式安装，裙板采用下部 C 形挂钩、上部机械固定方式安装。裙板上设排污口、注水口盖板、设备通风口等，注水口盖板采用内置滑道式结构，向内开启，确保其不会异常向外打开及脱落。安装螺栓、锁均有防松标识和防松功能，裙板、底板有防脱落结构。设备舱裙板锁、安全吊带、裙板过滤网、裙板密封条采用统型结构，如图 6-59、图 6-60、图6-61、图 6-62 所示。

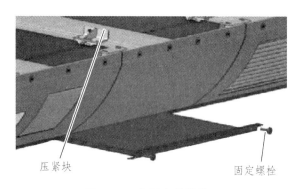

图 6-59　底板安装结构

图 6-60　底板实物

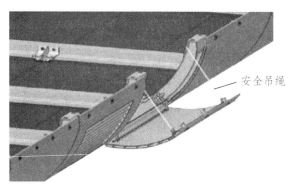

图 6-61　底板打开状态示意图

图 6-62　裙板打开实物

7. 头罩开闭机构

司机室前端模块设有头罩开闭机构，主要由流线型外形头罩与头罩开闭机构组成，通过位于司机室前端下部的头罩开闭机构可以实现自动、手动打开头罩的功能，同时设有头罩全自动锁定、手动解锁的功能，在使动车组具有良好的空气动力学性能的同时，方便动车组重连及救援时的车钩连挂。在动车组正常运行期间，开闭机构处于关闭状态，以防止叶片、灰尘和冰雪的进入。在重连、回送和救援工况，可打开开闭机构，伸出车钩以实现车辆连挂。如图 6-63 所示。

图 6-63　头罩开闭机构

　　头罩开闭机构设计有两套技术方案：威奥方案与四方所方案分别如图 6-64、图 6-65 所示。两种方案的机械接口、电气接口和气路接口统一，具有整体互换性，且均采用气缸驱动头罩绕固定旋转轴旋转直接打开方式，其中：威奥方案采用单气缸驱动，四方所方案采用双气缸驱动。头罩开闭机构具备自动开闭、手动开闭、自动锁闭、手动解锁等功能，并在运动部位设有头罩打开、关闭到位传感器。

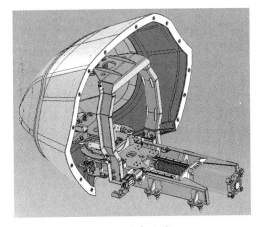

图 6-64　威奥方案

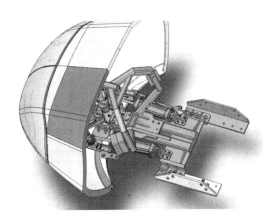

图 6-65　四方所方案

　　手动打开使用六角棘轮扳手，带动锁闭杆至解锁位置，再手动搬动头罩至打开位置，松开六角棘轮扳手锁闭杆至锁闭位置。威奥方案只需单侧操作锁闭杆即可同时实现头罩开闭，四方所方案需分别操作两侧锁闭杆实现同侧头罩开闭，如图 6-66、图 6-67 所示。

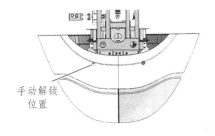

图 6-66　威奥方案解锁位置

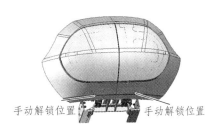

图 6-67　四方所方案解锁位置

8. 前端吸能装置

为满足 EN 15227 碰撞吸能要求，头车前端设置吸能装置。碰撞吸能装置前端设置车钩安装座，后部通过螺栓与司机室连接，主吸能模块上部设有防爬吸能单元。前端吸能装置五级修进行拆解检查，其余各修程只需做外观和紧固件状态检查。如图 6-68、图 6-69 所示。

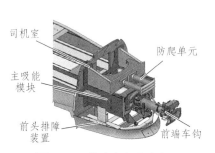

图 6-68　前端各部件空间关系

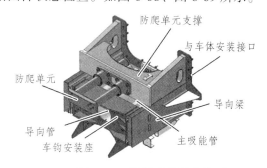

图 6-69　前端吸能结构构成

9. 前头排障装置

司机室前端设有前头排障装置，其外形美观，与司机室曲面匹配良好，共同形成了头车及尾车优美的流线外形。其在司机室的位置如图 6-70 所示。

图 6-70　前头排障装置

前头排障装置主要由排障板、内部骨架和排障橡胶等部件组成，如图 6-71 所示。排障板的主要功能是排除轨道上的低矮障碍物，前端排障板高度可调。排障橡胶的主要功能是排除轨面上的小型障碍物且高度可调。内部骨架的主要功能是为排障板提供必要的纵向支撑，并在严重碰撞时辅助吸能。

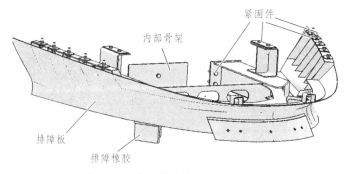

图 6-71　前头排障装置结构示意图

10. 受电弓平台隔声罩

受电弓采用下沉式安装以减小阻力。另外为提高受电弓区域车体结构隔声量，受电弓平台上部设置隔声罩。采用外层不锈钢板、内部不锈钢骨架、中空部分填充发泡隔音材的"三明治"结构，使用安装螺栓与受电弓平台连接，如图 6-72、图 6-73 所示。

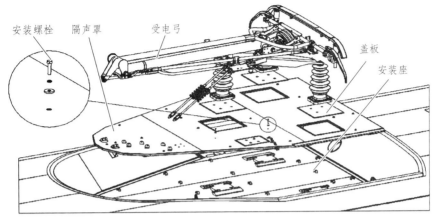

图 6-72　受电弓平台各部件空间关系

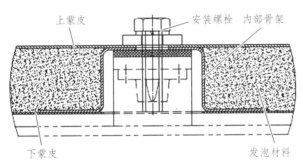

图 6-73　受电弓平台隔声罩内部结构

11. 高压接头箱活盖

TP03 车、MH04 车、MB05 车和 TP06 车车顶两端设置高压接头箱，车顶高压接头沉入箱内安装，箱体上部设置活盖，防止雨水、阳光、杂物等进入。活盖主体结构为铝蜂窝板，周圈设置铝合金边框，使用螺栓与箱框连接，密封胶条密封，如图 6-74、图 6-75 所示。

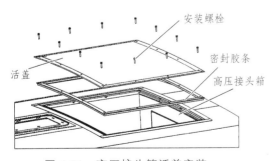

图 6-74　高压接头箱活盖安装

图 6-75　高压接头箱活盖实物

任务五　车体检修

任务描述

本任务是对车体底架损伤、检修的整体认知。通过本任务的学习，使学生掌握铁道车辆底架、车体的损伤形式，检修流程，为从事车体检修打下理论基础。

任务引入

车体钢结构承担着车体本身的重量和车体内货物或旅客的重量、机车和车辆间的牵引力和冲击力，以及运行时的侧向力（风力，离心力）等静、动载荷的综合作用。当车辆运行一定时期后，会产生变形、裂纹、腐蚀等各种损伤。

背景知识

一、底架的损伤及检修限度

常见的底架损伤主要有变形、腐蚀、裂纹和磨耗 4 种。

（一）变形

1. 底架中、侧梁下垂

底架受垂直载荷作用后，会发生一定的变形，一般中央部分较大，其次是两端，枕梁处可视为刚性支点。因此，整个底架的中、侧梁可视为两端外伸的简支梁。在设计车辆时，其挠度的允许值有一定标准。一般用静载荷下的挠度与车辆定距之比不超过一定数值作为衡量标准。

运用中的车辆由于承受垂直及水平方向载荷的综合作用及风雪雨淋，日晒夜露，加之使用不当（如超载、偏载或集中装载过大等），而发生一定的永久变形。若变形过大，梁件会早期产生裂纹，降低车辆使用期限。同时，会影响车辆其他部件的正常工作，如使制动缸过分倾斜，影响制动等。中、侧梁在枕梁间下垂量的段修限度为 30 mm，要求调至水平线以上。中梁不过限而侧梁过限时，可将侧梁调到中梁现有挠度以上。

2. 牵引梁或枕外侧梁上挠或下垂

由于车端部的载重及运行中的纵向冲击力所造成的变形损伤，多发生于运用时间较长，车端部腐蚀较多的车辆上。它将影响底架与车体的连接强度以及车钩连挂尺寸，若过大，会造成两连接车钩中心高度差值过大，以致在运行中使车钩和底架产生附加弯曲，严重时会因车辆振动而发生脱钩事故。牵引梁或枕外侧梁上挠或下垂的段修限度为 20 mm，要求以两枕梁中心线为基准调至水平。

3. 中、侧梁左右旁弯

在正常运行中，由纵向力引起的车端变形是很小的。但在调车冲击、紧急制动、变速运行等因素影响下，会使冲击力过大，加上缓冲器容量不足，就造成中、侧梁发生失稳现象（即水平弯曲）。中、侧梁左右旁弯的段修限度为 30 mm。

4. 牵引梁甩头及扩张

冲击力过大时，牵引梁部分也会丧失稳定，即发生牵引梁部分水平弯曲，向一侧弯曲称为牵引梁甩头，单侧或双侧凸出称为牵引梁扩张。

牵引梁甩头的段修限度为 20 mm。一侧扩张的段修限度为 20 mm，两侧扩张时段修限度为两侧之和 30 mm。

（二）腐蚀

对于普通碳素结构钢制作的底架结构，当防腐措施不够时，会较快产生腐蚀损伤。在车辆检修中，底架各梁件、金属地板等需要铆、焊加强或截换、更换的部件大都是由于腐蚀造成的损伤。

（三）裂纹

底架产生裂纹的部位大多在梁件断面形状改变处、焊缝附近及铆钉孔周围等处。产生裂纹的原因除设计不合理，使局部应力过大造成损伤外，也可能是因基体金属受到烧损，材质发生变化，或者在焊前材质因下料、组装不合工艺要求，存在内在缺陷和弊病，再加上运用中超载、冲击过大等使结构产生裂纹。

此外，梁件变形过大或腐蚀到一定程度后强度削弱也将导致裂纹产生，这种情况多发生在运用已久的旧车上。因在运行中裂纹会继续扩大，甚至延及整个梁件而导致断裂，车辆底架各梁件不允许发生裂纹后继续运行。

（四）磨耗

底架上产生磨耗的地方不多，但会在上心盘、上旁承及牵引梁内侧面与缓冲器或前、后从板相接触处产生磨耗。牵引梁内侧面磨耗会减弱牵引梁强度而产生裂纹，或发生牵引梁胀肚凹入的现象。

二、侧墙、端墙及车顶的损伤

侧、端墙及车顶损伤的主要形式有变形、裂纹和腐蚀。

（一）变形

端、侧柱外胀多发生于敞车、煤车车体上。当端、侧柱根部发生腐蚀，焊接不良或本身刚度不够时，运行中的振动使车体各连接部分发生松弛，在散装货物的侧压力以及运行中的冲击力作用下都会使端、侧柱发生外胀。端、侧柱外胀后，将影响与底架的连接，降低原有强度，在端、侧柱根部发生焊缝开裂现象。严重的会造成货物失散，或超出车辆限界。

对于钢质敞、棚车车体，车体墙板局部外胀指可能因局部货物的冲击作用造成侧、端墙板局部胀出的现象。

车体倾斜一般由于装载偏重以及纵向冲击力过大造成。另外，钢骨架腐蚀变形，底架扭曲不平，心盘偏磨，旁承游间过大等均能造成车体倾斜。车体倾斜的段修限度为 30 mm，辅修限度为 50 mm，运用限度货车为 75 mm。

（二）腐蚀

常发生在各梁件或板料的连接处和焊缝处。对于保温车、棚车和客车更严重，是修车工作量较大的部分，腐蚀多发生在车顶门窗端侧墙板下部 300 mm 内。

（三）裂纹

常见于焊缝附近，主要由于焊后有较大的内应力、变形或材料变质等原因造成，再加上运用中使用不当等使结构产生裂纹。

三、调修工艺

（一）调修方法概述

在车辆检修中，若车体钢结构的变形超过限度需进行调修，调修的工作原理如图 6-76 所示。

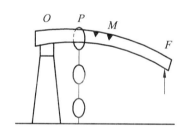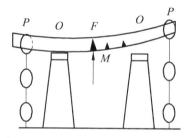

O—支点；P—压固点；F—力点；M—热点。

图 6-76　调修工作原理

底架调修一般采用热调的方法。调修效果决定于变形情况及结构特点，要正确地选择支点、压固点、力点及加热点的位置和加热温度、范围以及外加载荷大小等因素。

支点 O 是在加力时起杠杆支承作用的点，应选择在靠近开始弯曲的部位。

压固点 P 是提供因加力点的作用力而需要的平衡反力，可根据变形情况，选在支点和弯曲点中间，或选在支点的外侧。

力点 F 是加力的作用点，选择加力位置时，除根据变形情况选定外，还应考虑加力时操作方便，加力方向一般均自下而上（指垂直方向）或由左右两侧（指水平方向）用顶镐加载。

加热点 M 的位置对调修效果影响较大，加热的目的是使材料产生局部压缩塑性变形，所以加热点应选在变形起点（有显著拉伸现象的地方叫变形起点）的凸出部分。可利用氧乙炔焰进行加热，加热温度一般选择在 700 ~ 800 ℃ 范围内。当温度低于 700 ℃ 时，不应再加外力，因这时金属处在蓝脆区，很容易产生裂纹。加热的范围按三角形加热，必要时分几处同时进行。

若底架变形较大，对于全钢敞车、全钢棚车和全钢客车，应把侧墙或立柱与底架的连接点解开，以便调修。

（二）底架、牵引梁下垂调修

底架是一个比较复杂的钢结构，各梁件连接成为一个整体，一处发生弯曲，将引起其他部分变形。调修时须掌握底架变形规律，正确选择调修方法，达到调修要求。

1. 中、侧梁下垂调修

一般来讲，底架中、侧梁下垂变形多在中部区域。

（1）当中、侧梁下垂变形较严重时，应在中、侧梁中部用顶镐加载荷，在两枕梁处两侧用架车铁马（或假台车）承担底架自重，作为支点，压固点选在支点内方；加热点应在中梁与主横梁相接处，如图6-77所示。

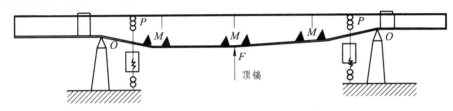

图6-77　中梁（或侧梁）下垂调修

（2）当中、侧梁下垂变形不太严重时，只需在主横梁与中梁连接处的附近选择3~6处作为加热点，使中梁下面变形凸出部分（加热温度最高处）金属起局部收缩作用，便可使中、侧梁恢复正常状态。

2. 牵引梁下垂调修

（1）牵引梁下垂严重时，力点应选在端梁冲击座处。如图6-78所示，支点（架车铁马或假台车）在枕梁处，压固点应选在加热点与支点之间靠近加热点处。加热点应该选在牵引梁上部弯曲变形凸出部位，按三角形面积加热，高度为梁高的1/2以上。

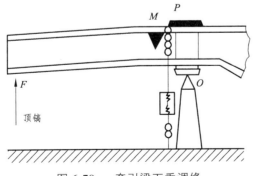

图6-78　牵引梁下垂调修

（2）牵引梁下垂不太严重时，只需在端梁冲击座处用顶镐顶住，加热点选在牵引梁上部凸出部位，一般可不设压固点。

3. 中梁良好，侧梁下垂变形的调修

压固点应选在枕梁与侧梁连接处，靠近弯曲变形的根部，加热点选在主横梁与中梁连接处的上侧面（上盖板也要同时加热）及侧梁弯曲变形凸起处。加热面积仍为三角形，但不宜过大，温度可适当高些，如图 6-79 所示。

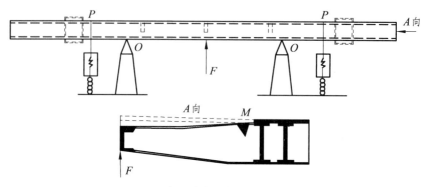

图 6-79　中梁良好，侧梁下垂的调修

四、车辆落成要求

（1）上心盘须落槽，中心销须落入下心盘座孔内，心盘内有油脂。

（2）同一端梁上平面与轨面水平线的垂直距离差不得超过 20 mm，允许调修至相差不超过 l0 mm，棚车、冰冷车等有棚顶车辆车体倾斜不得超过 30 mm。

（3）转向架与底架相对部分的距离不得小于 45 mm，手制动拉杆及托与摇枕之间，固定支点与牵引梁之间须有间隙。

（4）同一转向架左右旁承游间之和为 10～16 mm，但一侧最小为 4 mm。

（5）车钩中心线距轨面距离应为 870～890 mm，守车应为 860～880 mm。

（6）上下心盘间螺栓与铆钉垂直相对距离均不得小于 5 mm，上心盘底座平面与下心盘立棱间的距离不得小于 3 mm。

（7）旁承游间调整后，同一转向架两侧旁承内应最少有一块 2 mm 厚的铁垫板。

项目检测

1. 说明车体钢结构的一般组成。

2. 车体共有几种承载结构？各自的特点是什么？

3. 说明罐体的一般结构。

4. 说明一般罐体与底架是如何连接的。

5. 说明呼吸式安全阀的作用。

6. 车体钢结构有哪些常见损伤？

7. 调修时怎样正确地选择支点、压固点、力点及加热点的位置？

8. 底架应如何调修？

9. 车辆落成要求有哪些？

下 篇

实训篇

实训一　轮对轴箱装置分解与检修 ▶ ▶ ▶ ▶

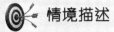 情境描述

　　轮对轴箱装置性能好坏直接影响车辆运行性能。所以要定期对轮对轴箱装置进行维护与检修，确保轮对轴箱良性运行，预防事故发生。

　　该任务主要完成客车车辆轮对轴箱装置的分解与检修，以现场实际作业项目为引导，采用标准化作业方式，使学生不仅掌握现场轮对轴箱装置标准化作业过程，同时树立较强的安全生产意识。

🎯 学习目标

　　1. 知识目标

　　（1）能识别轮对各部分结构，说出其名称和作用。

　　（2）能说出滚动轴承轴箱装置各部分名称及作用。

　　2. 能力目标

　　（1）能按照检修工艺步骤分解轮对轴箱装置。

　　（2）能按照检修工艺步骤检查轮对、滚动轴承、轴箱装置等。

　　（3）能对常见故障进行判断和处理。

　　3. 素质目标

　　（1）具有安全生产意识。

　　（2）具有团队协作精神。

　　（3）具有分析问题、解决问题的创新意识。

依据轮对轴箱装置分解与检修作业流程分解检查轮对、滚动轴承、轴箱等部件。该任务须分工协作完成，作业人员按规定穿戴劳保防护用品，准备好工具、物料，对轮对轴箱装置进行分解、检查、检修等处理。具体任务要求如下：

（1）教师下发学习资料，学生明确学习任务、学习内容及学习目标。

（2）学生完成预习任务及相关理论知识学习。

（3）教师引导讲解轮对轴箱装置分解检修的标准化作业过程。

（4）学生分小组练习轮对轴箱装置分解检修标准化作业过程。

（5）学生完成学习自我评价和小组成员互评，教师作出评价，学生反馈评价，教师汇总作出最终评价。

任务分组

本次任务以小组为单位进行，建议每个小组 2 或 3 人，开始作业前需初步确定每位同学在组内的具体分工。学生以小组为单位按照标准作业步骤要求进行实操训练。

课程名称		实训名称	
班级		学生姓名	
小组成员	姓名	任务分工	
组长			
组员			

引导问题

1. 分解轴承轴箱装置有哪些技术要求？

2. 检查轴箱与配件需要注意什么？

任务实施

一、准备工作

（1）将待分解的轮对按顺序排列在分解线上。

（2）检查所使用的工具设备。

（3）技术要求及质量标准：

① 轮对分类摆放整齐。

② 工具设备状态良好。

二、分解紧固装置

（1）拆下轴箱前盖螺栓，取下前盖。

（2）拆下轴端压盖螺栓，取下轴端压盖。

（3）退下轴承活动挡圈。

（4）技术要求及质量标准：分解拆下的配件要轻拿轻放，分类摆放。对带接地装置的轴箱拆下轴箱前盖时应注意：

① 禁止碳刷接触油脂。

② 用压缩空气清除接地体内的磨耗碳粉末等灰尘。

③ 拆下的配件要轻拿轻放，分类摆放。

三、分解轴承轴箱装置

（1）开动转轮器及机械手，卸下轴承、轴箱。

（2）压出轴承。

（3）将分解下来的各配件分别送到各工位。

（4）技术要求及质量标准：

① 分解轴箱时，必须平稳，防止碰伤轴颈及内圈。

② 压出轴承时防止压伤保持架。

③ 吊运轴箱必须使用专用工具。

④ 配件应轻拿轻放，防止磕碰伤。

四、书写轴承微机编号

（1）清洗轴头。

（2）轴承内、外圈的编号应一致，保证原套检修。

（3）每套轴承必须有装用标记、微机编号。

（4）如果轴承上无微机编号或上次检修标记不为本单位所检修，必须重新对该轴承编号。

（5）轴承的编号须符合下列要求：

① 字体端正，笔画清楚，排列整齐、均匀，高度为 5 mm。

② 装用标记和轴承微机编号标记应永久保留直至轴承报废，检修时发现标记字迹模糊不清时须重新描写。

③ 内圈应书写在斜面上，顺序为装用标记、轴承微机编号标记，标记与标记之间距离为 15~20 mm。

④ 外圈应书写在有字的端面上，在制造厂代号右侧，并在与厂代号间隔 30°处书写装用标记，轴承微机编号标记在装用标记后 15~20 mm 处开始书写，其书写圆周的平均直径与轴承原有代号相同。

五、退卸轴承内圈

（1）选择 RD 型内圈感应加热器。

（2）将感应加热器套在两内圈上。

（3）开启电源，退下内圈。

（4）技术要求及质量标准：

① 感应加热器与内圈密贴，不允许空载。

② 退内圈须用 380 V 电源。

③ 感应加热器必须使用自动温控装置，加热温度控制在 120~150 ℃，加热时间为 20~40 s，不得连续加热，第一次加热后，待轴承冷却，第二次加热时间不得超过 45 s。

（4）将退下的轴承内圈运送到指定地点。

六、退卸防尘挡圈

（1）感应加热器与防尘挡圈密贴，不允许空载。

（2）退防尘挡圈须用 380 V 电源。

（3）感应加热器加热时间为 60~90 s。

（4）将退下的防尘挡圈运送到指定地点。

七、清洗轴箱及配件

（1）轴箱外壁抛丸除锈。

（2）轴箱内壁打磨并清洗。

（3）小配件清洗。

（4）技术要求及质量标准：

① 轴箱外壁进行抛丸除锈，抛丸时轴箱内壁、轴温报警孔及后部密封槽必须有保护措施，不得进入钢丸或其他介质。除锈后必须用压缩空气吹除轴箱内外壁、轴温报警孔及密封槽内的灰尘及颗粒物。

② 经抛丸后的轴箱外部应露出金属本色。

③ 轴箱内壁打磨清洗后无污物锈垢，无手感颗粒物存在，无纤维异物，但允许有打磨后的锈迹。

④ 小配件内外无油垢，无手感颗粒物存在，用白布擦拭无明显污迹，轴箱前后盖外表面不得有浮灰、浮锈。

八、检查轴箱及配件

（1）检查快速车前盖防滑器孔丝堵状态须良好、无锈渣、异物。

（2）轴箱体有破损、裂纹时更换，轴箱弹簧托盘圆孔磨耗不得超过 4 mm，超过时焊修或更换，焊修后焊缝须打磨处理。

（3）轴箱体内壁表面有纵向擦伤或划痕的深度段（A2、A3）修不超过 1.0 mm 时，允许将边缘棱角磨除后使用；局部磨耗深度不超过 0.3 mm 时允许使用，超过时加修或更换，加修后内径表面粗糙度须达到 $Ra3.2$ μm；如有锈蚀时须清除锈垢，但允许留有除锈后的痕迹。

（4）轴箱体内孔表面段（A2、A3）修时允许有 5 个直径不大于 3 mm，深不超过 2 mm 的砂眼或气孔等缺陷存在。

（5）金属迷宫轴箱体密封沟槽上不得有凹陷、变形，有锈蚀、尖角及毛刺时须磨除，密封沟槽局部有轻微变形时，将突出部位磨除处理。

（6）轴箱体上的轴温测孔须清洁，符合图纸规定，螺纹无破损、滑扣。

（7）CW-2 型轴箱定位销的圆锥表面有擦伤、划痕或锈蚀时须处理。螺纹磨平无法恢复或定位销弯曲变形时须更换。

（8）CW-2 型轴箱弹性节点不得松动，橡胶不得老化、裂损或与金属件脱胶，A3、A4 修时须更新，并对定位销探伤。

（9）SW-160 型轴箱底部轴温报警器连线固定座状态良好。

九、喷漆烘干

（1）经检验合格的轴箱方可喷漆。

（2）轴箱外壁油漆漆膜须均匀，不得有漏涂，轴箱内部及密封槽不得有油漆污染。

（3）喷漆后，将轴箱进行烘干，烘干后，轴箱表面漆膜干燥度须满足轴箱运输的要求。

十、轴承冲洗

（1）检查轴承清洗机状态。

（2）检查水温及清洗剂浓度。

（3）轴承冲洗。

（4）轴承油洗。

（5）轴承吹干。

（6）技术要求及质量标准：

① 设备作用良好，结合各部及油孔应注润滑油，各螺栓无松动。

② 水箱应装满水，温度应在 80 ℃ 以上，按规定加放清洗剂。

③ 清洗后轴承表面应无油垢、水锈，无手感颗粒物存在。

十一、轴箱及配件的存放

（1）轴箱内壁涂油。

（2）轴箱前后盖及零部件存放。

（3）技术要求及质量标准：

① 轴箱内壁和零部件除锈后擦拭干净，均匀涂刷变压器油。

② 清洗检修合格的轴箱须保持清洁度，按轴箱型号分类存放。

③ 轴箱前后盖和零部件分型号放在规定位置。

任务评价

班级		姓名		学号	
课程内容		日期		成绩	

小组自评

1. 优点

2. 不足

小组互评

小组成员	优点	不足

指导教师评价

环节	序号	评价内容	评级		
			A	B	C
专业能力	1				
	2				
	3				
方法能力	4				
	5				
	6				
	7				
社会能力	8				
	9				
	10				
教师综合评价					

实训二　货车轮轴检查作业 ▶ ▶ ▶

◎ 情境描述

　　货车轮对轴承装置是车辆的重要组成装置，它安装在转向架上，是车辆的左膀右臂，最终通过轮对在钢轨额的滚动转化为车体的平移运动。其性能好坏直接影响列车运行性能。所以要定期对轮对轴箱装置进行检查，确保重载货物运输的安全性，预防事故发生。

　　该任务主要完成 C70 型货车轮轴的检查作业，以现场实际作业项目为引导，采用标准化作业方式，使学生不仅掌握现场 C70 型货车轮轴的标准化作业过程，同时可树立较强的安全生产意识。

◎ 学习目标

　　1. 知识目标

　　(1) 掌握 C70 货车轮对轴承装置各部分组成及作用。

　　(2) 掌握轮对各部分限度。

　　2. 能力目标

　　(1) 能正确使用检修工具。

　　(2) 能按照作业标准对轮轴进行检查作业。

　　(3) 会进行轮对测量。

　　3. 素质目标

　　(1) 具有安全生产意识。

　　(2) 具有团队协作精神。

　　(3) 具有分析问题、解决问题的创新意识。

依据 C70 型货车轮轴的检查作业对轮对轴承装置进行外观检查、测量、选配等。该任务可组织技能比赛。该任务须分工协作完成，作业人员按规定穿戴劳保防护用品，准备好工具、物料，具体任务要求如下：

（1）教师下发学习资料，学生明确学习任务、学习内容及学习目标。

（2）学生完成预习任务及相关理论知识学习。

（3）教师引导讲解 C70 型货车轮轴的检查作业的标准化作业过程。

（4）学生分小组练习 C70 型货车轮轴的检查作业准化作业过程。

（5）可以技能比赛的形式组织学生参加演练。

（6）学生完成学习自我评价和小组成员互评，教师作出评价，学生反馈评价，教师汇总作出最终评价。

任务分组

本次任务以小组为单位进行，建议每个小组 2 或 3 人，开始作业前需初步确定每位同学在组内的具体分工。学生以小组为单位按照标准作业步骤要求进行实操训练。

课程名称		实训名称	
班级		学生姓名	
小组成员	姓名	任务分工	
组长			
组员			

引导问题

1. 简述 C70 型货车轮轴检查作业流程。

2. 轮对外观检查有哪些项目？

3. 说出轮对各部位测量限度。

一、作业要求

1. 场地要求

作业线路两侧路面须硬化。在作业线路一侧地面上（车辆 2 位端部）须有摆放工具、材料及配件的橡胶垫一块，作业时所用的工具、材料和更换下的旧配件须放置在橡胶垫上；还须设有报到时裁判与作业人员的站位标记，具体示意图如图 7-1 所示。

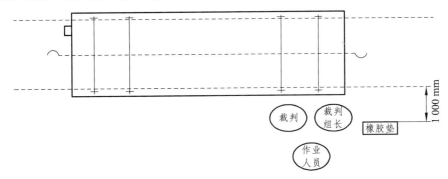

图 7-1　人员站位示意图

2. 车辆准备

1 辆 C70 型货车，须采取防溜措施。

3. 工具要求

配备工具 1 套。每套工具包括：红旗 1 面、手锤 1 把、第四种检查器、卡尺、轮径尺、内距尺、钢丝刷 1 把、手电 1 把、钢板尺 1 把（300 mm），放置于每辆车的橡胶垫上。

二、作业流程

1. 现场报到	（1）接到作业通知后，迅速进入作业现场。
	（2）到达指定位置后，向裁判员进行报到，具体规范用语为：
	作业人员："报告裁判，××车辆段站修车辆钳工×××报到，请指示！"
	裁判组长："迅速进行作业准备。"
	作业人员："明白！"
	（3）作业人员迅速有序进入准备地点
2. 作业前准备	（1）检查、准备工具，做好作业前的准备工作。
	（2）准备工作完成后，到达指定位置面向裁判员进行汇报，裁判员负责宣布作业项目、规定时间，强调作业中的安全注意事项。规范用语如下：
	作业人员："报告裁判，准备工作完毕，请指示！"
	裁判组长："轮轴检查，规定时间 20 分钟，按规定程序作业，注意人身安全。"
	作业人员："明白！"

3. 插设信号	将防护红旗设置于邻近车辆端侧墙板上（报到站位标记一侧），防护红旗须展开
4. 样板检查	检查样板量具校验不过期
5. 轮轴防溜	
6. 外观检查	（1）用检点锤做引导，对轮对的各部位进行外观检查，并仔细判别金属响声。 （2）转动轴承无异响、卡滞或其他异常现象。轴承前盖、外圈、密封罩、后挡无裂纹、碰伤、松动、变形。轴端螺栓无脱出或松动；无遭受水浸或火灾痕迹。 （3）施封状态：标志板清晰齐全；防松片止耳全部撬起与螺栓六方平面上至少有一个贴靠；施封锁标记齐全且施封状态良好
7. 限度检测	（1）车轮踏面圆周磨耗（不大于 7 mm）。 （2）轮缘厚度（不小于 24 mm）。 （3）轮缘高度（用标准轮缘高度 27 mm 踏面圆周磨耗正、负数值）。 （4）轮缘垂直磨耗高度（不大于 15 mm）。 （5）轮辋厚度（D 型、E 型不小于 24 mm，其他型不小于 23 mm）。 （6）轮辋宽度。 （7）踏面擦伤深度（不大于 1 mm）。 （8）踏面擦伤长度。 （9）踏面剥离长度（一处不大于 40 mm、两处每处不大于 30 mm）。 （10）踏面剥离深度。 （11）踏面外侧辗宽（不大于 5 mm）。 （12）踏面缺损（至相对轮缘外侧距不小于 1 508 mm 长度不大于 150 mm）。 （13）以上测量项目边测量、边口述
8. 轮轴选配	（1）外观检查或限度测量，如需更换轮轴时须选配轮轴。 （2）同转向架最大与最小车轮直径差：装用交叉支撑装置的转向架不大于 15 mm；同车辆最大与最小车轮直径差不大于 30 mm。 （3）以上选配标准边测量、边口述。 （4）轮轴的左端须安装在车辆的奇数位（口述）
9. 填写卡片	
10. 撤除信号	（1）收集工具、配件并摆放在橡胶垫上。 （2）撤除防护红旗并放在指定位置。 （3）站立在规定的位置，向裁判报告作业完毕

三、评分标准

项目	考核内容及评分标准		扣分原因（减分）
作业时间（10分）	轮轴检查规定时间 20 min，每超时 8 s 扣 1 分（不足 8 s 按 8 s 计算），本项分扣完为止，节约时间不加分，超时 4 min 全项失格		实际用时：___分____秒
程序质量（80分）	1. 现场报到（3分）	（1）未向裁判员进行报到，扣 3 分； （2）报到时未执行规范用语，扣 2 分； （3）未在规定位置站立，扣 1 分	
	2. 作业前准备（3分）	（1）准备工作完成后，作业人员未向裁判员进行报告，扣 2 分； （2）报告时未执行规范用语扣 2 分，未在规定位置站立扣 1 分； （3）作业人员的资格及条件与要求不符时，取消本项作业资格	
	3. 插设信号（3分）	（1）未设置防护红旗开始作业为全项失格； （2）未按规定在邻近车辆端侧墙板上设置防护红旗，扣 2 分； （3）防护红旗落地至比赛结束前未恢复扣 2 分，红旗未展开扣 1 分	
	4. 样板检查（3分）	样板未检查，每件扣 0.5 分	
	5. 轮轴防溜（3分）	（1）未设置木掩、未确认安全作业距离，扣 2 分； （2）设置木掩不到位，扣 1 分	
	6. 外观检查（12分）	未检查一处扣 2 分，未口述或口述不正确扣 2 分	
	7. 限度检测（30分）	（1）漏检测一项扣 3 分，本项分扣完为止； （2）操作不正确扣 2 分；判断错误扣 3 分；误差每 0.2 mm 扣 2 分	
	8. 轮轴选配（10分）	（1）选配标准错误，扣 5 分； （2）未口述，每处扣 1 分	
	9. 填写卡片（10分）	车统-51C 卡片填写错误、漏项，每处扣 1 分，涂改每处扣 0.5 分	
	10. 撤除信号（3分）	（1）工具、配件未摆放在指定位置，每件扣 1 分； （2）防护红旗不撤除计时不中断	
作业安全（10分）	（1）未按规定着装，未戴工作帽、手套，扣 2 分。 （2）发生破皮见血扣 5 分；受伤不能继续作业为全项失格		

任务评价

班级		姓名		学号	
课程内容		日期		成绩	

小组自评					
1. 优点					
2. 不足					

小组互评		
小组成员	优点	不足

指导教师评价

环节	序号	评价内容	评级		
			A	B	C
专业能力	1				
	2				
	3				
方法能力	4				
	5				
	6				
	7				
社会能力	8				
	9				
	10				
教师综合评价					

实训三　轮对尺寸检测 ▶ ▶ ▶

情境描述

车轮是车辆直接与钢轨接触的部分，它将车辆的载荷传给钢轨，并在钢轨上滚动，使车辆运行。轮对性能好坏直接影响车辆运行性能。测量轮对的尺寸，预防事故的发生。

该任务主要完成轮对尺寸检测，以现场实际作业项目为引导，采用标准化作业方式，使学生不仅掌握现场轮对测量的标准化作业过程，同时可树立较强的安全生产意识。

学习目标

1. 知识目标

能说出轮对各部分名称及作用。

2. 能力目标

(2) 能正确使用测量工具。

(3) 能按照标准作业测量轮对各部分尺寸。

3. 素质目标

(1) 具有安全生产意识。

(2) 具有团队协作精神。

(3) 具有分析问题、解决问题的创新意识。

依据轮对尺寸检测标准作业测量轮对尺寸。该任务须分工协作完成，作业人员按规定穿戴劳保防护用品，准备好工具、物料。具体任务要求如下：

（1）教师下发学习资料，学生明确学习任务、学习内容及学习目标。

（2）学生完成预习任务及相关理论知识学习。

（3）教师引导讲解轮对尺寸检测的标准化作业过程。

（4）学生分小组练习轮对尺寸检测标准化作业过程。

（5）学生完成对尺寸检测的操作。

（6）学生完成学习自我评价和小组成员互评，教师作出评价，学生反馈评价，教师汇总作出最终评价。

任务分组

本次任务以小组为单位进行，建议每个小组 2 或 3 人，开始作业前需初步确定每位同学在组内的具体分工。学生以小组为单位按照标准作业步骤要求进行实操训练。

课程名称		实训名称	
班级		学生姓名	
小组成员	姓名	任务分工	
组长			
组员			

引导问题

1. 该任务主要测量哪些部位？

2. 轮缘及踏面的检修限度是多少？

任务实施

一、轮缘厚度、轮辋厚度、圆周磨耗检测

1. 作业要求

1. 设置安全防护红旗	
2. 踏面圆周磨耗深度检测	（1）将踏面磨耗测尺框背面滚动圆刻线与主尺背面滚动圆刻线对正，即对准 70 mm 基线，拧紧踏面磨耗测尺框紧固螺钉。 （2）将轮辋厚度测尺紧贴在车轮内侧面上，轮缘顶点接触检查器的轮缘高度测量定位面。 （3）向下推动踏面磨耗测尺，使踏面磨耗测头接触车轮踏面，紧固踏面磨耗测尺紧固螺钉，在踏面磨耗测尺游标上读出踏面圆周磨耗深度值。 踏面圆周磨耗深度（　　　　）mm，判断：（　　　　）
3. 轮缘厚度检测	（1）将踏面磨耗测尺框背面滚动圆刻线与主尺背面滚动圆刻线对正，即对准 70 mm 基线，拧紧踏面磨耗测尺框紧固螺钉。 （2）将轮辋厚度测尺紧贴在车轮内侧面上，轮缘顶点接触检查器的轮缘高度测量定位面。 （3）向下推动踏面磨耗测尺，使测头接触踏面，紧固踏面磨耗测尺紧固螺钉；向里推动轮缘厚度测尺，使测尺测头接触轮缘，读取轮缘厚度测尺上面主刻线与轮缘厚度尺框刻线相重合的数值，即为轮缘厚度值。 轮缘厚度（　　　　）mm，判断：（　　　　）
4. 轮辋厚度检测	将轮辋厚度测尺紧贴在车轮内侧面上，轮缘顶点接触检查器的圆周磨耗测尺底面，读出轮辋厚度。 轮辋厚度（　　　　）mm，判断：（　　　　）
5. 判定	按货物列车判定轮对处理结果（过限或不过限）
6. 作业过程	作业过程中量具无磕碰、不落地
7. 回收	将使用工具回收齐全，整齐摆放到工具区内
8. 撤除安全防护红旗	将安全防护红旗摆放到工具区内

2. 评分标准

项目	考核内容及评分标准	扣分原因（减分）
作业时间（10 分）	（1）时间 5 min； （2）提前完成不加分； （3）作业时间记录：___分 ___秒； （4）每超≤10 s，扣 1 分，以此类推。时间分扣完为止，超过 5 min 失格	

项目	考核内容及评分标准	扣分原因（减分）
程序质量（80分）	（1）踏面圆周磨耗深度、轮缘厚度检测未对准基线测量，测量程序错误失格； （2）各类测量数据允许误差±0.1 mm，误差≤0.2 mm 减 1 分，误差≤0.3 mm 减 2 分，以此类推； （3）作业中工具磕碰、落地一次扣 2 分； （4）撤除防护红旗未摆放到工具区内，扣 2 分； （5）工具、备品未摆放到工具、材料摆放区，扣 2 分； （6）判定处理结果错误失格	
作业安全（10分）	（1）劳保用品穿戴不规范，扣 2 分； （2）未按要求检查工具、备品，防护红旗未全部展开、落地，一项扣 3 分； （3）未设置安全防护红旗、作业人员因受伤不能继续作业失格	

二、踏面擦伤、剥离检测

1. 作业要求

1. 设置安全防护红旗	
2. 踏面擦伤深度检测	（1）将踏面圆周磨耗测尺移动至擦伤部位，拧紧踏面磨耗测尺框紧固螺钉。 （2）将轮辋厚度测尺紧贴在车轮内侧面上，轮缘顶点接触检查器的轮缘高度测量定位面。 （3）向下推动踏面磨耗测尺，使踏面磨耗测头接触车轮踏面，紧固踏面磨耗测尺紧固螺钉，在踏面磨耗测尺游标上读出擦伤深度值。 （4）在同一圆周未擦伤部位，向下推动踏面磨耗测尺，使踏面磨耗测头接触车轮踏面，紧固踏面磨耗测尺紧固螺钉，在踏面磨耗测尺游标上读出擦伤深度值。 （5）擦伤处深度值减去未擦伤处深度值，即为擦伤深度。 踏面擦伤深度：擦伤处（ ）mm，同一圆周未擦伤处（ ）mm，测量结果（ ）mm，判断：（ ）
3. 踏面剥离长度检测	（1）使用钢板尺沿车轮踏面圆周方向测量。 （2）两端宽度小于 10 mm 的不计算在内；长条状剥离其最宽处小于 20 mm 者可不计算；两块剥离边缘相距小于 75 mm 时，每处长度不大于 35 mm；多处长度小于 35 mm 的剥离，其连续剥离总长度不大于 350 mm；剥离前期未脱落部分可不计算在内。 踏面剥离长度：一处（ ）mm，二处（ ）mm，判断：（ ）
4. 判定	按货物列车判定轮对处理结果（过限或不过限）

5. 作业过程	作业过程中量具无磕碰、不落地
6. 回收	将使用工具回收齐全，整齐摆放到工具区内
7. 撤除安全 防护红旗	将安全防护红旗摆放到工具区内

2. 评分标准

项目	考核内容及评分标准	扣分原因 （减分）
作业时间 （10分）	（1）时间 5 min； （2）提前完成不加分； （3）作业时间记录：___分 ___秒； （4）每超≤10 s，扣 1 分，以此类推。时间分扣完为止，超过 7 min 失格	
程序质量 （80分）	（1）测量程序错误失格； （2）踏面擦伤深度允许误差±0.2 mm，误差≤0.5 mm 减 2 分，误差≤1 mm 减 4 分，以此类推； （3）踏面剥离长度允许误差±1mm，误差≤1 mm 减 2 分，误差≤3 mm 减 4 分，以此类推； （4）作业中工具磕碰、落地一次扣 2 分； （5）撤除防护红旗未摆放工具区内，扣 2 分； （6）工具、备品未摆放到工具、材料摆放区，扣 2 分； （7）判定处理结果错误失格	
作业安全 （10分）	（1）劳保用品穿戴不规范，扣 2 分； （2）未按要求检查工具、备品，防护红旗未全部展开、落地，一项扣 3 分； （3）未设置安全防护红旗、作业人员因受伤不能继续作业失格	

三、车轮踏面外侧缺损

1. 作业要求

1. 设置安全 防护红旗	
2. 相对轮缘 厚度测量	（1）定位基线 70mm 处，并紧邻基线固定位螺栓。 （2）贴靠车轮内侧面与轮缘顶点，测头与踏面接触，四种检查器垂直于车轴中心线。 （3）推动轮缘厚度测尺，读出测量结果
3. 轮对内侧 距测量	将轮对内距平放在轮缘顶点上并使之与车轴中心线平行，先使固定的一侧靠紧轮缘内侧，推动测尺滑块与另一轮缘内侧接触，读取车轮轮缘内侧距离测量结果

4. 缺损后剩余宽度测量	使用车轮第四种检查器和钢板尺测量踏面缺损后的剩余宽度，读出测量结果
5. 弧长测量	使用钢板尺或车轮第四种检查器上的轮辋厚度测尺的外刻线，沿车轮踏面圆周方向测量踏面缺损部位最外侧端的长度，读出测量结果
6. 测量结果记录	弧长（　　　　）mm；判断：（　　　　） 相对轮缘厚度（　　　　）mm；轮对内侧距（　　　　）mm；缺损后剩余宽度（　　　　）mm；相对轮缘外侧至缺损部位边缘的距离（　　　　）mm；判断：（　　　　）
7. 判定	按货物列车判定轮对处理结果（过限或不过限）
8. 作业过程	作业过程中量具无磕碰、不落地
9. 回收	将使用工具回收齐全，整齐摆放到工具区内
10. 撤除安全防护红旗	将安全防护红旗摆放到工具区内

2. 评分标准

项目	考核内容及评分标准	扣分原因（减分）
作业时间（10分）	（1）时间 5 min； （2）提前完成不加分； （3）作业时间记录：___分___秒； （4）每超≤10 s，扣 1 分，以此类推。时间分扣完为止，超过 7 min 失格	
程序质量（80分）	（1）测量程序错误失格； （2）弧长、相对轮缘厚度、轮对内侧距、缺损后剩余宽度与标准答案每误差±0.2 mm，扣一分，超±2 mm 失格；外侧缺损总宽度超过 5 mm 失格； （3）作业中工具磕碰、落地一次扣 2 分； （4）撤除防护红旗未摆放到工具区内，扣 2 分； （5）工具、备品未摆放到工具、材料摆放区，扣 2 分； （6）判定处理结果错误失格	
作业安全（10分）	（1）劳保用品穿戴不规范，扣 2 分； （2）未按要求检查工具、备品，防护红旗未全部展开、落地，一项扣 3 分； （3）未设置安全防护红旗、作业人员因受伤不能继续作业失格	

任务评价

班级		姓名		学号	
课程内容		日期		成绩	

小组自评

1. 优点

2. 不足

小组互评

小组成员	优点	不足

指导教师评价

环节	序号	评价内容	评级		
			A	B	C
专业能力	1				
	2				
	3				
方法能力	4				
	5				
	6				
	7				
社会能力	8				
	9				
	10				
教师综合评价					

实训四 货车转向架 JC 型弹性旁承分解与组装 ▶ ▶ ▶

◎ 情境描述

转 K6 型货车转向架采用了 JC 型双作用弹性旁承，增加转向架与车体之间的回转阻力矩，提高了转向架运行的稳定性。

该任务主要完成转 K6 型货车转向架 JC 型双作用弹性旁承的分解、检查、测量，以现场实际作业项目为引导，采用标准化作业方式，使学生不仅掌握现场弹性旁承分解与组装的标准化作业过程，同时树立较强的安全生产意识。

◎ 学习目标

1. 知识目标
能说出 JC 型双作用弹性旁承各部分的组成。
2. 能力目标
（1）能按照标准化作业过程分解检查弹性旁承。
（2）能按照标准化作业过程组装弹性旁承。
3. 素质目标
（1）具有安全生产意识。
（2）具有团队协作精神。
（3）具有分析问题、解决问题的创新意识。

依据 JC 型双作用弹性旁承分解与组装作业标准及流程对弹性旁承进行分解、检查与组装。该任务须分工协作完成，作业人员按规定穿戴劳保防护用品，准备好工具、物料。具体任务要求如下：

（1）教师下发学习资料，学生明确学习任务、学习内容及学习目标。

（2）学生完成预习任务及相关理论知识学习。

（3）教师引导讲解 JC 型双作用弹性旁承分解与组装的标准化作业过程。

（4）学生分小组口述 JC 型双作用弹性旁承分解与组装标准化作业过程。

（5）学生完成 JC 型双作用弹性旁承分解与组装标准化作业过程的操作。

（6）学生完成学习自我评价和小组成员互评，教师作出评价，学生反馈评价，教师汇总作出最终评价。

任务分组

本次任务以小组为单位进行，建议每个小组 2 或 3 人，开始作业前需初步确定每位同学在组内的具体分工。学生以小组为单位按照标准作业步骤要求进行实操训练。

课程名称		实训名称	
班级		学生姓名	
小组成员	姓名	任务分工	
组长			
组员			

引导问题

1. JC 型双作用弹性旁承分解与组装的作业要点有哪些？

2. 弹性旁承组装时有哪些注意事项？

任务实施

一、作业要点

（1）全面检查旁承拆装机状态，确认设备状态良好。

（2）检查样板、量具状态，样板、量具须状态良好，在检定有效期内，并有校验标签。

（3）对检测不合格的弹性旁承进行分解。

（4）弹性旁承组装及组装后检测。

（5）对组装合格的下旁承涂打标识。

二、弹性旁承分解

（1）旁承体与旁承座的拆、装应使用专用工装。JC 型弹性旁承须纵向压缩旁承体两侧板后垂直向上平行取出旁承座内（见图 7-2）。

图 7-2　取出旁承座

（2）JC 型弹性旁承拆装时两侧板纵向压缩后的尺寸不得小于 195 mm，纵向压头与侧板侧面接触面积不小于 45 mm（宽）×30 mm（高），垂向压缩侧板顶面时其接触长度不小于 40 mm，垂向压头应具有防止顶板上翘的限位功能。

（3）旁承磨耗板出现裂纹、松动、磨耗超限须分解时，用扁铲伸入磨耗板与橡胶体之间，锤击扁铲，将磨耗板与橡胶体分解。

（4）旁承分解后将需报废的旁承座、橡胶体、旁承磨耗板放入废料箱内。

三、弹性旁承组装

（1）旁承组装前对各零部件进行清扫，旁承磨耗板表面，旁承体、旁承座与磨耗板的配合面污物应清除干净，不得采用如汽、煤油等溶剂及可能对非金属材料产生不良影响的介质清洗。

（2）弹性旁承体与旁承座组装时，须确认旁承座与旁承体型号，不得错装，弹性旁承侧板及旁承座侧面凹槽高度：JC 型为 50 mm，JC-1 型为 47 mm；确认旁承座无裂损，各部磨耗不超限。

（3）新品 JC 弹性旁承体的型式尺寸应符合产品图样、技术条件的规定，检修橡胶旁承体自由高不得低于 79 mm，裂纹不超限，如图 7-3 所示。

图 7-3

（4）弹性旁承任何部位不允许涂抹油脂，弹性旁承体橡胶表面、非金属磨耗板、滚子及滚子轴不得有油漆，如图 7-4 所示。

图 7-4

（5）弹性旁承组装：

① 旁承磨耗板与旁承体组装时，磨耗限度凹槽应向上，须平行压入，组装后旁承磨耗板不得松动，测量磨耗板的上表面平面度应不大于 0.5 mm，用 0.8 mm 厚度（宽度为 10 mm）塞尺检查旁承磨耗板与顶板间的周向局部间隙，插入深度不得大于 30 mm。

② 装用新品弹性旁承体时，不得在弹性旁承体与旁承座间加装调整垫板，新品旁承磨耗板自制造之日起到装车使用前的贮存期不得超过 2 年。

③ 检修的旁承允许在旁承座与旁承体间加装 1 块 2~3 mm 厚的调整垫板，调整垫板厚度不宜过大，调整后 B 值大于标准下限约 1 mm 为宜。

④ 滚子轴端部平面须向下组装，组装后滚子应转动灵活。

（6）旁承组装后逐个检测旁承磨耗板上平面至滚子上部的垂直距离，弹性旁承磨耗板上平面至滚子上部垂直距离为 15^{+2}_{-1} mm，如图 7-5 所示。测量后将测量值写在磨耗板上平面。

图 7-5

四、标识涂打

旁承检修合格后在旁承磨耗板上涂打"○"标记，在旁承体测量涂打责任者标记"J×"，如图 7-6 所示。

图 7-6

五、完工整理

完工后关闭电源，擦拭、保养设备，设备应擦拭干净，无油污、锈迹，如图 7-7 所示。打扫工作场地卫生，做到工完、料净、场地清。

图 7-7

班级		姓名		学号	
课程内容		日期		成绩	

小组自评
1. 优点
2. 不足

小组互评		
小组成员	优点	不足

指导教师评价					
环节	序号	评价内容	评级		
			A	B	C
专业能力	1				
	2				
	3				
方法能力	4				
	5				
	6				
	7				
社会能力	8				
	9				
	10				
教师综合评价					

实训五 转 K6 型转向架承载鞍及轴箱橡胶垫检测 ▶ ▶ ▶

情境描述

承载鞍及轴箱橡胶垫是转 K6 型转向架的主要部件，要定期对承载鞍及轴箱橡胶垫进行检查与测量。该任务主要完成转 K6 型转向架承载鞍及轴箱橡胶垫的检测，以现场实际作业项目引导，采用标准化作业方式，使学生不仅掌握现场承载鞍及轴箱橡胶垫的检测标准化作业过程，同时树立较强的安全生产意识。

学习目标

1. 知识目标
（1）掌握承载鞍的作用。
（2）掌握轴箱橡胶垫的作用。
2. 能力目标
（1）能正确使用检测工具。
（2）能按照标准化作业流程，完成转 K6 型转向架承载鞍及轴箱橡胶垫的检测。
3. 素质目标
（1）培养学生理论联系实际的学习方法，提高学生的自学能力和动手能力。
（2）培养学生的团队意识，以及充分发挥自身在团队中作用的意识。
（3）培养学生的劳动意识、安全意识及纪律意识。
（4）培养学生爱岗敬业的精神，踏实严谨的工作作风。

（1）教师下发学习资料，学生明确学习任务、学习内容及学习目标。

（2）学生完成预习任务及相关理论知识学习。

（3）教师讲解转 K6 型转向架承载鞍及轴箱橡胶垫检测的标准化作业过程。

（4）学生分小组练习转 K6 型转向架承载鞍及轴箱橡胶垫检测标准化作业过程，教师辅导答疑。

（5）学生完成承载鞍及轴箱橡胶垫检测标准化作业过程的操作。

（6）学生完成学习自我评价和小组成员互评，教师汇总作出最终评价。

任务分组

本次任务以小组为单位进行，建议每个小组 2 或 3 人，开始作业前需初步确定每位同学在组内的具体分工。学生以小组为单位按照标准作业步骤要求进行实操训练。

课程名称		实训名称	
班级		学生姓名	
小组成员	姓名	任务分工	
组长			
组员			

引导问题

1. 简述承载鞍外观检查的作业流程。

2. 简述承载鞍检测的作业流程。

任务实施

一、作业内容

清除承载鞍表面灰尘、锈垢，对承载鞍、轴箱橡胶垫进行外观检查，检查轴箱橡胶垫寿命是否过期，裂纹是否超限；用样板、量具检查承载鞍顶面偏磨及磨耗、承载鞍导框挡边内侧面水平距离、承载鞍导框底面水平距离、承载鞍鞍面直径、承载鞍推力挡肩是否超限，承载鞍及轴箱橡胶垫检测后及时涂打检查标记。

二、作业要点

（1）开工前检查量具状态，量具须状态良好，在检定有效期内，并有校验标签。

（2）清理承载鞍及轴箱橡胶垫表面的灰尘、锈垢，对承载鞍及轴箱橡胶垫进行外观检查，检查轴箱橡胶垫寿命是否过期，裂纹是否超限。

（3）用样板、量具检查承载鞍顶面偏磨及磨耗、承载鞍导框挡边内侧面水平距离、承载鞍导框底面水平距离、承载鞍鞍面直径、承载鞍推力挡肩是否超限。

（4）轴箱橡胶垫铜绞线及配套紧固螺母丢失时补装新品。

（5）根据检测结果在承载鞍及轴箱橡胶垫上涂打状态标记和检修标记。

（6）将承载鞍按型号和合格、待检修、报废状态分类存放。

三、作业流程

1. 承载鞍外观检查

（1）用钢丝刷将承载鞍表面灰尘、锈垢清扫干净，露出基本金属面，如图 7-8 所示。

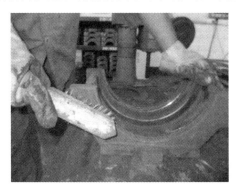

图 7-8

（2）检查承载鞍有裂纹、变形、缺损时更换；承载鞍不得焊修，承载鞍鞍面焊修的必须报废。

（3）鞍面磕、碰伤应消除凸起部分，对鞍面两侧凹槽进行检查，不得存在高于内鞍面的凸起点。

（4）承载鞍无制造标记时更换，承载鞍原车原位原方向标记须清晰。

2. 承载鞍检测

（1）承载鞍顶面偏磨及磨耗检测：用转 K6 型承载鞍顶面磨耗及偏磨检测仪测量，先用标准棒校准 141.9 mm 尺寸，百分表定位在 0 位；然后将承载鞍放于底板上，移动滑尺和百分表到承载鞍顶平面，测量承载鞍顶平面的最大与最小尺寸，两者之差即为偏磨量，顶面偏磨不

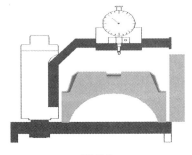

图 7-9

得大于 1.5 mm，如图 7-9 所示。最大尺寸即为顶平面磨耗尺寸，顶面磨耗不得大于 5 mm，超

限时更换。

（2）承载鞍导框挡边内侧面水平距离检测：承载鞍导框挡边内侧面水平距离一侧磨耗大于 2 mm 或两侧磨耗之和大于 3 mm 时更换；转 K6 承载鞍导框挡边内侧面水平距离原形为 152 mm，用承载鞍综合检测量规尺寸"155"能插入为过限，如图 7-10 所示。

（3）承载鞍导框底面水平距离检测：导框底面一侧磨耗大于 2 mm 或两侧磨耗之和大于 3 mm 时更换；转 K6 承载鞍导框底面水平距离原形为 285 mm，用"转 K6 承载鞍综合检测量规"尺寸"282"，测量转 K6 承载鞍导框底面磨耗，能插入时为过限，如图 7-11 所示。

图 7-10 　　　　　　　　　　　　　　图 7-11

（4）承载鞍鞍面直径检测：用"承载鞍综合检测查量规"尺寸"R125"检查转 K6 承载鞍鞍面，弧面与鞍面如有间隙，用 0.5 mm 塞尺能插入者为过限，须更换处理，如图 7-12 所示。

（5）承载鞍推力挡肩检测：转 K6 型承载鞍推力挡肩距原形为 163 mm，两端磨耗后肩距不大于 165.8 mm 时消除棱角，大于时更换；用"转 K6 型承载鞍推力挡肩距检测量规"尺寸"165.8"检测，能垂直插入时为过限，如图 7-13 所示。

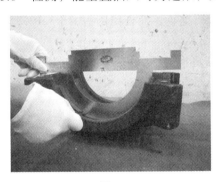 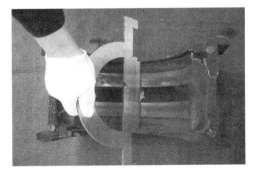

图 7-12 　　　　　　　　　　　　　　图 7-13

3. 轴箱橡胶垫检测

（1）新品轴箱橡胶垫检查：轴箱橡胶垫外观须无裂纹、龟裂、气孔、脱胶，制造标记清晰，资质厂家产品合格证齐全。无制造标记和合格证的轴箱橡胶垫不得装用。

（2）现车轴箱橡胶垫检测：

①轴箱橡胶垫无制造单位、时间标记或使用时间满 6 年时报废，剩余寿命小于 1 个段修期者，经检查确认质量状态良好，可继续装车使用，并由装车单位负 1 个段修期的质量保证责任。

② 轴箱橡胶垫有下列情况之一时更换新品：

金属定位挡根部有裂纹；承载层橡胶外胀超出衬板侧面 1 mm（见图 7-14）；转 K6 轴箱橡胶垫承载层橡胶与金属上、下衬板黏接处（上侧或下侧）累计裂纹长度大于 230 mm，且深度大于 5 mm；转 K6 轴箱橡胶垫承载层橡胶允许有龟裂，表面裂纹累计长度大于 180 mm，且深度大于 5 mm 更换新品。

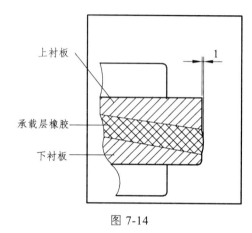

图 7-14

（3）轴箱橡胶垫铜绞线及配套紧固螺母丢失时须补装新品。

4. 标记涂打

（1）承载鞍、轴箱橡胶垫检测完毕后，状态良好时涂打"〇"标记，同时涂打工作者代号标记"J×"；承载鞍各部尺寸不符合要求时报废，轴箱橡胶垫寿命到期、裂纹超限时报废，并涂打报废标记"×"。

（2）质检员须对检测合格的承载鞍、轴箱橡胶垫进行抽查，抽查比例不少于 20%，抽查后及时涂打抽查标记。

（3）承载鞍、轴箱橡胶垫报废需补充或更换时，新更换的承载鞍、轴箱橡胶垫须去除旧的原车原位原方向标记，按装车台位重新涂打原车原位原方向标记。

5. 完工整理

作业完毕后将量具擦拭干净，清点无丢失、损坏后放入指定存放柜中。清扫工作场地，工作场地应整洁、无垃圾，配件按定置摆放，如图 7-15 所示。

图 7-15

班级		姓名		学号	
课程内容		日期		成绩	

小组自评
1. 优点
2. 不足

小组互评		
小组成员	优点	不足

指导教师评价

环节	序号	评价内容	评级		
			A	B	C
专业能力	1				
	2				
	3				
方法能力	4				
	5				
	6				
	7				
社会能力	8				
	9				
	10				
教师综合评价					

实训六　中央悬挂装置分解作业 ▶▶▶

🎯 情境描述

　　中央悬挂装置是客车转向架的主要组成部分，其性能好坏影响车辆运行性能，因此需要定期对中央悬挂装置进行分解检查作业。

🎯 学习目标

　　1. 知识目标

　　（1）掌握中央悬挂装置的结构组成及作用。

　　（2）掌握中央悬挂装置的作业流程。

　　2. 能力目标

　　（1）能够口述作业流程。

　　（2）能够结合实物，认知主要部件。

　　（3）能够根据中央悬挂装置分解检查作业流程进行实操训练。

　　3. 素质目标

　　（1）提高团队协作的能力。

　　（2）培养精益求精的工匠精神。

（1）教师下发学习资料，学生明确学习任务、学习内容及学习目标。

（2）学生完成预习任务及相关理论知识学习。

（3）教师讲解中央悬挂装置分解作业的标准化作业过程。

（4）学生分小组口述中央悬挂装置分解作业过程，教师辅导答疑。

（5）学生完成学习自我评价和小组成员互评，教师汇总作出最终评价。

任务分组

本次任务以小组为单位进行，建议每个小组 2 或 3 人，开始作业前需初步确定每位同学在组内的具体分工。学生以小组为单位按照标准作业步骤要求进行实操训练。

课程名称		实训名称	
班级		学生姓名	
小组成员	姓名	任务分工	
组长			
组员			

引导问题

1. 二系弹性悬挂装置的作用是什么？

2. 中央悬挂装置的注意事项有哪些？

任务实施

一、作业注意事项

1. **作业前安全注意事项**

工作者不得站在转向架下方作业，因转向架结构限制需要在转向架下方作业时，须保证防护可靠。佩戴劳保手套，穿防砸鞋，防止划伤、砸伤。吊运时吊具吊装牢固。作业内容中有相应安全风险点警示，在对应位置注明：【××风险】。

2. 作业前准备

穿工作服，戴工作帽和劳保手套，穿防砸鞋。确认相关设备状态良好。

二、作业流程

1. 中央悬挂装置分解

（1）使用风动扳手分解牵引拉杆螺母，取下牵引拉杆组成。取下配件并整齐摆放在配件托盘上。将卸下的配件成套送配件检修区检修（见图 7-16）。

（2）使用扳手分解油压减振器。取下配件并整齐摆放在配件托盘上。将卸下的配件成套送配件检修区检修（见图 7-17）。

图 7-16   图 7-17

（3）使用风动扳手分解安全吊。取下配件并整齐摆放在配件托盘上。将卸下的配件成套送配件检修区检修（见图 7-18）。

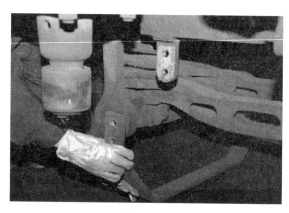

图 7-18

（4）使用手锤、钩引，分解摇枕吊销圆销。取下摇枕吊销。开口销报废处理。取下配件并整齐摆放在配件托盘上。将卸下的配件成套送配件检修区检修（见图 7-19）。

图 7-19

（5）取下支承板。取下配件并整齐摆放在配件托盘上。将卸下的配件成套送配件检修区检修（见图 7-20）。

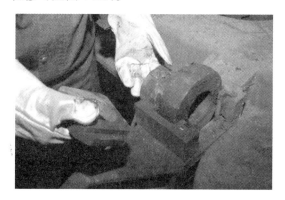

图 7-20

（6）使用机械手吊取构架。分解摇枕吊。取下配件并整齐摆放在配件托盘上。将卸下的配件成套送配件检修区检修（见图 7-21）。

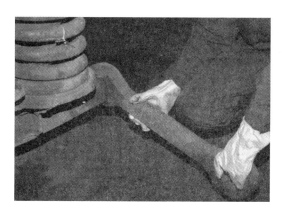

图 7-21

（7）使用风动扳手分解下心盘、下旁承。取下配件并整齐摆放在配件托盘上。将卸下的配件成套送配件检修区检修（见图 7-22）。

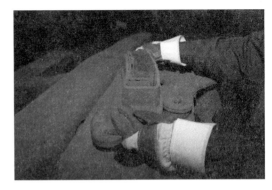

图 7-22

（8）使用吊具吊取摇枕弹簧组成。取下配件并整齐摆放在配件托盘上。将卸下的配件成套送配件检修区检修（见图 7-23）。

图 7-23

（9）使用大锤分解摇枕吊轴及弹簧托梁。取下配件并整齐摆放在配件托盘上。将卸下的配件成套送配件检修区检修（见图 7-24）。

图 7-24

2. 完工整理

清扫作业场地，整理工具、材料，检查设备。场地清洁，工具及托架、托盘等摆放整齐。工具、材料收拾整齐，摆放到指定位置。

任务评价

班级		姓名		学号	
课程内容		日期		成绩	

小组自评
1. 优点
2. 不足

小组互评		
小组成员	优点	不足

指导教师评价					
环节	序号	评价内容	评级		
			A	B	C
专业能力	1				
	2				
	3				
方法能力	4				
	5				
	6				
	7				
社会能力	8				
	9				
	10				
教师综合评价					

实训七　转 K6 型转向架落成检查 ▶ ▶ ▶

情境描述

转 K6 型转向架是铁道货车的主型转向架，对转向架进行分解、检修、组装后，需对转向架进行落成检查等，确保转向架性能良好。

学习目标

1. 知识目标

（1）掌握转 K6 型转向架主要结构组成。

（2）掌握转向架落成检查操作规范及流程。

2. 能力目标

（1）具备实践操作的能力，能够熟练使用检测工具。

（2）能够按照标准作业流程对转 K6 型转向架进行落成检查。

3. 素质目标

（1）具备团队协作、互管互控的职业素质。

（2）具备独立分析并解决问题的专业素质。

依据转 K6 型转向架落成检查作业标准及流程对转向架进行落成检查作业。该任务分工协作完成，作业人员按规定穿戴劳保防护用品，准备好工具、物料。具体任务要求如下：

（1）教师下发学习资料，学生明确学习任务、学习内容及学习目标。

（2）学生完成预习任务及相关理论知识学习。

（3）教师引导讲解转 K6 型转向架落成检查的标准化作业过程。

（4）学生分小组练习转 K6 型转向架落成检查标准化作业过程。

（5）学生完成转 K6 型转向架落成检查标准化作业过程的操作。

（6）学生完成学习自我评价和小组成员互评，教师作出评价，学生反馈评价，教师汇总作出最终评价。

任务分组

本次任务以小组为单位进行，建议每个小组 2 或 3 人，开始作业前需初步确定每位同学在组内的具体分工。学生以小组为单位按照标准作业步骤要求进行实操训练。

课程名称		实训名称	
班级		学生姓名	
小组成员	姓名	任务分工	
组长			
组员			

引导问题

1. 转 K6 型转向架落成检查过程中有哪些注意事项？

2. 简述转 K6 型向架落成检查的作业流程。

一、工具及物料清单

1. 工具清单

序号	名　称	规格型号	单位	数量	备注
1	手电筒		个	2	
2	四角钥匙		把	1	
3	"一"字螺丝刀		把	1	
4	叉口	8/10 mm	个	1	
5	叉口	10/12 mm	个	1	
6	叉口	17 mm	个	1	
7	粗锉		把	1	
8	套筒	13 mm	个	1	
9	快速棘轮扳手	13 mm	个	1	
10	力矩扳手		个	1	
11	弹簧秤		个	1	
12	标记笔		个	2	
13	卷尺		个	1	
14	绳索	1.5 m	条	1	
15	重块	6.1 kg	个	1	

2. 物料清单

序号	物料名称	物料号	单位	数量	备注
1	测漏剂		瓶	1	
2	Contactal HPG 油脂润滑			若干	
3	抹布			若干	
4	材料存放盒		个	1	

二、作业项目、内容及标准

（一）作业准备

（1）按规定穿戴好劳保用品。

（2）清点工具、量具。

（3）目视检查确认挡键组装已完毕。

（二）转向架落成检查

转向架落成质量检查步骤如图 7-25 所示（以 2 位转向架为例）

图 7-25　货车转向架

1. 第一步：检查 4 位制动梁左侧区域

（1）目视检查 4 位轮轴车轮内侧标注的轮径数值，确认两车轮轮径差：提速轮对不大于 1 mm，非提速轮对经镟修者不大于 1 mm，非提速轮对未经镟修者不大于 2 mm。

（2）目视检查 8 位滑槽磨耗板安装正位、入槽，滑槽内不得涂抹油脂，制动梁滑块磨耗套无破损；承载鞍与侧架导框组装须正位，承载鞍与导框间不得涂抹油脂；检查 8 位车轮踏面无擦伤、剥离。

（3）扳动移动杠杆至制动位，确认转向架闸瓦全数贴靠轮对踏面，再向相反方向一侧拉动移动杠杆，确认闸瓦与轮对踏面分离，制动、缓解试验过程无卡滞，试验合格；如有卡滞时，通知制动组装人员进行处理。

（4）目视检查摇枕斜楔磨耗板上部焊缝无开裂，与斜楔间无油脂、杂物。

（5）检查斜楔主摩擦板与侧架立柱磨耗板不得有垂直方向的贯通间隙，如有局部间隙时，使用 2 mm 塞尺测量不得插入；如有横向间隙时，使用 2 mm×10 mm 塞尺测量，插入深度不大于 50 mm。

（6）使用检点锤敲击检查 4 位侧架内侧枕簧、减振弹簧，组装正位，无折断，枕簧承台无杂物。

（7）目视检查 4 位制动梁左端滑块磨耗套铆钉，不得高于磨耗套表面，磨耗套无破损。

（8）目视检查制动梁左端装用新品高摩合成闸瓦，表面无油脂；闸瓦及插销组装正位，插销无折断，敲击检查不松动，并全数安装插销环。

（9）使用检点锤敲击检查制动梁左侧瓦托上部铆钉、制动梁安全链螺栓、安全链卡子，不得松动。

（10）交叉支撑装置转向架触摸制动梁瓦托下部铆钉无丢失、松动；转动 8 位安全索一周，确认安全索将交叉杆与制动梁缠绕后卡牢，头部由内向外穿入，安全索规格为 4 mm；不得断股或绳箍松动、丢失。

（11）测量转 8 系列交叉杆与下拉杆间隙（见图 7-26）：向外扳动移动杠杆，使闸瓦贴靠轮轴踏面，使用量规用 18T 端插入转 8B 交叉杆上盖板与下拉杆上面之间，或用量规 12T 端插入转 8AB 交叉杆上盖板与下拉杆上面之间，通过时合格，不能通过时更换下拉杆。在缓解位，用量规 10T 端插入转 8AB（转 8B）交叉杆下盖板与下拉杆下面之间，通过时合格，不能通过时更换下拉杆。

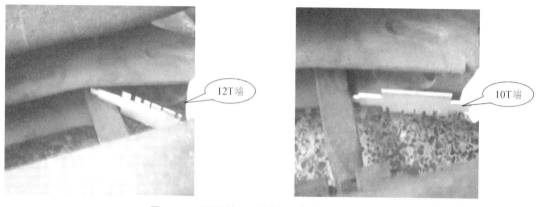

图 7-26　测量转 8 系列交叉杆与下拉杆间隙

（12）目视检查制动梁左侧梁体，无裂纹。使用检点锤敲击检查交叉杆扣板螺栓或铆钉无松动、螺栓点焊固（转 8 型检查上下盖板无裂纹）；敲击检查制动梁夹扣螺栓（铆钉）无松动；确认制动梁标识牌无丢失；扳动移动杠杆，使闸瓦贴靠轮轴踏面，检测交叉杆与制动梁瓦托间隙，用 20T 端插入交叉杆杆体压型与瓦托之间（见图 7-27），通过时合格，不能通过时返回上道工序。

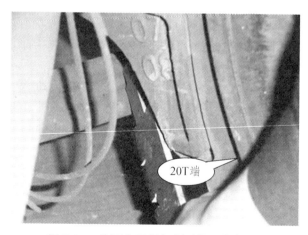

图 7-27　检测交叉杆与制动梁瓦托间隙

（13）目视检查移动杠杆与制动梁支柱、中拉杆连接圆销及扁开口销，使用钢板尺测量扁开口销宽度规格为 20 mm，目视检查扁开口销盘起贴靠圆销体，盘起大于圆销圆周的 3/4 圈；使用阶梯塞尺测量圆销与圆销孔配合间隙，不得大于 3 mm（见图 7-28）；从圆销底部向上推起至扁开口销与杠杆、支柱接触时，使用阶梯塞尺插入圆销头部与杠杆、支柱间隙，符合 2～10 mm；确认圆销头部制造材质标识为 40Cr。

图 7-28　测量圆销与圆销孔配合间隙

（14）使用钢卷尺测量移动杠杆上孔与中孔距离，K2 转向架为 360 mm，K5 转向架为 392 mm，K6 转向架为 380 mm（见图 7-29）。

图 7-29　测量移动杠杆上孔与中孔距离

（15）目视、敲击检查心盘螺栓无松动，头部有 10.9 级标记，装用 BY-B 型螺母时安装重型弹簧垫圈，使用 FS 型螺母时取消弹簧垫圈并安装性能等级为 04 级的薄螺母；M22 螺栓装用 ϕ4 mm 开口销，M24 螺栓装用 ϕ5 mm 开口销，开口销双向劈开角度不小于 60°。

（16）检查心盘中心销插入摇枕深度及露出长度均不小于 150 mm；取出心盘磨耗盘，检查制造标记，确认寿命不过期（6 年），型号与转向架型号相符；转动检查心盘磨耗盘一圈，确认内、外表面无破损、油污、镶嵌物；检查下心盘平面、中心销孔内无异物，确认合格后依次将心盘磨耗盘、中心销组装正位。

2. 第二步：检查 4 位制动梁右侧区域

（1）目视检查制动梁右侧梁体，无裂纹；确认检修标记清晰，使用钢板尺测量检修标记距离支柱中心为 200 mm。

（2）检查右侧瓦托、制动梁安全链螺栓、安全链卡子，按照第一步第（9）条执行；检查 7 位安全索、右侧瓦托下部铆钉，按照第一步第（10）条执行；检查交叉杆与瓦托间隙，按照第一步第（12）条执行；检查 7 位闸瓦，按照第一步第（8）条执行；检查制动梁右侧滑块，按照第一步第（7）条执行；检查内侧枕簧、减振弹簧，按照第一步第（6）条执行；检查斜楔主摩擦板与侧架立柱磨耗板，按照第一步第（5）条执行；检查摇枕斜楔磨耗板上部焊缝，按照第一步第（4）条执行。

（3）将移动杠杆扳动至制动位，使用钢卷尺分别测量 4 位制动梁左、右安全链松余量：测量吊座至安全链卡子眼环螺栓的直线距离，再将钢卷尺弯曲与安全链形状相同，读出测量数据，两数值之差为 40~70 mm；另一侧比对上述方法测量（见图 7-30）。

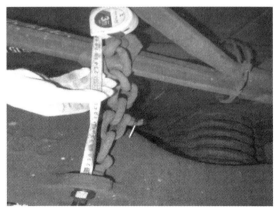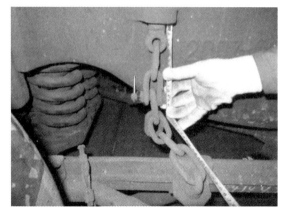

图 7-30 检测 4 位制动梁

（4）目视检查 7 位车轮踏面、滑槽磨耗板、承载鞍与侧架导框，按照第一步第（12）条执行。

3. 第三步：检查 7 位承载鞍区域

（1）检查 7 位承载鞍外侧铸造标记，确认承载鞍组装正确，无反装；检查承载鞍顶面与导框支承面无间隙、无油脂；使用承载鞍挡边外侧与前盖后挡凸缘间隙量规，用 2T 端插入承载鞍挡边外侧与前盖、后挡凸缘间的间隙处，插入时合格，不能插入时返回上道工序，更换承载鞍；承载鞍挡边外侧与前盖及后挡凸缘间隙、承载鞍推力挡肩内径与前盖及后挡最大外径的径向间隙均不小于 2 mm（见图 7-31）。

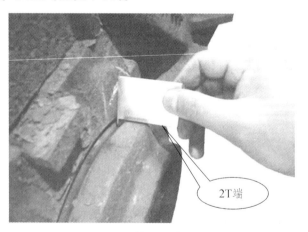

图 7-31 检测 7 位承载鞍

（2）用承载鞍与导框间隙塞尺检测七位承载鞍与导框配合间隙。前后间隙之和：转 K2 型为 3~9 mm，转 K4、转 K5 型为 1.5~8 mm，转 K6 型为 5~11 mm。左右间隙之和：转 K5

型为 18 ~ 26 mm，转 K6 型为 9 ~ 15 mm。

（3）目视检查 7 位轴承标志板内容刻打清晰、正位，标志板显示有"左"标识，轴端防松片至少有一个贴靠螺栓平面。

（4）使用检点锤敲击检查 7 位挡键螺栓无松动，目视检查挡键弹簧垫圈、开口销（铆钉）齐全，普通式挡键开口销与螺栓盘紧；使用阶梯塞尺测量挡键与轴承外圈间隙，转 K5、转 K6 型为 3 ~ 7 mm，其他型转向架不小于 2 mm。

（5）目视检查挡键三角孔及侧架三角孔无杂物，使用检点锤敲击检查立柱磨耗板折头螺栓无松动，平垫圈齐全。

（6）敲击检查交叉杆七位端头螺栓无松动，10.9 级标记清晰，防松垫圈无裂损，止耳翘起，至少有两相对止耳与螺栓头部六方平面密贴；锁紧板组装须正位，不得与相邻配件抵触；检查标志板标识清晰，组装时间不超过 6 年。

（7）目视检查枕簧承台无杂物；敲击检查枕簧组装正位，无折断、漏装；检查 7 位立柱磨耗板与侧架立柱组装间隙，有间隙时，使用 1 mm 塞尺，从磨耗板与立柱之间的间隙插入，转 K6 型任意一处插入深度不得大于 13 mm。检查 7 位立柱磨耗板与斜楔主磨耗板间隙同上，检查 7 位摇枕斜楔摩擦板外侧同上。

4. 第四步：检查 3 位侧架外侧区域

（1）使用钢板尺测量摇枕上部与侧架间隙，不小于 10 mm。

（2）目视检查同一转向架旁承方向相反；取出下旁承组成放置在侧架上，目视检查下旁承体磨耗板组装正位，有凹槽一面向上；旁承橡胶体组装正位，两侧侧板入槽；确认橡胶体生产日期不大于 6 年；使用 0.5 mm 塞尺测量旁承磨耗板与橡胶体之间组装间隙不大于 0.5 mm（见图 7-32），确认调整垫板数量为 1 ~ 3 块，使用钢板尺测量总厚度为 2 ~ 30 mm；使用钢板尺测量旁承盒内焊装的纵向间隙调整垫板厚度不大于 3 mm（见图 7-33）；检查下旁承盒内清理干净，无杂物；将下旁承组成原方向放入旁承盒内，一端贴靠旁承盒，使用 1 mm 塞尺垂直测量另一端间隙，不得插入（见图 7-34）；确认下旁承磨耗板无松动、裂损，生产日期不超过 5 年，表面无油脂、油漆、氧化皮等各种污物。

图 7-32　检查 3 位侧架外侧区域（1）

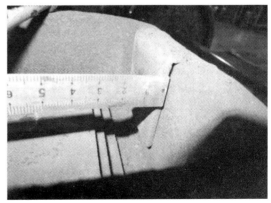

图 7-33　检查 3 位侧架外侧区域（2）

图 7-34　检查 3 位侧架外侧区域（3）

5. 第五步：检查 5 位承载鞍区域。

（1）检查摇枕斜楔磨耗板、立柱磨耗板与斜楔磨耗板、外侧摇枕弹簧、减振弹簧、枕簧承台，按照第三步第（7）条执行。

（2）检查侧架三角孔、立柱磨耗板折头螺栓，按照第三步第（5）条执行。

（3）检查交叉杆 5 位端头螺栓、双耳防松垫圈、标志板、锁紧板、轴向橡胶垫，按照第三步第（6）条执行。

（4）检查 5 位挡键、挡键螺栓、开口销（铆钉），按照第三步第（4）条执行。

（5）检查 5 位轴端螺栓、标志板、防松垫圈、施封锁，按照第三步第（3）条执行。

（6）检查 5 位承载鞍，按照第三步第（1）条执行。

6. 第六步：检查 3 位制动梁左侧（面对 3 位轮轴）区域

检查顺序：

（1）检查 5 位承载鞍内侧、滑槽磨耗板、轮对踏面，按照第一步第（1）条执行。

（2）确认 3 位轮对轮径差不大于 1 mm，确认同一转向架轮对最大与最小轮径差不大于 15 mm。

（3）量 3 位制动梁安全链松余量，按照第二步第（3）条执行。

（4）目视检查横跨梁弯曲变形不大于 10 mm，检查横跨梁螺栓头部 4.8 级标记清晰（3 位侧架端），向上托起螺栓，使用阶梯塞尺插入螺栓与横跨梁之间，横跨梁螺栓垂直移动量 3～5 mm（见图 7-35）；使用 1 mm 塞尺插入横跨梁垫板与横跨梁托调整垫板之间，不得插入（见图 7-36）；目视检查磨耗垫板须组装于调整垫板上部，检查调整垫板数量不超过 2 块，使用钢板尺测量调整垫板总厚度不大于 12 mm；检查调整垫圈数量不超过 3 个；检查开口销插入螺母槽内，双向劈开不小于 60°。

（5）检查摇枕斜楔磨耗板上部焊缝，按照第一步第（4）条执行；检查斜楔主摩擦板与侧架立柱磨耗板，按照第一步第（5）条执行；检查内侧枕簧、减振弹簧，按照第一步第（6）条执行；检查制动梁滑块磨耗套、铆钉；检查制动梁装用新品高摩合成闸瓦、闸瓦及插销、闸瓦与闸瓦托中部及端部间隙，按照第一步第（8）条执行；检查制动梁左侧安全链螺栓，按照第一步第（9）条执行；检查安全索、瓦托下部铆钉，按照第一步第（10）条执行；检查 3 位制动梁左侧梁体，按照第一步第（11）条执行；检查交叉杆扣板螺栓（铆钉）、制动梁夹扣螺栓、交叉杆与瓦托间隙，按照第一步第（12）条执行；检查检测圆销、扁开口销，按照第一步第（13）条执行；检查下心盘螺栓、开口销，按照第一步第（15）条执行。

图 7-35　检测横跨梁（1）

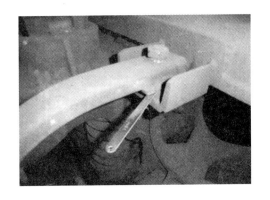
图 7-36　检测横跨梁（2）

7. 第七步：检查 3 位制动梁右侧（面对 3 位轮轴）区域

检查顺序：

（1）检查上拉杆托架组成，转动尼龙磨耗套一周，目视检查尼龙磨耗套表面无破损、油脂，使用含油尼龙滚套外表面磨耗深度检测量规，以含油尼龙滚套外表面未磨耗部位为基准，检测磨耗处最大深度。量规 3Z 端置于尼龙滚套外表面磨耗处，两侧工作面与尼龙滚套外表面贴靠时超限（见图 7-37）。

图 7-37　检查 3 位制动梁

（2）检查 3 位制动梁右侧梁体、检修标记，按照第二步第（1）条执行；检查制动梁安全链螺栓、安全链卡子、右侧瓦托，按照第一步第（9）条执行；检查 6 位安全索、右侧瓦托下部铆钉，按照第一步第（10）条执行；检查交叉杆与瓦托间隙，按照第一步第（12）条执行；检查 6 位闸瓦，按照第一步第（8）条执行；检查制动梁右侧滑块，按照第一步第（7）条执行；检查 3 位侧架内侧枕簧、减振弹簧，按照第一步第（6）条执行；检查斜楔主摩擦板与侧架立柱磨耗板，按照第一步第（5）条执行；检查摇枕斜楔磨耗板上部焊缝，按照第一步第（4）条执行。

（3）检查、检测横跨梁，按照第六步第（4）条执行。

（4）检查 6 位车轮踏面、承载鞍内侧面、滑槽磨耗板，按照第一步第（2）条执行。

8. 第八步：检查 6 位承载鞍区域

检查顺序：

（1）检查 6 位承载鞍，按照第三步第（1）条执行。

（2）检查 6 位轴承端头螺栓、标志板、防松止耳、施封锁，按照第三步第（3）条执行。

（3）检查 6 位挡键、挡键螺栓、开口销（铆钉），按照第三步第（4）条执行。

（4）检查挡键三角孔、侧架三角孔、6 位立柱磨耗板螺栓，按照第三步第（5）条执行。

（5）检查交叉杆 6 位端头螺栓、双耳防松垫圈、标志板、锁紧板、轴向橡胶垫，按照第三步第（6）条执行。

9. 第九步：检查 3 位侧架外侧区域

检查顺序：

（1）检查枕簧承台、外侧摇枕弹簧、减震弹簧、6 位立柱磨耗板、斜楔主摩擦板、摇枕斜楔磨耗板与斜楔副摩擦板间隙、摇枕斜楔磨耗板外侧，按照第三步第（7）条执行。

（2）检查摇枕头部与侧架间隙，按照第四步第（1）条执行。

（3）检查下旁承组成、调整垫板、纵向调整垫板、测量纵向间隙，按照第四步第（2）条执行。

（4）检查磨耗板上平面与滚子上部垂直距离，按照第四步第（3）条执行。

10. 第十步：检查 8 位承载鞍区域

检查顺序：

（1）检查摇枕斜楔磨耗板、8 位立柱磨耗板与斜楔磨耗板、外侧摇枕弹簧、减振弹簧、枕簧承台，按照第三步第（7）条执行。

（2）检查侧架三角孔、立柱磨耗板折头螺栓，按照第三步第（5）条执行。

（3）检查交叉杆 8 位端头螺栓、双耳防松垫圈、标志板、锁紧板、轴向橡胶垫，按照第三步第（6）条执行。

（4）检查 8 位挡键、挡键螺栓、开口销（铆钉），按照第三步第（4）条执行。

（5）检查 8 位轴端螺栓、标志板、防松垫圈、施封锁，按照第三步第（3）条执行。

（6）检查 8 位承载鞍，按照第三步第（1）条执行。

（7）检查 8 位车轮踏面、承载鞍内侧面、滑槽磨耗板，按照第一步第（2）条执行。

（8）目视检查确认侧架、摇枕使用时间不超过 25 年。旁承磨耗板使用时间达到或超过 5 年时报废。

（9）目视检查确认同一转向架两侧架固定轴距差不大于 2 mm（即具有相同的铲豆）。

（10）检测各垂下品与轨面最小距离：钢轨内侧为 60 mm，钢轨外侧为 80 mm，闸瓦插销为 25 mm。

（三）检查后工作

（1）关键部位拍照。

（2）涂打标记。

（3）完工清点工具。

三、考核评分标准

项目	考核内容及评分标准	标准分	扣分及原因	得分
时间	标定时间 30 min。每超过 30 s 扣 1 分（不足 30 s 不扣分），超过标定时间 5 min 停止作业，时间分不得分。压缩时间不加分，成绩相同按时间排序	20		
作业过程	一、作业程序 工具准备齐全良好→检查 7 位车轮踏面、承载鞍区域→检查 3 位侧架、摇枕弹簧区域→检查 3 位制动梁左侧区域→检查 3 位制动梁右侧区域→检查 6 位车轮踏面、承载鞍区域→检查 4 位侧架、摇枕弹簧区域→检查 8 位车轮踏面、承载鞍区域→检查 4 位制动梁左侧区域→检查 4 位制动梁右侧区域。 二、扣分标准 1. 未用量具或者量具使用不符，每处扣 2 分。 2. 未进行制动缓解试验，扣 5 分。 3. 心盘磨耗盘、中心销、下旁承未分解，每处扣 2 分；配件没装回原处或者错装，每处扣 2 分。 4. 出现重复检查或者漏查件，每次扣 2 分	20		
质量	1. 全车故障 10 件，每漏发现 1 件故障扣 5 分（以选手上交的故障记录为准）。 2. 填记故障未写明位数、配件名称、故障名称，错、漏一项此故障不得分。 3. 检查后须保持故障原状，改变原状者每处扣 1 分。 4. 发现故障在序号下方打"√" ① ② ③ ④ ⑤ ⑥ ⑦ ⑧ ⑨ ⑩	50		
安全其他	1. 未按规定穿戴劳保用品，扣 2 分。 2. 作业中违章使用工具每次扣 1 分，作业完毕后遗漏工具每件扣 2 分。 3. 作业中碰破出血扣 5 分	10		

注：转 K6 型货车转向架检查作业时，需携带手电筒、检点锤，并准备发现故障记录本；以 100 分制记成绩，时间占 20 分、过程占 20 分、质量占 50 分、安全其他占 10 分。

任务评价

班级		姓名		学号	
课程内容		日期		成绩	

小组自评

1. 优点

2. 不足

小组互评

小组成员	优点	不足

指导教师评价

环节	序号	评价内容	评级		
			A	B	C
专业能力	1				
	2				
	3				
方法能力	4				
	5				
	6				
	7				
社会能力	8				
	9				
	10				
教师综合评价					

实训八　209P 型转向架客车整车落成检查 ▶ ▶ ▶

🎯 情境描述

209P 型客车转向架是为适应铁路客车提速的使用要求,在 209T 型客车转向架的基础上改进设计的。改进设计的重点是采用了盘形制动装置。转向架性能好坏直接决定车辆能否安全运行,所以要定期对转向架进行检修。该任务主要完成 209P 型客车转向架整车落成检查作业,以现场实际作业项目为引导,采用标准化作业方式,使学生不仅掌握现场整车落成检查作业过程,同时树立较强的安全生产意识。

🎯 学习目标

1. 知识目标
(1)熟练掌握 209P 型转向架基本结构及各部件具体名称。
(2)熟悉作业标准。
2. 能力目标
(1)能够规范使用工具。
(2)能够熟练掌握落成检查作业流程。
3. 素质目标
(1)实训操作符合安全操作规程。
(2)工具摆放应符合职业岗位的要求。
(3)能遵守实训纪律,爱惜实训设备和器材,做到工位整洁。

依据 209P 型转向架客车整车落成检查作业标准及流程对整车进行落成检查作业。该任务须分工协作完成，作业人员按规定穿戴劳保防护用品，准备好工具、物料，办理完作业手续。具体任务要求如下：

（1）教师下发学习资料，学生明确学习任务、学习内容及学习目标。

（2）学生完成预习任务及相关理论知识学习。

（3）教师引导讲解 209P 型转向架客车整车落成检查作业的标准化作业过程。

（4）学生分小组练习 209P 型转向架客车整车落成检查作业标准化作业过程。

（5）学生完成 209P 型转向架客车整车落成检查作业标准化作业过程的操作。

（6）学生完成学习自我评价和小组成员互评，教师作出评价，学生反馈评价，教师汇总作出最终评价。

任务分组

本次任务以小组为单位进行，建议每个小组 4~6 人，开始作业前需初步确定每位同学在组内的具体分工。学生以小组为单位按照任务书的要求进行实操训练，在训练过程中，可以随时通过手机 APP 查看实训视频或三维动画，也可随时请老师现场指导。

课程名称		实训名称	
班级		学生姓名	
小组成员	姓名	任务分工	
组长			
组员			

引导问题

1. 209P 型转向架客车整车落成检查前需要做哪些准备工作？

2. 209P 型转向架客车整车落成检查前有哪些安全注意事项？

一、安全注意事项

（1）工作时必须穿戴劳动保护用品，穿防砸皮鞋，防止砸伤。
（2）使用行车作业时，应有专人指挥，及时避让，防止高空物体坠落。
（3）架落车前须清理车下作业人员。
（4）架落车时，应有专人指挥，同时做到呼唤应答。
（5）手臂勿放入车体与转向架的结合面处。

二、作业流程

（一）作业前准备

（1）按规定穿戴好劳保用品，加强作业过程安全管控；注意呼唤应答。
（2）检查风动扳手、450 mm 及 600 mm 管钳、固定扳手、梅花扳手工具、车体倾斜测量尺、转向架四角测量平尺、塞尺、钢卷尺、榔头、撬棍是否齐全、作用良好、刻度清晰。
（3）检查行车吊具及钢丝绳状态是否良好。
（4）车辆空气制动装置、车钩缓冲装置、钢结构等落车后不便于检修的部位检修作业完工。
（4）对影响落成数据变化的设施须安装完好，配件齐全。

（二）落成检查及调试

1. 车体初次落成后

测量车体倾斜：用卷尺、车体倾斜尺在侧门靠构架中心方向（200±20）mm 的车顶雨檐下平面至侧墙板下边缘测量车体左右倾斜，不大于 30 mm（见图 7-38）。

图 7-38　测量车体倾斜

调整方法：选配枕簧压缩高度。

2. 车钩缓冲装置落成

（1）测量车钩高度，中心线至钢轨面的垂直距离为 860～890 mm，两端车钩高度差不得大于 10 mm。

调整方法：加下心盘铁垫板不得超过三层，总厚度不得超过 50 mm。加满心盘垫板钩高仍然不够时，可在上心盘加不大于 16 mm 的整体铁垫或倒置摇枕吊销支撑板；通过更换总厚度不超过 12 mm 的钩身磨耗板或改变摆块吊长度调整。

（2）钩身上部与冲击座下部间隙为 20～48 mm。

调整方法：更换钩身磨耗板厚度 3～12 mm 或更换摆块吊有效长度。

（3）测量车钩钩舌与钩腕内侧面距离：闭锁位和全开位尺寸须分别不大于 130 mm、245 mm。

调整方法：不符时更换钩舌或锁铁。

（4）在闭锁位时，向上托起钩锁铁，移动量不大于 15 mm。

调整方法：不符时更换下锁销或焊修防跳棱台。

（5）钩锁铁导向角在钩腔内搭接量距钩口边缘距离不小于 5 mm。

调整方法：不符时更换锁铁或加修锁铁导向角与全开作用面垂直高度。

（6）钩提杆落在钩提杆座内，顺时针拉紧钩提杆，检查钩提杆与座槽间隙不大于 2 mm。

调整方法：不符时加修钩提杆扁平处厚度或焊修钩提杆座槽。

（7）测量钩提杆与下锁销连杆之间距离大于 15 mm。

调整方法：不符时更换钩提杆。

（8）车钩托板与摆块挂钩底面间隙为 4～18 mm，车钩托板安装处焊接牵引梁下盖板结构者，车钩托板与摆块挂钩搭接量不小于 10 mm。

调整方法：不符时更换摆块吊。

（9）检查摆块吊有效长度之差不大于 2 mm，各接触安装面间隙不大于 2 mm。

调整方法：不符时调整摆块吊有效长度。

（10）测量风挡缓冲板外侧面与钩舌外侧面距离为 13～35 mm。不符时调整风挡缓冲杆弹簧压缩量。

调整方法：不符时调整风挡缓冲杆弹簧压缩量。

3. 测量转向架四角高

测量转向架构架两端外侧的导柱安装面与轨面垂直距离，左右相差不超过 10 mm，前后相差不超过 12 mm（见图 7-39）。

图 7-39　测量四角高

调整方法：可在轴箱弹簧装置缓冲胶垫下方，加总厚度不大于 10 mm 且数量不超过 2 块的调整铁垫或更换轴箱弹簧。

4. 测量轴箱弹簧高度

轴箱边沿与导柱安装面垂直距离（见图 7-40），同一轴箱两簧高度差不超过 6 mm。

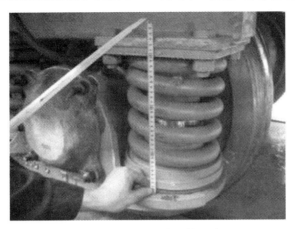

图 7-40　测量轴箱弹簧高度

调整方法：在轴箱弹簧装置缓冲胶垫下方加总厚度不大于 10 mm 且数量不超过 2 块的调整铁垫或更换轴箱弹簧。

5. 测量支持环下边缘与轴箱弹簧座间隙

该间隙不小于 5 mm（见图 7-41）。

图 7-41　测量支持环下边缘与轴箱弹簧座间隙

调整方法：在定位座与轴箱托盘之间加两个不超过总厚度不大于 10 mm 的调整铁垫。

6. 测量轴箱顶部与转向架侧梁下部距离

该距离不得小于 38 mm（包括轴温报警器传感器部分）（见图 7-42）。

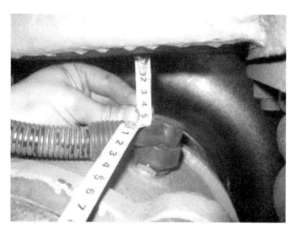

图 7-42　测量轴报与侧梁底面距离

调整方法：可在轴箱弹簧装置缓冲胶垫下方，加总厚度不大于 10 mm 且数量不超过 2 块的调整铁垫或更换轴箱弹簧。

7. 测量转向架上部与车底下部各零部件的垂直距离

横梁以外不小于 75 mm（见图 7-43），横梁以内不小于 50 mm（手制动拉杆、摇枕与枕梁间距除外）。线管及空气制动管与轮缘距离须大于 100 mm。

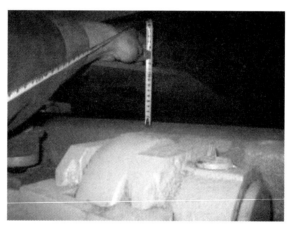

图 7-43　转向架上部与车底下部各零部件的垂直距离

调整方法：增加心盘垫板厚度或更换车轮直径。

8. 测量转向架弹簧托梁与安全托垂直距离

该距离为 20～60 mm。

调整方法：不符时调整更换安全托。

9. 旁承间隙

确保下旁承滑块压实，取塞尺能通过的最小值，两侧之和为 4～6 mm（见图 7-44），一侧不得密贴。下旁承滑块须高出旁承盒不小于 8 mm。

图 7-44　测量旁承间隙

调整方法：在下旁承座与旁承盒间加不超过三层的铁垫板。

10. 测量转向架各垂下品与轨面距离

该距离不小于 50 mm（闸瓦插销不小于 25 mm），电器装置不小于 100 mm。

调整方法：更换直径较大的车轮。

11. 根据实际测量数据计算选配好心盘垫板和旁承垫板的厚度，配备所需长度的螺栓

（1）用标准钩高 880 mm 减去现车测量钩高值即为该端下心盘垫板厚度，同理可测得另一位下心盘垫板厚度；按车辆定距之比（1∶4∶1）调整车辆两端钩高，并保证两端钩高值之差不大于 10 mm。

（2）旁承必须安装铁垫板。

（3）心盘和旁承必须安装 8.8 级螺栓和防松螺母。

注意：使用风扳机时用扳手固定螺栓尾部防转。

（三）组装调试

（1）启动架车机架车，推出转向架。

（2）中心销涂刷润滑脂后，插入中心销，在下心盘凹槽部位涂抹润滑脂。

（3）组装旁承垫板、螺栓和减振器，安装塑料防雨帽。

①所有防松螺栓紧固后必须留有二扣以上的余量。

②紧固心盘螺栓时，必须对角紧固。4 颗螺栓紧固后，应进行复查。

（4）行车配合，吊挂起转向架侧梁进行"支持环下边缘与轴箱弹簧座间隙、轴箱顶部与转向架侧梁下部距离、同一轴箱两簧差、转向架四角高"调整作业。

（5）作业完毕落下转向架后，须确认所有支柱定位套落入轴箱簧定位座中，各轴箱弹簧与支柱安装螺栓不得发生磨碰。

（6）将转向架推入车底，并对好上下心盘位置。

（7）启动架车机落下车体，过程中检查架车机运转状态，工作者加强对车体及架车机的巡视。

（8）使用电筒和专用工具配合，调整确认枕簧上盖板是否落入摇枕的枕簧安装座内。

（9）使用的管钳紧固牵引拉杆，并用手锤卷好止退垫圈，然后在牵引拉杆两端的插孔中装入开口销，两侧劈开 60°～90°。

牵引杆应先紧固构架上固定端然后再紧固摇枕上的活动端。紧固完毕后，摇枕两侧到构架的距离要均匀，保证摇枕与构架两侧间隙之差不大于 5 mm。不得用牵引杆调整摇枕偏移。

（四）复检调试

使用卷尺、塞尺、钩高尺、车体倾斜测量尺、构架四角高度测量平尺，再次测量转向架"车钩高度、同一轴箱两簧差、上下旁承间隙、四角高、轴箱顶部与转向架侧梁下部距离、转向架上部与车底架下部零件垂直距离、支持环下边缘与轴箱弹簧座间隙、车体倾斜"。

（五）填写记录

（1）确认各项数据合格后，摇出架车机伸缩臂，先关闭电源控制柜内架车机大线座的空开，然后拔出架车机电源线插头，将电源线整齐盘放于架车机上。

（2）关闭电源井盖和风源井盖。

（3）填写各项转向架落成记录。

（六）完工检查

（1）将工具、量具擦拭干净，风扳机给油保养，并按规定存放。

（2）按设备管理要求进行设备日常维护保养。

（3）将多余配件放回存放架并整理。做到工完、料尽、场地清。

任务评价

班级		姓名		学号	
课程内容		日期		成绩	

小组自评
1. 优点
2. 不足

小组互评		
小组成员	优点	不足

指导教师评价

环节	序号	评价内容	评级		
			A	B	C
专业能力	1				
	2				
	3				
方法能力	4				
	5				
	6				
	7				
社会能力	8				
	9				
	10				
教师综合评价					

实训九 15型车钩缓冲装置分解 作业 ▶ ▶ ▶

🎯 情境描述

　　车钩在列车调车作业和运行中经常承受牵引力和冲击力，且各部零件相互间有摩擦作用，经过长时间运用后，由于摩擦致使接触面产生磨耗，从而降低了强度和各零件间的相互配合关系，当超过某一限度时，在受到较大的冲击力情况下，某些零件的薄弱部分就会产生变形或裂损，引起车钩的三态作用不良，因此，需要定期地把车钩缓冲装置分解，进行检查、修复或更换部分零件，以恢复各部应有的功能。

　　该任务主要完成15型车钩缓冲装置分解作业，以现场实际作业项目为引导，采用标准化作业方式，使学生不仅掌握现场车钩缓冲装置分解作业过程，同时树立较强的安全生产意识。

🎯 学习目标

　　1. 知识目标
　　（1）熟悉15型车钩缓冲装置的结构组成。
　　（2）熟知车钩缓冲装置各部分零件的作用。
　　2. 能力目标
　　（1）能正确选择使用工具。
　　（2）能按照作业标准正确分解。
　　3. 素质目标
　　（1）实训操作符合安全操作规程。
　　（2）工具摆放应符合职业岗位的要求。
　　（3）能遵守实训纪律，爱惜实训设备和器材，做到工位整洁。

依据 15 型车钩缓冲装置分解作业标准分解。该任务须分工协作完成，作业人员按规定穿戴劳保防护用品，准备好工具、物料，办理完作业手续，对车钩缓冲装置进行分解。具体任务要求如下：

（1）教师下发学习资料，学生明确学习任务、学习内容及学习目标。

（2）学生完成预习任务及相关理论知识学习。

（3）教师引导讲解 15 型车钩缓冲装置作业的标准化作业过程。

（4）学生分小组练习 15 型车钩缓冲装置作业标准化作业过程。

（5）学生完成 15 型车钩分解作业标准化作业过程的操作。

（6）学生完成学习自我评价和小组成员互评，教师作出评价，学生反馈评价，教师汇总作出最终评价。

任务分组

本次任务以小组为单位进行，建议每个小组 4~6 人，开始作业前需初步确定每位同学在组内的具体分工。学生以小组为单位按照任务书的要求进行实操训练，在训练过程中，可以随时通过手机 APP 查看实训视频或三维动画，也可随时请老师现场指导。

课程名称		实训名称	
班级		学生姓名	
小组成员	姓名	任务分工	
组长			
组员			

引导问题

1. 请说明钩引和手锤的作用。

2. 请简述整个作业流程。

任务实施

一、安全注意事项

（1）作业人员穿戴安全帽、劳保鞋、作业服、劳保手套。
（2）各配件须轻拿轻放、防止摔碰。
（3）按照设备操作规程操作天车和钩缓装置分解组装机。

二、作业步骤

1. 作业前准备

（1）检查钩缓装置分解组装机状态。启动钩缓装置分解组装机，试动作钩缓装置分解组装机各功能状态，确保其横向、纵向液压导柱伸缩功能良好。

（2）检查天车状态。启动天车，操作天车前进、后退及吊具的升降，确保天车行进过程中无卡滞，吊具升降过程无卡滞，并检查天车吊具探伤日期未超期。

（3）检查各工具状态，确保工具功能作用良好；同时工具就近摆放整齐，便于作业时取用。

2. 吊送车钩

3. 拆卸钩舌

（1）用钩引和手锤拆下型号为 10×80 的钩圆销开口销（见图 7-45），将开口销放入废料筐中，然后取出钩圆销，将其放置在配件筐内。

（2）双手分别紧抓住钩舌 S 面的上下端，将钩舌从钩腔内取出，将其放置在配件筐内。

图 7-45

4. 取出钩腔内配件

用手向上托起钩锁销（见图 7-46），使钩锁销将钩锁铁顶起，然后从钩腔内取出钩舌推铁，然后松开钩锁销，使其恢复原位，再依次取钩锁铁和钩锁销（见图 7-47），并将其放进配件筐内。

图 7-46

图 7-47

5. 拆卸钩尾扁销

（1）使用手锤和钩引将防松垫和防松铁丝打直（见图 7-48），并取下防松铁丝，将其放入废料筐中。

图 7-48

（2）使用电动扳手将 2 条横穿螺栓的螺母拆除（见图 7-49），然后取出横穿螺栓及防松垫，将其放入废料筐内。

图 7-49

（3）操作钩缓装置分解组装机，使工作台横向液压导柱伸出，压缩后从板，使钩尾扁销处于放松状态，然后使用双手取出钩尾扁销，并放进配件筐内。

6. 拆卸车钩缓冲器

操作钩缓装置分解组装机，使横向液压导柱缩回（见图 7-50），然后继续操作钩缓装置分解组装机，使纵向液压导柱将缓冲器从钩尾框内推出。双手依次将前从板、后从板从钩尾框内取出，并放进配件筐内。

图 7-50

7. 配件送修

将拆下的钩舌、钩圆销、钩锁销、钩锁铁、钩舌推铁、前从板、后从板、车钩缓冲器、钩尾框、钩体等配件分别运送至相应检修岗位进行检修。

8. 完工整理

（1）关闭电源，擦拭工装、设备，并将工具备品放入工具箱。

（2）清理作业场地卫生，清扫多余杂物，保证地面应无油垢、杂物，物料定置摆放。

任务评价

班级		姓名		学号	
课程内容		日期		成绩	

小组自评
1. 优点
2. 不足

小组互评		
小组成员	优点	不足

指导教师评价					
环节	序号	评价内容	评级		
			A	B	C
专业能力	1				
	2				
	3				
方法能力	4				
	5				
	6				
	7				
社会能力	8				
	9				
	10				
教师综合评价					

实训十　17型车钩分解作业 ▶ ▶ ▶

🎯 情境描述

目前载重 70 t 及以上铁路货车已全部采用高强度的 17 号车钩，经过长时间运用后，由于摩擦致使接触面产生磨耗，从而降低了强度和各零件间的相互配合关系，当超过了某一限度时，在受到较大的冲击力情况下，某些零件的薄弱部分就会产生变形或裂损，引起车钩的三态作用不良，因此，需要定期地把车钩缓冲装置分解，进行检查、修复或更换部分零件，以恢复各部应有的功能。

该任务主要完成 17 型车钩外观检查、分解、检测、组装及三态作用试验等作业，以现场实际作业项目为引导，采用标准化作业方式，使学生不仅掌握现场 17 型车钩分解作业过程，同时树立较强的安全生产意识。

🎯 学习目标

1. 知识目标

（1）掌握车钩各部件结构组成。

（2）熟知车钩检查测量标准及标准数据。

2. 能力目标

（1）能正确使用检测工具。

（2）能正确分解车钩，并进行正确测量。

3. 素质目标

（1）实训操作符合安全操作规程。

（2）工具摆放应符合职业岗位的要求。

（3）能遵守实训纪律，爱惜实训设备和器材，做到工位整洁。

依据 17 型车钩分解作业标准及流程对 17 型车钩进行外观检查、分解、检测组装等作业。该任务须分工协作完成，作业人员按规定穿戴劳保防护用品，准备好工具、物料，对 17 型车钩进行分解检查作业。具体任务要求如下：

（1）教师下发学习资料，学生明确学习任务、学习内容及学习目标。

（2）学生完成预习任务及相关理论知识学习。

（3）教师引导讲解 17 型车钩分解作业的标准化作业过程。

（4）学生分小组练习 17 型车钩分解作业标准化作业过程。

（5）学生完成 17 型车钩分解作业标准化作业过程的操作。

（6）学生完成学习自我评价和小组成员互评，教师作出评价，学生反馈评价，教师汇总作出最终评价。

任务分组

本次任务以小组为单位进行，建议每个小组 4~6 人，开始作业前需初步确定每位同学在组内的具体分工。学生以小组为单位按照任务书的要求进行实操训练，在训练过程中，可以随时通过手机 APP 查看实训视频或三维动画，也可随时请老师现场指导。

课程名称		实训名称	
班级		学生姓名	
小组成员	姓名	任务分工	
组长			
组员			

引导问题

1. 测量配合间隙需要测量哪些部位？

2. 请简述分解车钩这一步骤的作用流程。

一、作业要求

1. 场地要求

作业线路两侧路面须硬化。在作业线路一侧地面上（车辆 2 位端部）须有摆放工具、材料及配件的橡胶垫一块，作业时所用的工具、材料和更换下的旧配件需放置在橡胶垫上；还须设有作业人员报到时裁判与作业人员的站位标记。具体示意图如图 7-51 所示。

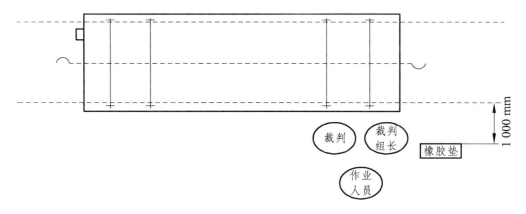

图 7-51 人员站位示意图

同时需设有待作业休息区 1 处（车间教育室）、作业完毕休息区 1 处（车间会议室）。

2. 车辆准备

1 辆 C70 型通用铁路货车，须采取防溜措施。

3. 工具要求

配备工具 1 套，包括：红旗 1 面、手锤 1 把、钩引 1 根、量具 1 套、钢丝刷 1 把、毛刷 2 把、手电 1 把、钩高尺 1 把、塞尺 1 把（1~10 mm）、钢板尺 1 把（300 mm），均放置于每辆车的"橡胶垫"上。

4. 配件要求

配备新钩舌开口销 20 个、二硫化钼油桶 1 个（带毛刷），放置于"橡胶垫"上。

二、作业流程

1. 现场报到	（1）接到作业通知后，迅速进入作业现场。 （2）到达指定位置后，向裁判员进行报到，具体规范用语为： 作业人员："报告裁判，××车辆段站修车辆钳工（质检员）×××报到，请指示！" 裁判组长："迅速进行作业准备。" 作业人员："明白！" （3）作业人员迅速有序进入准备地点
2. 作业前准备	（1）检查、准备工具，做好作业前的准备工作。 （2）准备工作完成后，到达指定位置面向裁判员进行汇报，裁判员负责宣布作业项目、规定时间，强调作业中的安全注意事项。规范用语如下： 作业人员："报告裁判，准备工作完毕，请指示！" 裁判组长："现车检测17型车钩及钩腔配件，规定时间8分钟，按规定程序作业，注意人身安全。" 作业人员："明白！"
3. 插设信号	（1）将防护红旗设置于车辆2位端侧墙板上（报到站位标记一侧），防护红旗须展开。 （2）插设防护红旗计时开始
4. 样板检查	检查样板量具校验不过期
5. 测量车钩高度	分别测量1位、2位端车钩高度，分别报出两侧车钩高度，确认车钩高度差不大于10 mm
6. 外观检查	外观检查钩提杆座及螺栓、钩提杆、钩头及钩身
7. 分解车钩	提动车钩成开锁位；卸下钩舌销开口销，开口销出钢轨；拔出钩舌销、卸下钩舌，轻放于橡胶垫上；取出钩锁组成、钩舌推铁、下锁销组成、下锁销转轴并依次放置在橡胶垫上
8. 检查清扫	（1）使用毛刷、钢丝刷清扫钩腔内、外壁、上下钩耳、套头、套口，检查车钩钩体材质及寿命管理。 （2）使用毛刷、钢丝刷清扫钩腔内配件，检查配件材质及钩舌寿命管理及各配件有无裂纹、变形、弯曲。钩腔内配件与车钩材质须匹配。 （3）各项程序均须边进行边口述
9. 配件检测	（1）测量钩舌销直径，原形41 mm，磨耗不大于2 mm。 （2）测量钩舌鼻部磨耗，距钩舌上下边缘60 mm及中部3处测量，任一处示值不大于5 mm。 （3）测量钩舌锁面磨耗，用量规Z160端对准钩舌尾部与钩舌锁面之间测量，磨耗不大于3 mm，Z160端插入时超限。

9. 配件检测	（4）测量钩锁锁面磨耗不大于 2 mm，用样板 Z81 检测，插入时超限。 （5）测量钩舌推铁弯曲变形不大于 1.5 mm，样板 A、B 面贴靠，用专用塞尺测量 C 处间隙，1.5 mm 塞尺插入时超限。 （6）测量钩舌推铁轴磨耗不大于 2 mm，用样板 Z28 检测，插入时超限。 （7）测量 17 型下锁销杆防跳台，样板 A 面贴靠下锁销杆防跳台的侧面，使用 1 mm 塞尺检查样板曲面与防跳台曲面之间的间隙，插入时超限
10. 组装车钩	（1）使用毛刷依次对钩腔内各磨耗面、钩提杆座槽、钩提杆安装下锁销转轴部位、下锁销转轴、下锁销组成、锁铁组成、推铁、钩舌座锁面、钩舌销涂抹二硫化钼（使用毛刷动作示意，配件依次涂抹，涂抹一件组装一件，涂抹后配件不得接触地面） （2）依次装入良好的下锁销转轴、下锁销组成、钩舌推铁、钩锁组成、钩舌、钩舌销
11. 测量配合间隙	（1）测量钩舌与上钩耳间隙不大于 12 mm。 （2）使用塞尺测量下作用车钩提杆扁平部位与钩提杆座扁孔间隙不大于 2 mm。 （3）下锁销杆防跳性能检查并口述检查方法。 （4）下锁销顶面与钩舌座锁台下面搭接量测量，限度为 6.5~14.5 mm，并口述限度
12. 三态试验	试验车钩三态（开锁、闭锁、全开）作用是否良好（并口述），使用量具检测全开位（测量三处）、闭锁位（测量三处）是否过限。口述限度：全开位不小于 222 mm、闭锁位不大于 100 mm
13. 装开口销、复测钩高	（1）钩舌销下部装入新开口销，钩舌销开口销由里向外装入，双向劈开的角度为 60°～70°，并使用样板检测。 （2）复测车钩高度，车钩中心高度 870~890 mm
14. 撤除信号	（1）收集工具、配件并摆放在橡胶垫上。 （2）撤除防护红旗并放在指定位置。 （3）站立在规定的位置，向裁判报告作业完毕。 撤除防护红旗计时结束

三、现车检测 17 型车钩及钩腔配件评分记录表

项目	考核内容及评分标准		扣分原因(减分)
作业时间 （10 分）	分解、组装二位 17 型车钩规定时间 8 min，每超时 8 s 扣 1 分（不足 8 s 按 8 s 计算），本项分扣完为止，节约时间不加分，超时 4 min 全项失格		实际用时： ___分___秒
程序质量 （80 分）	1. 现场报到 （3 分）	（1）未向裁判员进行报到，扣 3 分； （2）报到时未执行规范用语，扣 2 分； （3）未在规定位置站立，扣 1 分	
	2. 作业前准备 （3 分）	（1）准备工作完成后，作业人员未向裁判员进行报告，扣 3 分； （2）报告时未执行规范用语，扣 2 分；未在规定位置站立，扣 1 分； （3）作业人员的资格及条件与要求不符时，取消本项作业资格	

	3. 插设信号 （5分）	（1）未设置防护红旗开始作业为全项失格； （2）未按规定在车辆 2 位端侧墙板上设置防护红旗，扣 3 分； （3）防护红旗落地至比赛结束前未恢复扣 5 分，红旗未展开扣 3 分	
	4. 样板检查 （3分）	样板未检查每件扣 0.5 分	
	5. 测量车钩高度（5分）	未测量扣 5 分，误差超过 3 mm 每处扣 3 分，检查方法不正确扣 2 分	
	6. 外观检查 （3分）	未检查一处扣 1 分，未口述或口述不正确扣 1 分	
	7. 分解车钩 （5分）	（1）作业顺序错误每处扣 1 分，卸下开口销未回收扣 1 分； （2）抛扔配件每件扣 2 分	
程序质量 （80分）	8. 检查清扫 （5分）	（1）未用毛刷和钢丝刷清扫扣 1 分，清扫不彻底扣 1 分； （2）未检查扣 2 分； （3）车钩、钩舌寿命管理未报每处扣 1 分，各配件材质未报每件扣 1 分，未口述配件材质匹配扣 1 分	
	9. 配件检测 （15分）	（1）规定的检测内容每漏检测一项扣 10 分，未用样板或量具检测一处扣 5 分，检测方法不正确一处扣 5 分； （2）重复检查扣 3 分（即不得返回重复检查作业）	
	10. 组装车钩 （5分）	（1）该涂抹二硫化钼部位未涂抹，每少一处扣 3 分，未逐件涂抹、安装扣 5 分； （2）安装顺序错乱扣 3 分，抛扔配件每件扣 2 分； （3）漏装配件失格	
	11. 测量配合间隙（10分）	（1）规定的检测内容每漏检测一项扣 10 分，未用样板或量具检测一处扣 5 分，检测方法不正确一处扣 5 分； （2）重复检查扣 3 分（即不得返回重复检查作业）； （3）该口述部分未口述每处扣 3 分	
	12. 三态试验 （10分）	（1）未进行三态作用试验扣 5 分，少试一态扣 2 分； （2）限度报错一处扣 5 分	
	13. 装开口销、复测钩高(5分)	（1）漏装开口销扣 5 分，开口销角度过大或过小扣 3 分； （2）未复测钩高扣 5 分	
	14. 撤除信号 （3分）	（1）工具、配件未摆放在指定位置，每件扣 2 分； （2）防护红旗不撤除计时不中断	
作业安全 （10分）	（1）未按规定着装，未戴工作帽、手套，扣 2 分。 （2）发生破皮见血扣 5 分；受伤不能继续作业为全项失格		

任务评价

班级		姓名		学号	
课程内容		日期		成绩	

小组自评

1. 优点

2. 不足

小组互评		
小组成员	优点	不足

指导教师评价					

环节	序号	评价内容	评级		
			A	B	C
专业能力	1				
	2				
	3				
方法能力	4				
	5				
	6				
	7				
社会能力	8				
	9				
	10				
教师综合评价					

实训十一　单车技术检查 ▶ ▶ ▶

⊙ 情境描述

　　货车单车技术检查是铁路货车检车员必须具备的基本功，要求检车员必须熟练掌握货车单车技术检查的步骤、方法和作业顺序以及有关车辆运用限度，以保证铁路运输安全，所以是铁道车辆专业学生必须掌握的检修技能。通过本任务的学习不仅能提升学生的检修技能，更要通过实操过程，培养学生一丝不苟、精益求精的工匠精神及安全生产意识。

⊙ 学习目标

1. 知识目标

（1）掌握 C70 型敞车的基本结构，能够熟练描述各零部件名称及作用。

（2）掌握单车技术检查作业方法。

（3）掌握铁路货车运用限度。

2. 能力目标

（1）能正确使用检修工具。

（2）能按照能够按照作业步骤完成检查，同时排查常见故障。

3. 素质目标

（1）具有安全生产意识。

（2）具有团队协作精神。

（3）具有分析问题、解决问题的创新意识。

依据 C70 货车单车技术检查作业标准及流程对 C70 进行整体检查，口述清晰，动作规范，可设置技能比赛活动。具体任务要求如下：

（1）教师下发学习资料，学生明确学习任务、学习内容及学习目标。

（2）学生完成预习任务及相关理论知识学习。

（3）教师引导讲解 C70 货车单车技术检查标准化作业过程。

（4）学生分小组练习 C70 货车单车技术检查检查标准化作业过程。

（5）学生完成 C70 货车单车技术检查标准化作业过程的操作。

（6）学生完成学习自我评价和小组成员互评，教师作出评价，学生反馈评价，教师汇总作出最终评价。

任务分组

本次任务以小组为单位进行，建议每个小组 2 或 3 人，开始作业前需初步确定每位同学在组内的具体分工。学生以小组为单位按照标准作业步骤要求进行实操训练。

课程名称		实训名称	
班级		学生姓名	
小组成员	姓名	任务分工	
组长			
组员			

引导问题

1. 单车技术检查需要准备的工具有哪些？

2. 车钩三态作用试验需口述的限度是多少？

任务实施

一、注意事项

（1）红旗须插牢且展开。
（2）作业中衣帽穿戴整齐，戴好手套。
（3）作业中身体不能滑倒，身体任何部位不能划伤出血。

二、工具

检车锤、手电筒（检车灯）、红旗（红灯）等。

三、作业流程

检查顺序及范围	质量标准及要求
1. 本侧角柱、端柱、端梁	角柱、端梁无裂损；脚蹬无破损，弯曲不超出车辆限界 
2.1 本侧冲击座、车钩	（1）互钩差不过限。 （2）冲击座无破损，铆钉无折断、丢失；钩头、钩脖无裂损

检查顺序及范围	质量标准及要求
2.2 折角塞门、制动软管、车钩托梁螺栓、螺母，车钩止挡铁及螺栓、支撑座	（1）折角塞门无破损，折角塞门手把无丢失、位置正确，制动软管无破损、丢失；制动软管吊链无丢失。 （2）车钩托梁螺栓、螺母无丢失。 （3）钩体支撑座止挡铁及螺母、铆钉无丢失 
3.1 主管、中梁、端梁、侧梁、枕梁、牵引梁、地板	（1）制动主管无漏泄，卡子及螺母无丢失。 （2）中梁、侧梁、端梁、枕梁、横梁及牵引梁无裂损。 （3）地板破损或腐蚀穿孔不超限 
3.2 钩身、钩尾框、钩尾框托板及钩尾扁销螺栓、螺母、开口销，从板及从板座、缓冲器；车钩尾销托梁、安全托板、尾框托板螺栓、螺母、磨耗板	车钩托梁无裂损，钩身、钩尾框及钩尾扁销托无裂损；钩体支撑弹簧无折断；安全托板及钩尾销托梁螺母无松动、丢失，钩尾框托板、钩尾扁销、钩尾扁销托及安全吊架螺母无松动、丢失，开口销无丢失；从板、从板座、缓冲器无破损，从板座铆钉无折断、丢失；钩体支撑座、钩尾框托板、钩尾销托梁、从板、缓冲器箱体磨耗板无丢失。钩尾销插托插设到位，定位螺栓安装位置正确，定位螺母无松动、丢失，点焊焊波无开裂 

检查顺序及范围	质量标准及要求
4.1 端梁、侧梁、枕梁、牵引梁、地板	同第 3.1 项 
4.2 钩身、钩尾框、钩尾框托板及钩尾扁销螺栓、螺母、开口销，从板及从板座、缓冲器；车钩尾销托梁、安全托板、尾框托板螺栓、螺母、含油尼龙磨耗板	同第 3.2 项 
4.3 摇枕、侧架、心盘	摇枕、侧架及心盘无裂损；上、下心盘螺栓无折断，螺母无松动、丢失 

检查顺序及范围	质量标准及要求
4.4 内侧枕簧、制动梁及安全链	（1）内侧枕簧无折断、窜出、丢失。 （2）制动梁无裂损，闸瓦托铆钉无折断、丢失；制动梁吊无裂损，圆销及开口销无折断、丢失；制动梁安全链无折断、脱落
4.5 基础制动装置各杠杆、拉杆及圆销、开口销	基础制动装置各拉杆、杠杆、圆销无折断、丢失，安全吊或索无脱落、丢失
4.6 交叉杆	交叉支撑装置盖板及交叉杆体无变形、裂损、折断，安全索或链无折断、脱落、丢失

检查顺序及范围	质量标准及要求
4.7 轮缘内侧	轮缘内侧缺损不超限
4.8 脱轨自动制动装置	脱轨自动制动装置配件齐全，位置正确
4.9 人力制动机	人力制动机配件齐全，无破损、脱落

检查顺序及范围	质量标准及要求
5. 车体、侧梁、定检标记	（1）车体倾斜、外胀不过限。 （2）定检标记清晰、空车定检不过期
6.1 车轮	车轮轮缘垂直磨耗不超限，踏面擦伤、剥离、凹下、缺损、圆周磨耗不超限，轮缘厚度、轮辋厚度符合规定
6.2 滚动轴承外圈、承载鞍	（1）侧架无裂损。 （2）外圈无裂损；承载鞍无裂损、错位；轴箱弹簧无折断、窜出、丢失

检查顺序及范围	质量标准及要求
7.1　车体	侧柱无裂损；车门、车窗无脱落、丢失；车门折页及座无折断，圆销、开口销无丢失；空车墙板、门板破损或腐蚀穿孔不超限；车门锁闭装置配件齐全、无破损；绳栓无破损、丢失 
7.2　滚动轴承外圈、前盖、承载鞍、密封罩、轴端螺栓、侧架导框	消除热轴故障；滚动轴承无甩油，外圈、前盖、轴箱无裂损，密封罩、轴端螺栓无脱出；承载鞍无裂损、错位；侧架导框纵向与滚动轴承外圈无接触；轴承挡键无丢失，螺母无松动、丢失
8.1　滚动轴承侧面	滚动轴承外圈无裂损

检查顺序及范围	质量标准及要求
8.2 侧架、闸瓦及插销、上部 1/4 轮缘、轮辋、踏面	（1）侧架立柱磨耗板折头螺栓、铆钉无折断、丢失。 （2）闸瓦及闸瓦插销无折断、丢失，闸瓦磨耗不超限，闸瓦插销正位；制动梁吊无裂损，圆销及开口销无折断、丢失。 （3）车轮检查同第 6.1 项
8.3 闸瓦及插销下部、下部 1/4 轮缘、轮辋、踏面	同第 8.2 项和 6.1 项
8.4 交叉杆支撑座	交叉杆支撑座无破损，交叉杆端部螺栓无松动、丢失，防松垫止耳无折断

检查顺序及范围	质量标准及要求
9.1 车体	同第 7.1 项
9.2 摇枕端部、枕簧	摇枕端部无裂损，外侧摇枕弹簧无折断、窜出、丢失
9.3 侧架、立柱磨耗板、斜锲、折头螺栓	侧架无裂损；侧架立柱磨耗板、斜楔及主摩擦板无破损、窜出、丢失，摇枕斜楔摩擦面磨耗板无窜出

检查顺序及范围	质量标准及要求
10.1 滚动轴承侧面	同第 8 项
10.2 侧架、闸瓦及插销、上部 1/4 轮缘、轮辋、踏面	同第 8 项
10.3 闸瓦及插销下部、下部 1/4 轮缘、轮辋、踏面	同第 8 项

检查顺序及范围	质量标准及要求
10.4　交叉杆支撑座	同第 8 项
10.5　枕梁	枕梁无裂损
11. 同第 7 项	同第 7 项

检查顺序及范围	质量标准及要求
12. 同第 6 项	同第 6 项
13.1 车体	同第 7.1 项
13.2 中梁、侧梁、横梁	中梁、侧梁、横梁无裂损

检查顺序及范围	质量标准及要求
13.3 车号自动识别标签	铁路货车车号自动识别标签无失效、丢失
13.4 基础制动	基础制动装置各拉杆、杠杆、圆销无折断、丢失，吊架无破损、脱落，各开口销齐全良好、位置正确
13.5 人力制动机	人力制动机拉杆、附加杠杆齐全良好，圆销、开口销无折断、丢失；拉杆及托架无开焊折断

检查顺序及范围	质量标准及要求
13.6 空气制动	风缸及吊架无裂损、脱落，吊架螺母无丢失；制动缸无脱落，吊架无裂损，螺母无松动、丢失；制动阀吊架螺母无松动、丢失；制动主管、支管、连接管无漏泄，卡子及螺母、法兰螺母无丢失；截断塞门等塞门无破损，塞门手把无丢失
14.1 本侧中、侧梁	中、侧梁无裂损
14.2 摇枕、旁承、心盘	同第 4.3 项

检查顺序及范围	质量标准及要求
14.3 内侧枕簧、制动梁及安全链	同第 4.4 项
14.4 基础制动装置各杠杆、拉杆及圆销、开口销	同第 4.5 项
14.5 交叉杆及安全锁（安全链）	同第 4.6 项

检查顺序及范围	质量标准及要求
14.6　左右侧轮缘内侧	同第 4.7 项
14.7　脱轨制动装置	同第 4.8 项
14.8　横跨梁组成	空重车自动调整装置横跨梁及座无折断，螺母及开口销无丢失

检查顺序及范围	质量标准及要求
15. 同第 12 项	同第 12 项
16. 同第 11 项	同第 11 项
17. 同第 10 项	同第 10 项

检查顺序及范围	质量标准及要求
18. 同第 9 项	同第 9 项
19. 同第 8 项	同第 8 项
20. 同第 7 项	同第 7 项

检查顺序及范围	质量标准及要求
21.1 脚蹬、车梯扶手	脚蹬、车梯扶手无破损，弯曲不超出车辆限界
21.2 其他同第6项	同第6项
22.1 钩提杆及座、链	钩提杆及链齐全，松余量符合规定，钩提杆座无裂损，螺母无松动、丢失，钩提杆复位弹簧无折断、丢失

检查顺序及范围	质量标准及要求
22.2 冲击座、钩头、钩舌销、车钩托梁及螺栓	钩体、钩舌无裂损；钩舌销无折断、丢失，钩舌销开口销无丢失；冲击座无破损、铆钉无折断、丢失；车钩托梁螺母无丢失；钩体支撑座止挡铁及螺母、铆钉无丢失；车钩防跳插销插设良好
22.3 车列首尾两端车钩试三态作用、互钩差	互钩差不超限，三态作用试验良好
22.4 人力制动机	（1）人力制动机配件齐全，无破损、脱落。 （2）站在1位端目视检查、锤指，确认人力制动机状态。

检查顺序及范围	质量标准及要求
22.4　人力制动机	（3）弯腰目视检查、用检查锤勾轴链确认人力制动机拉杆及链 

四、考核标准

项目	作业标准	扣分标准	扣分及原因
时间 （10分）	1. 时间 5 min； 2. 提前完成不加分； 3. 作业时间记录：___分 ___秒	每超≤20 s 扣 1 分，以此类推。时间分扣完为止，超过 7 min 失格	
作业程序质量要求 （80分）	1. 设置安全防护红旗； 2. 按照"两跨、一俯、两探"分面包转向架检查方法作业。无错跨、错探、漏跨、漏探； 3. 试验并口述车钩开锁位、全开位、闭锁位作用和运用限度（全开位不小于 219 mm，闭锁位不大于 100 mm）； 4. 发现故障时口述报告故障名称（报告内容须简明扼要，包括：配件名称、故障情况）。锤头指向故障部位，动作完成后回头发现故障视为未发现； 5. 滚动轴承、空气制动各部位严禁敲打； 6. 预设 10 个车辆故障，发现故障时在下表相应序号下方空格内画"√"未发现故障时画"×"；	1. 错跨、错探、漏跨、漏探一处扣 5 分； 2. 未试验车钩三态一处扣 3 分，未口述车钩开锁位、全开位、闭锁位作用和运用限度一处扣 1 分； 3. 敲打滚动轴承、空气制动各部位一处扣 2 分； 4. 故障部位或名称错误、未发现或漏报故障一处扣 5 分； 5. 工具、备品未摆放到工具、材料摆放区，扣 2 分； 6. 撤除防护红旗未摆放到工具区内扣 2 分	

项目	作业标准	扣分标准	扣分及原因
作业程序质量要求（80分）	<table><tr><td>1</td><td>2</td><td>3</td><td>4</td><td>5</td></tr><tr><td></td><td></td><td></td><td></td><td></td></tr><tr><td>6</td><td>7</td><td>8</td><td>9</td><td>10</td></tr><tr><td></td><td></td><td></td><td></td><td></td></tr></table> 7. 作业完毕将使用工具回收齐全，工具和配件分开存放（整齐摆放到工具、材料区内）； 8. 撤除安全防护红旗，将安全防护红旗摆放到工具区内		
安全（10分）	1. 按规定穿着防护和劳保用品； 2. 检查工具、备品齐全良好，提前摆放到预定工具、材料摆放区； 3. 作业过程中红旗展开，未落地。未发生破皮见血问题	1. 劳保用品穿戴不规范扣2分； 2. 未按要求检查工具、备品，防护红旗未展开、落地一项扣3分； 3. 未设置安全防护红旗、作业人员因受伤不能继续作业失格	

班级		姓名		学号	
课程内容		日期		成绩	
小组自评					

1. 优点

2. 不足

小组互评		
小组成员	优点	不足

指导教师评价

环节	序号	评价内容	评级		
			A	B	C
专业能力	1				
	2				
	3				
方法能力	4				
	5				
	6				
	7				
社会能力	8				
	9				
	10				
教师综合评价					

参考文献 ▶▶▶

[1]　袁清武. 车辆构造及检修[M]. 北京：中国铁道车辆出版社，2006.

[2]　严隽耄. 车辆工程[M]. 北京：中国铁道车辆出版社，2009.

[3]　刘惠民. 车辆构造及检修[M]. 北京：中国铁道车辆出版社，2001.

[4]　艾菊兰. 车辆构造与检修[M]. 成都：西南交通大学出版社，2016.

[5]　周磊，陈雷. 铁路货车主要结构与使用[M]. 北京：中国铁道车辆出版社，2015.

[6]　张泽伟. 铁路货车新技术[M]. 北京：中国铁道车辆出版社，2002.

[7]　中国铁路总公司. 铁路技术管理规程[M]. 北京：中国铁道车辆出版社，2014.

[8]　铁路职工岗位培训教材编审委员会. 货车检车员[M]. 北京：中国铁道车辆出版社，2021.

[9]　铁路职工岗位培训教材编审委员会. 客车检车员[M]. 北京：中国铁道车辆出版社，2021.

[10]　高伟，李长留. 列车构造认知与检查[M]. 北京：中国铁道车辆出版社，2021.12.

[11]　牛小伟，马松花. 高速铁路动车组机械设备维护与检修[M]. 成都：西南交通大学出版社，2019.1.